불교의식음악 연구
Studies of Buddhist Ritual Music

불교의식음악 연구

Studies of Buddhist Ritual Music

불교의식음악의 연원 및 종류, 역사, 범패의 구성과 작법절차,
그 특징과 의미 등을 종합적으로 고찰

법현 法顯 지음

운주사

서 문

그대는
저승에서 와
이승에 머물다
다시 저승으로 여행을 떠나지요.

저승에서
온 당신
이승의 여행자입니다.

 본서는 영산재를 비롯, 한국의 전통 불교의식음악 전반의 과거, 현재, 미래, 즉 그 보존 및 전승에 대한 연구이다. 따라서 한국 불교의식음악의 연원 및 종류, 역사, 의례집 등을 고찰하고, 각 의식음악 범패의 구성과 작법절차, 그 특징과 의미 등을 종합적으로 정리 해설하였다.
 한편, 현재 전승되어지는 범패 CD와 악보는 『불교의식음악 악보 I -시련의식』, 『불교의식음악 악보 II -대령의식』, 『불교의식음악 악보 III -관욕의식』으로 별도로 엮었으며, 불교음악과 불교무용에 관련된 내용은 필자의 다른 책 『영산재 연구』, 『불교무용』, 『한국의 불교음악』, 『불교음악감상』 등에 수록되어 있습니다.

후손에게
부끄러운 선조가 되지 않기 위해
이 시대의 정신, 문화, 예술을 잘 보존, 전승시키는 것
바로 우리의 몫일 것입니다.

수행자로써의 학문, 수행, 하심下心의 가르침을 주신 모든 분들께 감사드립니다.

2012년 10월
불교음악연구소장 법현

서문 • 5

I. 불교의식음악의 연원

1. 한국의 불교전래와 의식 • 18
   1) 『삼국유사』「가락국기」의 불교 해상 전래설 • 19
   2) 육로를 통한 불교전래와 의식 기록 • 22
      (1) 삼국시대의 의식 기록 • 23
      (2) 고려시대의 의식 기록 • 30
   3) 삼국시대, 고려시대, 조선시대, 해방 이후 현행 악보 및 의식집 • 38
2. 불교경전 각필악보와 일본불교 • 48
   1) 각필악보와 신라, 백제승의 일본불교 전파 • 50
   2) 각필악보 목록과 제반 의례집 • 56
3. 경전에 보이는 악, 가, 무 • 60
4. 고려시대 보조국사 지눌의 『염불요문』의 의식 규범 • 98

II. 불교의식음악의 종류와 범폐 구성

1. 제종 의식의 구성 • 113
   1) 예경의식 • 113
   2) 수계의식 • 114
   3) 영혼천도의식 • 114
   4) 점안의식 • 116
      금은전이운金銀錢移運 진행 • 117

5) 이운의식 • 121

　　(1) 괘불이운 의식진행 • 121

　　(2) 가사이운袈裟移運 • 123

　　(3) 불사리 이운 • 124

　　(4) 고승사리 이운 • 125

　　(5) 금은전 이운 • 127

　　(6) 경함이운 • 128

　　(7) 시주이운 • 129

　　(8) 전패이운 • 130

　　(9) 설주이운 • 132

6) 공양의식 • 133

7) 수행의식 • 134

8) 장례 천도의식 • 134

9) 연중행사 • 134

10) 법회의식 • 134

11) 생활의례 • 135

12) 복장의식 • 135

2. 각배재, 상주권공재, 영산재, 수륙재, 생전예수재 범패와 작법무 • 136

　1) 각배재 범패와 작법무 • 137

　　(1) 시련 • 138

　　(2) 대령 • 139

　　(3) 관욕 • 140

　　(4) 조전점안造錢点眼 • 142

　　(5) 신중작법神衆作法 • 143

　　(6) 괘불이운掛佛移運 • 145

　　(7) 상단권공 • 146

운수상단 진행구성과 의미 • 149

설주이운절차說主移運節次 • 158

운수상단雲水上壇 및 중단中壇 소청중위召請中位의 구성 • 170

(8) 중단권공(소청중위1) • 219

(9) 신중퇴공神衆退供 • 221

(10) 관음시식觀音施食 • 222

(11) 봉송奉送/ 소대의식燒臺儀式 • 223

2) 상주권공재 범패와 작법무 • 224

3) 영산재 범패와 작법무 • 252

  (1) 영산단권공 • 252

  (2) 식당작법食堂作法 • 255

4) 생전예수재 범패와 작법무 • 258

  (1) 운수상단(예수 상단) • 259

  (2) 중단(소청사자편 • 봉송사자편) • 261

  (3) 상단(소청성위편) • 262

  (4) 중단(소청 명부편) • 264

  (5) 중단(소청 고사판관편) • 266

  (6) 중단 - 마구단馬廐壇 • 268

5) 수륙재 범패와 작법무 • 269

  (1) 운수상단(수륙상단) • 271

  (2) 소청중위(사자단) 중단 • 274

  (3) 개벽 오방편(오로단) 중단 • 276

  (4) 소청상위편(상상단) • 277

  (5) 소청중위편 중단 • 280

  (6) 소청하위편 하단 • 282

III. 불교의식음악 범패의 구조

1. 동음집同音集 • 285
   1) 박송암 소장 『옥천범음유향동음집』 • 288
   2) 『옥천범음유향동음집』 원문 • 292
   3) 『옥천범음유향동음집』 분석 짓소리 곡목 • 306
   4) 박송암 스님 행장 • 308
   5) 박송암 스님 『동음집』 분석 • 309
2. 재의식 진행시 각종 소疏에 대한 해제 • 311
   1) 대령소對靈疏 • 312
   2) 상단소上壇疏 • 314
   3) 시왕소十王疏 • 316
   4) 건회소建會疏 • 319
   5) 개게소開啓疏 • 321
   6) 대회소大會疏 • 323
   7) 삼보소三寶疏 • 329
   8) 개통오로소開通五路疏 • 331
   9) 소청중위소召請中位疏 • 333
   10) 소청하위소召請下位疏 • 336
   11) 원만회향소圓滿廻向疏 • 339
   12) 사자단 사자소使者疏 • 342
   13) 소청성위소召請聖位疏 • 344
   14) 행첩소行牒疏 • 347
   15) 함합소緘合疏 • 350
   16) 소청명위소召請冥位疏 • 353
3. 불교의식음악 범패의 종류와 유형 • 359
   1) 안채비 • 359

(1) 유치성由致聲 • 359

　　(2) 착어성着語聲 • 360

　　(3) 편게성偏偈聲 • 361

　　(4) 게탁성偈鐸聲 • 363

　　(5) 소성疏聲 • 363

　2) 바깥채비 • 364

　　(1) 홋소리 • 365

　　(2) 짓소리 • 366

　　(3) 반짓소리 • 368

　　(4) 화청(회심곡) • 369

IV. 불교의식음악 범패의 악곡 분석과 자료 현황

　1. 시련의식 구성과 악보 • 375

　　한국의 범패 시리즈 8 • 376

　　(1) 옹호게擁護偈 • 378

　　(2) 요잡바라 • 379

　　(3) 헌좌게獻座偈/헌좌진언獻座眞言 • 380

　　(4) 다게茶偈 • 381

　　(5) 사방요신 및 요잡바라 • 383

　　(6) 행보게行步偈 • 383

　　(7) 나무대성인로왕보살南無大聖引路王菩薩 • 383

　　(8) 영축게靈鷲偈 • 384

　　(9) 긔경작법起經作法 • 385

　　(10) 보례삼보普禮三寶 • 385

　2. 대령對靈의식 구성과 악보 • 386

한국의 범패 시리즈 9 • 387

　　　　(1) 거불擧佛 • 388

　　　　(2) 대령소對靈疏 • 389

　　　　(3) 지옥게地獄偈 • 391

　　　　(4) 착어着語 • 391

　　　　(5) 진령게振鈴偈 • 393

　　　　(6) 보소청진언普召請眞言 • 394

　　　　(7) 고혼청孤魂請 • 394

　　　　(8) 향연청香煙請 • 396

　　　　(9) 가영歌詠 • 396

　　　　(10) 모인 영가某人 靈駕 그수건청 • 396

　3. 관욕灌浴의식 구성과 악보 • 398

　　　한국의 범패 시리즈 10 • 399

　　　　(1) 인예향욕引詣香浴 • 401

　　　　(2) 신묘장구대다라니神妙章句大陀羅尼 • 402

　　　　(3) 정로진언淨路眞言 • 404

　　　　(4) 입실게入室偈 • 405

　　　　(5) 가지조욕加持操浴 • 405

　　　　(6) 목욕게沐浴偈 • 405

　　　　(7) 목욕진언沐浴眞言 • 406

　　　　(8) 관욕쇠 • 406

　　　　(9) 작양지진언嚼楊枝眞言 • 406

　　　　(10) 수구진언漱口眞言 • 406

　　　　(11) 세수면진언洗手面眞言 • 407

　　　　(12) 가지화의편加持化衣篇 • 408

　　　　(13) 화의재진언化衣財眞言 • 409

　　　　(14) 제불자 운운 • 409

(15) 수의진언授衣眞言 • 410

(16) 착의진언着衣眞言 • 410

(17) 정의진언整衣眞言 • 410

(18) 출욕참성出浴參聖 • 411

(19) 지단진언指壇眞言 • 411

(20) 가영歌詠 • 411

(21) 산화락散花落 • 412

(22) 인성引聖 • 412

(23) 정중게庭中偈 • 412

(24) 개문게開門偈 • 412

(25) 가지례성加持禮聖 • 413

(26) 보례삼보普禮三寶 • 413

(27) 제불자 행봉성회 운운諸佛者 幸逢聖會 云云 • 414

(28) 법성게法性偈 • 415

(29) 괘전게掛錢偈 • 417

(30) 수위안좌受位安座 • 418

(31) 안좌게安座偈 • 418

(32) 다게茶偈 • 419

4. 경제, 영제 범패 음반자료 현황 • 421

(1) 서울 봉원사 중심 경제 음반 • 421

(2) 경제 중요무형문화재 제50호 보유자 박송암 스님 음반 • 422

(3) 경제 중요무형문화재 제50호 보유자 장벽응 스님 음반 • 424

(4) 경제 박송암, 장벽응, 김운공 스님 음반 • 425

(5) 경제 범패 서울 신촌 봉원사 1964년 12월11일 영국학자 존 레비 녹음 LP음반 • 426

(6) 경제 범패 서울 신촌 봉원사 1968년 프랑스 발매, 영국학자 존 레비 녹음 LP음반 • 431

(7) 경제 범패 - 중요무형문화재 제50호 준보유자 일운 스님 음반 • 431

(8) 영제 범패 - 영남지방을 중심으로 한 음반 • 431

V. 불교의식음악 범패의 특징 및 예능과 창도

1. 불교의식 문화재 지정 현황과 예능 계보 • 437

    1) 경제 전승 계보 • 438

        (1) 중요무형문화재 제50호 영산재 - 법현 조사 계보(일제시대부터 1970년대) • 438

        (2) 1970년대 이후 전승 계보 • 440

    2) 부산(영제) 전승 계보 • 443

    3) 전라도(완제) 전승 계보 • 445

    4) 제주도 무형문화재 제15호 제주불교의식 전승 계보 • 448

    5) 인천시 무형문화재 제10호 범패 • 바라춤 나비춤 전승 계보 • 449

    6) 인천시 무형문화재 제15호 인천 수륙재 전승 계보 • 449

    7) 경상남도 지방무형문화재 제22호 불모산 영산재 전승 계보 • 449

    8) 충청남도 지정문화재 제40호 내포영산대재 • 450

    9) 밀양 작약산 지방문화재 신청서 전승 계보 • 450

2. 유네스코 세계무형문화재 중요무형문화재 제50호 영산재의 예능과 창도 • 451

        (1) 불교의식 영산재 예능과 콘텐츠 연혁 • 452

        (2) 1996년 예술의 전당 영산재 공연 • 453

        (3) 2001년 국립국악원 영산재 무대화 공연 • 453

        (4) 2001년 독일 뒤셀도르프 쿤스트 팔라트 박물관 초청 영산재 • 454

(5) 2003년 미국 뉴욕 제팬 쏘싸이어티 초청 영산재 무대화 공연 • 455

　(6) 2003년 국립극장 영산재 - 영산작법 - 니르바나 콘텐츠화 공연 • 456

　(7) 2006년 오스트리아 단츠썸머 영산재 영산작법 - 니르바나 - 창도 • 458

　(8) 2006년 인도 '제3회 국제 불교음악 & 불교의식 축제' 초청공연 • 464

　(9) 2008년 일본 이송대학 21C심포지움 • 465

　(10) 2010년 G-20 성공기원 및 유네스코 세계무형문화유산지정 1주년 영산재 • 466

　(11) 2011년 유네스코 세계무형문화유산 중요무형문화재 제50호 영산재 영산회상 - 니르바나 • 469

　(12) 2011년 이스라엘 카미엘시 초청 영산재 영산회상 - 니르바나 - 공연 구성 • 475

　(13) 2011년 일본 이코마 국제음악제 - 범패 - 창도 • 480

　(14) 2012년 러시아 Yakutia 세계무형문화유산 축제 - 영산재 - 창도 • 483

VI. 결 론 • 485

참고문헌 • 492

부록

부록 1. 밀양 작약산 영산재 신청 계보 • 513

부록 2. 불교의식 영산재 예능과 콘텐츠 연혁 • 520

부록 3. 이스라엘 영산회상 - 니르바나 - 공연 구성 • 528

부록 4. 이스라엘 공연 영산회상 - 니르바나 - 관련 신문·방송 자료 • 550

부록 5. 음반 발매 자료 목록 • 554

I. 불교의식음악의 연원

인도에서 발생된 불교는 중국을 통해 우리나라에 들어와, 삼국시대에 불교공인과 더불어 1,700년의 역사 속에서 의식, 경전, 사상, 미술, 건축 등 다양한 형태로 발전 전개되어 왔다. 이 가운데 총체적인 불교의식음악은 삼국시대와 고려시대의 국가적 법회와 더불어 체계적인 의식으로 발전되어 왔을 것으로 추측하나 이에 대한 몇몇 기록만 있을 뿐, 제반 의식이 어떻게 진행되고 구성되었는지에 대한 자료는 상당히 미비하다.

다행히 조선시대의 『진언권공眞言勸供』을 비롯한 여타 의식집에 의식 구성, 절차 등이 수록되어 있어, 이를 바탕으로 현재 한국의 각 종단에서는 악樂·가歌·무舞의 전승 형태와 구성으로 불교의식이 이루어지고 있음을 살필 수 있다. 또한 의식음악은 여러 경전에도 기록되어 있어, 대중교화의 한 방편으로써 중요한 포교 역할을 해왔음을 알 수 있다.

*본 저서는 교육과학기술부 2007년 인문학 저술사업 G00005에 의해 이루어짐.

영산재

1. 한국의 불교전래와 의식

불교의식 진행시 의식음악으로 범패梵唄는 범음梵音의 가패歌唄라는 뜻을 지닌다. 패唄란 패닉唄匿의 약어이며, 찬탄이라는 의미를 지닌다. 또한 범패는 성명聲明·찬패讚唄·경패經唄라고도 하는데, 이는 곡조를 붙여서 경문을 노래하는 것을 말하고, 한편 각종 게송을 시창示唱하여 불덕佛德을 찬탄하는 것을 말한다.

그 어의에 관해서는 『법화경현찬法華經玄贊』에서 '범梵'을 파척婆陟이라 하였는데, 이는 찬가讚歌를 말하는 것이고, 패닉唄匿이란 지단止斷·지식止息·찬탄讚歎이라고 번역한다.[1]

범패는 인도에서 발생한 불교와 더불어 이 땅에 전래된 불교의식음악을 총칭하며, 한국의 불교의식 전래에 대해서는 1세기 가야불교의 해상 전래설, 삼국시대에 중국불교의 육로를 통한 한국 전래설 등 두

---

[1] 법현, 『한국의 불교음악』, 운주사, 2005, 53~54쪽.

가지 설²로 살필 수 있다.

1) 『삼국유사』 「가락국기」의 불교 해상 전래설
불교의 해상 전래설은 『삼국유사三國遺事』 「가락국기駕洛國記」에

> 저는 큰 배를 타고 멀리 증조(蒸棗, 신선이 사는 곳에 열리는 좋은 과일)를 찾고, 하늘로 가서 번도(3,000년에 한 번씩 열리는 복숭아)를 찾아 이제 모양을 가다듬고 감히 용안을 가까이하게 되었습니다.³

라는 허황옥의 말에서 그녀가 해상으로 가락국에서 왔음을 알 수 있다. 허황옥은 16살의 아유타국(阿踰陀國, 아요디야) 공주로, 하늘이 내린 가락국 왕을 찾아가 배필이 되라는 부모의 분부를 받들고 석탑을 배에 싣고 동쪽으로 바다를 지나 건무 2년(A.D. 48년 7월 27일)에 20여 명의 수행원과 함께 붉은 돛을 단 큰 배를 타고 장장 2만 5천 리의

---

2 김응기(법현), 「범패의 미학 - 경전에 보이는 범패 가창의 미 중심으로」, 『미학예술학 연구』 23권(2006, 6), 한국미학예술학회, 112~113쪽. 여기서 필자는 기존 중국을 통한 육로 전래의 틀을 벗어나 한국불교의 전래시기와 불교의식 전래를 육로가 아닌 『삼국유사』 「가락국기」의 전래설화를 바탕으로 1세기 해상 전래설을 주장하였다.
만약 한국불교의 해상 전래설이 기정사실화된다면, 「가락국기」에 기록된 한국불교의 전래 시기가 기원후 48년이고 중국의 불교 전래시기가 후한 명제 영평 10년(AD 67)이므로, 한국이 중국보다 19년 일찍 불교를 도입하였다는 주장이 가능하게 된다. 김응기(법현), 「한국 영산재의 의례와 예능과 역사」(국립역사민속박물관 국제연구집회, 『동아시아의 종교의례와 표상문화』, 일본 국립민속박물관 2009.12.23일 세미나발표 논문집), 28~32쪽.
3 박성봉, 고경식 역, 『역해 삼국유사』, 서문문화사, 1985, 165쪽.

긴 항해 끝에 한반도 남애南涯의 별포 나룻목에 이른다.[4]

허황옥의 가야국 도착설과 연관하여 허황옥의 오빠인 장유화상長遊和尙의 불교전래설이 함께 전해지고 있다. 왕후의 오빠인 장유화상(보옥寶玉선사라고도 함)은 후에 가락국의 국사가 되어 가락국에 불교의 기초를 놓았다. 김해 불모산佛母山 장유사에 있는 선사의 화장터와 사리탑 및 기적비, 그리고 왕과 왕후가 만난 곳에 세워진 명월사明月寺 사적비에는 선사의 초전활동을 말해주는 유물과 기록이 남아 있다. 장유화상은 만년에 지리산에 들어가 왕후의 일곱 아들을 성불케 하고 칠불사를 짓기도 한다.

그 밖에 가락국의 불교 초전을 알리는 유적유물은 적지 않다. 이 모든 것은 왕후의 도래를 계기로 일어난 불사들이다. 이러한 불사들은 가락국에 국한되지 않고, 200년경에는 딸인 묘견妙見공주를 일본 규슈에 보내어 불교를 전하게 하니, 이는 백제불교의 일본 공전公傳보다 무려 250년이나 앞선 일이다.[5]

관욕의식

이상 살펴본 불교의 해상 전래를 통해 당시에 불교경전 및 불교의식도 전래되지 않았을까 추측한다.

김수로왕의 설화에서도 당시 사회에 불교가 이미 알려져 있었다는 사실을 알 수 있는 기록이 『삼국유사』에 전한다. 수로왕은 건국한 다음해(A.D. 43)에 궁성 터를 찾아다니다가 신답평新畓坪이란 곳에 이르러 '이곳은 비록 땅은 좁지만 16나한과 7성聖이 살 만한 곳이어서 궁성 터에 적격'이라고 말한다. 16나한이란 석가의 16제자이고, 7성은 모두 수행자가 오료도달悟了到達하는 최고의 지위에 있는 부처의 제자이다. 또한 수로왕이 청불설법請佛說法하여 독룡과 나찰녀의 가해를 방지하였다는 기록도 전한다. 가락국을 일명 '가야국'이라고 하는데, 이 '가야'란 말은 인도어로서 불교와 관련된 지명이나 코끼리, 가사 등에서 그 어원을 찾고 있다.[6]

이 기록들을 볼 때 당시 김수로왕은 허황옥 도착 이전부터 이미 불교를 신봉하였을 것으로 추측된다. 만약 이러한 설화가 사실이라면 불교의 해상 전래설과 더불어 불교의례의 해상 전래설이라는 새로운 학설을 의미하는 것이다. 이러한 해상 전래설은 앞으로 많은 연구를 통해 입증되어야 할 부분이다.

인도불교의 중국 전래는 후한 명제 영평 10년(A.D. 67)이고, 『삼국유사』「가락국기」에 기록된 한국불교의 전래시기는 건무 24년(A.D. 48)이므로, 이에 비추어 보면 육로를 통한 중국으로의 불교전입보다

---

4 정수일, 『문명교류기행』, 사계절, 2002, 131쪽.

5 정수일, 앞의 책, 217쪽.

6 박성봉, 고경식 역, 앞의 책, 162쪽; 정수일, 앞의 책, 132쪽.

중국 범패

19년이나 일찍 한국에 불교가 도입되었음을 확인할 수 있다.

2) 육로를 통한 불교전래와 의식 기록
인도불교의 육로를 통한 중국 전파는 후한 명제 영평 10년(A.D. 67) 축법난과 가섭마등에 의해 전래되었고, 이와 더불어 중국불교가 삼국으로 전해져 고구려 소수림왕 2년(372), 백제 15대 침류왕 원년(384), 신라 법흥왕 14년(527)에 불교가 공인되었다.

이렇게 하여 이 땅에 뿌리내린 한국불교의 의식에 관한 부분은 고려시대 귀족불교와 호국불교의 의식 기록, 조선시대 승유억불정책에서 이어진 의식기록 및 의식악보집, 2009년 유네스코 세계무형문화유산에 등재된 중요무형문화재 제50호 영산재 의식에 사용되는 의식집, 의식악보집 등에서 찾아볼 수 있다. 이하에서는 불교의식 기록에 관해 역사적으로 살펴보기로 한다.

(1) 삼국시대의 의식 기록

삼국 가운데 불교가 가장 먼저 공식적으로 전해진 때는 고구려 소수림왕 2년(372)에 전진왕 부견이 승려 순도順道를 통해 불경과 불상이 전한 것이고, 이어 374년에 진나라 승려 아도阿道 화상이 고구려에 왔다. 불교를 받아들인 지 3년 뒤인 소수림왕 5년에는 성문사省門寺와 이불란사伊弗蘭寺를 창건해 순도 스님과 아도 스님으로 하여금 각각 머물게 했다.

고국양왕(故國讓王, 재위 384~390) 때는 어명을 내려 불법의 숭상을 권장하였고, 392년 광개토대왕 때 9개의 절이 평양에 세워졌다.

광개토대왕 5년(395)에는 진秦나라의 승려 담시曇始가 경률經律 수십 부를 가지고 왔다. 576년(평원왕 18)에 의연義淵은 위魏·제齊에서, 승려 낭朗은 양梁나라에서 유학하고 돌아왔다. 혜관惠灌은 625년(영류왕 8)에 일본으로 가서 삼론종三論宗의 개조開祖가 되었고, 담징曇徵은 610년(영양왕 21)에 백제를 거쳐 일본에 건너가 불법을 강론하고 채화 및 먹, 종이 등의 제조법을 전해 주었으며, 일본 법륭사法隆寺의 벽화를 그렸다.

이러한 사실로 미루어 볼 때, 고구려의 불교정신은 귀족과 민중 사상뿐 아니라 일본불교에도 많은 영향을 끼친 것으로 추측된다. 또한 벽화는 인간의 사후 세계인 불교의 정토세계와 연관되어 변모하여 갔음을 추측할 수 있다. 쌍영총 앞방 벽화에는 공양 행렬 장면이 있고, 덕흥리 벽방분의 묘지명 묵서墨書에는 석가문불제자釋迦文佛弟子라는 표현이 있으며, 천정석의 연꽃에는 일단의 여래와 정토세계가 표현되었고,[7] 고구려 장천 1호 고분벽화(5세기 중엽)에서는 당시의 예경의식과 불상의 복식형태를 엿볼 수 있다.[8]

고구려 장천 1호 무덤 앞 칸 안쪽 벽화 예경도

5세기 중엽에 제작된 위의 장천1호 벽화를 보면 정면의 불상 주위에 비천상과 천신이 그려져 있고 또한 장엄구인 일산과 비천상들의 음악과 무용이 표현되어 있으며, 고구려인의 복식과 예경하는 모습을 볼 수 있다.

한편 인도의 마라난타가 기원후 384년에 백제에 불교를 전하고 나서, 백제에서 불교가 일본으로 전래된 것은 552년이다. 신문왕 6년(685)에는 일본 승려 관상觀常과 운관雲觀이 백제에 와 유학하고 일본으로 돌아가면서 많은 문물을 가져갔으며, 신문왕 7년(686)에는 왕자 김상림金霜林이 불상·불구를 가지고 가서 일본에 전하였고, 신문왕 9년(689)에는 전길詮吉 스님 등 50여 명이 일본에 건너가서 전교하였다. 또한 745년 일본 최대의 사찰인 동대사東大寺 절 짓기에는 백제계

---

7 전호태,『고구려 고분벽화 연구』, 사계절, 2000, 223쪽.

8 김응기(법현),「고구려 벽화의 춤과 불교경전에 나타난 무용 - 장천 1호 무덤벽화 중심으로 - 」(선무학술논집 16집, 국제선무학회, 2006), 145~157쪽.

의 행기(行基, 668~749) 스님과 양변(良弁, 689~773) 스님, 신라인 심상대덕審祥大德 스님이 앞장섰고 백제·신라계의 건축가들이 그들을 뒷받침하였다. 이어 동대사 비로자나부처님 점안을 위해 신라에서 사절단을 파견했다.

신라의 불교 의식을 보면, 신라 진흥왕 12년(551)부터 시작된 팔관회八關會는 무속적인 고대 제천의례가 불교와 결합되면서 성립하였다. 팔관회의 창설은 『삼국사기』 「열전」 제4의 기록에

> 거칠부가 그를 말에 태워 함께 돌아와서 왕에게 배알시키니, 왕이 그를 승통으로 삼고 처음으로 백좌강회百座講會를 열고 팔관법을 실시하였다.[9]

라고 되어 있다. 여기서 백좌강회는 100분의 훌륭한 고승을 모시고 법회를 여는 것으로, 현재 한국의 일부 사찰에서는 백좌강회의 전통을 계승하여 백고좌법회百高座法會라는 이름으로 이어오고 있다. 현재 이루어지는 백고좌법회는 매일 고승高僧 한 분씩을 모셔서 백일 동안 법문을 듣는 의식으로, 백고좌법회 진행시에 불교의식과 범패도 함께 진행된다.

또한 도교와 유교, 불교가 융합된 화랑花郞은 사선四仙, 팔관선랑八關仙郞 등의 예에서 보듯이 가무歌舞를 통해 심신을 수양하였다. 이때의 가무에는 불교적 의식도 함께 스며 있었을 것으로 추측된다.

---

[9] 『三國史記』 권제44, 「列傳」 제4, "居柒夫於是, 同載以歸, 見之於王, 王以爲僧統, 始置百座講會及八關之法."

일본 범패

이 외 신라시대 불교의식과 백고좌법회에 대해서 일본 승려 원인圓仁이 839년 신라방 적산원에 머물며 쓴 『입당구법순례행기入唐求法巡禮行記』에서 엿볼 수 있다.

강사가 법당으로 올라와 고좌에 앉고 대중은 같은 목소리로 탄불(嘆佛, 찬불)하는데, 그 음곡音曲은 모두가 신라의 것이지 당음唐音이 아니다. 강사가 자리에 오르기를 마치면 탄불을 멈춘다. 이때 아랫자리에 있는 한 승려가 범패梵唄를 외는데, 이는 전적으로 당나라 풍속이다. 그가 외는 구절은 '이 불경을 어찌할 것인가(云何於此經)' 등 한 행이다.

라고 하여 신라 풍과 당나라 풍의 종류를 서술하고 있다.[10] 위 인용구절에서 '대중은 같은 목소리로 탄불嘆佛하는데'와 '아랫자리에 있는 한 승려가 범패梵唄를 외는데'라는 글귀에서 당시에 범패가 이어졌음을 알 수 있고, 당시 839년 11월 22일 적산원赤山院 강경의식에 신라의 범패와 당나라 범패가 함께 시행되었음을 알 수 있다.

이유원(李裕元, 1814~1888)이 편찬한 『임하필기林下筆記』 제38권, 「해동악부海東樂府」의 '신라 팔관회新羅八關會'에

진흥왕 시대 매년 동짓달이면

---

10 원인圓仁 저, 신복용 역주, 『입당구법순례행기入唐求法巡禮行記』, 정신세계사, 1991.

채붕 매고 윤등 달고 온갖 놀이 하였네.
복을 빌 때 아름다운 광경까지 구경했으니
예쁜 자태를 가진 화랑이 뽑혀 들어왔구나.
진흥왕眞興王 때 매년 11월에 승도僧徒들을 대궐 뜰에 모으되, 윤등 輪燈 1좌坐를 설치하고 향등香燈을 나열하며, 네 구석에 또 채붕彩棚을 매고서 온갖 놀이와 가무를 가지고 복을 빌었다.[11]

라고 기록되어 있다. 또 『삼국사기』 제44권 「열전」 '거칠부'에서는, 진흥왕 12년(551) 신라가 백제와 함께 고구려를 침공하여 승리한 뒤, 고구려에서 온 혜량법사惠亮法師를 승통으로 삼아 백좌강회百座講會와 팔관八關의 법이 시작되었다고 하였다.

또한 『삼국사기』 제4권 「신라본기」 '진평왕' 35년(613)에는

가을 7월에 수나라 사신 왕세의王世儀가 황룡사에 이르자 백고좌회百高座會를 열었는데, 원광 등의 법사를 맞이하여 불경을 강설하였다.[12]

바라춤

---

11 『林下筆記』第38卷, 海東樂府. "眞興王歲月中冬, 棚結輪燈百戲從, 祈福之時兼觀美, 花郞選入儀芊茸."
12 『삼국사기』권제4, 「新羅本紀」. "秋七月, 隋使王世儀至皇龍寺, 設百高座, 邀圓光等法師, 說經."

라고 기록되어 있다. 이처럼『삼국사기』에 나오는 백좌강회(백고좌법회) 의식을 진행할 때 이에 수반되는 불교의식이 진행되었을 것으로 추정해볼 수 있다.

이 밖에 의식에 대한 역사를『판비량론判比量論』의 각필악보[13]에서 찾아볼 수 있다. 일본의 대곡대학교 소장본에서 발견된『판비량론』은 신라의 원효 스님이 671년에 편찬한 것으로, 신라 심상審祥 스님이 필사하여 740년 일본 황후에게 올린 경전이다.『판비량론』은 고대 인도의 논리학인 인명因明의 형태를 빌어 유식唯識을 설법한 내용으로 후시하가세(節博士, 일본 범패 악보를 말함) 각필악보, 신라어의 가다가나(カタカナ), 합부, 사성점 등이 발견되었다.

이로써 현재 가장 오래된 각필악보는 740년 이전 것으로 추측되는『판비량론』이며, 이 외 일본의 나라 동대사 소장의 768년『대광방불화엄경』권제41(신역) 후시하가세(節博士) 각필악보가 2003년 동대사 정창원에서 발견되었다.

또한「화엄경사경조성기華嚴經寫經造成記」의

---

[13] 법현,『불교음악감상』, 운주사, 2005, 32쪽. 각필은 경전 위에 음률의 높낮이를 실선으로 표시한 범패 악보로 각필보(불경의 가락을 표시한 선으로 일본에서는 후시하가세[節博士]라 함), 훈점(訓點, 조사를 표시한 점), 구결(口訣, 우리말 토씨 문자), 합부(合符, 복수의 한자를 하나로 묶는 부호) 등으로 나눌 수 있다. 이 중 가는 선으로 불경의 음의 높낮이 및 음의 길이(時價)를 그림(실선)처럼 그려놓은 것이 있는데, 이것이 각필악보이다.

고려・조선시대 복식재현 영산재

754년 8월 1일, 한 법사가 범패를 불러 이끌었다.[14]

라는 기록은 754년경에 신라에 범패가 있었음을 알 수 있는 대목이다. 또한 『삼국유사』의 「월명사月明師」 '도솔가조兜率歌條'에 신라 경덕왕 15년(760)에 월명법사月明法師가 왕에게 "향가鄕歌만 알 뿐 범성梵聲에는 익숙하지 못합니다."라고 아뢰는 글을 통해 당시에 범패가 존재하고 있었음을 알 수 있다. 또 「진감국사대공탑비문眞鑑國師大空塔碑文」에는 "진감선사(眞鑑禪師, 774~850)가 803년 당나라에 유학시 범패를 배워 830년(태화 4년) 귀국하여 옥천사(하동 쌍계사)에서 어산魚山을 가르쳤다"고 기록되어 있다. 그런데 이때 진감국사가 가르친 것은 당풍唐風의 범패로 보아야 할 것이다. 이는 일본승려 원인이 쓴 『입당구법순례행기』에 당시 신라 풍과 당나라 풍의 범패가 있었음을

---

14 호암박물관 소장 「화엄경사경조성기華嚴經寫經造成記」에는 '754년 8월 1일부터 755년 2월 14일 화엄경 사경의식 과정에서 한 법사가 범패'를 불렀음을 서술하고 있다.

I. 불교의식음악의 연원 29

밝히는 기록을 통해 추정한 것이다.

또 다른 기록으로는 『삼국사기』 「신라본기」의

진성왕 원년(887) 죄수들을 크게 사면하고, 모든 주와 군의 1년간의 조세를 면제하였다. 황룡사에 백고좌를 열고 왕이 직접 가서 설법을 들었다. 겨울에 눈이 내리지 않았다.[15]

라는 기사이다.

이상 삼국시대의 여러 기록을 보면, 고구려는 장천 1호 고분에 당시의 예경 모습이 그림으로 남겨져 있고, 신라는 백고좌법회가 열렸고 법회 진행시 범패가 진행되었으며, 당시 신라 풍과 당나라 풍의 범패가 불려졌다. 따라서 삼국시대에는 불교가 전래되는 초기부터 꾸준히 불교의식이 함께 이루어졌음을 알 수 있다.

(2) 고려시대의 의식 기록

삼국시대에 이어 고려불교는 호국불교 법회와 불교의식이 매우 성행하였다. 이를 밝혀주는 자료로는 1010년 이전으로 추정되는 『묘법연화경』 권1, 권8에 있는 각필악보와 자각종색慈覺宗賾 선사가 편찬한 고려판 『선원청규禪苑淸規』(1130년 찬술) 제6 「간장경看藏經」에 나오는 의식에 대한 청규 등이 있으며, 보조국사 지눌(知訥, 1158~1210)의

---

[15] 『三國史記』 권제11, 「신라본기」 제11. "大赦, 復諸州郡一年租稅. 設百高座 皇龍寺, 親幸聽法, 冬無雪."

『염불요문念佛要門』에서 염불의 중요성을 엿볼 수 있다.

성암고서박물관에 소장된 『묘법연화경』 권1, 권8에 있는 각필악보[16]는

안채비

1010년 이전의 것으로 추정된다. 『묘법연화경』은 회삼귀일會三歸一과 구원성불久遠成佛의 두 가지 내용을 싣고 있는 대승경전의 하나이다. 권1, 권8의 각필악보에서는 평염불과 안채비 형태의 염불형태 악보를 볼 수 있다. 이것은 각필로 표기된 한자 이외의 글자는 평음으로 읽어 내려오는 학습형태에서 알 수 있다. 동일한 글자라도 음의 고저

---

16 법현, 『한국의 불교음악』, 운주사, 2005, 48쪽. 이 악보는 서울 성암고서박물관이 소장한 것으로, 2000년 10월 28일 필자에 의해 처음 발견되어 세계 최초의 범패 각필악보로 판명되었다. 이후 2002년 일본 각필악보의 권위자 고바야시 요시노리가 신라 원효 스님의 『판비량론判比量論』 각필악보를 발견하였고, 2003년 일본 나라「제2회 동대사 국제 학술 발표회」에서 한국의 성암고서박물관 소장 『묘법연화경』 권1, 권8 각필악보와 비교 발표회를 통해 필자가 발견한 각필악보가 불교음악 범패의 악보임을 확인하고 세계 최초 발견자라고 인정하였다. 이 외 일본 동대사 정창원에서 9세기 초의 것으로 보이는 『화엄문의요결華嚴文義要決』에서 각필 훈점이 발견되는 등 이를 뒷받침한 자료들이 최근에도 발견되고 있다. 그동안 일본에서는 각필 관련 문헌이 40년 전부터 발견되어 3,200여 점이 발굴되었고, 중국에서는 2천 년 전 한대漢代의 돈황문헌에 각필악보의 흔적이 보이는 등 각필의 역사는 매우 오래되었음을 알 수 있으나, 불교음악의 각필악보라 하여 발견한 것은 한국의 성암고서박물관 소장, 『묘법연화경』 권1, 권8을 최초의 것으로 보고 있다.

가 각각 다르다는 것이 안채비의 특징이라 볼 수 있기 때문이다.

고려판『선원청규』제6「간장경」에는

유나維那는 표탄表歎하여 개계開啓의 소疏를 펴며 염불한다. 아사리(闍梨)는 범(梵, 범패)을 작作한다. 소리 끊어짐을 기다린 연후에 대중은 경을 편다.[17]

라고 기록되어 있으며, 이어지는「중연재中筵齋」에서는 범패와 불교사물인 어고魚鼓, 경쇠磬가 의식진행 과정에서 사용되고 있음을 확인할 수 있다.

또한「간장경」에서는 현행 영산재, 수륙재, 각배재, 생전예수재 의식에서 보이는 개계소開啓疏에 대한 내용과 범패에 대한 설명, 불교사물에 대한 것에 대하여 설명하고 있어 재齋의식 진행시 범패와 사물, 어고와 경쇠가 중요한 역할을 한 것을 추측할 수 있다.

이러한 고려판『선원청규』에 앞서 성립된 중국의『칙수백장청규勅修百丈淸規』에서는 선방에서 이루어지는 수행의식 가운데 불교의식에 관한 내용이 나타나 있다.『칙수백장청규』는 중국 당나라 때 백장회해百丈懷海가 선종총림禪宗叢林의 수행자들이 지켜야 할 규칙을 자신의 창의로 이루어 이를 성문화한 것이다. 이를『고청규古淸規』라고 한다. 당시에 선종이 독립된 사원·제도·의식 등을 아직 갖지 않았을 때 백장은 법당法堂·승당僧堂·방장方丈 등의 제도를 설정하고, 중승衆僧

---

17 『禪苑淸規』,「看藏經」. "維那表歎, 宣開啟疏, 念佛闍梨作梵, 候聲絕, 然後大眾開經."

에게 동서東序·요원寮元·당주堂主·화주化主 등의 각 직책을 규정해 놓았다. 그러나 이것이 당·송 시대에 이리저리 흩어져서 없어졌으므로, 1335년 원元나라의 백장덕휘百丈德輝가 순제順帝의 칙명을 좇아 이를 정리하고 수정하여 전국 선원에서 시행시켰는데, 이 가운데는 불교사물과 염불, 범패의 내용도 기술되어 있다.

고려·조선시대 복식재현, 구해 스님

고려시대의 『선원청규』와 중국 당나라 『칙수백장청규』는 한국 불교의식과 중국 당나라 불교의식과의 비교는 물론 범패와 당시 사원의 규범을 알 수 있는 중요한 자료이다.

다음으로 고려시대의 불교의식 및 수륙재와 범패, 악기에 대한 기록을 살펴보겠다.

『고려사절요』 제1권 「태조신성대왕太祖神聖大王」조에

기묘 2년(919). 하루에 바치는 쌀이 7만 석에 이르고 해마다 공양한 중이 3만 명이나 되며, 사원과 초상은 금·은으로 장식되지 않은 것 없으며 불경의 천함千函·만축萬軸의 글자는 금과 은으로 꾸미지 않은 것이 없었다. 궁전은 염불하는 집이 되었고……[18]

---

18 『高麗史節要』「太祖神聖大王」 "己卯 二年 一日施米, 至於七萬, 歲飯僧徒, 至于三萬, 寺院肖像, 無非金銀之飾, 千函萬軸, 無不金銀其字, 宮殿, 爲梵唄之堂."

이스라엘 공연 영산회상-니르바나, 증명 법사

라는 기록이 보이고, 고려 태조 23년(940) 12월과,[19] 광종 21년(970)에 갈양사葛陽寺에서 개설된 수륙도량이 있었다고 기록되어 있다.

조선왕조실록『태조실록太祖實錄』태조 4년(1395) 2월 24일자에

임금이 수륙재水陸齋를 관음굴觀音堀·현암사見巖寺·삼화사三和寺에 베풀고 매년 봄과 가을에 항상 거행하게 하였다. 고려의 왕씨를 위한 것이었다.[20]

라고 하여 조선의 태조가 고려 왕족의 명복을 빌기 위해 수륙재를 거행하였음을 기록하고 있어, 수륙재의 연원은 천여 년 전부터 시행되

---

19 『高麗史』「世家」, 卷2 太祖 23年 12月條
20 『太祖實錄』卷7 太祖 4年 2月 戊子條. "上命設水陸齋於觀音堀, 見巖寺, 三和寺, 每春秋以爲常. 爲前朝王氏也."

었음을 알 수 있다.

또한 『태종실록太宗實錄』 태종 14년에는 다음과 같은 기사가 보인다.

시련시 이운의식

이관李灌에게 명하여 전지傳旨하시기를 "관음굴觀音堀·진관사津寬寺·대산臺山 상원사上元寺·거제巨濟 견암사見庵寺에 매년 2월 15일에 수륙재를 행하였는데, 금후로는 정월 15일에 행하는 것으로써 항식恒式을 삼으라"고 하셨다.[21]

한편 송나라의 사신 서긍徐兢이 1123년에 고려를 방문하여 보고 들은 것을 기록한 『선화봉사고려도경宣和奉使高麗圖經』에서 범패와 현재 불교무용 바라춤 진행시 사용되는 악기인 요발鐃鈸에 관한 구절이 설명되어 있다. 『선화봉사고려도경』 제17권 「사우祠宇」에

원단元旦과 매달 초하루와, 춘추와 단오에 다 조상의 신주에 제향을 드리는데, 부중府中에 그 화상을 그려놓고 승僧들을 거느리고 범패

---

21 『太宗實錄』 卷27 太宗 14年 2月 庚戌條. "命李灌傳旨曰, 觀音窟津寬寺, 臺山上元寺, 巨濟見庵寺, 行每年二月十五日水陸齋, 今後行於正月十五日以爲式."

I. 불교의식음악의 연원 35

梵唄를 하루 밤낮 계속한다.[22]

라는 기록이 있으며, 또한 제18권 「석씨釋氏」에는

그들의 범패梵唄로 말하면 또 사투리여서 전연 분간할 수가 없다. 그들의 요발(鐃鈸, 불가에서 쓰는 악기 이름)은 생김새가 작고 소리가 시름겹고, 그들의 소라 소리는 호통을 치듯 매우 크다.[23]

라고 하였고, 제34권 「해도海道」 '매잠梅岑'에는

구제舊制로는 사자는 여기서 기도를 드린다. 이날 밤 승도僧徒들은 분향 송경하고 범패梵唄를 하는 것이 심히 엄숙하였고, 삼절의 관리와 병졸도 다들 경건하게 예를 행하였다.[24]

라고 기록하였다.

한편 안정복安鼎福이 지은 『동사강목東史綱目』 제15상에는 다음과 같은 기록이 있다.

---

[22] 『宣和奉使高麗圖經』 제17권. "歲旦, 月朔, 春秋, 重午, 皆享祖禰, 繪其象於府中, 率僧徒歌唄, 晝夜不絶."

[23] 『선화봉사고려도경』 제18권. "至其梵唄, 則又鴃舌, 不復可辨矣. 其鐃鈸, 形制小而聲愁, 至其螺聲, 則洪大如號焉."

[24] 『선화봉사고려도경』 제34권. "舊制 使者於此請禱 是夜 僧徒 焚誦歌唄甚嚴 而三節官吏兵卒 莫不虔恪作禮 至中宵."

일운 스님, 북반주

을사년 공민왕 14년(1365), 왕은 본디 불교를 믿어왔는데 이때에 이르러 크게 불사佛事를 벌였으니 참경회懺經會를 베풀어 7일마다 뭇 승려에게 범패梵唄를 하며 혼여魂輿를 따르게 하여 빈전殯殿에서 절의 문에 이르기까지 번당幡幢이 길을 덮고 동발소리·북소리가 하늘을 울렸다. 혹은 비단으로 그 절 건물을 온통 휩싸서 보는 사람들의 눈이 어지러울 정도였다.

또한 『해동역사海東繹史』 제32권 「석지釋志」 '석교釋教'에도 다음과 같은 기사가 있다.

불상佛像과 공구供具 모두 다 깨끗하고, 번幡의 장식과 비단 천개天蓋는 질서가 정연하였습니다. 대경大經으로는 『화엄경華嚴經』과 『반야경般若經』이 있고, 작은 경전은 이루 헤아릴 수 없이 많습니다. 또한 본래 중국에서 연구하여 중국말을 할 수 있는 자가 있어서, 낭송 시켜 보았더니, 똑똑히 알아들을 수 있었습니다. 그들의 범패로 말하면, 사투리여서 전혀 분간할 수가 없었습니다. 요발鐃鈸은 생김새가 작고 소리가 구슬펐으며, 그들의 나螺 소리는 호통을 치듯 매우 컸습니다.

위의 『해동역사』와 기타 고려에 관한 문헌을 통해 보면, 수륙재 및 여러 불교의식을 거행할 때 불교음악 범패가 행해졌음을 알 수 있고, 불교무용 바라춤 진행시 사용되는 요발바라춤 악기와 재齋의식을 장엄하게 꾸미는 번장엄 등에 대한 서술도 살필 수 있다.

위에서 살펴본 바와 같이 한국불교의 전래는 「가락국기」의 1세기 해상 전래설과 중국을 통한 삼국의 불교 육로 전입설 두 가지로 나누어지며, 이 중 해상 전래설에 대해서는 추가로 연구 보완되어야 할 필요성이 있고, 후자의 경우도 삼국의 불교공인 이전에 전래된 불교에 대한 연구가 이어져야 불교의식의 기원에 대해 좀 더 자세히 알 수 있을 것이다.

이상 여러 기록을 통해 불교전래와 불교의 재의식인 백고좌법회, 수륙재, 범패, 장엄, 불교사물 악기 등 불교의식이 시대를 흐를수록 발전되어 전승되고 있음을 알 수 있다.

3) 삼국시대, 고려시대, 조선시대, 해방 이후 현행 악보 및 의식집
삼국시대와 고려시대 귀족불교 이후 조선시대의 숭유억불 정책 하에서, 해방 이후 현재에 이르기까지 많은 불교의식과 의식집 악보 등을

고려·조선시대 복식 재현 범패

찾아볼 수 있다. 대표적으로 불교의식문의 자료집을 4권의 책으로 엮은 『한국불교의례총서』[25]에는 삼국시대부터 현대에 이르기까지의 여러 재齋의식문과 절차를 찾아볼 수 있으니 아래와 같다.

(1) 신라 원효 스님이 671년 저술한 『판비량론』. 신라승 심상이 필사하여 740년 이전에 일본의 광명황후에게 올린 이 문헌에 있는 신라음의 삭필악보. 일본 대곡대학교 소장 740년 각필악보.

(2) 고려 1010년 이전 추정 성암고서박물관 소장 『묘법연화경』 권1, 권8 각필악보.

(3) 고려 1342년 충혜왕 3년 죽암유사가 간행한 목판본 『천지명양수륙재의』 의식집.

---

25 朴世敏 編, 『韓國佛敎儀禮資料叢書』 卷1 - 4輯, 保景文化社, 1993.

(4) 조선 1485년 학조 스님이 간행한 『오대진언집』 탁점보 형식 악보.

(5) 1496년 학조 스님이 간행한 목활자본 『진언권공』 영산재 상단 권공 영산작법 내용.

(6) 1531년 중종26년 간행된 목판본 『천지명양수륙잡문』 의식집.

(7) 1574년 선조 7년 불교의식을 모아 편집 간행한 『권공제반문』 의식집.

(8) 1627년 청허휴정 스님이 간행한 『운수단가사』의 현행 영산재 구성 한글 내용.

(9) 1661년 현종 2년 목판본 『오종범음집』과 수륙재 의식 절차를 기록한 목판본 『천지명양수륙재의찬요』.

(10) 1664년 현종 4년 청의서하에서 간행한 수륙재 의식문이 기록된 목판본 『자기산보은』 의식집.

(11) 1694년 숙종20년 금산사 간행 목판본 『제반문』 의식집.

(12) 1713년 숙종 39년 반운·응휘·지선·진일 스님에 의해 간행된 목판본 『신간산보 범음집』 의식집.

(13) 1721년 지환 스님이 간행한 『천지명양수륙재의 범음산보집』 의식집.

(14) 1724년 경종 4년 계파성능의 수륙재 의식문을 기록한 목판본 『자기문절차조례』 의식집.

(15) 1732년 영조 8년 묘향산 간행 『운수단의문』 의식집.

(16) 1739년 지환 스님이 도림사에서 간행한 목판본 『천지명양수륙재의 범음산보집』 의식집.

(17) 1826년 순조 26년 백파긍선이 제반 의식집을 모아 사성점을 표기하여 간행한 목판본 『작법귀감』 상하권 의식집.

(18) 19세기 범패승들이 구음으로 전해진 범패의 짓소리를 알기 쉽게 표시한 20세기 범패승 박운월, 김운공, 장벽응, 박송암 스님 등 5권의 『동음집』.[26]

고려·조선시대 복식재현 바라춤

(19) 1931년 안진호 스님이 제종 의식집은 모아 편찬한 『석문의범』[27] 의식집.

(20) 중요무형문화재 제50호 영산재전승도량 봉원사 소장, 『봉원사요집奉元寺要集』[28] 의식집.

(21) 1997년 법현, 『영산재 연구』의 실선보 악보집, 운주사 발행.

(22) 2002년 법현, 『불교무용』 오선보 악보집, 운주사 발행.

(23) 2005년 법현, 『불교음악감상』 오선보 악보집, 운주사 발행.

(24) 2011년 채혜련, 『영산재와 선율』 오선보 악보집, 국학자료원 발행.

상기 자료에서 원효 스님이 671년에 저술한 『판비량론判比量論』, 고려시대 1010년 이전 추정 성암고서박물관 소장 『묘법연화경』 권1, 권8 각필악보에서 신라시대와 고려시대의 범패 선율을 알 수 있고, 고려 1342년 충혜왕 3년 죽암유사가 간행한 목판본 『천지명양수륙재의』는 고려시대 수륙재에 대한 진행 구성을 알 수 있는 자료이다.

---

26 법현, 『한국의 불교음악』, 운주사, 2005, 61쪽.

27 安震湖, 『釋門儀範』, 法輪社, 1931.

28 『奉元寺要集』, 奉元寺 所藏, "世尊應化貳阡九百八拾參年丙申 至月 上下分結." 『奉元寺要集』은 前 奉元寺 주지 李寶潭 스님이 寺中要集으로 제작함.

그 외 조선조 1485년 학조 스님이 간행한 『오대진언집』 탁점보 형식 악보와 1496년 학조 스님이 간행한 목활자본 『진언권공』은 탁점보와 더불어 영산재 상단권공 영산작법 내용이 서술되어 있어 당시에 영산재가 진행되었음을 알 수 있는 귀중한 자료로 평가된다.

18세기 초인 1713년에 간행된 『신간책보범음집新刊册補梵音集』과 1748년 대휘화상大輝和尙의 『범음종보梵音宗譜』에서는 조선시대 범패승의 계보와 활동을 엿볼 수 있다.

19세기 초반, 1826년 백파白坡[29] 스님이 지은 『작법귀감作法龜鑑』은 불교의식집의 혼란에 대한 반성과 함께 의례요집儀禮要集에 범패 발성의 높고 낮음의 탁점을 찍은 정비된 의식집으로, 의식 진행시 불리는 경문의 게송 옆에 한자의 사성을 표기하였다. 사성에 있어서[30] 평성 - 맑으면서 멀리 가는 소리, 상성 - 높은 음으로서 점점 높이 올라갔다가 그치는 소리, 거성 - 높낮이가 없이 급하게 닫는 소리, 입성 - 애절하면서도 편안함을 느끼게 하는 소리를 사성점보로 표기하였다.

아울러 19세기 범패승들이 범패의 짓소리를 알기 쉽게 표시한 박운월, 김운공, 장벽응, 박송암 스님의 5권 『동음집』[31]이 있다.

21세기에 들어 필자의 단행본 『영산재 연구』 실선보는 중요무형문

---

[29] 백파선사白坡禪師는 조선 영조 43년(1767)에 태어나 12세에 선운사에서 출가하여 훗날 삼종선三種禪 논쟁을 일으킨 종문宗門의 거인이며 선객이었지만, 조선시대 불교 의식문에 대한 관심으로 『작법귀감作法龜鑑』에 범패의 사성점을 표기하여 소리의 높낮이를 바로 잡는 의식집을 제자들의 간청으로 교정하였다. 최일범, 「백파선사」, 『한국불교인물사상사』, 민족사, 2010(1990), 20~21쪽.

[30] 백파긍선 저, 김두재 옮김, 한글본 한국불교전서 조선1 『작법귀감』, 동국대출판부, 2005, 69~71쪽.

[31] 법현, 『한국의 불교음악』, 운주사, 2005, 61쪽.

화재 제50호 영산재 보유자 스님들의 소리의 형태를 실선형으로 옮긴 한국 최초의 실선보 악보이며, 또한 서양의 오음계 형식으로 옮긴 오선보로는 필자가 펴낸 『불교무용』의 무용곡 악보가 있으며, 『불교음악감상』[32]에서는 불교무용 바라춤, 나비춤, 법고춤 악보와 범패 홋소리 악보 등을 오선보로 채보하였다. 또한 채혜련은 『영산재와 선율』[33]에서 중요무형문화재 제50호 영산재 보유자 박송암 스님이 영산재 상단권공에서 부르는 범패를 오선보로 채보하였다. 이들 실선보 악보와 오선보는 일반인도 쉽게 불교의식음악을 알 수 있도록 악보화시켜 범패의 대중화와 악보 기록화에 기초가 되었음에 의미를 두며, 이러한 의식집 탁점보, 실선보, 오선보의 범패 악보집은 현재 불교의식을 배우는 승려들의 학습지침서로 사용된다.

불교전래와 더불어 의식문에서 불리워지는 범패는 한국의 문화와 융합한 한국적 특징을 지닌 의식음악으로 범패는 가곡, 판소리와 더

---

[32] 김응기(법현), 「범패 전승에 사용된 각필악보 연구」, 『음악과 문화 제12호』, 세계음악학회, 2005. 69~71쪽.

[33] 채혜련, 『영산재와 범패』, 국학자료원, 2011;『영산재와 선율』, 국학자료원, 2011. 상기 두 저서는 2011년 원광대 한국문화학과 문학박사 논문『靈山齋 梵唄의 旋律에 관한 연구 - 朴松岩類 上壇勸供 〈홋소리·짓소리〉를 중심으로 - 』와 중요무형문화재 제50호 영산재 보유자 박송암 스님의 유작앨범(2001년 아시아레코드사 발매 7장 영산CD 제작: 송암대종사 문도회, 불교음악연구소)을 분석, 이를 오선보로 채보한 학위 논문집 중심으로 영산재의 이론 및 선율 분석을 『영산재와 범패』에 담았고, 현재 전승되어지는 범패의 전래 대한 중국범패, 한국범패 전래를 서술 및 영산재 진행구성과 상단권공에서 이루어지는 42곡의 소리를 채보하여 『영산재와 선율』이란 저서에 담았다. 이는 박송암 스님이 1969년, 1970년에 녹음한 유작앨범인 범패, 영산재 상단권공 작법절차의 소리를 최초로 선율 분석 및 악곡집으로 정리한 것으로 평가된다.

고려・조선시대 복식 재현 바라춤

불어 한국의 3대 성악으로 자리매김하고 있다.

현재 전승되는 조선시대 의례집이 삼국시대와 고려시대의 의례를 그대로 전승・기록하고 있는 것인지, 변모했다면 그 과정에서 변화의 근간을 이루고 있는 요소들이 무엇인지는 정확하게 알 수 없지만, 전대의 것이 이어져 왔을 것으로 추측한다.

고려시대의 불교의례는 원칙적으로 신라의 불교의례를 계승한 것이다.『삼국사기』와『삼국유사』등의 기록에 의하면, 신라에서 개최된 불교의례로는 문두루 비밀지법, 인왕경법회, 팔관재법, 점찰법회, 낙성회, 대회, 복회 등이 보인다.[34]

상기 신라의 불교의식이 고려에도 계승하고 있는 것을 뒷받침할 자료는 고려 1342년 충렬왕 3년에 죽암유사가 간행한 목판본『천지명

---

[34] 김종명,『한국 중세의 불교의례 - 사상적 배경과 역사적 의미 - 』, 문학과지성사, 2001, 55쪽.

양수륙재의』의식집에서 엿볼 수 있다. 조선시대에는 1496년 학조 스님의 간행한 목활자본『진언권공』에 보이는 영산재 상단권공의 영산작법 내용이 16~19세기의 각종 의식집의 저본이 되었고,[35] 1931년에 안진호[36] 스님이 제종 의식집을 모은『석문의범』은 상편 - 예경禮敬·축원祝願 송주誦呪·재공齋供·각소各疏, 하편 - 각청各請·시식施食·배송拜送·점안點眼·이운移運·수계受戒·다비茶毘·제반諸般·방생放生·지송持誦·간례簡禮·가곡歌曲·신비神秘 등 총 13장으로 편집된 의식문이다.

안진호 스님의『석문의범』은 단순히 불교의식과 염불만을 수록하

---

[35] 영산작법 절차는 영산재, 수륙재, 생전예수재 등에서 거행된다. 영산작법 절차 의문에 대한 제작에 대하여 심상현,『영산재 성립과 작법의례에 관한 연구』, 위덕대 박사논문, 2011, 36~40쪽에서는 북송 소동파(蘇東波, 1036~1101) 혹은 매씨가 지었다는 주장으로 소동파가 대장경을 열람하고 수륙재를 지었는데 그 글의 내용인즉 밤에 베푸는 규약만이 있고『법화경』에 의거한 주간의 법회가 없어, 그의 매씨가 부족한 부분인 영산작법 절차를 지었다는 설과 이 외 고려 문종의 넷째 아들인 대각국사 의천(1032~1083)이 지었다는 설의 두 가지 설을 주장하고 있다. 필자의 견해는 중국의 양무제 재위(502~549) 때에 이룩된 무차대회無遮大會가 삼국에 전승되었을 가능성과『고려사절요』제1권에 고려 태조 23년(940) 12월과 광종 21년(970)에 갈양사에서 수륙도량이 개설된 점에 근거를 두어 수륙재의문과 영산작법 절차는 보다 앞서서 지어졌을 것으로 추정한다.

[36] 안진호 스님은 1880년 경북 예천 출생으로 어린 시절 한학을 공부, 16세에 예천 용문사로 입산하여 불경을 공부하다 발심하여 이듬해인 1896년 신일信一 스님의 제자로 출가했다. 예천 용문사 강원에서 사교와 사집을 비롯한 전 과정을 두루 마치고 총명함이 뛰어나 10년 가까이 수학하며 내전內典 전체를 공부했다. 이후 예천 용문사, 김천 김룡사, 문경 대승사, 의성 고운사, 양주 봉선사, 장성 백양사 등의 사찰에서 20여 년간 후학들을 지도했다.

법고춤

고 있지 않다는 점에서 의미가 크다. 1,700년 한국불교에서 전통적으로 이어져온 좌선의식, 수계의식, 계문戒文, 방함록과 전국 사찰의 현황을 기록한 조선사찰일람표가 이 책에 들어 있다. 때문에 조선 중기 이후 조선불교의 흐름을 한눈에 살필 수 있는 귀한 자료로 평가받는다. 이 밖에도 스님들이 법회나 결혼식에 참고가 될 의식도 게재함으로써 시대의 변화를 선도했다. 그리고 참선곡, 회심곡, 찬불가, 염불가 등을 함께 실었다는 사실도 주목받을 만하다. "둥글고 또한 밝은 빛은 우주를 싸고……"로 시작되는 찬불가도 『석문의범』에 실려 있다. 찬불가는 조학유 스님이 작사한 것이다. 상, 하 2단으로 편집하여 한자에 익숙하지 않은 민초들도 부처님 가르침을 쉽게 받아들일 수 있도록 했다.[37]

『석문의범』은 현재 제종 의식집 가운데 종파를 초월하여 가장 널리 사용되며, 유네스코 세계무형문화유산 중요무형문화재 제50호 영산재 의례집으로 『석문의범』과 『봉원사요집』이 사용된다.

또한 일반인과 범패승들에게 쉽게 영산재 및 범패를 소개한 필자의 3권의 단행본인 『영산재 연구』의 실선보 악보와 불교무용과 무용곡을 채보한 『불교무용』 오선보, 『불교음악감상』 오선보, 채혜련의 『영산재와 선율』 오선보 등이 서양 악보로 소개되어 있는데, 이는 불교의식집의 범패 일부 소리를 서양 악보화 하여 일반인도 쉽게 범패를 이해할 수 있도록 하였다.

---

[37] 불교신문 2572호/ 11월 7일자 참조.

2. 불교경전 각필악보와 일본불교

불교의 한국 전래 이후 삼국시대, 고려시대, 조선시대 각 시대별로 구체적으로 어떠한 선율형식의 범패가 불려졌고 전승되었는지 알 수 없다. 다만 신라시대 각필악보[38]에서 당시의 경전 염불 형태인 범패악보를 통해 당시 음운과 선율을 알 수 있을 뿐이다. 이 가운데 한국과 일본에서 발견된 각필악보를 살펴보겠다.

각필角筆은 불교 대나무나 사슴뿔 등 예리한 도구를 이용하여 한자 옆에 발음이나 해석을 알려주기 위한 목적으로 경전 위에 자국을 낸 것으로, 이렇게 불교경전을 읽기 위해 사용한 것을 각필악보라고 한다. 세계 최초의 각필악보는 필자[39]에 의해 2000년 10월 28일에 발견된, 1010년 이전 각필악보 문헌인 서울 성암고서박물관 소장 『묘법연화경』 권1, 권8이다.

이후 2002년에 일본학자 고바야시 요시노리는 일본 대곡대학교에

---

[38] 문상련(정각),「경전 독송의 내적 규준 범패와 구결」,『영산재학회 논문집』제7집, 2009, 75쪽.
정각 스님의 경우 상기 논고에서 "각필이 악보로서의 역할을 하는 것이라면, 이는 각필악보라는 표현보다는 창패구결唱唄口訣이라 칭해져야 할 것으로 생각된다"고 하여 각필악보를 창패구결이라 칭하였다.

[39] 김응기(법현),「韓國梵唄의 歌唱과 角筆樂譜 實演 - 성암고서박물관소장『묘법연화경』각필악보 중심으로」,『東大寺 創建前後』, 日本: 東大寺, 2004. 74~82쪽.
2000년 10월28일 세계 최초로 필자에 의해 범패 각필악보를 발견하고 2003년 동대사 주최 학술 세미나에서 이를 가창하였으며, 이를 통해 최초 발견자로 인증되었다.

소장된 신라 원효 스님의 『판비량론』에 보이는 신라시대 각필악보[40]를 발견하였다. 이 저서는 신라승 심상대덕審祥大德[41]이 740년 일본 광명光明황후에게 올린 것으로, 740년 이전에 만들어진 것이다. 고바야시는 또한 2003년 일본 동대사東大寺에 소장된 『화엄경』의 주석서인 『화엄간정기華嚴刊定記』에 보이는 각필악보 역시 740~780년 8세기에 만들어진 불교음악의 각필악보라고 밝혔다.

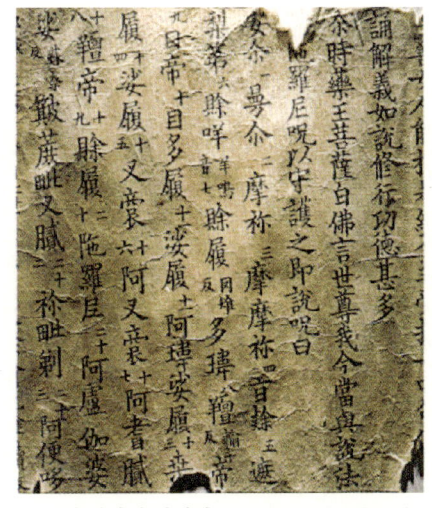

1010년 법화경 각필악보(성암고서박물관 소장)

위의 두 자료를 뒷받침할 기록은 백제, 신라승의 일본 불교전래를 통한 역사의 자료에서 엿볼 수 있다.

---

[40] 일본 대곡대학 소장본 『판비량론判比量論』 1권에서 2002년 일본인 각필 연구가 고바야시 요시노리에 의해 신라인이 표기한 각필악보를 일본 가다가나 문자, 구결 등의 형태로 발견하였다. 고바야시는 『판비량론』의 각필악보는 일본 범패 쇼묘에서 쓰는 각필악보와 다른 신라시대 범패의 각필악보라고 주장하였다.

[41] 심상(審祥, ?~740)은 성덕왕聖德王 때에 일본으로 건너가 상하의 존경을 받았다. 그는 효성왕孝成王 4년(740) 금종도량金鍾道場에서 『화엄경』을 개강하였는데 도하都下 16원院의 고승과 수많은 학인이 운집하였다. 그때 국왕도 법문을 듣고 그 걸림 없는 설법을 찬탄하여 채백綵帛 천여 필을 보시했으며, 왕후와 공경公卿이 다투어 공양한 시물施物이 산처럼 쌓였다. 그로부터 심상 스님은 1년에 20권씩 강의하여 3년 만에 60권 『화엄경』을 종강하였다. 경덕왕景德王 원년(742)에 세상을 떠나니 양변良辨 스님 등 많은 제자가 그를 계승하여 교학을 크게 일으켰다고 한다.

1) 각필악보와 신라, 백제승의 일본불교 전파

현존하는 가장 오래된 범패 악보는 2002년 고바야시 요시노리가 일본 대곡대에 소장된, 원효 스님이 671년 저술한『판비량론』[42]에서 발견한 740년 이전의 각필악보[43]이다. 이 외 2003년 일본 동대사東大寺 소장의『화엄간정기』에 보이는 각필악보도 740~780년경인 8세기에 만들어진 문헌자료이다.

일본에서 발견된『판비량론』의 각필은 일본식이 아닌 한국식 각필악보로 알려졌다.『화엄간정기』한자 옆에 발음이나 해석을 눌러 적은 각필악보의 형태는 일본 불교음악 범패인 쇼묘(聲明)의 기보 악보인 절박사(節博士; 일본 범패 악보는 절박사, 유리, 소리라 표현한다)로 표기된 각필악보로, A형과 B형의 악보로 분류하였고, 이 외 각필한자, 각필훈점, 가다가나, 합부, 권점, 주시부, 과단부, 반독부 등 총 8가지[44]가 표시되어 있다고 발표했다.

8세기 한국범패 각필악보를 알 수 있는 자료를 뒷받침하는 백제 및 신라불교의 일본 전래 기록과, 필자에 의해 2000년 10월 28일 발견된

---

[42] 본문에 자주 등장하는『판비량론判比量論』은 두루마리 불경으로 약 1,400년 전인 7세기 후반 신라의 원효대사가 저술한 것이다.『판비량론』은 원효대사가 당대 인도와 중국에서 최고의 학승으로 추앙받던 현장玄奘 스님이 인도 유학 도중 고안해 발표했던 "만법유식萬法唯識을 증명하는 논증식"과 "대승불교가 부처의 교설임을 증명하는 논증식"을 신랄하게 비판하면서 현장이 해결하지 못했던 불교 논리학의 난제들을 명쾌하게 풀어 현장과 호법을 한꺼번에 비판한 저술이다. 이 가운데 이 글을 염송할 수 있는 신라불교음악 각필악보가 수록되어 있다.

[43] 小林芳規,「奈良時代の角筆訓点から觀た華嚴經の講說」,『東大寺 創建前後』, 日本: 東大寺, 2004. 56~73쪽.

[44] 小林芳規, 앞의 책, 66~67쪽.

1010년 이전으로 추정되는 성암고 서박물관 소장의 『묘법연화경』 권 1, 권8 각필기록에서 고려시대 불교음악 범패 각필악보를 찾을 수 있다.

효성 스님

특히 일본 광명황후 소장품 『판비량론』 1권 권자본은 함형咸亨 2년(671) 신라 원효 스님이 저술한 필사본으로 신라승 심상대덕이 740년 이전 일본 광명황후에게 올린 것으로 현재 일본 오타니(大谷) 대학에 소장되어 있는데, 『판비량론』에는 일본과 다른 신라의 각필이 발견되었다는 점이 주목된다. 이는 경전을 염송하는 긴 하카세(博士)[45]와 짧은 하카세 및 일본 문자 가다가나(カタカナ)가 각필로 적혀 있는데, 이는 현재 사용되는 가다가나가 바로 740년 이전에 이미 신라에서 사용된 신라문자라는 점을 추정케 한다.

현재 『판비량론』은 일본의 중요문화재로 지정되어 있다. 이는 원효 스님이 671년 고대 인도의 논리학인 인명因明의 형식을 빌려 유식학을 설법한, 두루마리 형태로 된 저술이다. 고바야시(小林芳規)[46]에 의

---

45 일본에서 범패 악보는 후시하가세(ふしはかせ, 節博士)라고 불린다.
46 고바야시 요시노리(小林芳規)는 2002년 일본 대곡대학교에 소장된 『판비량론』에서 7세기 신라인의 각필을 발견했고, 일본 동대사 정창원에 소장된 『화엄간정기華嚴刊定記』에서 8세기 후반의 여타 각필을 발견하였다. 특히 동대사 정창원에

I. 불교의식음악의 연원 51

상단권공

해 『판비량론』에 한자 발음을 읽기 위한 '문장부호'처럼 생긴 각필이 다수 발견됐는데, 그는 이것이 일본에서 발견되는 각필 문장부호와는 전혀 다른 모양일 뿐 아니라 한자 발음 역시 신라식 표기로 되어 있다고 주장하였다. 또한 『판비량론』에서 보이는 각필은 당시 일본의 경전에서 보이지 않는 각필이며, 또 각필에는 일본의 가다가나 문자와 비슷한 모양의 독음이 달려 있어, 한자를 읽는 보조 수단으로써의 일본 문자 가다가나의 원형이 한국에 있었을 가능성이 높다고 고바야시 교수는 덧붙였다."[47]

소장된 각필은 일본불교음악 범패 쇼묘의 각필악보도 수록되어 있다고 발표한 2003년 동대사 학술 세미나 논문인 「奈良時代の角筆訓点から觀た華嚴經の講說」, 『東大寺 創建前後』은 2004년 12월18일, 『논집 동대사 창건전후』라는 단행본으로 日本 東大寺에서 발행되었다.

[47] 2002년 4월 9일 붓다뉴스, http://news.buddhapia.com/news/BNB001/

일본 학계에선 가다가나 문자가 서기 800년쯤 한자의 일부를 줄여 만든 것으로 보고 있다. 하지만 740년 이전 신라인 심상대덕 스님이 일본 황후에게 바친 『판비량론』에서 가다가나와 비슷한 조어 방식을 가진 신라인의 각필이 발견됐다는 것은 가다가나 한반도 유래설의 강력한 증거가 된다고 일본 각필에 관한 최고 권위자 고바야시 요시노리는 보고 있고, 필자 역시 일본 문자 가다가나는 그 기원이 신라의 문자인 것으로 판단한다.

이 외 한국불교의 일본 전래 기록은 여타 문헌에서도 알 수 있다. 신라인 심상대덕은 당나라 승려 도선(道璿, 702~760)과 함께 일본으로 건너가 화엄학[48]을 전달하기도 하였고, 동대사 창건에도 힘을 썼다.
일본승려 관정이 편찬한 『동대사요록東大寺要錄』에는 다음과 같은 기록이 있다.

동대사 가람 터전은 백제인 행기,[49] 양변(良弁, 689~773), 신라인 심

BNB0010614.html 자료.

[48] 한국에서는 화엄사상을 신라의 원효元曉·의상義湘 등이 크게 선양하였는데, 원효의 『화엄경소』는 현수의 『탐현기探玄記』에 인용될 만큼 지대한 영향을 끼쳤다. 특히 의상은 누순에게서 화엄 교학을 배운 적이 있고, 부석사浮石寺를 창건(676)하여 화엄의 종지宗旨를 널리 펼친 이래 해동화엄종을 개창한 조사로 숭앙되고 있다.

[49] 김정동 목원대 교수(문화재 전문위원)가 저술한 『월간아리랑』, 126호(2002.7.29)에 의하면, 행기(行基, 668~749) 스님은 15세에 출가하여 나라 야쿠시지(藥師寺)에서 신라승 혜기惠基로부터 '유가유식론'을 배웠으며, 18세 때는 아스카지(飛鳥寺) 남쪽 선원에서 백제승 도소(道昭, 629~700)로부터 선禪과 다라니를 배웠다. 도소는 행기와 인척관계에 있었다. 이후 행기는 22세 때 백제승 의연(義淵, ?~728) 밑으로 들어가 금종金鐘이라는 어린이를 돌보게 되는데, 그 어린이는 금

상대덕 큰 스님이 앞장서서, 고대 한국인들의 손으로 서기 752년 4월 9일 우뚝 일어섰다.

또한 성덕왕(聖德王 702~737) 때에 일본에 간 것으로 보이는 지봉 智鳳, 지란智鸞, 지웅智雄 세 스님은 당唐에서 공부한 법상학法相學을 일본에 전하였고, 경덕왕 6년(708)에 일본의 구법승 의법義法, 의기義基, 정달淨達 등이 유학을 마치고 돌아갔다.

이 외 일본 왕실 역사책으로 797년 성립한『속일본기續日本紀』권 18[50]에는

752년 정월 25일, 일본 조정이 산구기촌인마려山口忌村人麻呂 사신 취금취鷲라고도 불렸으며 아베阿部 씨 집안의 아이였다. 즉 그 아이는 4세기경 아스카 지방을 지배했던 백제인 아직기阿直岐의 후손이었던 것이다. 이 어린이가 후에 커서 행기 스님의 뒤를 이어 동대사 건립을 마무리한 양변良弁 스님이다. 행기는 24세 때 백제 승 덕광德光 법사로부터 구족계를 받고 정식 스님이 된다. 29세 때부터는 일본 전역에 불교를 포교하며 사회사업을 벌인 최초의 스님이 되었다. 그는 이후 아스카 지방에 49개에 이르는 크고 작은 절을 짓는다. 오사카와 교토 지방의 강에 가교架橋, 치수治水하는 일도 벌여 공을 쌓는다. 행기는 건축과 토목의 승려였던 셈이다. 그는 지도도 만들어 일본 최초의 전국지도인「행기도行基圖」(805년)를 남겼다. 이는 일본 지도 제작의 효시가 된다. 행기도는「연력延曆 24년 여興지도」혹은「행기 일본도」라고도 한다. 행기는 738년 71세 때 조정으로부터 다이토쿠(大德)라는 칭호를 받는다. 그즈음 의상대사의 제자인 심상대덕도 모신다. 심상대덕은 양변 스님의 금종사金鐘寺에 머문다. 행기 스님은 이후 불사에 힘을 쓴 공로와 동대사와 대불 건립에 진력한 공로로 745년 1월 21일 대승정에 올라 상인上人이라 호칭된다. 생전에 보살菩薩이란 칭호도 얻었다.

50 『續日本紀』卷18, 孝謙天皇 天平勝寶 4年(752) 春正月, 閏 3月.

을 신라에 파견하여 752년 4월 9일에 행하는 노사나불 개안식을 알리자, 신라 왕실에서는 3개월 후인 동년 윤 3월 22일에 700여 명의 사절단을 파견하였다.

라고 기록되어 있고, 같은 『속일본기』 권18[51]에는 경덕왕 11년 752년 6월에 신라왕자 김태렴金泰廉을 비롯한 신라 사신 700명이 일본에 방문한 사실을 다음과 같이 밝히고 있다.

경덕왕 11년(752)에 왕자 김태렴이 도일하여 당시의 불교 중심지인 남부 동대사東大寺에 머물면서 불사를 원조하였다.

이 외에 경덕왕 17년(758)에는 승려 32명과 비구니 2명, 그리고 남자 19명, 여자 21명이 함께 일본으로 건너가서 무장야武藏野의 들판에서 신라도新羅都를 꾸미고 교화에 힘썼고, 헌덕왕 10년(816)에는 승려 26명이 건너가서 일본 각사에 배치되어 불법 홍포에 힘을 다하였다.

아울러 8세기 동대사東大寺 소장 『화엄경』과 주석서 『화엄간정기』에 보이는 각필악보에 대해 고바야시는 "백제인들이 건축한 일본 나라(奈良)시에 소재하는 세계 최대 목조 사찰인 동대사東大寺 도서관에 있는 『화엄경』과 주석서인 『화엄간정기』 등 740~780년경 8세기에

---

51 『속일본기』 권18, 天平勝寶 4年 閏3月 22日 및 6月 22日.

바라춤

만든 문헌에서 한자 옆에 발음이나 해석을 눌러 적은 각필 가점과 일본 범패 쇼묘의 기보법인 악보를 발견했다"고 말하고, "이것은 일본의 가다가나가 한반도에서 전래됐다는 결정적인 증거"라고 밝혔다.[52]

 일본 대곡대 소장 『판비양론』의 신라인 각필악보와 동대사東大寺 소장 『화엄경』과 주석서 『화엄간정기』에 보이는 각필악보 자료는 한국 범패의 역사를 8세기 이전으로 볼 수 있는 자료이다. 또한 백제불교의 일본 전래 및 『속일본기』의 불교전래 기록에서 백제 스님 및 왕자의 동대사 점안불사 파견에 관한 기록도 이를 뒷받침하고 있다.

2) 각필악보 목록과 제반 의례집

 한국 성암고서박물관에서 발견된 1010년 이전으로 추정되는 『묘법연화경』 권1, 권8의 권자본 각필악보와 조선시대의 『지장경地藏經』 각필악보 등 현재 한국에서 발견된 각필문헌 53점은 범패 악보로 추정된다. 특히 이지선은 「한국불교음악의 기보에 관한 고찰 - 『지장경』에 나타난 각필부호를 중심으로」란 논고에서 한국과 일본에서 발견된 한국불교음악 관련 각필문헌角筆文獻의 목록을 작성하였는데, 이는 불교음악 각필악보에 대한 중요한 자료이다.

---

[52] 小林芳規, 앞의 책.

이지선이 정리한 각필문헌 목록 가운데 『판비량론』을 제외한 23점이 한국에서 발견되었다.

이 자료는 각필 및 불교음악 각필악보에 대한 자료이며, 이러한 자료를 바탕으로 현재 한국의 각 종단에서 진행되는 불교의식인 악樂, 가歌, 무舞는 여러 경전상의 기록에 서술되었듯이 대중교화의 한 방편인 의례로서 예능과 더불어 중요한 포교역할을 하고 있음을 알 수 있다.

〈표 1〉 한국과 일본에서 발견된 한국불교음악 관련 각필문헌 목록[53]

시기	각필문헌	소장처	비고
8세기 일본	『판비량론』1권 권자본	일본 대곡대학 소장	함형 2년(671) 원효가 저술한 것을 신라승 심상審祥이 필사하여, 740년 이전 광명光明황후에게 올린 문헌으로, 여기에 신라음의 각필악보가 2002년 발견되었다.
11세기 전	『묘법연화경권』권1, 권8 권자본	성암고서박물관 소장	2000년 김응기(법현)에 의해 세계 최초로 각필악보가 발견됨.
	『금광명경권제삼』1권 권자본	성암고서박물관 소장	

---

[53] 한국과 일본에서 발견된 각필문헌에 대하여는 이지선, 「한국불교음악의 기보에 관한 고찰 - 『지장경地藏經』에 나타난 각필부호를 중심으로」, 『한국음악연구』 33집, 212쪽을 참고할 것. 채혜련은 『영산재와 범패』, 167~169쪽에서 이지선의 상기논고를 도표로 분류하여 시대 흐름별 각필의 역사를 살필 수 있게 했다.

11세기	『유가사지론』 권제85 1권 권자본	성암고서박물관 소장	초조고려판
	『대방광불화엄경』 권제6(국보) 1권 권자본	성암고서박물관 소장	계단본부각판(11세기 후반), 권두인印「해동사문수 기장본」, 권말「담양군호장동정전순미역출모이왕원이성」
	『대방광불화엄경』 권제57 1권 권자본	성암고서박물관 소장	
	『대방광불화엄경』 권제34(新譯) 1권 권자본	호림박물관 소장	11세기 후반 간행
	『대방광불화엄경』 권제36(국보) 1권 권자본	성암고서박물관 소장	
	『아비담비바사론』 권제12, 1권 권자본	성암고서박물관 소장	초조고려판
	『사리불아비담론』 권제일 1권 권자본	성암고서박물관 소장	초조고려판
	『아비담비바사론』 권제15, 1권 권자본	성암고서박물관 소장	초조고려판
	『대반야바라밀다경』 권제355, 1권 권자본	성암고서박물관 소장	초조고려판
	『대반야바라밀다경』 권제300, 1첩	성암고서박물관 소장	초조고려판
	『선견비바사율』 권제9, 1권 권자본	성암고서박물관 소장	초조고려판
13세기	『대반열반경』 권제30 1첩 절본장	성암고서박물관 소장	재조고려판행축세, 1241간행
	『대반야바라밀다경』 권제533, 1첩 절본장	성암고서박물관 소장	재조고려판을해세, 1239간행

15세기	『묘법연화경』 권제1, 1첩 절본장	성암고서박물관 소장	15세기 후반 간행, 권말에 「효령대군보/임영대군넘」 이하 「정판인이/저칠인일/노야장이/집찬석칠」에 이르는 간기가 있다.
	『근사록』 1책	연세대학교 중앙도서관 소장	정통 원년(1436)간행간기 「정통원년 육월일인출」
17세기	『법화경』 권제1, 1책	동국대학교중앙도서관 소장	D213.14/범96.7, 17세기 간행간기 「도대화주전호위총섭보응대사운지」, 권말인 「비구혜원」, 「안불사」 기증
	『법화경』 권제7, 1책	동국대학교 중앙도서관 소장	17세기 간행, 「송광사」 기증
	『선문염송집』 권제9, 1책	고려대학교 중앙도서관 소장	C3/A54/9, 17세기 간행, 권수 「회인」, 권말 「복원이차피열공덕보사중은하제삼도고」, 권말인 「신암문고」
18세기	『인명론』 1책	단국대학교 동양학연구원 소장	294.387/Jn6, 강희 52년(1713) 간행간기 「강희 오십이년계사맹추일경상우도산음지이산왕산사개간」
	『지장보살본원경』 1책	단국대학교 동양학연구원 소장	294.357/J56b, 옹정 8년(1730) 간행, 간기 「옹정팔년경수사월일전라도순천지동리산대오사개간」

3. 경전에 보이는 악, 가, 무

불교의식에서 사용되는 범패梵唄는 범서梵書를 찬탄하는 말로서 달리 어산魚山이라고도 한다. 의식음악으로 사용되는 범패의 기원에 대해서는 2,560여 년 전 석가모니 부처님께서 『법화경』을 설하시는 모습을 상징화한 영산회상 기원설, 부처님의 제자 묘음보살妙音菩薩의 음성音聲 공양설과 대륙으로 전래된 북방불교와 더불어 위魏나라 때 조식曹植의 창작설 등이 있다. 셋째 전승에 대하여는 오吳의 지겸支謙이 범패삼계梵唄三契를 짓고, 강승회康僧會가 니항범패泥恒梵唄를 만들어 강남에 범패성명梵唄聲明을 크게 유행시켰다는 기록이 있다.

이러한 범패는 삼국의 불교 전래와 더불어 각각의 의식이 전승되었을 것으로 보며, 이 중 당에 유학한 신라 진감선사(眞鑑禪師, 774~850)에 의해 한국 범패로 이어졌다.

이에 대한 기록인 「진감국사대공탑비문眞鑒禪師大空塔碑文」을 살펴보면,

> 선사는 범패를 잘하여 그 소리가 금이나 옥처럼 아름다웠다. 곡조와 소리는 치우치듯 날 듯 경쾌하면서도 애잔하여 천인들이 듣고 기뻐할 만하였다. 소리가 먼 데까지 전해져서 절이 배우려는 사람들로 가득 찼으나, 싫은 내색 없이 이들을 가르쳤다. 지금 중국 어산의 아름다운 범패를 배우려는 자들이 앞 다투어 콧소리를 흉내 내어 옥천사에 전해져온 소리에 영향을 주고 있으니, 이 어찌 소리로써 중생을 제도하는 것이 아니겠는가.[54]

라는 내용을 확인할 수 있다. 위 비문에서 "절에 배우려는 사람들로 가득 찼으나"라는 표현에서 당시 신라에서 범패에 대한 관심과 범패승이 상당히 많았음을 알 수 있다.

인도티벳 불교의식

범패는 불교의식 진행시 사용되어지는 모든 음악을 총칭한다. 불교의식 진행에 있어서 『석씨요람釋氏要覽』에 음정도音正道, 화아和雅, 청철淸徹, 심만深滿, 주편원문周偏遠聞 등 5종의 범성梵聲으로 찬패축원하여야 함을 강조한다.

이하에서는 경전에 나타난 의식형태와 악, 가, 무에 대하여 살펴보겠다.

먼저 『기세경起世經』에

그 가운데 어떤 코끼리는 흰 일산을 가지고 왕의 위를 덮어주기도 하고, 코로 흰 마니摩尼 총채를 가지고 그 등을 털어주기도 하고, 여러 음악 신들은 노래하고 춤추며 소리를 하면서 앞서서 인도한다.[55]

---

54 李智冠,「河東雙谿寺 眞鑒禪師 大空靈塔碑文」,『韓國佛敎金石文 校勘譯註 歷代高僧碑文』, 新羅篇, 伽山文庫, 1993. "雅善梵唄 金玉其音 側調飛聲 爽快哀婉 能使諸天歡喜 永於遠地流傳 學者滿堂 誨之不倦 至今東國習魚山之妙者 競如掩鼻效玉泉餘響 豈非以聲聞度之之化乎."

55 『起世經』 권제1 「閻浮洲品」 제1(대정장 1313, 313c). "諸龍象中 有持白蓋覆其上

나비춤

라고 기록되어 있어, 불교의 제종 의식 가운데 영산재 시련의식, 이운의식 중의 설법이운 의식 등에서 진행되는 일산日傘이 부처님 당시에도 사용되었음을 알 수 있다.

또한 『대루탄경大樓炭經』에서는 가무에 대한 설명이 나온다.

티베트 범패

어찌하여 가무歌舞라 하는가 하면, 여러 도리천인들이 가무동산 누각 안에 들어갈 때 곧 노래하고 춤추면서 서로 즐기기 때문에 가무라 한다.[56]

불교의식 진행시 음악, 무용 등 가무歌舞에 대한 어원에 대하여 노래와 춤을 가무라 하였음을 알 수 있다.

『경율이상經律異相』에서는 줄 있는 악기를 타는 사람에 대하여 서술하고 있다.

者 有以鼻持白摩尼拂拂其背者 有諸樂神 歌舞作倡 在前引導."

[56] 『大樓炭經』 권제4 「切利天品」 제9(대정장 1, 295c~296a). "何以故言歌舞 利諸天人 入歌舞園觀中時 便歌舞相娛樂 是故言歌舞"

과거 세상에 구살라국拘薩羅國에 녹우鹿牛라고 하는 줄이 있는 악기를 타는 사람이 있었다. 걸어가다가 들판 한가운데에서 쉬는데, 여섯 명의 광대한 천궁 천녀들이 와서 녹우에게 말하였다.
"아저씨, 아저씨. 우리들을 위하여 줄 있는 악기를 타시면 우리들은 노래하고 춤을 추겠습니다."
이에 녹우는 줄 있는 악기를 타고 여섯 명의 천녀들은 노래하고 춤을 추었는데, 그 첫 번째 가사는 이러하다.

남자나 여인이 훌륭하고 아름다운 옷을 보시하면
그 보시한 인연 때문에
나는 곳이 자못 훌륭한 데이니라.
보시한 것 모두가 훌륭한 물건이면
하늘에 나서 하고픈 대로 한다.
나를 보라, 궁전에 살고 있으면서
허공을 날면서 놀며 다니는 것을.
하늘 몸은 금 무더기 같은데 천녀는 그 안에서도 훌륭하거니
이 복과 덕을 자세히 살펴보라. 회향廻向 중에서도 으뜸이니라.

나머지 천인의 가사도 대략 비슷하다.[글이 번다하여 더 싣지 않는다.]
녹우 또한 예배하였고, 예배가 끝나자 천인들은 홀연히 나타나지 않았다.
『과거탄금인경過去彈琴人經』에 나온다.[57]

---

57 『經律異相』 권제2 「欲色天人天部下」 天女聞鹿牛彈琴下悉歌舞十一(대정장 53, 9c, 10a). "過去世時 拘薩羅國有人彈琴 名曰鹿牛 行息中野有六廣大天宮 天女來語鹿

위의 내용에서는 줄이 있는 악기를 타는 사람과 6명의 무용수의 춤과 더불어 의식진행에 있어서 회향廻向과 의례의 중요성을 표현하고 있다.

『묘법연화경妙法蓮華經』에서는

선남자 선여인은 나를 위하여 탑이나 절을 일으키며 승방을 새로 짓는 등의 네 가지 일을 하지 아니하여도 무방하리니, 왜냐하면 이 선남자 선여인이 이 경전을 받아 지녀 읽고 외우면, 이미 탑을 일으키고 승방을 세워 스님들에게 공양함이 되기 때문이니라. 이는 곧 부처님의 사리로 7보의 탑을 세우되, 높이와 너비가 점점 작아져 그 꼭대기는 범천에 이르고 그 탑에 여러 가지 번개와 보배 방울을 달며, 꽃과 향과 영락, 말향, 소향, 도향과 여러 가지 춤과 기악과 피리, 공후의 미묘한 음성으로 노래 불러 찬탄하며 한량없는 천만억 겁에 공양함과 같으니라.[58]

라고 하여, 불교의 제종의식 가운데 탑돌이 의식의 진행과 영산재 진

牛言 阿舅阿舅爲我彈琴 我當歌舞 鹿牛鼓琴六天歌舞 第一歌辭曰 若男子女人 勝妙衣惠施 施衣因緣故 所生得殊勝 施所盡妙物 生天隨所欲 見我居宮殿 乘虛而遊行 天身如金聚 天女百中勝 觀察斯福德 迴向中中最 餘天辭粗相類文多不載鹿牛亦禮 禮竟天忽然不現出過去彈琴人經."

[58] 『妙法蓮華經』권제5「分別功德品」제17(大正藏 9, 45b~45c), "是善男子善女人 受持讀誦是經典者 爲已起塔造立僧坊供養衆僧 則爲以佛舍利起七寶塔高廣漸小至于梵天 懸諸幡蓋及衆寶鈴 華香瓔珞末香塗香燒香 衆鼓伎樂簫笛??種種舞戲 以妙音聲歌唄讚頌 則爲於無量千萬億劫作是供養已."

행시 장엄구인 번과 개, 향, 춤 악기 등의 소개 이외에 불전에 대한 공양의식에 대한 소개도 하고 있다.

이하에서는 『경율이상』에 기록된 악, 가, 무에 대하여 살펴본다.

이때 땅은 여섯 가지로 진동하고 공중의 제천은 풍악을 울렸

부탄불교무용 '참'

다. 또 모든 산의 나무들이 마치 사람처럼 춤을 추었고, 천인은 손뼉을 치며 야차는 기뻐 웃었다. 아수라왕은 노래로 찬양하여 읊조리고 범왕은 기뻐하였으며, 공중에서는 우레와 번개, 벼락을 쳤다. 네 발 달린 중생은 치달리며 울부짖고 모든 새들이 날아다니며 갖가지로 소리를 냈다. 보리수 씨에서는 여섯 가지 빛이 나니, 광명이 두루 비쳐 사바세계에서부터 위로 범천에 이르기까지 빛이 가득하였다.[59]

그 나라 풍속에는 매월 그믐과 15일 밤에는 빙빙 돌며 노는 것을

---

[59] 『경율이상』 권제6 「現涅槃後事佛部」 제3 '天愛帝須王起塔請舍利及菩提樹五'(대정장 53, 26b). "時地六種震動 空中諸天作衆伎樂 諸山樹木如人舞狀 天人打掌 夜叉熙笑 阿修羅王歌唄讚詠 梵王欣悅 於虛空中雷電霹靂 四足衆生馳走鳴喚 諸鳥飛翔出種種音 菩提樹子出六色光 光明遍照滿於娑婆上至梵天."

즐거움으로 삼는다. 삼씨로 짠 기름을 머리에 바르고 흰 흙을 몸에 칠하며 여러 가지 뼈를 목에 감고서 두 개의 돌을 서로 두드리면서 남자와 여자가 서로 손을 이끌고 슬슬 돌아다니며 노래하고 춤을 춘다. 보살도 그 풍습을 따르니 나라 사람들이 기뻐하며 칭찬하였다.[60]

상기 내용에서는 매월 15일 춤을 추는 풍습과 보살들도 이러한 풍습에 찬탄하였다 하여 민중불교적인 형식의 면을 볼 수 있다.

사위국에 호화롭고 존귀한 장자가 살고 있었다. 재산이 많아서 부유하기로는 한량이 없었지만 다만 자식이 없었다. 그래서 부부는 매양 근심스럽게 기도를 하고 제사를 지내곤 하였다. 자식 바라는 정성이 돈독해서였는지 그러던 어느 날 부인은 보기 드물게 잘생긴 사내아이를 낳았다.
부모와 집안 친척들은 때를 잡아 잔치를 하기로 하고, 모두 다 같이 모여서 강변으로 나아가 먹고 마시며 재미있게 즐겼다. 그 부모도 아이를 데리고 그 모임에 나아가서 아이를 예뻐 어쩔 줄 모르며 자리에서 일어나 어깨에 떠메고 춤을 추었다. 아버지가 춤을 다 추고 나자 어머니도 아이를 메고 기뻐하면서 스스로 즐거워하며 강가에 이르렀다. 그런데 강가에 이르자 갑자기 정신이 아찔해지면서 붙잡았던 손이 헐거워져 그만 아이를 놓쳐 물에 떨어뜨리고 말았다.

---

60 『경율이상』 권제11 「隨機見身下菩薩部」 제4 '爲伯叔身意不同故行立殊別二'(대정장 53, 56c). "其國俗以月晦十五日夜 周匝爲樂 以麻油膏首白土畫身 雜骨纓頸 兩石相扣男子攜手 逍遙歌舞 菩薩隨之 國人欣歡."

곧바로 붙잡아 건져 올리려고 하였지만 끝내 놓쳐 버렸으니, 아이의 부모는 가여운 마음과 사랑과 집착에 애를 태우며 집으로 돌아왔다. 그러나 그 아이는 복덕이 있어서 끝내 죽지는 않았다.[61]

상기 내용은 부정관 수행과 관련하여 춤에 대한 부정적인 면을 내포하고 있다.

부처님께서 사위국의 정사에 계셨다. 이때 네 사람의 새로 배움에 든 비구가 능금나무 아래로 가서 좌선하고 수도를 하고 있었다. 능금나무 꽃이 흐드러지게 피어서 빛깔이 곱고도 향기로운지라 그로 인하여 서로 말을 나누게 되었다. 한 사람이 말하였다. "가을녘 온갖 초목이 꽃을 한창 피웠을 때에 들에 나가 재미있게 노는 것이 가장 즐거운 일이다." 또 한 사람이 말하였다. "집안 친척들이 좋은 날에 모여서 술잔을 서로 주고받으면서

스리랑카 고승 이운의식

---

[61] 『경율이상』 권제18 「聲聞無學第六僧部」 제7 '重姓魚吞不死出家悟道一'(대정장 53, 94c). "舍衛國有豪長者 財富無量 唯無子姓每懷悒遲 禱祀求索精誠款篤 婦生一男端正希有 父母宗親 值時讌會共相聚集 詣大江邊飲食自娛 父母將兒詣其會所 愛念此兒從坐擔舞 父舞已竟 母復擔之 歡娛自樂 臨到河邊意卒散亂 執之不固失兒墮水 尋時搏撮竟不能得 父母憐念愛著傷懷 其兒福德遂復不死."

한국, 중국 범패. 중국 상해 '영산법궁'

풍악을 울리며 노래하고 춤추는 이것이 가장 즐거울 것이다."
다른 한 사람이 말하였다.
"재산과 보물을 많이 쌓아 놓고서 하고 싶은 것은 다 가지고 수레와 말과 입는 것 따위가 다른 사람들과는 차이가 있어서 어디 나가기만 하면 눈에 확 띄어서 지나다니는 이들이 눈여겨본다면 이것이 가장 큰 즐거움이 될 것이라."
네 번째 사람이 말하였다.
"예쁜 아내와 첩에게 화려한 비단 옷을 사뿐히 입히고 향내가 자욱한 속에서 교태를 보며 실컷 즐기는 것이 가장 큰 즐거움이리라."
부처님께서는 이들이 교화될 수 있으리라는 것을 아시고는, 가서 그들에게 그것이 가장 큰 괴로움이라는 이치를 말씀하셨다.[62]

---

[62] 『경율이상』 권제18 「四比丘說樂佛謂是苦心悟得道十三」(大正藏) 53, 97a, 97b).

태자는 왕에게 여쭈었다.

"혼인하는 길은 왕들보다 더 좋은 데가 없습니다. 어째서 일곱 왕녀들을 저 일곱 왕자에게 시집보내지 않습니까? 사위가 울타리가 되어주면 왕께서는 크게 편안하실 것이고, 신하와 백성들은 쉬게 되며, 어버이는 봉양을 얻게 되시리다."

왕은 말하였다.

"좋도다. 이런 즐거움이야말로 큰 것이리라."

그리고 드디어 일곱 왕에게 딸들을 시집보냈다. 일곱(원문에는 여덟)의 사위가 예배 공경하였고 임금과 신하들은 기뻐하였으며, 왕과 신하와 백성들은 비로소 태자가 월광의 옛 남편임을 알게 되었고, 이내 보좌를 잘할 무사들을 뽑아서 돕고 따르게 하였으므로 저마다 본국으로 돌아갔다. 아홉 나라가 화평하고 편안하였으므로 온 백성들은 춤을 추면서 모두가 찬탄하였다.

"하늘이 거룩한 방편을 내린 것이요 범인으로서야 행할 수 있는 일이 아니었고, 덕이 모이며 공이 이룩되어 안연晏然하면서 나무랄 게 없도다."[63]

"佛在舍衛精舍 時有四新學比丘 至柰樹下坐禪修道 柰華榮茂色好且香 因相謂曰 世間萬事何者可樂 一人言 仲春之月百卉榮華 遊戱原野此最爲樂 一人言 宗親吉會觴酌交錯 音樂歌舞此最爲樂 一人言 多積財寶所欲卽得 車馬服飾與衆有異 出入光顯行者屬目 此最爲樂 一人言 妻妾端正綵服鮮明 香熏芬馥恣意縱情 此最爲樂 佛知可化 往爲宣說 此最爲苦."

[63] 『경율이상』 권제23 「遮羅國儲形醜失妃運智還得四」(대정장 53, 1745b). "太子啓王婚姻之道莫若諸王矣 何不以七女適彼七王子 婿爲藩屛王元康矣 臣民休矣 親獲養矣 王曰 善哉斯樂大矣 遂命七王以女妻之 八婿禮敬君臣欣欣 王逮臣民始知太子月光之舊婿也 卽選良輔武士翼從各各還國 九國和寧兆民抃舞 僉然歎曰 天降聖

『관허공장보살경觀虛空藏菩薩經』에서는 다음과 같이 말한다.

장로 우바리優波離가 앉은 자리에서 일어나 옷매무새를 가다듬고 부처님께 예를 올리고 아뢰었다.

"세존이시여, 먼저 『공덕경功德經』에서 허공장보살마하살의 명호를 말씀하셨는데, 이 보살은 모든 악과 착하지 않은 업을 제거하며, 왕전다라부터 사문전다라까지의 모든 악한 율의(惡律儀)를 제거한다 하셨습니다.

이런 악한 일을 다스리고자 한다면 어떻게 허공장보살을 관찰해야 되며, 설사 보았다 해도 어떻게 포살布薩 등 승가의 일에 함께 안주해야 합니까?

만약 5계戒를 깨고 8계재계戒齋[64]를 범한 우바새나 4중금계重禁戒를 범한 출가 비구·비구니·사미·사미니·식차마니나 6중법重法을 훼손한 재가보살이나 8중금계重禁戒를 범한 출가보살 등 이런 허물이 있는 사람은 세존께서 먼젓번 비니毘尼 중에서는 큰 돌이 깨어지는 것처럼 반드시 쫓겨난다고 말씀하셨는데, 지금 이 경에서는 매우 자비로운 허공장보살이 모든 괴로움에서 구해주며, 주문을 설하여 죄와 허물을 제거해준다 하십니다. 그런데 이런 사람이 있다 한들

權非凡所照德聚功成晏然無識."

[64] 8계재戒齋: 재가신도가 육재일에 지키는 계율. 1) 살아 있는 것을 죽이지 않음. 2) 주지 않는 것을 갖지 않음. 3) 청정하지 않은 행위를 하지 않음. 4) 헛된 말을 하지 않음. 5) 모든 술을 마시지 않음. 6) 높고 넓고 화려한 평상에 앉지 않음. 7) 향유를 바르거나 머리를 꾸미지 않고, 춤추고 노래하는 것을 보지도 듣지도 않음. 8) 때가 아니면 음식물을 먹지 않음. 곧 정오가 지나면 먹지 않음.

어떻게 있는 줄을 알며, 무엇으로 증명하겠습니까. 부디 세존께서는 분별하고 해설해 주옵소서."⁶⁵

『구잡비유경舊雜譬喩經』에서는 다음과 같이 말한다.

옛날 부처님께서 제자들을 데리고 길을 가시다가, 술에 취한 사람

대만 불광사 이운의식

---

65 『觀虛空藏菩薩經』(대정장 13, 677b). "長老優波離 卽從坐起整衣服 爲佛作禮 白佛言世尊 先於功德經中 說虛空藏菩薩摩訶薩名 能除一切惡不善業 治王旃陀羅乃至沙門旃陀羅諸惡律儀 如此惡事若欲治 當云何觀虛空藏菩薩 設得見者云何共住布薩僧事 若優婆塞破五戒犯八戒齋 出家比丘比丘尼 沙彌沙彌尼 式叉摩尼犯四重禁 在家菩薩毁六重法 出家菩薩犯八重禁 如是過人 世尊先於毘尼中說 決定驅儐如大石破 今於此經說 大悲虛空藏能救諸苦 及說咒以除罪咎 設有此人云何知之 以何爲證 惟願天尊 分別解說."

I. 불교의식음악의 연원 71

셋을 만나셨다.

한 사람은 풀 속으로 도망쳐 들어가고, 한 사람은 바로 앉아 제 따귀를 때리면서 "죄송스럽게 계율을 범했습니다"라고 말했으며, 또 한 사람은 일어나 춤을 추면서 "내가 부처님 술을 먹지 않았는데 무엇을 두려워하랴"고 하였다.

부처님께서 아난에게 말씀하셨다.

"풀 속으로 도망친 사람은 미륵이 부처가 될 때에 아라한이 되어 해탈할 것이요, 바로 앉아 제 따귀를 친 사람은 천 부처를 지나 최후의 부처가 나왔을 때에 아라한이 되어 해탈할 것이며, 일어나 춤을 춘 사람은 끝내 제도되지 못할 것이다."[66]

『금광명최승왕경金光明最勝王經』에서는 다음과 같이 말한다.

만일 당나귀의 입술 빛이
빈파頻婆 열매처럼 붉어져
노래와 춤을 잘하게 한다면
부처님 사리를 구할 수도 있으리.[67]

---

[66] 『舊雜譬喩經』 권상(대정장 4, 512b). "八昔佛從衆比丘行 逢三醉人 一人走入草中逃 一人正坐博頰言無狀犯戒 一人起舞曰 我亦不飮佛酒漿 亦何畏乎 佛謂阿難 草中逃人 彌勒作佛時當得應眞度脫 正坐博頰人 過千佛當於最後佛得應眞度脫 起舞人 未央得度也."

[67] 『金光明最勝王經』 권제1 「如來壽量品」 제2(대정장 16, 406b). "若使驢脣色 赤如頻婆果善作於歌舞 方求佛舍利."

상기 내용은 음악과 춤을 통해 부처님의 사리를 구할 수 있다고 하여 깨달음을 통해 부처의 경지에 도달할 수 있음을 보여준다.

한중일 범패 가창

『기세경』에서는 악, 가, 무에 대해 다음과 같이 말한다.

비구들아, 설산의 남쪽 멀지 않은 곳에 성이 있는데, 비사리毘舍離라 한다. 비사리의 북쪽에는 7흑산七黑山이 있고, 7흑산 북쪽에는 향산香山이 있다. 향산에는 한량없고 가없는 긴나라緊那羅가 살고 있는데, 언제나 노래와 춤과 음악 소리가 끊이지 않는다. 그 산에는 여러 가지 나무들이 많이 있고, 그 나무들은 각기 온갖 향기를 풍기며 커다란 위력과 덕을 지닌 신이 살고 있는 곳이다.[68]

위의 내용을 볼 때 불교 수호신인 긴나라의 처소는 악, 가, 무가 끊이지 않으며 천상의 세계는 음악이 풍성함을 엿볼 수 있다.

먹기나 마시기를 마치면, 다시 음악 나무숲으로 나아간다. 그 숲에 이르면, 음악 나무도 여러 사람들을 위하여 가지를 모두 드리워 내

---

[68] 『기세경』 권제1 「閻浮洲品」 제1(대정장 1, 313a, b). "諸比丘 雪山南面 不遠有城 名毘舍離 毘舍離北 有七黑山 七黑山北 有香山 於香山中 無量無邊緊那羅住 常有 歌舞音樂之聲 其山多有種種諸樹 其樹各出種種香熏 大威德神之所居止."

려 주어서 갖가지의 악기를 내어 손에 닿거나 만질 수 있게 한다. 그러면 그 사람들은 나무에서 각각 필요한 대로 여러 가지 악기를 가지는데, 그 형태는 자못 묘하고 그 음은 온화하고 청아하다. 악기를 가진 뒤에는 품에 안고 동서쪽으로 나아가 즐기는데 악기를 타고 싶으면 타고, 춤추고 싶으면 춤추고, 노래하고 싶으면 노래하면서 마음껏 즐기고 싶은 대로 즐기며 온갖 쾌락을 누린다. 그 일이 끝나면 각자 좋을 대로 떠나가기도 하고 머물기도 한다.[69]

상기 내용은 악기 연주와 춤을 통해 쾌락과 자신이 성취하고자 하는 바에 도달할 수 있음을 설하고 있다.

그때 옷 나무도 가지를 낮추고 그 가지 사이에서 또 갖가지 미묘하고 좋은 옷을 내는데, 그 손까지 닿도록 드리우면 옷을 가져다 입는다. 옷 입기를 마치면 영락 나무로 나아가는데, 가지가 낮게 드리워져서 손에 들어오는 것도 앞에서와 같으며, 위아래에 영락을 둘러서 몸치장을 마치면 다시 머리장식 나무로 나아간다. 그 나무가 낮게 드리워서 온갖 훌륭하고 묘한 꽃다발이 흘러나오면, 천자는 그것을 가져와 머리를 꾸미고는 다시 그릇 나무로 나아간다. 이 나무에서도 갖가지 여러 보석 그릇들이 나오므로 마음껏 취한 뒤 과일 숲으로 가지고 나아가서 여러 가지 과일을 담아 깨물어 먹기도 하

---

[69] 『기세경』 권제1 「鬱單越洲品第二之一」 (대정장 1, 316a). "食飮旣訖 乃復往詣音樂樹林 到彼林已 爲諸人故 音樂樹枝 亦皆垂下 爲出種種音樂之器 手所攬及 彼人於樹 各隨所須取衆樂器 其形殊妙其音和雅 取已抱持 東西遊戲 欲彈則彈 欲舞則舞 欲歌則歌 隨情所樂 受種種樂 其事訖已 各隨所好 或去或留."

고, 혹은 즙을 내어서 먹기도 한다.

이렇게 하고 다시 여러 음악 나무로 나아가면, 나무가 또한 낮게 드리워지며 저절로 갖가지 악기를 변화해서 낸다. 그러면 뜻대로 가져다가 혹은 타거나 두드리고 혹은 노래하거나 춤추는데, 음성이 미묘하여 사람들이 즐겨 듣는다.[70]

한편 『대루탄경』에서는 다음과 같이 말한다.

선주善住 코끼리 왕이 못에 들어가 목욕하면서 서로 즐기며 놀고 싶다고 생각하며 곧 8천 마리의 코끼리를 떠올린다. 이때 8천 마리의 코끼리들은 말한다. "선주 코끼리 왕께서 우리들을 생각하셨다." 그리하여 즉시 선주 코끼리 왕 앞으로 몰려간다. 선주 코끼리 왕이 8천 마리의 코끼리와 함께 마나마 못에 당도할 때에 여러 코끼리 가운데 어떤 코끼리는 왕을 위하여 일산을 들기도 하고, 또 어떤 코끼리는 부채질하기도 하며 주위를 에워싸고 있다. 때에 그 가운데 어떤 함혈(含血, 중생)은 기나機邢라고 이름하는데, 앞에서 노래하고 춤추며 풍악을 잡는다.

이때 선주 코끼리 왕이 마나마 못에 이르러 목욕하면서 풍악을 즐기고 즐겁게 놀면, 그중에 어떤 코끼리들은 왕을 위하여 코와 입을

---

[70] 『기세경』 권제7 「三十三天品第八之二」(대정장 1, 346c). "爾時衣樹 亦爲低枝 於其枝間 又出種種微妙好衣 垂至其手 取而著之 著衣旣訖 詣瓔珞樹 低垂入手 亦復如前 上下縈繫 莊嚴身已 復詣鬘樹 其樹低垂 流出種種上妙花鬘 其天取之 嚴飾頭已 復詣器樹 樹出種種衆寶雜器 隨意入手 將詣果林 盛種種果或便噉食 或取汁飮 如是復詣諸音樂樹 樹亦低垂 自然化出種種樂器 隨意取之 或彈或擊 或歌或舞 音聲微妙 令人樂聞."

씻어 주기도 하고, 그중에 어떤 코끼리는 어금니를 씻어주거나, 머리를 씻어주고, 배를 씻어주고, 넓적다리를 씻어주고, 무릎을 씻어주거나, 발을 씻어주거나, 꼬리를 씻어주기도 하고, 꽃의 뿌리를 뽑아 씻어서 왕에게 먹이로 바치거나 파란 연꽃과 노란 연꽃, 붉은 연꽃과 흰 연꽃을 코로 감아서 코끼리 왕의 머리 위에 뿌리기도 한다. 그때 선주 코끼리 왕이 목욕하며 즐겁게 놀고 음식을 먹은 뒤에 선주 나무 아래로 돌아가면, 저 8천 마리 코끼리들은 각각 그 못에 들어가서 목욕하며 풍악을 잡히고 즐겁게 놀면서 먹고 마신 뒤에, 곧 선주 코끼리 왕에게로 간다.

이때 선주 코끼리 왕은 8천 마리의 코끼리와 함께 앞뒤로 둘러싸여 선주 나무 아래에 이르는데, 그중에는 코끼리 왕을 위하여 일산을 들거나, 부채질을 해주는 코끼리도 있으며, 앞장서서 악기를 연주하고 노래 부르고 춤을 추면서 선주 나무 사이에 도착하는 코끼리도 있다. 그러면 코끼리 왕은 마음대로 눕거나 일어나거나 거닐고, 저 나머지 8천 마리 코끼리들도 제각기 하고 싶은 대로 한다.[71]

[71] 『대루탄경』 권제1 「閻浮利品」 제1(대정장 1, 279b, c). "善住象王 念欲入池中洗浴相娛樂時 即念八千象王 爾時八千象王言 善住象王已念我等 即共往至善住象王所 在前住 時善住象王與八千象王 俱往至摩那摩池 諸象中有爲王持蓋者 中有扇者 周匝圍繞時中有含血名機那 在前歌舞作伎樂 時善住象王 至摩那摩池中 洗浴作伎樂相娛樂 中有象爲王洗鼻口者 中有洗牙齒者 中有洗頭者 中有洗背者 中有洗腹者 中有洗䏶者 中有洗膝者 中有洗足者 中有洗尾者 中有拔華根洗之以與王食者 中有以青蓮華黃蓮華赤蓮華白蓮華 以鼻歷持散象王頭上者 爾時善住象王 洗浴相娛樂飲食已 便還至 善住樹下 其八千象王各入其池洗浴 作伎樂相娛樂飲食已 便還至善住象王所 爾時善住象王 與八千象王俱前後圍繞 還至善住樹下 中有爲象王持蓋者 中有扇者 在前作妓樂歌舞 至善住樹間 象王從意 臥起行步 其餘八千象各各亦隨意."

홍고

전륜왕이 죽을 때에 금륜과 백상보는 문득 사라져 떠나가 버리고, 감색마보와 명월주도 없어진다. 옥녀보와 주장신보와 도도성신보 (導道聖臣寶, 兵臣寶)는 곧 전륜왕의 몸을 씻긴 뒤에 솜으로 몸을 싸고, 다시 5백 장의 담요로 몸을 감고서 철관鐵棺에 넣는다. 그리고 소수를 그 위에 가득 차도록 부은 뒤 뚜껑을 덮고 못을 친다. 그러고 나서 여러 사람들이 함께 풍악을 울리며 노래하고 춤추면서 전륜왕의 관을 매어다 성 밖으로 들어내고서 온갖 향나무의 섶을 쌓고는 관을 장작 위에 올린 뒤 곧 불을 질러 태운다.[72]

[72] 『대루탄경』 권제2 「轉輪王品第三之二」(대정장 1, 283a). "轉輪王臨壽終時 身體不痛如是轉輪王命過已後 金輪白象寶 便滅去 紺色馬明月珠寶亦沒去 玉女寶主藏聖臣寶導道聖臣寶 便沐浴轉輪王身 以綿纏身 復以五百張氎纏身 著鐵棺中 以 ?灌其上 滿已蓋覆之 以釘釘之 出轉輪王棺 衆人共作妓樂歌舞 出著城外 積一切香薪持轉輪王棺 著上便放火燒."

I. 불교의식음악의 연원 77

하늘들은 예라원倪羅遠이라는 이름의 흰 보석 코끼리(白寶象)와 놀고 싶어한다. 그러면 코끼리는 저절로 서른두 마리로 변하며, 한 마리마다 일곱 개의 어금니가 있고, 어금니는 일곱 개의 목욕하는 못으로 변하는데, 목욕하는 못에서는 일곱 개의 연꽃이 피어나 있으며, 연꽃 가지에는 천 개의 잎이 있다. 잎사귀 하나마다 옥녀 한 사람이 춤을 추는데, 왕이 생각하는 것이 모두 앞에 나타나서 뜻대로 전부 이루어진다.[73]

도리천 전각의 서쪽에 동산 누각이 있는데 가무歌舞라고 한다. 너비와 길이는 각각 4만 리이고 모두 7보로 만들어졌는데, 일곱 겹의 벽과 난간과 교로와 수목들이 있어 둘레를 에워싸고 있다. 문 높이는 1천 2백 리이고 너비는 8백 리인데, 위에 곡상개와曲箱蓋 교로와 누각이 있고, 아래에는 동산 누각과 목욕하는 못이 있는데, 갖가지 수목과 잎과 꽃과 열매가 있으며, 온갖 새들이 서로 화답하며 지저귀고 있다.[74]

가무 동산에는 돌이 두 개 있는데, 하나는 난타難陀라 하고, 다른 하나는 화난和難이라 한다. 너비와 길이는 각각 2천 리인데, 모두 하

---

[73] 『대루탄경』 권제3 「高善士品第七之一」(대정장 1, 293a). "諸天欲以白寶象戱 象名曰倪羅遠 象自化作三十二頭 頭有七牙 牙化作七浴池 浴池中各作七蓮華 蓮華枝有千葉 一葉上者 有一玉女舞 王所思皆在前極意."

[74] 『대루탄경』 권제4 「忉利天品第九」(대정장 1, 295a). "忉利天殿舍西有園觀名歌舞 廣長各四萬里 亦以七寶作 七重壁欄楯交露樹木 周匝圍繞 門高千二百里 廣八百里 上有曲箱蓋交露樓觀 下有園觀浴池 有種種樹木葉華實 種種飛鳥相和而鳴."

비천무, 김향금 안무(408년 덕흥리 고구려 고분벽화 복식 재현)

늘의 유리로 만들어져 매우 부드럽고 연하다.

궤란 동산과 낙주 동산 누각 안에 목욕하는 못이 있는데, 난타라고 한다. 너비와 길이는 각각 2천 리이고, 일곱 겹의 담이 그 주위를 에워싸고 있으며, 못의 물은 부드럽고 아름다우며 맑다. 갖가지 나무들이 둘레를 에워싸고 있으며, 물 밑의 모래는 모두 금이다. 7보로 만들어진 일곱 겹의 난간과 교로와 수목들이 둘레를 에워싸고 있다. 위에는 곡상개와 교로와 누각이 있고, 아래에는 동산 누각과 목욕하는 못이 있는데, 그 안에는 갖가지 나무와 잎과 꽃과 열매가 있고, 온갖 향기를 풍기고 있으며, 여러 새들이 서로 화답하며 지저귀고 있다. 난타 욕지浴池 안에는 파란 연꽃, 붉은 연꽃, 흰 연꽃, 노란 연꽃이 있는데 크기는 수레바퀴와 같고, 그 줄기는 마치 수레의 바퀴통과 같다. 찌르면 즙이 나오는데 마치 젖과 같으며, 빛이 30리를 비추고, 향기도 40리를 풍긴다.[75]

가무 동산과 궤란 동산 누각에는 주과도晝過度라는 큰 나무가 있는데, 줄기의 둘레가 2백 80리에 달하고, 높이는 4천 리이며, 가지와 잎이 2천만 리에 걸쳐 펼쳐졌다.[76]

---

[75] 상동. "歌舞園中有兩石 一者名難陀 二者名和難 廣長各二千里 皆以天琉璃作之 甚柔軟 ?亂樂?園觀中 有浴池名難陀 廣長各二千里 周匝圍繞七重垣 其池水軟美 且淸 有種種樹 周匝圍繞 水底沙皆金 以七寶作 七重欄楯交露樹木 周匝圍繞 上有 曲箱蓋交露樓觀 下有園觀浴池 中有種種樹葉華實 出種種香 種種飛鳥相和而鳴 難陀浴池中 有靑蓮華紅蓮華白蓮華黃蓮華 大如車輪 其莖如車? 刺出其汁如乳 其 光照三十里 香亦聞四十里."

[76] 상동. "歌舞憒亂園觀中 有大樹名晝過度 莖圍二百八十里 高四千里 枝葉引布二千 萬里."

사천왕의 천상과 같이 다른 하늘의 천인들도 곧 목욕하는 못에 가서 목욕하면서 스스로 즐기다가 못에서 나와 향나무 아래로 가서는 갖가지 향을 가져다 몸에 바르고, 영락 나무 아래로 가서는 나무가 저절로 낮아지면 곧 영락을 취해다 관과 건에 붙이고, 다시 의복과 불식 나무 아래로 가서는 나무가 저절로 낮아지면 곧 의복과 불식을 가져다 입고, 다시 그릇 나무와 과일 나무와 음악 나무 아래로 가서는 나무가 저절로 낮아지면 곧 그릇을 가져가서 과일을 따서 먹고 그 맑은 즙을 마신다. 다시 악기를 가져다 두드리며 마음껏 노래하고 춤추는데, 이윽고 동산의 누각에 들어가 무앙수의 백천 옥녀들이 풍악을 울리고 노래하고 춤추며 서로 즐기는 모습을 보게 된다. 동쪽으로 향한 옥녀를 바라보다 문득 서쪽을 향한 옥녀를 잊어버리고, 서쪽을 향한 옥녀를 바라보다 문득 동쪽을 향한 옥녀를 잊어버린다. 그러다 이내 천자는 스스로 이렇게 생각한다.[77]

비유하면 마치 도리천의 천인과 같이 목욕하는 못에 이르러서 몸을 씻고 스스로 즐기다가 나와서 향나무와 영락·옷·불식·그릇·과일·음악 나무 아래에 가는데 나뭇가지가 저절로 낮아지면 곧 향을 가져다 몸에 바르고, 영락과 불식과 의복을 가져다 몸에 두르고, 그릇을 가져다 과일을 먹고, 악기를 가져다 두드리면서 노래하고

---

[77] 『대루탄경』 권제4 「도리천품제9」(대정장 1, 297c). " 如四天王天上 餘天人便往至浴池中 浴自娛樂 從浴池出 往至香樹下 取種種香塗身 往至瓔珞樹下 樹自低 便取樹?瓔珞著之 復至衣服不息樹下 樹自低便取衣服不息著之 復至器果音樂樹下 樹自低便取器取果食之 淸其汁飮之 復取音樂鼓之 自隨其歌舞 往入園觀舍宅 見無央數百千玉女 作音樂歌舞相娛樂 觀東面玉女 便忘西面玉女 觀西面玉女 便忘東面玉女 天子便自念言."

일본 고야산 영산재

춤춘다. 그러다 동산 누각에 들어가 무앙수 백천 옥녀들을 보게 되면, 문득 전생의 인연을 잊어버리고, 다시는 기억할 수 없게 된다.[78]

　　　　　　　　　다른 천인들처럼 못에 가서 목욕한 뒤에 못에서 나와 여러 나무들 아래에 이르러서는 각각 그 나무에 있는 것을 취하고 풍악을 즐기고 노래하고 춤춘 뒤, 동산의 누각에 들어가 무앙수 백천 옥녀들을 보게 되는데, 그 뜻이 번거롭고 어지럽혀져서 다시는 전생 일을 기억할 수 없게 된다.[79]

목욕하는 못에 가서 목욕하고 나와서는 여러 나무들 사이로 가며 나뭇가지가 저절로 낮아지면 각각 옷과 영락과 불식을 가지고 그릇을 가지며, 과일을 먹고 음악을 연주하고 춤추고 노래한다. 동산의 누각에 들어가 무앙수 백천 옥녀들을 보게 되면 그 뜻이 번잡해지고 어지러워져 두 번 다시 전생 일을 기억하지 못하게 된다.[80]

---

[78] 상동. "譬如忉利天人 便往至浴池中 洗浴自娛樂 出往至香樹瓔珞衣被不息器果音樂樹下 樹枝自低卽取香塗身 取瓔珞不息衣被著之 取器食果 取音樂鼓之歌舞 入園觀舍宅 見無央數百千玉女 女便忘前世因緣不能復念."

[79] 『대루탄경』 권제4 「도리천품제9」 (대정장 1, 298a). "如餘天人 往至浴池 洗浴出到諸樹下 各取所有 作妓樂歌舞 入園觀舍宅 見無央數百千玉女 煩亂其意 不能復念宿命."

[80] 상동. "入浴池洗浴 出至諸樹間 樹枝自低 各取所有衣被瓔珞不息著之 取器食果 作音樂歌舞 入園觀舍宅 見無央數百千玉女 煩亂其意 不能復念宿命."

옛날에는 사람들이 집착한 바가 없었는데, 지금은 사람들이 점점 집착하는 것이 있다.
나중에는 계집아이를 시집보내어 남편과 함께 노래하고 춤추고 서로 즐기며 일컫기를 '부디 부부는 언제나 평온해질지어다'라고 한다.
그때 사람들은 법답지 못하게 음욕에 집착하고 법답지 못하게 음욕을 행한 뒤에 곧 집을 지었으니, 이 법답지 못한 일 때문에 처음으로 집이 생겨난 것이다.[81]

『대반열반경大般涅槃經卷』에서는 다음과 같이 말한다.

일곱 겹의 성 밖에는 각 겹마다 해자에 물이 있는데 그 물은 맑고 깨끗하여 8공덕을 갖추었으며, 모두 7보로 된 계단과 섬돌이 있으며, 모든 새들과 난새, 봉황, 공작, 오리, 기러기, 원앙들이 이리저리 춤추듯 날아다니고 노래하며 모여 있었다.
그 물에는 또 구모두 꽃, 울바라 꽃, 분다리 꽃들이 피어 있고, 파란색, 노랑색, 붉은색, 흰색 등 여러 가지 색의 연꽃들이 있었다. 또 그 언덕 위에는 일곱 줄의 보배나무가 늘어서 있는데, 줄마다 각각 다른 보배가 피어나 산들바람이 천천히 일어 그 나뭇가지에 불면 가지와 잎이 서로 부딪쳐 소리를 내는데 마치 천상의 음악과 같았다.
성안에는 백성들이 가득한데, 평안하고 풍요롭고 안락하며 즐거움

---

[81] 『대루탄경』 권제6 「天地成品第十三」(대정장 1, 308a). "昔者人無所著 今者人稍有所著 後便持童女嫁與夫歌舞戲笑稱 願夫婦常使安隱也 爾時人非法著婬欲 行非法婬欲之後 便造舍宅 用是非法故 初起舍宅."

고려시대 복식재현 바라춤 군무 (맨위)
법고춤 (왼쪽 아래)
조선시대 감로탱화 복식재현, 김향금 안무 홍고무 (오른쪽 아래)

이 넘쳐 모든 5욕락을 두루 갖추어 도리천과 같았고, 도로에는 모든 명주明珠가 걸려 있으며, 백성들이 다니고 머무는 데에는 처음부터 밤낮이 없었다.

이 성에는 항상 열 가지 소리가 있는데, 첫째는 코끼리 소리요, 둘째는 말(馬) 소리요, 셋째는 수레 소리요, 넷째는 법고法鼓 소리요,

다섯째는 법라法螺 소리요, 여섯째는 줄이 있는 악기 등의 소리요, 일곱째는 노래 소리요, 여덟째는 종을 치고 경쇠를 두드리고 큰 법회가 열리는 소리요, 아홉째는 계행 지키는 사람을 찬탄하는 소리요, 열째는 함께 법을 말하고 그 뜻을 논하는 소리였다.[82]

『대방광불화엄경』(40권본)에는 다음과 같이 말한다.

여러 큰 성문들도 역시 그러하여 비록 서다림 속에 있으면서도 여래의 어마어마한 신통 변화를 보지 못하나니, 왜냐하면 온갖 것 다 아는 지혜(種智)를 좋아하지 아니하여 무명無明의 꺼풀이 눈에 덮인 탓이며, 일체지를 얻을 만한 훌륭한 선근을 심지 못한 탓이다. 비유하면 어떤 사람이 여럿이 모인 자리에서 잠깐 졸다가 꿈을 꾸었는데, 수미산 꼭대기에 제석천왕의 선견궁善見宮이 있고, 그 궁성 안에 훌륭한 전각과 잘 꾸민 동산이 있으며, 천동天童 천녀天女들이 백천만억이요, 부드러운 보배 땅에는 하늘 꽃이 널리어 있었다. 그리고 가지가지 의복 나무에서는 좋은 의복이 나오고, 꽃나무에는 아름다운 꽃이 피고, 보배 나무에서는 귀중한 보배가 나오고, 장엄 나무에서는 여러 가지 장식품이 나오고, 음악 나무에서는 아름다운 가락이

---

[82] 『대반열반경』 권中(대정장 1, 201a). "七重城外各有塹水 其水澄潔具八功德 皆以七寶而爲階陛 諸雜類鳥 鸞鳳孔雀鳧鴈鴛鴦 鸂鶒飛舞 鳴集其中 其水復有鳩车頭華 鬱波羅華 分陀利華 靑黃赤白雜色蓮華 又其岸上 有七行寶樹行各異寶 微風徐起吹彼樹枝 條葉相觸 音如天樂 城中人民皆悉盈滿 安隱豐樂極爲熾盛 諸五欲具 如忉利天 道路之中懸諸明珠 人民行止 初無晝夜 此城恒有十種音聲 一者象聲 二者馬聲 三者車聲 四者鼓聲 五者螺聲 六者琴瑟等聲 七者歌聲 八者扣鍾擊磬設大會聲 九者讚歎持戒人聲 十者互共說法語論之聲."

명바라, 봉원사 영산재

흐르며, 수없는 하늘 사람들이 그 가운데서 노래하고 춤을 추는데, 그 사람도 그들과 함께 하늘 옷을 입고 오락가락하면서 쾌락을 받고 있었다. 그러나 곁에 있는 사람들이 한자리에 있으면서도 보지도 못하고 알지도 못하는 것과 같으니, 이 사람의 꿈속에서 보는 경계는 함께 있는 여러 사람들로는 볼 수 없는 것이기 때문이다.[83]

---

[83] 『대방광불화엄경』(40권본) 권제2 「入不思議解脫境界普賢行願品」(대정장 10, 666c, 667a). "諸大聲聞 亦復如是 雖復住在逝多林中 不見如來廣大神變 何以故 不樂種智 無明瞖瞙 蔽其眼故 不曾種植一切智地 勝善根故 譬如有人於衆會中假寐昏寢 忽然夢見須彌山頂帝釋所住善見宮城 殊勝寶殿 園苑莊嚴 天子天女 百千萬億柔軟寶地 普散天華 種種衣樹 出妙衣服 種種華樹 開敷妙華 諸珍寶樹 出諸珍寶 諸莊嚴樹 出諸嚴具 諸音樂樹 奏天音樂 無量諸天 於中遊戲 其人自見 著天衣服 住止周旋 受諸快樂 其衆會中 一切人衆 雖同一處 不見不知 不能觀察 何以故 此人夢中 所見境界 非彼衆會所能見故."

선남자여, 이렇게 차례차례 5백 여래께서 나시었는데, 마지막 부처님 이름이 법계허공보산원만길상등法界虛空寶山圓滿吉祥燈인데, 나는 그때에 기생이 되었

권공의식

으니 이름은 가희길상면可喜吉祥面이었다. 부처님이 성안에 들어오시었을 적에 노래와 춤으로 공양하였고, 부처님의 위력을 받들어 공중에 솟아올라서 1천 게송으로 부처님을 찬탄하였더니, 부처님이 나를 위하여 양미간으로 광명을 놓으니 이름이 보조법계광명장엄普照法界光明莊嚴이요, 그 빛이 내 몸에 비치고 온갖 것에 가득하였는데, 나는 그 광명에 비춰져서 해탈을 얻었으니 이름이 법계방편불퇴장문法界方便不退藏門이었다. 선남자여, 이 세계에 이러한 부처 세계의 티끌 수 같은 겁이 있고, 이 겁 동안에 나시는 모든 여래를 내가 모두 받들어 섬기고 공경하고 공양하여 기쁘게 하였더니, 저 여러 여래께서 나를 위하여 가지가지 바른 법을 연설하는 것을 내가 모두 기억하며 법답게 받아 지니었고, 한 글자 한 구절도 잊어버리지 아니하였으며, 저 낱낱 여래 계신 데서 온갖 법문을 칭찬하여 한량없는 중생에게 이익을 주었고, 낱낱 여래 계신 데서 삼세 법계 광을 나타내어 넓은 법계에 머무는 몸을 얻었으며, 일체지의 광명에 들어가서 온갖 보현보살의 행에 들어갔다. 선남자여, 나는 일체지의 광명을 의지하였으므로, 잠깐 잠깐에 한량없는 부처님을 뵈

I. 불교의식음악의 연원 87

오며, 부처님을 뵌 뒤에는 이전에 얻지 못하고 보지 못하고 듣지 못하였던 보현보살의 훌륭한 행을 모두 성취하였다. 왜냐하면 일체지의 광명을 얻은 까닭이며, 한량없고 끝이 없는 법계문을 따로따로 나타내는 까닭이었다.[84]

이 세상에 가지가지 모든 음악과
춤과 노래 유희하고 찬탄하는 일
변론이나 해설들이 적절하여서
보는 이와 듣는 이를 감동케 하며.[85]

『대방광불화엄경』(60권본)은 다음과 같이 말한다.

그 보살은 중생을 이롭게 하기 위해 세간의 모든 경서와 기예와 문

---

[84] 『대방광불화엄경』(40권본) 권제20 「입부사의해탈경계보현행원품」(대정장 10, 753c, 754a). "善男子 如是次第五百如來 其最後佛 名法界虛空寶山圓滿吉祥燈 我於彼時 身爲妓女 名可喜吉祥面 遇佛入城 歌舞供養 承佛威力 踊在空中 以千妙偈 讚歎於佛 佛爲於我 放眉間光 名普照法界光明莊嚴 光照我身 一切遍滿 我蒙光觸 卽得解脫 名法界方便不退藏門 善男子 此世界中 有如是等佛刹極微塵數劫 一切如來 於中出現 我皆承事 恭敬供養 令其歡喜 彼諸如來 爲我演說種種正法 我皆憶念 如法受持 乃至不忘一文一句 於彼一一諸如來所 稱揚讚歎一切佛法 爲無量衆生 廣作利益 於彼一一諸如來所 得現三世法界藏住廣大法界身 得入一切智光明 入一切普賢行 善男子 我依一切智光明故 於念念中 見無量佛 旣見佛已 先所未得 先所未見 先所未聞 普賢菩薩所有妙行 悉得成就 何以故 以得一切智光明故 差別顯示無量無邊法界門故."

[85] 『대방광불화엄경』(40권본) 권제28 「입부사의해탈경계보현행원품」(대정장 10, 791c). "世間所有諸音樂 歌舞嬉戲及讚詠 言辭辯論適人心 能令見者咸欣悅."

장과 산수와 금석金石의 모든 성질을 알고, 병을 다스리는 약방문으로 소갈증과 문둥병과 귀신에 잡힘과 벌레의 독 등을 다 고치며, 음악과 노래와 춤과 웃음거리와 오락 등을 잘 알고, 국토의 성곽과 촌락·주택·동산·못·누각·꽃·과실·약초 등을 잘 알며, 금과 은과 유리·산호·호박·자거·마노 등 모든 보물의 무더기를 보이고, 해와 달과 다섯 개의 별과 스물여덟 개의 별들을 관찰하며, 길하고 흉한 것과 지진과 꿈의 징조와 몸에 있는 모든 모양을 다 점쳐 잘 압니다.[86]

이스라엘 공연시 등춤과 희심곡, 기봉 스님

---

[86] 『대방광불화엄경』(60권본) 권제25 「十地品第二十二之三」(대정장 10, 556c). "是菩薩利益衆生故 知世所有經書技藝 文章算數 金石諸性 治病醫方 乾消癲病 鬼著蠱毒等 妓樂歌舞 戲笑歡娛 國土城郭 聚落室宅 園林池觀 華果藥草 金銀琉璃 珊瑚琥珀 硨磲碼碯 示諸寶聚 日月五星 二十八宿 占相吉凶 地動夢怪 身中諸相."

I. 불교의식음악의 연원

이 세간을 이롭게 하기 위해
여러 가지의 경전 만들고
금석의 성질과 의약방문과
노래와 춤과 익살 부릴 줄 아네.[87]

『대방광불화엄경』(80권본)은 다음과 같이 말한다.

맑은 생각 깊은 재주 글도 뛰어나
춤과 노래 말 잘하여 모두 즐기니
일체 세간 가지가지 많은 기술을
요술쟁이 못하는 일 하나 없듯이.[88]

불자들이여, 보살마하살이 모든 내전의 권속과 시중하는 기녀들의 면모가 단정하고 재능이 구족하고, 말하고 웃고 노래하고 춤추는 것이 모두 아름다우며 가지각색의 의복과 가지각색의 꽃과 향으로 몸을 장식하여 보는 이마다 환희하여 싫은 생각이 없는데, 이러한 여자의 수효가 백천만억 나유타며 모두 보살의 선한 업으로 생기었고, 뜻에 따라 자재하여도 공손히 복종하여 허물이 없는 것을, 모두 구걸하는 이에게 보시하면서도 그 가운데 사랑하는 마음도 없고 그리워하는 마음도 없고 집착하는 마음도 없고 속박하는 마음

---

[87] 『대방광불화엄경』(60권본) 권제25 「十地品第二十二之三」(대정장 10, 557b). "爲利世間故 造立經書等 金石性醫方 歌舞戲笑事."
[88] 『대방광불화엄경』(80권본) 권제14 「賢首品第十二之一」(대정장 10, 75a). "雅思淵才文中王 歌舞談說衆所欣一切世間衆技術 譬如幻師無不現."

2010년 G20 영산재 등춤(안무 김향금), 조선시대 감로탱화 복식 재현

도 없고 고집하는 마음도 없고 물드는 마음도 없고 분별하는 마음도 없고 따라가는 마음도 없고 형상을 취하는 마음도 없고 좋아하여 욕심내는 마음도 없습니다.[89]

불자여, 이 보살마하살은 중생을 이익케 하기 위하여 세간의 기예를 모두 익히나니, 이른바 글과 산수와 그림과 서적과 인장과 지대·수대·화대·풍대와 가지가지 언론을 모두 통달하며, 처방법을 잘 알아서 여러 가지 병과 간질과 미친 증세와 소살병들을 치료하

---

[89] 『대방광불화엄경』(80권본) 권제28 「十廻向品第二十五之六」(대정장 10, 152c). "佛子 菩薩摩訶薩所有一切 內宮眷屬 妓侍衆女 皆顏貌端正 才能具足 談笑歌舞 悉皆巧妙 種種衣服 種種華香 而以嚴身 見者歡喜 情無厭足 如是寶女 百千萬億 那由他數 皆由菩薩 善業所生 隨意自在 敬順無失 盡以布施諸來乞者 而於其中 無愛樂心 無顧戀心 無無耽著心 無繫縛心 無執取心 無貪染心 分別心 無隨逐心 無取相心 無樂欲心."

I. 불교의식음악의 연원 91

며, 귀신이 지피고 도깨비에 놀라고 모든 방자와 저주를 능히 제멸하며, 문장과 글씨와 시와 노래와 춤과 풍악과 연예와 웃음거리와 고담과 재담 따위를 모두 잘하며, 도성과 성시와 촌락과 가옥과 원림과 샘과 못과 내와 풀과 나무와 꽃과 약초들을 계획하고 가꾸는 데 모두 묘리(宜)가 있고, 금·은·마니·진주·유리·나패·벽옥·산호 등의 있는 데를 다 알고 파내어 사람들에게 보이며, 일월성신이나 새가 울고 땅이 진동하고 꿈이 길하고 흉한 것이나, 상과 신수가 좋고 나쁜 것을 잘 관찰하여 조금도 틀리지 아니합니다.[90]

글과 말과 노래와 춤 모두 교묘하고
궁전과 집과 정원과 연못 모두 안은하며
감추어진 보배 하나도 덜지 아니하고 보여서
한량없는 중생을 이익케 하네.[91]

조선시대 감로탱화 복식 재현과 시건무, 김향금 춤

---

[90] 『대방광불화엄경』(80권본) 권제36「十地品第二十六之三」(대정장 10, 192b). "佛子 此菩薩摩訶薩 爲利益衆生故 世間技藝 靡不該習 所謂文字算數 圖書印璽 地水火風 種種諸論 咸所通達 又善方藥 療治諸病 顚狂乾消 鬼魅蠱毒 悉能除斷 文筆讚詠 歌舞妓樂 戱笑談說 悉善其事 國城村邑 宮宅園苑 泉流陂池 草樹花藥 凡所布列 咸得其宜 金銀摩尼 眞珠琉璃 螺貝璧玉 珊瑚等藏 悉知其處 出以示人 日月星宿 鳥鳴地震 夜夢吉凶 身相休咎 咸善觀察 一無錯謬."

[91] 『대방광불화엄경』(80권본) 권제25「十地品第二十六之三」(대정장 10, 193a). "文詞歌舞皆巧妙 宮宅園池悉安隱 寶藏非一咸示人 利益無量衆生故."

『대수긴나라왕소문경大樹緊那羅王所問經』에서는 다음과 같이 말한다.

고려·조선시대 복식재현 바라춤

또 대수긴나라왕이 줄이 있는 악기를 탈 때 부처님 대중 가운데 있던 왕들과 비구·비구니·우바새·우바이와 하늘·용·야차·건달바·아수라·가루라·긴나라·마후라가·제석천·범천·사천왕 등의 사람인 듯하면서 사람이 아닌 것과 욕심을 떠난 이 등으로서, 물러나지 않는 자리에 있는 보살을 제외한 일체 대중은 이 줄이 있는 악기 소리와 다른 음악 소리를 듣고 다 흥에 겨워 자리에서 일어나 춤을 추었다.

이때 모든 성문 대중들도 이 줄이 있는 악기 소리를 듣고 흥에 겨워 모두 자리에서 일어나 위의를 돌보지 않고 흐트러진 모습으로 즐거워하였으니, 이는 마치 어린애가 춤 놀이를 하면서 어쩔 줄 모르는 것과 같았다.

그때에 천관보살이 그 큰 성문과 큰 가섭 등에게 말하였다.

"여러 대덕 스님들은 번뇌를 떠나 여덟 가지 해탈을 얻었고 네 가지 진리를 보았는데 지금 왜 모두 위의를 돌보지 않고 저 어린애들처럼 일어나 춤들을 추십니까?"

이때에 대덕 성문들이 대답하였다.

"선남자여, 우리는 지금 여기서 자재하지 못합니다. 이 줄이 있는 악기 소리 때문에 우리는 가만히 앉아 있을 수 없어 일어나 춤을 추

일본 고야산 공연 범패

면서 어쩔 줄 모르며, 또 마음을 가만히 있게 할 수도 없습니다."[92]

일체 외도의 법을 나타내 보이되 출가의 행을 닦아 불법을 나무라지 않고, 음녀淫女로 나타나거나 혹은 왕궁에 있어 아름다운 여자의 몸을 나타내는 것은 음욕에 집착하는 중생들을 교화하기 위해서이며, 대중이 모인 곳에서 온갖 재주를 보이되 통소나 젓대를 불기도 하고 줄이 있는 악기나 비파를 타기도 하며 북을 치고 고등을 불되 으뜸이 되고, 대중 앞에서 노래하고 춤추며 익살을 부리되 모든 법음을 내고 온갖 재주를 부려 중생들이 즐기는 것을 따르는 것은 그들을 교화하기 위해서이다.

신통을 부려 중생에게 재물을 보시한 뒤에 법을 설하고, 재물을 잃은 중생을 위해서는 보배창고를 나타낸 뒤에 설법하며, 어떤 중생

---

[92] 『大樹緊那羅王所問經』 권제1(대정장 15, 371a). "大樹緊那羅王當鼓琴時 佛大眾中 人王眾等 比丘比丘尼優婆塞優婆夷 天龍夜叉乾闥婆阿修羅迦樓羅緊那羅摩睺羅伽 釋梵護世若人非人 及離欲者 唯除菩薩不退轉者 其餘一切諸大眾等 聞是琴聲及諸樂音 各不自安從座起舞 時諸一切聲聞大眾 聞琴樂音不能堪耐 各從座起 放捨威儀誕貌逸樂 如小兒舞戲不能自持 爾時天冠菩薩 語是一切諸大聲聞大迦葉等 汝諸大德已離煩惱 得八解脫見四聖諦 云何今者各捨威儀如彼小兒舉身動舞 於時大德諸聲聞等答言 善男子 我於是中不得自在 何以故 由是琴音 我等各各不安樂坐 其體動舞不能自持."

이 근기에 시달리면 거기에 맞는 법을 나타낸 뒤에 설법하느니라.[93]

또 부인들이여, 여자는 여덟 가지 법을 성취하여 여자의 몸을 버리고 남자의 몸이 된다. 무엇이 여덟 가지인가? 음식을 탐해 집착하지 않고, 먹고 마시는 잔치를 탐하지 않으며, 장부丈夫를 탐하지 않고, 가루향이나 바르는 향을 탐하지 않으며, 동산에서 놀기를 탐하지 않으며, 희소戲笑를 탐하지 않으며, 노래와 음악을 탐하지 않고, 춤 놀이를 탐하지 않으며, 술자리의 즐거움을 탐하지 않는 것이니, 이것이 그 여덟 가지이다.[94]

영산회상-니르바나
가야금 연주, 최우선

[93] 『대수긴나라왕소문경』 권제2(대정장 15, 377c). "示現一切外道法中修出家行不呵佛法 現爲婬女 若在王宮現妙女身 爲化慳著婬欲衆生 於大衆中多 人集處現衆伎術 或現簫笛琴瑟鼓貝常爲第一 於是衆中歌舞戲笑 皆出法音現衆伎術 隨諸衆生所喜樂者 爲教化故而示現之 現神通力施衆生財然後說法 失財衆生爲現寶藏然後說法 有諸衆生憂箭所逼 隨其所宜而爲示現然後說法."

[94] 『대수긴나라왕소문경』 권제3(대정장 15, 381a). "復次諸姉女人成就八法轉女人身成男子身 何等八 不貪著食 不貪飮宴 不貪丈夫 不貪末香塗香 不貪遊觀園林 不貪戲笑 不貪歌音及諸伎樂 不貪舞戲 不貪交酒會樂 是爲八."

"세존이시여, 저희 긴나라들은 꽃과 향에 취하고 노래와 춤에 취하며 환희로움에 취해 있습니다. 세존이시여, 저희들에게 법에 들어가는 문을 말씀하시어 저희들이 헛되이 취함을 떠나 보리의 도를 돕는 법을 닦아 익히게 하소서."[95]

『대장엄론경大莊嚴論經』에서는 다음과 같이 말한다.

다음으로 탐욕보다 더 난폭하고 방자한 것은 없으니, 그러므로 부지런히 탐욕을 끊어야만 한다.
예전에 나는 이와 같이 들었다.

범패

옛날에 세존께서 보살도를 닦으실 때에는 세간이 텅 비어서 부처님이나 현자나 성인들이 세간에 출현하지 않았었다. 그때에 광명光明이라는 왕이 잘 길들여진 코끼리를 타고서 밖으로 유람하였는데, 노래하고 춤추는 창기唱妓들이 앞뒤에서 따라왔다. 산의 험난한 곳에 이르러 왕이 타고 있던 코끼리가 멀리 있는 암 코끼리를 보고는 욕심이

---

[95] 『대수긴나라왕소문경』 권제3(대정장 15, 384a). "世尊 我緊那羅耽醉華香 耽醉歌舞 耽醉歡喜 唯願世尊 當爲我等說所入法門 當令我等捨離狂醉 修集菩提助道之法."

치성하여 큰소리로 울부짖으며 미친 듯이 날뛰고, 구름을 몰아가는
바람처럼 험난한 곳을 피하지 않고서 마구 내달아 가려고 하였다.[96]

산수로 계교하는 논리

바둑이나 장기를 두는 논리

근본이 되는 서학書學의 논리

음악과 창기倡伎에 대한 논리

피리를 불고 노래하는 법에 대한 논리

춤추는 법, 웃는 법에 대한 논리

속임수와 점잖은 행동으로

거동할 때 꽃다발로 장엄하는 논리 등

이와 같은 모든 논리를

두루 다 잘 통달하셨을 것이며.[97]

『법구비유경法句譬喩經』에서는 다음과 같이 말한다.

그때 변화로 된 사문은 그 옹기굴 속에서 불가사왕을 위해 이렇게
비상非常의 법을 설명하였다. 불가사왕은 그 설법을 생각하고 뜻이

---

[96] 『大莊嚴論經』 권제9(대정장 4, 306c). "復次狂逸之甚莫過貪欲 是故應當勤斷貪欲 我昔曾聞 世尊往昔修行菩薩道時 時世空虛無佛賢聖出現於世 爾時有王名曰光明 乘調順象出行遊觀 前後導從歌舞唱妓 往到山所嶮難之處 王所乘象遙見牸象 欲心熾盛哮吼狂逸 如風吹雲 欲往奔赴不避險."

[97] 『대장엄론경』 권제11(대정장 4, 317a, b). "算數計校論 圍棋博奕論 原本書學論 音樂倡伎論 吹貝歌法論 舞法笑法論 欺弄及庠序 舉動花鬘論 如是等諸論 悉皆善通達."

안정되어 곧 아나함의 도를 얻었다.

부처님께서는 그것을 이미 아시고 곧 부처님 몸의 광명의 모습을 나타내셨다. 불가사왕은 놀라고 기뻐 춤을 추면서 머리를 조아려 부처님께 예배하였다.[98]

보시는 많이 했는데도 그 복의 과보가 적은 보시는 어떤 것인가? 사람이 어리석고 미련하여 생물을 죽여 제사지내고 술을 마시면서 노래하고 춤추는 것이니, 재물만 없애고 복된 지혜가 없기 때문이다.[99]

이상 소개한 경전들에서는 악, 가, 무의 형태와 의식진행의 과정과 이에 대한 공덕을 찾아볼 수 있다.

4. 고려시대 보조국사 지눌의 『염불요문』의 의식 규범

고려시대에 대표적으로 염불의 중요성을 강조한 지눌[100] 스님은 중생을 떠나서는 부처가 존재할 수 없다고 하고, 돈오점수頓悟漸修와 정혜

---

[98] 『法句譬喩經』권제1 「篤信品第四」(대정장 4, 581a). "時化沙門在於窯中 爲弗加沙 說非常之要 弗加沙王思惟意定 卽得阿那舍道 佛知已解爲現佛身光明相好 弗加沙 王驚喜踊躍 稽首作禮."

[99] 『법구비유경』권제2 「述千品第十六」(대정장 4, 589c). "何謂施多得福報少者 其人 愚癡殺生祭祠 飮酒歌舞破損財寶 無有福慧."

[100] 강건기, 「보조국사」, 『한국불교인물사상사』, 민족사, 1990, 175쪽. 普照國師 知訥은 고려 의종 12년(1158)~희종 6년(1210)까지 4대에 걸쳐 활동했으며 53살에 열반하였다. 한국선을 확립한 고려불교의 거봉으로, 염불을 통한 구도를 강조한 모습을 『염불요문』에서 찾아볼 수 있다.

쌍수定慧雙修를 주장하였는데, 선禪으로써 체體를 삼고 교敎로써 용用을 삼아 선·교의 합일점을 추구했다.

또한 지눌 스님은 교로써 선·교의 합일점을 모색하고 종래의 구산선문九山禪門을 조계종에 통합함으

고려·조선시대 복식재현 범패

로써 종풍宗風을 떨쳐 의천(義天, 1055~1101)의 천태종天台宗과 함께 고려 불교의 양대 산맥을 이루었으며, 의천과 함께 불교의 내면적 통일을 기한 큰 업적을 이룩했다. 또한 『염불요문念佛要門』을 저술하여 불교의식에 대한 중요성을 강조하였다. 이하에서는 『염불요문』에 나타나는 불교의식을 본문과 함께 살펴보겠다.

무릇 말세의 중생들은 근기와 성품이 어둡고 둔하여, 탐욕과 습기가 두텁기 때문에, 오랫동안 생사에 빠져 온갖 고뇌를 면하지 못한다. 그러므로 스승과 벗의 꾸지람을 받지 않으면 고뇌에서 벗어나는 즐거움을 얻기 어려울 것이다. 그러므로 나는 그대들의 과거의 잘못을 꾸짖어 오념五念을 쉬게 하고 오장五障을 틔운 뒤에, 오탁五濁을 뛰어넘고 구련九蓮 위에 오르게 하리니, 그대들은 뜻을 오로지 하여 내 말을 들으라.
그 오정심五停心이란
첫째, 탐욕이 많은 중생에게는 부정관不淨觀이요
둘째, 분노가 많은 중생에게는 자비관慈悲觀이요

셋째, 산심散心이 많은 중생에게는 수식관數息觀이요

넷째, 어리석은 중생에게는 인연관因緣觀이며

다섯째, 업장業障이 많은 중생에게는 염불관念佛觀이다.[101]

즉 다섯 가지 가운데 업장을 소멸함에 있어 염불念佛을 통한 수행을 강조하였다.

오념은 비록 쉬었으나 세상 인연들을 떠나지 못하므로 다시 오장五障에 걸린다.

그 오장五障이란

첫째는 계속 이어지는 애욕이니 번뇌장煩惱障이라 하고

둘째는 법문을 알아 집착하는 것이니 소지장所知障이라 하며

셋째는 몸을 사랑해 업을 짓는 것이니 보장報障이라 하고

넷째는 마음을 없애고 고요함만 지키는 것이니 이장理障이라 하며

다섯째는 온갖 법을 두루 관찰하는 것이니 사장事障이라 한다.[102]

중생이 세상의 인연을 떠나지 못하면 오장五障에 머물기 쉬우므로 이를 계책하는 글이다.

---

[101] 普照思想研究院,「念佛要門」『普照全書』, 불일출판사, 1989, 413쪽. "蓋夫末世 衆生 根性昏鈍 欲習濃厚 故 久滯沈淪 未免衆苦 不憑師友之噴 難得脫苦之樂 由 是 我噴汝等之前非 令獲五念之停息 通達五障 然後 令超九濁 登九蓮上 汝須專 志 聽我言 其五停心者 一 多貪衆生不淨觀. 二 多嗔衆生慈悲觀. 三 多散衆生數息 觀. 四 愚痴衆生因緣觀. 五 多障衆生念佛觀."

[102] 상동. "其五障者 一 相續愛欲名煩惱障. 二 了執法門 名所知障. 三 愛身造業 名報 障. 四 無心守靜 名理障. 五 通察萬法 名事障."

영산회상, 니르바나

또한 중생이 지혜롭지 못하면 오탁에서 벗어나지 못함을 밝히는 글이 이어진다.

이 오장에 통하지 못하기 때문에 오탁五濁에 걸린다.
그 오탁이란,
첫째는 한 생각이 처음으로 움직여 공空과 색色을 분별하지 못하는 것이니 겁탁劫濁이라 하고
둘째는 견해와 지각이 어지러이 일어나 맑은 성품을 흔드는 것이니 견탁見濁이라 하며
셋째는 삿된 생각을 번거로이 일으켜 현재의 티끌을 일으키는 것이니 번뇌탁煩惱濁이라 하고
넷째는 생멸이 멈추지 않아 생각 생각이 옮겨 흐르는 것이니 중생탁衆生濁이라 하며

I. 불교의식음악의 연원 101

다섯째는 각기 의식과 목숨을 받아 그 근본을 돌아보지 않는 것이니 명탁命濁이라 한다.[103]

이어서 오념, 오장, 오탁을 벗어나야 염불삼매念佛三昧에 들어갈 수 있음을 밝히는 글이 이어진다.

오념이 쉬지 않으면 오장이 어떻게 통하고, 오장이 통하지 않으면 오탁이 어떻게 맑아지겠는가? 그러므로 오념이 쉬지 않으면 장애와 흐림이 많기 때문에 반드시 열 가지 염불삼매念佛三昧의 힘으로

바라춤, 러시아 공연

---

103 상동. "此五障不通 故 滯在五濁也. 其五濁者 一 一念初動 不分空色 名劫濁. 二 見覺紛起 泊擾湛性 名見濁. 三 煩起邪念 發知現塵 名煩惱濁. 四 生滅不停 念念遷流 名衆生濁. 五 各受識命 不顧其 源 名命濁."

차츰 청정한 계율의 문에 들어가야 한다. 계율의 그릇이 순수하게 맑고 한 생각이 도에 맞은 뒤에라야 마음을 쉬고 장애와 흐림을 초월하여 바로 극락에 이르러 삼무루학三無漏學을 깨끗이 닦아, 미타彌陀의 위없는 큰 깨달음을 함께 증득할 수 있을 것이다.[104]

결국 깨달음을 증득하는 것은 열 가지 염불(十念)로 닦아야 함을 강조하면서 염불 수행의 열 가지 방법을 제시한다.

그러므로 이 도를 증득하려면 모름지기 열 가지 염불을 닦아야 한다.
열 가지란
첫째는 계신戒身염불이다.
둘째는 계구戒口염불이다.
셋째는 계의戒意염불이다.
넷째는 동억動憶염불이다.
다섯째는 정억靜憶염불이다.
여섯째는 어지語持 염불이다.
일곱째는 묵지默持염불이다.
여덟째는 관상觀想염불이다.
아홉째는 무심無心염불이다.

---

[104] 상동. "不停五念 則五障何通 五障不通 則五濁奚淸. 是以 五念不停者 多障多濁 故必以十種念佛三昧之力 漸入淸淨戒門. 戒器純淸 一念相應 然後 可得停心超於 障濁 直到極樂 淨修三無漏學 同證彌陀無上大覺也."

열째는 진여眞如염불이다.[105]

아래에서는 위의 열 가지 염불을 진정으로 증득해야 함을 강조한다.

이런 열 가지 염불은 다 한 생각의 참 깨달음에서 나오는 것으로서, 생각이 이루어지고 공이 지극해야 한다. 그러므로 생각함이란 잊지 않는 것이니, 참 성품을 보존하고 기르되 꼭 지키고 잊지 않는 것이요, 부처란 깨달음이니 참 마음을 살피고 비추어 보아 항상 깨달아 알고 뚜렷이 밝아 어둡지 않는 것이다. 그러므로 생각이 없는 한 생각이 깨달아 알고 뚜렷이 밝아, 밝고 뚜렷하여 생각이 끊어졌으면 그것이 진정한 염불이다.[106]

이하에서는 열 가지 염불을 하나하나 자세히 설명하고 있다.

첫째의 계신염불戒身念佛이란, 살생과 도둑질과 음행을 버려 몸의 그릇이 청정하고 계율의 거울이 뚜렷이 밝은 뒤에, 몸을 단정히 하고 바로 앉아 서쪽을 향해 합장하고 한마음으로 나무아미타불을 공경히 염하되, 부르는 수가 끝이 없고 생각이 끊어짐 없어, 심지어

---

[105] 상동. "是以 欲證斯道 應修十種念佛 何等爲十. 一 戒身念佛. 二 戒口念佛. 三 戒意念佛 四 動憶念佛. 五 靜憶念佛. 六 語持念佛. 七 默持念佛. 八 觀想念佛. 九 無心念佛. 十 眞如念佛."

[106] 상동. "如是十種念佛 皆一念眞覺之所發 而成念極功也. 故 念者守也 存養眞性 要守不忘也. 佛者覺也 省照眞心 常覺不昧也. 故 無念之一念 覺了圓明 圓明絶慮 是謂眞念佛也."

홍고, 월타 스님

앉은 것도 잊고 한 생각이 앞에 나타날 때를 계신염불이라 한다.

둘째의 계구염불戒口念佛이란, 거짓말·비단결 같은 말·이간질 말·나쁜 말 등을 버리고 입을 지키고 뜻을 거두어 잡아, 몸이 깨끗하고 뜻이 깨끗한 뒤에 한마음으로 나무아미타불을 공경히 염하되, 부르는 수가 끝이 없고 생각이 끊어짐 없어, 심지어는 입을 잊고 입이 아니어도 저절로 염불이 현전하는 때를 계구염불이라 한다.

셋째의 계의염불戒意念佛이란, 탐욕·분노·우치·교만 등을 버리고 뜻을 거두고 마음을 밝히어 마음의 거울에 생각이 없어진 뒤에, 한 생각으로 나무아미타불을 깊이 염하는 수가 끝이 없고 염이 끊어짐 없어, 심지어는 뜻을 잊고 뜻이 아니어도 저절로 염불이 현전하는 때를 계의염불이라 한다.

넷째의 동억염불動憶念佛이란, 십악을 버리고 십선을 바로 가지면 돌아다닐 때나 갑작스러울 때에도 일념으로 늘 나무아미타불을 염하되, 부르는 수가 끝이 없고 끊어짐 없어, 심지어는 움직임이 움직이지 않을 때에 이르러서도 저절로 염불이 현전하는 때를 동억염불이라 한다.

다섯째의 정억염불靜憶念佛이란, 십계가 깨끗하고 일념이 어지럽지 않아, 일이 없어 한가하거나 깊은 밤에 혼자 있을 때에 한 생각으로 오로지 나무아미타불을 염하되, 부르는 수가 끝이 없고 생각이 끊어짐 없어, 심지어는 고요함이 움직임에 이르러서도 저절로 염불이 현전하는 때를 정억염불이라 한다.

여섯째의 어지염불語持念佛이란, 남과 이야기할 때나 아이를 부르고 사동을 나무랄 때에, 밖으로는 감정을 따르지마는 안으로는 생각이 움직이지 않아, 한 마음으로 나무아미타불을 고요히 염하되,

부르는 수가 끝이 없고 생각이 끊어짐 없어, 심지어는 말을 잊고 말이 없어도 저절로 염불이 현전하는 때를 어지염불이라 한다.

일곱째의 묵지염불默持念佛이란, 입으로 외는 생각이 지극해지고, 생각 없는 생각은 은밀히 계합하여, 자나 깨나 어둡지 않고 움직이거나 가만히 있거나 항상 일념으로 나무아미타불을 가만히 염하되, 부르는 수가 끝이 없고 생각이 끊어짐 없어, 심지어는 침묵도 잊고 생각하지 않고도 저절로 염불이 현전하는 때를 묵지염불이라 한다.

여덟째의 관상염불觀想念佛이란, 그 부처의 몸이 법계에 충만하고, 묘한 금색 광명이 중생들 앞에 나타난다고 관하고, 부처님의 광명

법고춤과 나비춤

I. 불교의식음악의 연원　107

이 내 몸과 마음을 비춘다고 생각하고, 아래를 내려다봄과 위를 쳐 다봄과 보고 듣는 것이 다른 물건이 아님을 알아, 뜻과 정성이 지극 하여 일념으로 나무아미타불을 지극히 염하되, 부르는 수가 끝이 없고 생각이 끊어짐 없어, 열두 시간과 사위의 가운데서 항상 공경 하여 어둡지 않으면 그것을 관상염불이라 한다.

아홉째의 무심염불無心念佛이란, 염불하는 마음이 오래되어 공을 이루어 차츰 무심삼매를 얻고, 생각 없는 생각이 일지 않아도 저절 로 일고 생각 없는 지혜가 원만하려 하지 않아도 저절로 원만해지 고 받들려 하지 않아도 저절로 받들어져, 함이 없이 이루어지면 그 것을 무심염불이라 한다.

열째의 진여염불眞如念佛이란, 염불하는 마음이 지극해지고 앎이 없는 앎이 저절로 알아져, 삼심三心이 한꺼번에 비고 한 성품이 움 직이지 않아, 원만히 깨달은 큰 지혜가 환히 홀로 높아지면 그것을 진여염불이라 한다.[107]

---

[107] 普照思想研究院,「念佛要門」『普照全書』, 불일출판사, 1989, 414, 415쪽. "第一 戒身念佛者 當除殺盜婬 身器淸淨 戒鑑圓明而後 端身正坐合掌 面西 一心欽念南 無阿彌陀佛 數無窮盡 念無間斷 乃至 坐忘非坐一念現前時 名爲戒身念佛. 第二 戒口念佛者 當除妄語綺語兩舌惡口 守口攝意 身淸口淨而後 一心敬念南無阿彌 陀佛 數無窮盡 念無間斷 乃至口忘非口 自念現前時 名爲戒口念佛. 第三 戒意念 佛者 當除貪嗔痴慢 攝意澄心 心鑑無思而後 一念深念南無阿彌陀佛 數無窮盡 念 無間斷 乃至意忘非意 自念現前時 名爲戒意念佛. 第四 動憶念佛者 當除十惡 正 持十戒 於動用周旋 造次顚沛 一念常念南無阿彌陀佛 數無窮盡 念無間斷 乃至 動極 不動 自念現前時 名爲動憶念佛. 第五 靜憶念佛者 十戒旣淨 一念不亂 於靜 身閑事 幽夜獨處 一念專念南無阿彌陀佛 數無窮盡 念無間斷 乃至 靜極 卽動 自 念擧時 名爲靜憶念佛. 第六 語持念佛者 對人接話 呼童警僕 外感隨順 內念不動 一念靜念南無阿彌陀佛 數無窮盡 念無間斷 乃至 語忘無語 自念現前時 名爲語持

범패와 비천무

이어서 이상 열 가지 염불에 계합하는 조건을 설하고, 올바른 염불 수행을 닦아야 극락왕생할 수 있음을 밝히면서 마무리하고 있다.

만일 먼저 십악과 팔사八邪를 끊지 않으면 어떻게 십계의 청정함에 순응할 수 있으며, 또 몸의 그릇이 깨끗하고 계율의 거울이 뚜렷이 밝지 않으면 어떻게 열 가지 염불에 계합할 수 있겠는가? 그러므로

念佛. 第七 黙持念佛者 口誦之念旣極 無思之念黙契 夢覺不昧 動靜恒憶 一念黙念南無阿彌陀佛 數無窮盡 念無間斷 乃至 黙忘不念 自念擧時 名爲黙持念佛. 第八觀想念佛者 觀彼佛身 充滿於法界 妙光金色普現於群生前 想知佛光 照我身心 俯仰觀聽了非他物 至意至誠 一念極念南無阿彌陀佛 數無窮盡 念無間斷 於十二時中 四威儀內 常敬不昧 是名觀想念佛. 第九 無心念佛者 念佛之心 久化成功 慚得無心三昧 無念之念 不擧而自擧 無思之智 非圓而自圓 不受而受 無爲而成 是名無心念佛. 第十 眞如念佛者 念佛之心旣極 無了之了自了 三心頓空 一性不動 圓覺大智 朗然獨尊 是名眞如念佛."

몸의 그릇이 깨끗한 뒤에라야 법장法藏을 간직할 수 있고 계율의 거울이 뚜렷이 밝아진 뒤에라야 부처의 감응이 밝게 비칠 수 있는 것이다.

그러므로 경에도 "아무리 맛난 제호를 얻었더라도 보배 그릇이 아니면 담아 두기 어렵다"고 한 것이다.

지금 염불하는 사람으로서 몸의 그릇이 청정하고 계율의 거울이 뚜렷이 밝아지면 어찌 참 법의 맛을 간직할 수 없겠는가?

요즈음 속인이나 삿된 무리들은 십악과 팔사를 끊지 않고 오계와 십선을 닦지 않고서, 잘못된 이해와 사사로운 정으로 망령되이 염불하려 하되, 삿된 소원을 떨어 놓고 방자하게 서방에 왕생하려 하니, 그것은 모난 나무를 둥근 구멍에 끼우려는 것과 같다. 그런 사

국립국악원 영산회상 공연(불교무용구성, 법현)

람은 제 뜻으로 염불을 지닌다고 생각하지마는 부처님의 뜻이 어찌 그 삿된 생각과 계합할 수 있겠는가?

그러므로 파계하고 부처를 비방하면서 망령되이 진실과 청정을 구하는 죄로, 깊은 번뇌(幽結)를 거듭한 끝에 죽어서는 지옥에 떨어져 그 몸과 마음을 스스로 해치니, 그것이 누구의 허물이겠는가?

너희는 계를 지니는 것으로 본을 보여 먼저 십악과 팔사를 끊고, 다음에는 오계와 십선을 닦아 과거의 허물을 뉘우치며 서원한 후 생사를 벗어나 깨달음의 열매를 맺기를 굳게 다짐해야 한다. 해마다 삼장재월(三長齋月: 1, 5, 9월의 석 달)을 지키고, 절節은 여덟으로 한 달이 바뀔 때마다 있는 육재六齋를 힘쓰되, 열 가지 염불로 업을 삼아 오래 공들이고 힘을 쌓아 진여에 고요히 합하면, 날마다 때마다 다니거나 서거나 앉거나 눕거나, 아미타불의 참 몸이 가만히 그 앞에 나타나 정수리를 어루만지시면서 기별記莂을 주실 것이다. 그리하여 임종 때에 친히 극락세계의 구품연대九品蓮臺로 맞이하되 반드시 상품上品에서 마주해 앉으리니, 보배처럼 소중히 여겨야 한다.[108]

---

[108] 위의 책, 415쪽. "若非先斷十惡八邪者 奚順於十戒淸淨 又非身器淸淨 戒鑑圓明者 何契於十種念佛 是以 身器淸淨 然後 可以貯凝法藏 戒鑑圓明 然後可以佛應照著 故 經云 雖得醍醐眞上味 若非寶器貯凝難 今此念佛之人 身器淸淨 戒鑑圓明 豈佛能儲凝眞法味者乎 近來 白衣邪徒 不斷十惡八邪 不修五戒十善 以曲會私靜 妄求念佛 披露邪願 欲生西方 是乃如將方木逗圓孔也. 如此之人 自意雖持其念佛 佛意何契其邪念乎. 是以 破戒謗佛 妄求眞淨之罪 幽結極重 故 死墮地獄 自傷身心 是誰過歟. 汝等 戒侶觀鑑于玆 先斷十惡八邪 次持五戒十善 懺悔前非 願盟後果 絫結同心 志定死生 持年三長守節八交 效月六齊 須以十種念佛爲業 久功積力泊合眞如念佛 則日日時時 行住坐臥 阿彌陀佛眞體 冥現其前 摩頂授記. 若

교종을 중심으로 한 귀족불교가 성행하던 고려시대에 정혜쌍수를 적극적으로 주창한 사상가[109]이기도 한 보조국사 지눌 스님은, 이처럼 『염불요문』에서 염불에 대한 중요성과 염불을 통해서도 깨달음을 성취할 수 있음을 강조하여 그의 독특한 염불관念佛觀을 잘 보여주고 있다.

於臨命終時 親迎極樂 於九品蓮臺 必以上品 相對而住 珍重."
[109] 진성규,「고려후기 수선사의 결사운동」,『고려후기 불교 전개사 연구』, 불교사학회 편, 민족사, 1989, 102쪽.

II. 불교의식음악의 종류와 범패 구성

1. 제종 의식의 구성

1) 예경의식

모든 종단을 초월하여 사찰에서 불, 법, 승 삼보는 물론 상단, 중단, 하단 등 일체 신앙의 대상에 대한 예경禮敬의식으로, 아침예불은 도량석 道場釋(목탁석木鐸釋)을 시작으로 『천수경』(개경게부터 정법계진언, 계수서방안락찰 云云) 목탁 반주로 도량을 순회하며 평염불을 한다.

아침종성은 원차종성 변법계 운운 - 제일게 - 파지옥진언 순서로 소종을 치며 좌정하여 평염불, 혹은 홋소리로 한다. 이어서 범종(아침 - 33추, 저녁 - 28추) - 북 - 운판 - 목어 - 동당쇠 - 쇠올림으로 진행한 후 아침예불로 향수해례 혹은 오분향례 - 헌향진언

타종의식

- 탄백歎白 순으로 한 후 각 전각에서 예경의식을 평염불로 진행한다.

2) 수계의식

일반 재가불자나 수행자가 지켜야 할 덕목으로 대승계大乘戒와 소승계小乘戒로 나눈다. 대승계는 삼귀계三歸戒, 삼취정계三聚淨戒, 십중금계十重禁戒, 사십팔경계四十八輕戒, 비구니팔경계比丘尼八敬戒와 팔기계八棄戒, 거사오계居士五戒 등이 있는데, 수계를 할 때는 대상에 따라 이들 계를 설하며 진행은 평염불로 한다.

예컨대 수계의례 가운데 사미십계沙彌十戒의 진행은, 거불/ 보소청진언/ 유치-개문묘묘홍파 운운/ 청사-나무일심봉청 삼신정묘 운운. 향화청/ 가영/ 고아게/ 헌좌게/ 헌좌진언/ 정법계진언/ 다게/ 귀의대성존 운운/ 사미십계/ 입지게立志偈/ 위재치불자 운운/ 상래수계법 운운/ 설만삼천계 운운 순으로 진행한다.

3) 영혼천도의식

불가의 재의식은 '베풀다'라는 의미를 지니고 있다. 재는 살아 있는 자와 죽은 자 모두에게 불법을 일러 주는 의식으로 천도재는 상주권공재, 시왕각배재(대례왕공재), 영산재, 수륙재, 살아생전에 재를 올리는 생전예수재 등 5종의 재를 진행할 때 의식음악은 평염불, 범패, 작법무가 수반된다.

이들 5종의 재의식의 구성과 절차[110]는 재의 규모에 따라 다르게 진행된다.

---

110 법현, 『한국의 불교음악』, 운주사, 2005, 238쪽.

상주권공재 의식 구성은 1.시련 2.대령 3.관욕 4.신중작법 39위 5.상단권공 6.신중퇴공 7.관음시식 8.봉송 등 8단계로 진행된다.

각배재의 의식 구성은 1.시련 2.대령 3.관욕 4.조전점안 5.신중작법 104위 6.괘불이운 7.운수상단권공 8.중단권공 9.신중퇴공 10.관음시식 11.봉송 등 11단계로 진행된다.

영산재의 의식 구성은 1.시련 2.대령 3.관욕 4.조전점안 5.신중작법 104위 6.괘불이운 7.영산단권공 8.식당작법 9.운수상단권공소청상위 10.중단권공소청중위 11.신중퇴공 12.관음시식/전시식 13.봉송 등 13단계로 구성된다.

수륙재의 의식 구성은 1.시련 2.대령·3.관욕 4.조전점안 5.신중작법 104위 6.괘불이운 7.설회인유편 8.중단소청사자편, 봉송사자편 9.개벽오방편 10.소청상위편 11.중단소청중위소청중위 12.하단소청하위 13.식당작법 14.신중퇴공 15.관음시식/전시식 16.봉송 등 16단계로 구성된다.

생전예수재의 의식 구성은 1.시련 2.대령 3.관욕 4.조전점안 5.신중작법 104위 6.괘불이운 7.운수상단권공 8.중단소청사자편, 봉송사자편 9.예수상단소청성위편 10.중단소청명부편 11.중단-소청중위고사판관편 12.중단마구단 13.식당작법 14.신중퇴공 15.관음시식/전시식 16.봉송 등 16단계로 구성된다.

나비춤

　이들 5종의 재의 구성은 불·보살·신중·영혼을 청해 모시는 봉청奉請의례, 불·보살의 말씀을 통하여 설법을 듣고 우리의 정성을 발원하는 권공勸供의례, 상단의 공양물을 중단 신중전에 내려 모시는 퇴공退供의례, 하단 영혼에게 공양을 베풀어주는 시식施食의례, 불·보살·신중·영혼을 되돌려 보내는 봉송奉送의례로 구성되어 있다.

4) 점안의식

사찰에 안치된 불상은 신앙의 예배 대상물을 성화시키는 의식으로서 점안의식을 봉행하는데, 여기에는 탑을 점안하는 조탑점안, 새로운 예배대상을 모시는 불상점안, 나한점안, 시왕점안, 천왕점안, 가사점안, 조전점안 등이 있으며, 재를 진행할 때 의식음악인 평염불, 범패, 작법무가 수반된다.

　이 가운데 각배재, 영산재, 수륙재. 생전예수재 진행시 거행되는 조전점안造錢點眼은 영혼이 명부에서 사용할 수 있도록 금전, 은전 등 금은전金銀錢을 점안하는 의식이다.

점안의식 진행은 『천수경』부터 참회진언까지 → 조전진언, 성전진언, 쇄향수진언, 변성금은전진언, 개전진언 → 금은전이운 → 산화락 → 거령산 → 헌전진언 순으로 진행한다.

금은전점안金銀錢點眼/『천수경』처음부터 참회진언懺悔眞言까지/ 조전진언造錢眞言 - 옴 바아라 훔 사바하/ 성전成錢진언 - 옴 반자나 훔 사바하 나무불수 법수 승수 오방용왕수/ 쇄향수灑香水진언 - 옴 아라훔 사바하/ 변성금은전變成金銀錢진언 - 옴 반자나 반자니 사바하/ 개전開錢진언 - 옴 자나니 훔 사바하/까지 한 후 이운의식으로 들어간다.

금은전이운金銀錢移運 진행

옹호게擁護偈〈대중창〉
八部金剛護道場 空神速赴報天王 三界諸天咸來集 如今佛刹補禎祥
팔부금강호도량 공신속부보천왕 삼계제천함래집 여금불찰보정상

팔부금강은 이 도량을 옹호하소서. 허공신은 속히 나아가 천왕을 보필하소서.
삼계의 모든 하늘에 천왕 모였으니, 불국토의 상서장엄 이루어지이다.

바라춤

옹호게가 마쳐지면 요잡바라를 한 후 이운게 의식으로 진행된다.

이운게移運偈

誰道金銀山不動 不煩天帝命夸娥 人間紙作冥間寶 儘是如來妙力多
수도금은산부동 불번천제명과아 인간지작명간보 진시여래묘력다

부처님 위신력으로 산처럼 쌓여진 금전 은전 움직이지 아니하면
세상에 비할 수 없는 지극한 마음으로 정성스레 아름답게 만들어
중생의 공덕을 쌓을 수 있는 지전으로 만들어져 명부에 보배창고
가득 쌓였네.
이 모두 부처님의 더 할 수 없는 위신력이네.

산화락散花落(꽃을 흩뿌림)

나무마하반야바라밀南無摩訶般若波羅蜜〈짓소리〉

경함이운經函移運

妙法何須別處討 花花草草露全機 人人不識圓珠在 也使能仁捲蔽衣
묘법하수별처토 화화초초노전기 인인불식원주재 야사능인권폐의

묘법을 어찌 다른 곳에서 찾을 것인가.
꽃마다 풀마다 그 기틀을 다 드러내 보이는데
사람 사람이 모두 둥근 보배구슬 있는 곳을 모르고서
또 능인(부처님)의 가려진 옷자락을 뒤지게 하는구나.

동경게動經偈

珠爲山珍登淨案 藥因療病瀉金瓶 大乘法力難思議 若薦亡靈轉此經
주위산진등정안 약인요병사금병 대승법력난사의 약천망령전차경

산해진미(부처님 진리법) 진주처럼 가득히 맺어
병을 다스리는 약은 금병(불법의약)에 담겨 있음이요
부처님의 위신력 가히 헤아릴 수 없어
만약 영가를 천도하고자 할 때 경을 전할지어라.

염화게拈花偈

花果一時同妙法 染中常淨亦如然 金將數朶芙蓉藥 供養靈山法寶前
화과일시동묘법 염중상정역여연 금장수타부용예 공양영산법보전

한 순간 꽃을 들어 묘법을 일러주듯

염화시중 이와 다르지 않음이요

이 도량에 부용예(장원급제하고 머리에 쓰는 화관, 즉 깨달음의 꽃)
들어

영산의 법보전(경전, 부처님 진리의 말씀)에 공양 올립니다.

산화락散花落

거령산擧靈山

南無靈山會上一切諸佛諸大菩薩摩訶薩
나무영산회상일체제불제대보살마하살

영산회상 모든 불보살님께 귀의합니다.

헌전진언獻錢眞言

옴 아자나 훔 사바하

化紙成錢兼備數 堆堆正似百銀山 金錢今莊奉獻冥官前 勿棄茫茫曠
화지성전겸비수 퇴퇴정사백은산 금전금장봉헌명관전 물기망망광

野間
야간

종이로 이루어진 수많은 돈 함께 갖추어

쌓고 또 쌓으니 정말 금과 은의 산과 같네.

내 이제 금은전을 명부전 앞에 올리나니

망망한 광야에서 버리지 마옵소서.

妙經功德說難盡 佛語臨中最後談 山毫海墨虛空紙 一字法門書不函(咸)
묘경공덕설난진 불어임중최후담 산호해묵허공지 일자법문서불함(함)

묘경(묘법연화경)의 공덕 말로는 다하기 어렵나니
부처님께서 하신 말씀 가운데 최후의 법문이라.
산을 붓으로, 바다를 먹으로, 허공을 종이로 삼아도
한 글자 법문도 글로는 다할 수 없네.

각배재, 영산재, 수륙재, 생전예수재 의식 진행시 점안의식은 평염불, 범패, 작법무가 수반되어 진행한다.

5) 이운의식

이운移運의식은 행사의 장소로 옮겨 모시는 의식으로 괘불이운掛佛移運, 가사袈裟이운, 불사리佛舍利이운, 승사리僧舍利이운, 금은전金銀錢이운, 경함經函이운, 시주施主이운, 법사(法師, 설주說主)이운, 전패殿牌이운[111] 등이 있으며, 이때 평염불과 범패와 작법무가 수반된다.

(1) 괘불이운 의식진행
① 의식 구성
1. 옹호게擁護偈(반짓소리) 후 요잡바라(사물) 2. 찬불게讚佛偈(평염불)
3. 출산게出山偈(평염불) 4. 염화게拈花偈(평염불) 5. 산화락散花落(평염

---

[111] 이운의식은 안진호의 『석문의범』에는 괘불이운掛佛移運, 가사袈裟이운, 불사리佛舍利이운, 승사리僧舍利이운, 금은전金銀錢이운, 경함經函이운, 시주施主이운, 법사(法師, 설주說主)이운의 8가지가 수록되어 있고, 봉원사에서 나온 『요집』에는 전패殿牌 1종 등이 추가되어 총 9종의 이운의식이 전승된다.

불) 6.거령산擧靈山(짓소리) 나무영산회상불보살 7.등상게登床偈(평염불) 8.사무량게四無量偈(평염불) 9.영산지심靈山志心(짓소리) 지심귀명례영산회상염화시중시아본사석가모니불志心歸命禮靈山會上拈花示衆是我本師釋迦牟尼佛 10.유원자비수아정례唯願慈悲受我頂禮(홋소리) 11.헌좌게獻座偈(홋소리) 12.헌좌진언獻座眞言(홋소리) 13.다게茶偈(홋소리) 작법 후 사방요신작법과 요잡바라(사물) 14.보공양진언普供養眞言(평염불) 15.보공양진언건회소建會疏(안채비 - 소성)

* 평염불 – 2. 3. 4. 5. 7. 8. 14.
* 안채비 – 15.
* 홋소리 – 10. 11. 12. 13.
* 짓소리 – 1.(반짓소리 사용) 6. 9.
* 화청(회심곡) – X

괘불이운 짓소리

②작법무 유형

* 바라무 - 1.옹호게 후 요잡바라 13.다게작법 후 요잡바라
* 나비무 - 13.다게작법 끝난 후 사방요신작법
* 타주무 - X
* 법고무 - X

　괘불이운 음악은 평염불, 훗소리, 반짓소리, 짓소리로 진행된다.
　의식무용은 1.옹호게 후 요잡바라 2.다게작법 후 요잡바라 등 바라무 2번, 나비무는 다게작법을 마친 후 사방요신작법이 2번 진행된다.

(2) 가사이운袈裟移運
수행자의 의복을 점안하여 이운시키는 의식으로 평염불, 범패, 작법무가 수반된다.

①의식 구성
1.옹호게擁護偈 후 요잡바라 2.가사송袈裟頌(평염불) 3.산화락散花落(평염불) 후 요잡바라 4.거령산擧靈山(짓소리) 5.헌불게獻佛偈(평염불) 6.헌좌진언獻座眞言(훗소리) 7.다게茶偈(훗소리)를 마친 후 사방요신작법과 요잡바라로 진행된다.

②범패 유형
* 평염불 - 2. 3. 5.
* 안채비 - X
* 훗소리 - 6. 7.
* 짓소리 - 1.(반짓소리 사용) 4.

* 화청(회심곡) - X

③작법무 유형

* 바라무 - 1.옹호게 후 요잡바라 7.다게작법 후 요잡바라
* 나비무 - 7.다게작법 끝난 후 사방요신작법
* 타주무 - X
* 법고무 - X

　가사이운 진행시 평염불, 홋소리, 반짓소리, 짓소리로 진행된다.

　불교무용 진행은 1.옹호게 후 요잡바라 7.다게작법 후 요잡바라 등 바라무 2번, 나비무는 7.다게작법과 사방요신에서 2번 진행된다.

(3) 불사리 이운

부처님의 진신사리를 옮겨 모시는 의식이다.

①의식 구성

1.옹호게擁護偈(반짓소리) 후 요잡바라(사물) 2.사리게舍利偈(평염불) 3.염화게拈花偈(평염불) 4.산화락散花落(평염불) 5.거령산擧靈山(짓소리) 6.등상게登床偈(평염불) 7.사무량게四無量偈(평염불) 8.영산지심(志心歸命禮靈山會上拈花示衆是我本師釋迦牟尼佛)(짓소리) 9.유원자비 수아정례唯願慈悲受我頂禮(홋소리) 10.헌좌게獻座偈(홋소리) 11.헌좌진언獻座眞言(홋소리) 12.다게茶偈(홋소리)작법 후 요잡바라(사물)

②범패 유형

* 평염불 - 2. 3. 4. 6. 7.

* 안채비 - X
* 홋소리 - 9. 10. 11.
* 짓소리 - 1.(반짓소리 사용) 8.
* 화청(회심곡) - X

③작법무 유형
* 바라무 - 1.옹호게 후 요잡바라 12.다게작법 후 요잡바라
* 나비무 - 12.다게작법 끝난 후 사방요신작법
* 타주무 - X
* 법고무 - X

   불사리이운 진행 범패는 평염불, 홋소리, 반짓소리, 짓소리로 진행되고, 작법무 진행은 1.옹호게 후 요잡바라 7.다게작법 후 요잡바라 등 바라무 2번, 나비무는 7.다게작법 마친 후 사방요신 등이 2번 진행된다.

(4) 고승사리 이운
① 의식 구성
1.행보게行步偈(평염불) 2.등상게登床偈(평염불) 3.헌좌게獻座偈(홋소리) 4.다게茶偈(홋소리)작법 후 사방요신작법과 요잡바라 5.반야심경(평염불) 6.보공양진언普供養眞言(평염불) 7.보회향진언(평염불).

② 범패 유형
* 평염불 - 1. 2. 5. 6. 7.
* 안채비 - X

대만 불광사 고승 이운의식

* 홋소리 - 3. 4.
* 짓소리 - X
* 화청(회심곡) - X

③작법무 유형
* 바라무 - 4.다게작법 후 요잡바라
* 나비무 - 4.다게작법 끝난 후 사방요신작법
* 타주무 - X
* 법고무 - X

 고승사리이운 시 범패는 평염불, 홋소리, 반짓소리, 짓소리로 진행되고, 작법무 진행은 4.다게후 요잡바라 1번, 나비무는 4.다게작법 마친 후 사방요신작법 등 2번 진행된다.

(5) 금은전 이운

영혼이 명부에서 사용할 수 있도록 금은전에 불신력을 넣어 드리는 의식.

① 의식 구성

1.금은전점안金銀錢點眼 - 천수경(정구업진언부터 참회진언까지)(평염불) 2.조전진언造錢眞言/성전진언成錢眞言/나무불수, 나무법수, 나무승수, 나무오방용왕수/쇄향수진언洒香水眞言/변성금전진언變成金錢眞言/개전진언開錢眞言(평염불) 3.금은전이운金銀錢 移運 - 옹호게擁護偈/이운게移運偈(평염불) 4.산화락散花落(평염불) 5.삼마하-나무마하반야바라밀(짓소리) 6.경함이운經函移運 - 이운게移運偈/동경게動經偈/염화게拈花偈(평염불) 7.산화락散花落(평염불) 8.거령산(나무영산회상일체제불제대보살마하살)(짓소리) 9.헌전진언獻錢眞言/헌전게獻錢偈(평염불).

② 범패 유형

* 평염불 - 3.이운게 4. 6. 7. 9.
* 안채비 - X
* 홋소리 - X
* 짓소리 - 3.옹호게(반짓소리 사용) 5. 8.
* 화청(회심곡) - X

③ 작법무 유형

* 바라무 - 3.옹호게 후 요잡바라
* 나비무 - X

* 타주무 - X
* 법고무 - X

금은전 이운 진행시 범패는 평염불, 반짓소리, 짓소리로 진행되고, 작법무 진행은 3.옹호게 후 요잡바라는 1번 진행된다.

(6) 경함이운
부처님의 경전을 이운하는 의식

①의식 구성
1.이운게移運偈(평염불) 2.동경게動經偈(평염불) 3.염화게(평염불) 4.산화락散花落(평염불) 5.거령산(나무영산회상 일체제불제대보살마하살) 6.찬경게讚經偈(평염불)

법고춤

② 범패 유형

* 평염불 - 1. 2. 3. 4. 6.
* 안채비 - X
* 홋소리 - X
* 짓소리 - 6.
* 화청(회심곡) - X

③ 작법무 유형

* 바라무 - X
* 나비무 - X
* 타주무 - X
* 법고무 - X

경함이운 진행시 범패는 평염불, 홋소리, 짓소리로 진행되고, 작법무 진행은 사용되지 않는다.

(7) 시주이운
재를 올리는 사람의 공덕을 기리기 위해 재의식 장소로 이운하는 의식이다.

① 의식 구성
1.옹호게擁護偈(반짓소리) 후 요잡바라 2.헌좌게獻座偈(홋소리) 3.헌좌진언獻座眞言(홋소리) 4.다게茶偈(홋소리)와 작법무를 마친 후 사방요신작법과 요잡바라 5.행보게行步偈(평염불) 6.산화락散花落(평염불) 7.거령산(나무영산회상 일체제불제대보살마하살) 8.보례삼보(평염불)

9.삼단축원(평염불) 10.시주축원(평염불).

②범패 유형

* 평염불 - 5. 6. 7.
* 안채비 - X
* 홋소리 - 7.
* 짓소리 - 1.반짓소리 사용 7.
* 화청(회심곡) - X

③작법무 유형

* 바라무 - 1.옹호게 후 요잡바라 4.다게작법 후 요잡바라
* 나비무 - 4.다게작법 끝난 후 사방요신작법
* 타주무 - X
* 법고무 - X

　시주이운 진행시 범패는 평염불, 홋소리, 반짓소리, 짓소리로 진행되고, 작법무 진행은 1.옹호게 후 요잡바라 4.다게작법 후 요잡바라 등 바라무 2번, 나비무는 4.다게작법 마친 후 사방요신작법 등이 2번 진행된다.

(8) 전패이운

①의식 구성

1.할향喝香(홋소리) 2.행보게行步偈(평염불) 3.염화게拈花偈(평염불) 4.삼단축원三壇祝願(평염불).

봉원사 영산재, 전패이운

② 범패 유형

* 평염불 – 2. 3. 4.
* 안채비 – X
* 홋소리 – 1.
* 짓소리 – X
* 화청(회심곡) – X

③ 작법무 유형

* 바라무 – X
* 나비무 – X
* 타주무 – X
* 법고무 – X

　전패이운 진행시 범패는 평염불, 홋소리 진행되고, 작법무 진행은 사용되지 않는다.

(9) 설주이운

설주이운은 재의식을 진행하는 각 사암의 어장 스님이나 증명 법사를 모시는 의식으로 평염불, 범패와 작법무가 수반되어 진행된다.

① 의식 구성

1.자강왕궁시본연 운운(평염불) 2.입산게入山偈(평염불) 3.헌좌게獻座偈/헌좌진언獻座眞言(훗소리) 4.다게茶偈(훗소리)작법무 후 사방요신작법, 요잡바라 5.출산게出山偈(평염불) 6.염화게拈花偈(평염불) 7.산화락散花落(평염불) 8.거령산擧靈山(짓소리) 9.등상게登床偈(평염불) 10.좌불게坐佛偈(평염불).

② 범패 유형

* 평염불 - 1. 2. 3. 5. 6. 7. 9. 10.
* 안채비 - X
* 훗소리 - 3. 4.
* 짓소리 - 8.
* 화청(회심곡) - X

③ 작법무 유형

* 바라무 - 4.다게작법 후 요잡바라

이운의식

* 나비무 - 4.다게작법 끝난 후 사방요신작법
* 타주무 - X
* 법고무 - X

　설주이운 진행시 범패는 평염불, 홋소리, 짓소리로 진행되고, 작법무 진행은 4.다게작법 후 요잡바라 등 바라무 1번, 나비무는 4.다게작법 마친 후 사방요신작법 등 2번 진행된다.

6) 공양의식

불보살에 대한 예경 및 공양의식으로 6가지 공양물인 향香, 등燈, 다茶, 과果, 화花, 미米 등의 공양을 올리고 예경하는 의식이다. 공양의식의 권공 절차는 상단권공上壇勸供, 중단권공中壇勸供, 하단권공下壇勸供 등 삼단으로 분류하여 진행한다. 의식 구성은 각단불공各壇佛供, 제불통청諸佛通請, 삼보통청三寶通請으로 이루어지는데, 불전의 모셔진 형태에 따라 유치와 청사의 의식문이 달라진다. 이들 의식의 진행은 범패와 작법무, 평염불로 진행된다.

공양의식

7) 수행의식

일반 재가불자나 출가한 수행자들이 스스로 규범을 세워 행하는 의식과 법을 청하여 듣는 청법의식, 출가 수행승이 일정 기간 동안 만행을 멈추고 수행처에 머물러 안거安居하는 동안거·하안거의 결제 및 해제의식, 강원 상강례 등이 있다.

8) 장례 천도의식

불가에서 부처님의 법문은 살아 있는 사람이나 죽은 자 모두에게 공통적으로 설해지는 법문으로 생사를 다르지 않게 본다. 하지만 죽은 이를 위하여 극락왕생을 발원하고 윤회의 고통에서 벗어나 깨달음의 법을 일러주기 위한 의례로 시다림, 영결식, 다비의식, 천도의식, 시식, 49재, 100일재, 소상재, 대상재, 공일천도재, 제사의식, 상용영반의식 등이 있으며, 이때는 평염불, 범패와 작법무 구성으로 진행된다.

9) 연중행사

1년 중 정월 초 새해를 맞이하여 삼보께 예를 올리는 통알通謁, 부처님의 탄생을 기념하는 석가탄신일(불탄절)의 관불의식으로 연등회, 탑돌이가 있고, 그 외 부처님의 출가절, 성도절, 열반절 등의 봉축행사와 함께 이어지는 영가천도의식 등이 있다.

10) 법회의식

사찰의 법당 건립을 위한 불사나 불법을 설하는 모임으로 불사佛事, 법사法事, 팔관회八關會, 연등회, 방생회, 각종 재, 점찰법회, 결사 등의 법회의식이 있다.

11) 생활의례

일반적인 수행의식으로 법당에 대중이 모여 공양에 앞서 공양을 받게 된 공덕과 공양을 받고 수행의 의미를 다시금 되새기는 공양의식과 먹고 남은 음식을 아귀에게 베푸는 시식施食의식 등이 있다.

생활의례

12) 복장의식

사찰에서 법당에 봉안되는 불상에 성스러운 물건을 넣는 복장의식腹藏儀式은 점안의식과 더불어 진행된다. 이는 새로 봉안되는 형상을 신앙의 대상으로 성스럽게 하기 위한 의식이다.

불교의례의 궁극적 지향점은 불교의 근본 목적인 '수행을 통한 해탈'의 성취에 있다고 할 수 있다.[112] 불가에서 거행되는 상기 의식 구성은 제종 의식집 가운데 안진호의 『석문의범』을 저본으로 여러 사찰에서 행하고 있다. 이들 의식은 전문적으로 범패를 배운 어장 스님들이 진행할 때는 범패와 작법무가 수반되지만, 범패를 배우지 않은 스님이 진행할 경우 평염불 형태로 진행된다.

---

[112] 문상련(정각), 『한국의 불교의례』, 운주사, 2009(2쇄), 431쪽.

2. 각배재, 상주권공재, 영산재, 수륙재, 생전예수재 범패와 작법무

1일권공재(하루에 걸쳐 진행되는 권공재)인 상주권공재, 각배재, 3일 영산재, 수륙재, 생전예수재의 진행시 공통적으로 구성되는, 현재 가장 보편화된 의식집인 안진호 스님의 『석문의범』(1931)과 『봉원사요집』 등에 수록된 의식 절차를 저본으로 5종 재의식 음악의 구성을 살펴보면 다음과 같다.

〈표 2〉 5종 재의식 음악 구성 [113]

수륙재	생전예수재	영산재	각배재	상주권공재
1.시련	1.시련	1.시련	1.시련	1.시련
2.대령	2.대령	2.대령	2.대령	2.대령
3.관욕	3.관욕	3.관욕	3.관욕	3.관욕
4.조전점안	4.조전점안	4.조전점안	4.조전점안	
5.신중작법 - 104위	5.신중작법 - 104위	5.신중작법 - 104위	5.신중작법 - 104위	4.신중작법 - 39위
6.괘불이운	6.괘불이운	6.괘불이운	6.괘불이운	
7.설회인유편	7.운수상단권공	7.영산단권공		5.상단권공
8.중단소청사자편, 봉송사자편	8.중단소청사자편, 봉송사자편	8.식당작법		
9.개벽오방편	9.예수상단 소청성위편	9.운수상단권공 청상위1.2.3.	7.운수상단권공 청상위1.2.3.	
10.소청상위편	10.중단 소청명부편	10.중단권공 소청중위1.2.3.	8.중단권공 소청중위1.2.3.	
11.중단 - 소청중위소청중위	11.중단 - 소청중위고사판관편			
12.하단소청하위	12.중단마구단			
13.식당작법	13.식당작법			
14.신중퇴공	14.신중퇴공	11.신중퇴공	9.신중퇴공	6.신중퇴공
15.관음시식/전시식	15.관음시식/전시식	12.관음시식/전시식	10.관음시식/전시식	7.관음시식
16.봉송	16.봉송	13.봉송	11.봉송	8.봉송

〈표 2〉에 따른 5종의 재의식 구성은 수륙재 16단계·생전예수재 16단계·영산재 13단계·각배재 11단계·상주권공재 8단계로 진행되고, 5종의 재의식에서는 범패와 작법무 일부가 공통적으로 진행되며, 재의 규모에 따라 동일한 범패와 작법무일지라도 이를 축소하여 진행하기도 한다.

1) 각배재 범패와 작법무

각배재는 각각배례各各拜禮의 준말로 일명 대례왕공문大禮王供文이라고도 한다. 상주권공재보다는 재의 규모가 크며 영산재보다는 작은 규모로, 야외에 단을 꾸미고 명부 십대명왕에게 재를 올리는데, 상단권공과 중단권공소청명위 등 복잡한 의식 절차로 진행된다. 각배재를 시왕각배재十王各拜齋·각배재·중례재·대례왕공문·대례왕공재大禮王供齋라고 한다.

1일권공 재의식으로 재의구성은 1.시련 2.대령 3.관욕 4.조전점안 5.신중작법 104위 및 39위 6.괘불이운 7.상단권공/운수상단권공(소청상위) 8.중단권공(소청중위) 9.신중퇴공 10.관음시식/전시식 11.봉송 등 11단계로 구성 진행된다.[114]

---

113 법현 저, 『한국의 불교음악』, 운주사, 2012(2쇄), 238쪽.

114 김응기(법현), 「각배재 운수상단 권공의식I - 운수상단 작법의미와 진행 중심으로 -」『선무학술논집』, 국제선문학회, 2004, 95~112쪽 ; 「각배재 운수상단소청중위 권공의식II - 소청상위. 소청중위 의미와 진행 중심으로 -」『선무학술논집』, 국제선문학회, 2005, 201~222쪽 참고.

(1) 시련

시련侍輦이란 도량에 불보살, 신중, 영가를 청해 모시는 절차로, 해탈문 밖 시련터로 나아가 불보살과 영가를 청정한 재의 도량으로 모셔오는 의식이다.

① 의식 구성

시련은 모두 9가지의 절차로 구성된다.

   1.옹호게擁護偈 2.헌좌게獻座偈/헌좌진언獻座眞言 3.다게茶偈 4.행보게行步偈 5.산화락散花落 6.인성(나무대성인로왕보살南無大聖引路王菩薩) 7.긔경起經 8.영축게靈鷲偈 9.보례삼보성寶禮三寶聲으로 구성[115]

수행의식

② 범패 유형

* 평염불 - 4, 5, 8, 9.
* 안채비 - X
* 홋소리 - 2, 3.
* 짓소리 - 1.(반짓소리 사용) 6.
* 음악반주 - 7.
* 화청(회심곡) - X

③ 작법무 유형

* 바라무 - 1.옹호게 마친 후 요잡바라 3.다게작법 후 요잡바라 7.긔

---

[115] 안진호, 앞의 책, 하권, 54~55쪽.

경작법후 요잡바라.

* 나비무 – 3.다게작법 마친 후 사방요신작법 7.긔경작법
* 타주무 – X
* 법고무 – 7.긔경작법 마친 후 법고무

이상에서 살펴본 바와 같이 시련侍輦 절차는 9가지로 구성되어 범패는 평염불, 홋소리, 짓소리(반짓소리)로 진행되고, 작법무는 바라무, 나비무, 법고무가 사용되는데, 바라무에는 요잡바라가, 나비무에는 다게작법, 사방요신, 긔경작법이 쓰이고, 법고무에는 법고가 사용된다.

(2) 대령

대령對靈이란 불보살 증명으로 시련터에서 모셔온 영가에게 부처님의 법식法食을 일러주고 법공양을 베풀어 드리는 의식으로, 본 재의식齋儀式에 앞서서 영가에게 인과의 이치를 설하여 어리석음으로부터 깨우쳐 주기 위한 의식이다.

① 의식 구성

대령은 10가지 게송으로 구성된다.
   1.거불 2.대령소 3.지옥게 4.착어
5.진령게 6.보소청진언 7.고혼청
8.향연청 9.가영 10.존물편[116]

하단시식

---
[116] 안진호, 앞의 책, 하권, 56~58쪽.

② 범패 유형

* 평염불 - 3. 8. 9.
* 안채비 - 2. 4. 5. 6. 7. 10.
* 홋소리 - X
* 짓소리 - 1.
* 화청(회심곡) - X

③ 작법무 유형

* 바라무 - X
* 나비무 - X
* 타주무 - X
* 법고무 - X

　이상에서 살펴본 바와 같이 대령은 10가지로 구성되며, 범패는 평염불, 안채비, 짓소리로 진행되고, 작법무는 사용되지 않는다.

(3) 관욕

관욕灌浴은 세간의 목욕의식으로 몸(身), 입(口), 생각(意)의 삼업三業으로 지은 업을 불보살의 가피력인 감로법수甘露法水와 진언眞言을 영가에게 들려주어 깨닫게 함과 더불어 불단에 나아가기에 앞서 불법을 일러 드리는 의식이다.

① 의식 구성

관욕 의식은 다음 33가지로 구성된다.

1.인예향욕편〈上來已憑 佛力 云云〉 2.대비주〈神妙章句大陀羅尼 云云〉 3.정로진언淨路眞言 4.입실게入室偈 5.가지조욕편〈詳夫 淨三業者 云云〉 6.목욕게沐浴偈 7.목욕진언沐浴眞言 8.관욕게바라(관욕쇠태징) 9.작양지진언嚼楊枝眞言 10.수구진언 11.세수면진언洗手面眞言 12.가지화의편〈諸佛者 灌浴旣周 云云〉 13.화의재진언化衣財眞言 14.제불자 운운〈諸佛者 持呪旣周 云云〉 15.수의진언授衣眞言 16.착의진언着衣眞言 17.정의진언整衣眞言 18.출욕참성편〈諸佛者 旣周服飾 云云〉 19.지단진언指壇眞言 20.가영歌詠 21.산화락散花落 22.인성〈南無大聖引路王菩薩〉 23.정중게庭中偈 24.개문게開門偈 25.가지예성편〈上來爲 冥道有情 云云〉 26.보례삼보普禮三寶 27.행봉성회 운운幸逢聖會 云云 28.법성게法性偈 29.괘전게掛錢偈 30.수위안좌편〈諸佛者上來承佛攝受 云云〉 31.안좌게安座偈 32.수위안좌진언受位安座眞言 33.다게茶偈.[117]

관욕의식

②범패 유형

* 평염불 – 2. 3. 4. 9. 10. 11. 13. 15. 16. 17. 19. 20. 21. 23. 24. 28. 29. 32.

---

[117] 안진호, 앞의 책, 하권, 58~64쪽.

* 안채비 - 1. 5. 12. 14. 18. 25. 27. 30.
* 홋소리 - 26. 31. 33.
* 짓소리 - 6. 8. 22.
* 화청(회심곡) - X
* 음악반주 - 8.

③작법무 유형

* 바라무 - 8.관욕게 바라 13.화의재진언바라
* 나비무 - X
* 타주무 - X
* 법고무 - X

　이상에서 살펴본 바와 같이 관욕은 10가지로 구성 진행되며, 범패는 평염불, 안채비, 홋소리, 짓소리로 진행되고, 작법무는 바라무만 사용된다.

(4) 조전점안造錢点眼

명부 세계에서 사용되는 종이로 만든 금은전金銀錢에 불신력을 불어 넣어 명부에서 사용될 수 있도록 점안하는 의식이다.

①의식 구성

점안 의식의 12단계 절차로 구성된다.
　1.금은전 점안(천수경부터 참회진언까지) 2.조전진언 3.성전진언 4.쇄향수진언 5.변성금은전진언 6.개전진언 7.금은전이운(옹호게/이

운게) 8.산화락 9.삼마하(나무마하반야바라밀) 경함이운(이운게, 동경게, 염화게) 10.산화락 11.거령산 12.헌전진언(헌전게)

② 범패 유형

* 평염불 - 1. 2. 3. 4. 5. 6. 8. 10. 12
* 안채비 - X
* 홋소리 - X
* 짓소리 - 7.(반짓소리 사용) 9. 11.
* 화청(회심곡) - X

③ 작법무 유형

* 바라무 - 7.옹호게 후 요잡바라
* 나비무 - X
* 타주무 - X
* 법고무 - X

이상에서 살펴본 바와 같이 관욕은 12가지로 구성 진행되며, 범패는 평염불, 반짓소리, 짓소리로 진행되고, 작법무는 바라무만 사용된다.

(5) 신중작법 神衆作法

재의식에 앞서 금일 재 도량을 옹호하는 신중神衆을 청해 모시는 절차이다. 즉 대창불大唱佛로 104위位[118]를 청해 모시는 의식이다.

---
[118] 안진호, 앞의 책, 상권, 59~65쪽.

범패와 사물반주

① 의식 구성

신중작법의 의식은 5가지로 구성된다.

1. 옹호게擁護偈 2. 창불 일백사위(大唱佛, 一百四位 상단, 중단, 하단)[119] 3. 옹호게擁護偈 4. 다게茶偈 5. 탄백歎白

② 범패 유형

* 평염불 – 5.
* 안채비 – X
* 홋소리 – 3. 4.
* 짓소리 – 1. 2.(반짓소리 사용)
* 화청(회심곡) – X

③ 작법무 유형

* 바라무 – 1.옹호게 후 요잡바라
* 나비무 – X
* 타주무 – X
* 법고무 – X

---

[119] 안진호, 앞의 책, 상권, 65~69쪽. 재齋의 진행에 따라 삼십구위三十九位 소창불을 하기도 한다.

이상에서 살펴본 바와 같이 신중작법은 5가지로 구성 진행되며, 범패는 평염불, 홋소리, 반짓소리로 진행되고, 작법무는 바라무만 사용된다.

(6) 괘불이운掛佛移運
야외에 특별히 설치된 괘불단을 향하여 부처님을 청하여 모시는 절차이다.

① 의식 구성
괘불의식은 15가지 절차로 구성된다.
  1.옹호게 2.찬불게 3.출산게 4.염화게 5.산화락 6.거령산(나무영산회상불보살) 7.등상게 8.사무량게 9.영산지심 10.유원애민자비수아정례 11.헌좌게 12.헌좌진언 13.다게 14.보공양진언 15.건회소[120]

② 범패 유형
* 평염불 - 2. 3. 4. 5. 7. 8. 14.
* 안채비 - 15.
* 홋소리 - 10. 11. 12. 13.
* 짓소리 - 1.(반짓소리 사용) 6. 9.
* 화청(회심곡) - X

[120] 안진호, 앞의 책, 상권, 110~11쪽.

③작법무 유형

* 바라무 - 1.옹호게 후 요잡바라 13.다게작법 후 요잡바라
* 나비무 - 13.다게작법
* 타주무 - X
* 법고무 - X

이상에서 살펴본 바와 같이 괘불이운은 14가지로 구성 진행되며, 범패는 평염불, 홋소리, 반짓소리, 짓소리로 진행되고, 작법무는 바라무, 나비무만 사용된다.

(7) 상단권공

상단권공上壇勸供은 불보살을 청請하여 공양을 올리며, 금일 재의 내용을 소상히 밝히는 절차이다.

① 의식 구성

각배재의 운수상단권공 소청상위召請上位는 운수상단으로 불보살을 청하여 예를 갖추어 공양 올리며 금일 재의 내용을 소상히 밝히는 절차로, 재의 진행은 먼저 운수상단의식, 상단소청상위, 8중단소청중위와 번갈아가며 재를 진행하며 전체 구성 형식은 아래와 같다.

1) 운수상단 상단 1.할향부터 28까지 한다.[121]
2) 소청상위(1) 29.거불부터 37.증명 다게까지[122]
3) 소청중위(1) 1.거불부터 46.모란찬까지 한다.[123]
4) 소청상위(2) 38.근백부터 42.괘전게까지 한다.[124]
5) 소청중위(2) 10.헌좌게부터 11.증명다게까지[125]
6) 소청상위(3) 43.욕건이부터 51.화청(회심곡)까지 한다.[126]
7) 소청중위(3) 47.중단개게부터 56.화청(회심곡)까지 한다.[127]

운수상단은 다음 51가지 절차로 구성된다.

1.할향 2.등게 3.정례 4.합장게 5.고향게 6.원부개게 7.정토결계진언 8.쇄향수진언 9.가영 10.돌진언 11.천수경〈정구업진언운운 - 신묘장구대다리니까지〉12.복청게 13.천수바라 14.사방찬 15.도량게 16.참회

---

[121] 안진호, 앞의 책, 상권, 132~134쪽.
[122] 안진호, 앞의 책, 상권, 135~138쪽.
[123] 안진호, 앞의 책, 상권, 138~150쪽.
[124] 안진호, 앞의 책, 상권, 150~151쪽.
[125] 안진호, 앞의 책, 상권, 151쪽.
[126] 안진호, 앞의 책, 상권, 151~152쪽.
[127] 안진호, 앞의 책, 상권, 152~155쪽.

게/참회진언(법문을 할 경우 정대게부터 귀명게까지 한다.) 17.정대게 18.개경게 19.개법장진언(삼남태) 20.십념청정법신 운운 21.거량[128] /수위안좌진언 22.청법게 23.설법게(설법게)〈법문〉 24.보궐진언 25.수경게 26.사무량게 27.귀명게 28.준제공덕취 운운 - 건단진언까지 한 후(소청상위1.) 29.거불 30.상단소 31.진령게 32.보소청진언 33.유치 34.청사 35.향화청(가영/고아게) 36.헌좌게/헌좌진언 37.증명다게 (소청상위2) 38.근백편 39.보례삼보 40.헌좌안위(재백편) 41.법성게 42.괘전게(소청상위3) 43.욕건이(옴남) 44.다게 45.향수나열 46.특사가지 47.사다라니 48.오공양/가지게 49.보공양진언 50.보회향진언 51.상단축원화청(회심곡)

각배재의 운수상단권공은 불보살을 청하여 예를 갖추어 공양 올리며 금일 재의 내용을 소상히 밝히는 절차로, 1.할향 2.등게 3.정례 4.합장게 5.고향게 6.원부개게 7.정토결계진언 8.쇄향수진언 9.가영 10.돌진언 11.천수경〈정구업진언운운 - 신묘장구대다리니까지〉 12.복청게 13.천수바라 14.사방찬 15.도량게 16.참회게/참회진언(법문을 할 경우 정대게부터 - 귀명게까지 한다.) 설주이운 17.정대게 18.개경게 19.개법장진언삼남태 20.십념청정법신 운운 21.거량예명 /수위안좌진언 22.청법게 23.설법게설법게〈법문〉 24.보궐진언 25.수경게 26.사무량게 27.귀명게 28.준제공덕취 운운 - 건단진언 등 28절차로 구성되어 진행된다.[129]

---

[128] 안진호, 앞의 책, 하권, 212~213쪽.
[129] 안진호, 앞의 책, 상권, 132~134쪽.

운수상단 진행구성과 의미

운수상단권공은 상단의 불보살을 향해 아래의 순서로 진행된다.

1. 할향喝香 훗소리〈독창〉

出自須彌巖畔 常在海藏龍宮 耿耿焚爇金爐內 上通佛國女人間
출자수미암반 상재해장용궁 경경분설금로내 상통불국녀인간

수미산 암반에서 나와 바닷속 용궁에 늘 머물며 활활 타는 금로金爐[130] 속의 향연 위로는 불국토와 인간세계가 통함이로다.

* 한 스님이 모란, 작약, 연꽃 가운데 지화紙花를 한 송이 들고 향에 대한 찬탄 게송을 독창하고 할향의 소리를 마치며 법주는 징을 한 마루 올려놓는다.

고려·조선시대 복식재현

---

[130] 부처님께 올리는 향로를 지칭함.

2. 등계燈偈 훗소리〈1. 3구는 독창, 2. 4구는 대중창으로 이루어진다.〉

戒定慧解知見香 遍十方刹常芬馥 願此香烟亦如是 勳現自他五分身
계정혜해지견향 변시방찰상분복 원차향연역여시 훈현자타오분신

계분(계향, 정향, 혜향, 해탈향, 해탈지견향)법신향/ 시방세계 모든 국토에 향내음 풍기었네/ 원하옵건대 이 향과 연기 또한 이와 같이/ 나와 다름없이 오분신에 퍼져 나타났네.

* 한 스님이 '계정혜해지견향'을 훗소리로 독창하면 대중 스님은 '변시방찰상분복'의 소리를 동음으로 받아 부르고 다시 한 스님이 '원차향연역여시'를 소리하면 대중 스님이 '훈현자타오분신'을 대중창으로 태징을 울리며 소리한다.

3. 정례頂禮 훗소리〈독창〉후 – 나비무, 바라무, 법고무

一心頂禮十方常住佛일심정례시방상주불 (나비무, 바라무, 법고무)[131]

一心頂禮十方常住法일심정례시방상주법 (나비무, 바라무, 법고무)

一心頂禮十方常住僧일심정례시방상주승 (나비무, 바라무, 법고무)

지극한 마음으로 시방에 상주하시는 부처님 전에 예경하옵니다.

지극한 마음으로 시방에 상주하시는 법보 전에 예경하옵니다.

지극한 마음으로 시방에 상주하시는 승보 전에 예경하옵니다.

* 정례작법[132]은 한 스님이 '일심정례시방상주불'의 소리를 한 후 소

---

[131] 일심정례시방상주불 후 나비무, 바라무, 법고무를 한 번만 하고 다음 구절은 소리만 하기로 한다.

[132] 정례작법은 괘경작법과 동일하며, 시련 절차시 진행되는 괘경작법을 외괘경이라 하고 정례작법은 내괘경이라 하며, 내괘경과 외괘경의 작법무 동작은 동일하다.

리가 끝나면 쇠를 몰아 띠고 바라무 요잡바라와 법고무가 이어지며, 다시 한 스님이 '일심정례시방상주법'의 소리를 한 후 소리가 끝나면 쇠를 몰아 띠고 바라무 요잡바라와 법고무가 이어지며, 마지막으로 한 스님이 '일심정례시방상주승'의 소리를 한 후 소리가 끝나면 쇠를 몰아 띠고 바라무 요잡바라와 법고무가 이어진다.

4. 합장게合掌偈 홋소리〈독창〉

合掌以爲花 身爲供養具 誠心眞實相 讚歎香煙覆
합장이위화 신위공양구 성심진실상 찬탄향연부

두 손을 합치고 보니 마치 한 송이 연꽃이구려/ 또한 몸은 부처님의 법(가르침)을 받드는 공양구요/ 진실하고 거짓 없는 그 마음/ 그 향과 연기 가득한 법회를 찬탄합니다.

* 한 스님이 홋소리로 독창으로 한다.

5. 고향게告香偈 홋소리〈1. 3구는 독창, 2. 4구는 대중 동음창〉

香煙遍覆三千界 定慧能開八萬門 唯願三寶大慈悲 聞此信香臨法會
향연변부삼천계 정혜능개팔만문 유원삼보대자비 문차신향임법회

향연은 가득하여 삼천세계에 두루하고/ 정과 혜는 능히 팔만 문을 열었네/ 오직 삼보님의 대자대비를 바라옵나니/ 이러한 믿음으로 향을 사르오니 법회에 임하소서.

* 한 스님이 '향연변부삼천계'의 소리를 홋소리로 요령을 가지고 소리하면 대중은 '정혜능개팔만문'의 소리를 동음으로 창하고, 다시 한 스님이 '유원삼보대자비'를 홋소리로 독창하면 대중은 '문차신향임법회'의 소리를 동음으로 태징과 더불어 부른다.

6. 원부개게原夫開偈 홋소리〈독창〉

原夫 凡峙法筵 先使方隅嚴淨 恭依科敎 全仗加持 所以 水含淸淨之
원부 범치법연 선사방우엄정 공의과교 전장가지 소이 수함청정지

功 法有神通之用 將法備水 用水潔心 灑斯法筵 成宇淨土
공 법유신통지용 장법비수 용수결심 쇄사법연 성우정토

원컨대 불법을 설하는 도량(법연法筵)을 갖추어/ 먼저 사방(동서남북)을 엄정히 하고/ 공손히 가르침을 의지하여 온전히 가지加持를 잡사오니/ 그 까닭은 물은 청정淸淨의 공덕을 포함하고/ 법은 신통의 묘용이 있사오니/ 법수(法水, 법을 갖춘 물)로 마음을 씻고/ 불법도량에 뿌려 정토를 이룸이로다.

* 한 스님이 홋소리로 독창한다.

7. 정토결계진언淨土結界眞言 홋소리〈독창〉

결계로써 도량을 깨끗이 하는 진언

옴 소로소로 훔 (3번)

* 한 스님이 요령을 가지고 홋소리로 독창한다.

8. 쇄향수진언灑香水眞言 홋소리〈독창〉

걸수乞水 홋소리〈독창〉

我今 以 性情之悲水 和合性情之戒香 遍灑法界 衆生心地 及淨道場
아금 이 성정지비수 화합성정지계향 변쇄법계 중생심지 급정도량

悉令淸淨
실령청정

제가 이제 성정性情의 자비의 물로써 성정의 계향戒香에 화합하여

두루 법계에 뿌리오니 중
생 마음(心地) 및 도량이
모두 청정케 하여지이다.
* 한 스님이 결수乞水의
소리를 독창하면 다른 스
님은 다기 뚜껑에 향과

물을 섞어 솔가지에 물을 묻힌 후 이를 뿌리고, 또 한 스님은 향로
를 들고, 한 스님은 다기를 들고 이를 뒤따른다. 즉 세 명의 스님이
부처님 앞에 나아가 삼각형을 그리며 결수乞水의 소리가 끝날 때까
지 이러한 의식을 진행한다.

9. 가영歌詠 훗소리〈독창〉

香水勳浴操諸垢 法身具足五分香 般若圓照解脫滿 群生同會法界融
향수훈욕조제구 법신구족오분향 반약원조해탈만 군생동회법계융

향탕수로 모든 번뇌를 맑게(청정케) 하고/ 법신은 오분향을 구족하
며/ 반야지혜가 원만히 비추고 해탈이 원만하니/ 모든 중생이 함께
모여 법계를 원융케 하리라.
* 한 스님이 훗소리로 독창한다.

10. 돌진언乭眞言[133] 훗소리〈독창〉

나무사만다 못다남 옴 호로호로 전나라 마등기 사바하 (3번)
* 훗소리로 독창한다.

---

[133] 쇄수게를 할 때는 원래 감로를 뿌리는 뜻으로 독창한다.

11. 천수경 처음부터 시작하여 신묘장구 대다라니운운〈대중창〉

* 천수경 처음부터 신묘장구대다라니까지 2편을 친 후 이를 마치면 한 스님이 복청게를 하며 법주는 신묘장구대다라니 1편은 천수바라무로 한다. 혹 신묘장구대다라니를 1편 치고 천수바라무를 2번 치기도 한다.

12. 복청게伏請偈 홋소리〈독창〉

伏請大衆同音唱和 神妙章句大陀羅尼
복청대중동음창화 신묘장구대다라니

엎드려 청하옵나니 대중들은 신비하고 묘한 불법대다라니를 동음으로 불러 주시옵소서.

* 한 스님이 홋소리로 독창한다.

13. 천수千手바라(신묘장구대다라니 云云) 홋소리〈대중창〉 - 바라무

○○○○　나모라　다나　다라　야야　나막　알약　바로
　　　　　　　○　　○○　　○○　　○○　　○○　　○○

기제　새바라야　○○○○　모지　사다　바야　마하　사다
○○　○○●●　　　　　　○　　○○　○○　○○　○○

바야　마하가로　니가야　옴　살바　바예수　다라나　가라야
○○　●●●●　○○○　　　○○　○○○　○○○　○○

다사명　나막　가리　다바　이맘　알야　바로기제　새바라
○○　　　　　　　　　　　　　　　　　●●●●

다바　니라　간타　나막　하리나야　마발다　이사미　살바타
○　　○○　　　　　　　●●●●　　○○　　　　　○○

154

사다남수반 아예염살바 보다남 바바 말아 미수다감 다냐타오옴
●●●●● ●●●● ○○ ○ ●●● ●●●●

아로계 아로가 마지 로가 지가 란제 혜혜 하례
○○ ○○ ○ ○○ ○○ ○○ ○○ ○○

마하모지 사다바 삼마라 삼마라 하리 나야 구로
●●●● ○○ ○○ ○○ ○○ ○○ ○○

구로갈바 사다야 사다야 도로도로 미연제마하 미연제
●●●● ○○ ○○ ●●● ●●●● ○○

다라 다라 다린나례 새바라 자라 자라마라 미마라
○ ○○ ●●● ○○ ○ ●●● ○○

아마라몰제 예혜혜로계 새바라라아 미사미 나사야 나베
●●●●● ●●●● ●●●● ○○ ○○ ○

사미사미 나사야 모하자라 미사미 나사야 호로 호로
●●●● ○○ ● ● ○○ ○○ ○ ○○

마라 호로하례 바나마 나바 사라 사라 시리 시리
○○ ●●●● ○○ ○ ○○ ○○ ○○

소로 소로 못쟈못쟈 모다야 모다야 매다 리야 니라간타
○○ ○○ ●●●● ○○ ○○ ○○ ●●●●

가마사 날사남 바라 하리 나야마낙 사바하 싣다야
○○ ○○ ○ ○○ ●●●● ○○ ○○

사바하마하 싣다야 사바하 싣다 유예 새바라야
●●●●● ○○ ○○ ○ ○○ ●●●●

사바하니라 간타야 사바하 바아라 목카싱하
●●●●● ○○ ○○ ○○ ● ●●

목카야 사바하 바나마 하따야 사바하 자가라 욕따야
　○○　　○○　　○○　　○○　　○○　　○○　　○○

사바하상카 섭나녜 모다나야 사바하 마하라구타 다라야
　●●●○　　○○　　●●　　○○　　●●●○　　○○

사바하바마 사간타이사 시체다 가릿나 이나야 사바하
　●●●●　　○○○○　　●●　　○○　　○○　　○○

먀가라 살마이바 사나야 사바하 나모라 다나 다라 야야
　○○　●─●●　　○○　　○○　　○○　　○○　　○○　　○○

나막 알야 바로 기제 새바라야 사바하 ○○○[134]
　○○　　○○　　○○ ○○　　●●●●　　○○

*신묘장구대다라니를 홋소리로 대중창하는데 이때 태징, 북, 호적, 육각의 반주와 더불어 양손에 바라를 들고 바라춤이 이어진다.

14. 사방찬四方讚 홋소리 〈독창〉

一灑東方潔道場 二灑南方得清凉 三灑西方俱淨土 四灑北方永安康
일쇄동방결도량 이쇄남방득청량 삼쇄서방구정토 사쇄북방영안강

동방에다 물 뿌리니 온 도량이 깨끗하고/ 남방에다 물 뿌리니 온 천지가 서늘하며/ 서방에다 물 뿌리니 이 세계가 정토되고/ 북방에다 물 뿌리니 영원토록 평안하네.

*한 스님이 홋소리로 독창한다.

---

[134] 법현, 『불교무용』, 운주사, 46~47쪽.

15. 도량게道場偈 홋소리〈대중창〉 – 나비무

道場淸淨無瑕穢 三寶天龍降此地 我今持訟妙眞言 願賜慈悲密加護
도량청정무하례 삼보천룡강차지 아금지송묘진언 원사자비밀가호

온 도량이 깨끗하니/ 삼보천룡 내리소서/ 묘한 진언 외우오니/ 자비로써 보호해 주소서.

* 대중 스님들이 둥글게 원을 그어 돌면서 대중창으로 '도량게' 곡을 연주하면 이에 맞추어 나비춤 의상을 입은 스님들이 태징, 북, 호적, 육각의 가락에 맞추어 무용을 한다. 나비무가 마치면 요잡바라와 나비무 사방요신작법이 이루어진다. 이때 재의 진행 과정에 따라 '도량게' 소리를 길게 혹은 짧게 줄여서 한다.

16. 참회게懺悔偈聲 홋소리〈독창〉 참회진언懺悔眞言〈대중창〉

我昔所造諸惡業 皆由無始貪嗔癡 從身口意之所生 一切我今皆懺悔
아석소조제악업 개유무시탐진치 종신구의지소생 일체아금개참회

懺悔皆懺悔 懺悔悉懺悔 懺悔皆悉永懺悔 懺悔大發願已 終身歸命禮
참회개참회 참회실참회 참회개실영참회 참회대발원이 종신귀명례

三寶
삼보

오랜 세월 제가 지은 악업/ 그 모두가 탐진치로 말미암았으며/ 이 몸과 입과 뜻을 따라 생기었기에/ 이 모두를 제가 이제 머리 숙여 일심으로 참회하나이다.

나비춤

* 한 스님이 홋소리로 '아석소조제악업 개유무시탐진치 종신구의 지소생 일체아금개참회 참회개참회 참회실참회 참회개실영참회 참회대발원이 종신귀명례삼보'까지 소리를 하면 대중 스님들이 평염불로 '참회진언' - '옴 살바 못다모디 사다야 사바하'를 소리하고 이어서 '차경심심의 대중심갈앙 유원대법사 광위중생설 위여선양 승회의 아난창설위신괴 약비양무중진설 귀취하연득변의, 무상심심미묘법 백천만겁난조우 아금문견득수지 원아여래진실의, 개법장장언 - 옴 아라남 아라다, 나무청정법신비로자나불 원만보신노사나불 천백억화신석가모니불 구품도사아미타불 당래하생미륵존불 시방삼세일체제불 시방삼세일체존법 대성문수사리보살 대행보현보살 대비관세음보살 제존보살마하살 마하반야바라밀'까지 이어서 한다. 여기에서 참회게 후 법사 스님을 청請하여 법문을 들을 경우, 설주이운(증사이운) 및 거량擧揚 혹은 청법게, 설법게를 하고, 법사 스님 법문 후에는 수경게, 사무량게, 귀명게, 준제공덕취부터 건단진언까지 평염불로 한다.

설주이운절차說主移運節次[135]

*강생게(降生偈, 자강게) 평염불〈대중창〉
纔降王宮示本緣 자강왕궁시본연
周行七步又重宣 주행칠보우중선
指天指地無人會 지천지지무인회

---

[135] 설주이운은 각배재 진행구성상 생략되기도 한다.

獨震雷音偏大千 독진뇌음변대천

왕궁에 탄생하사 본연 도리 보이시고

사방으로 일곱 걸음 옮기시여 거듭 선설하시며

하늘과 땅 가리키나 아무도 아는 이 없어

우레 소리만 외로이 대천세계 울리도다.

＊대중이 태징을 울리며 평염불로 소리한다.

＊ 입산게入山偈 **평염불〈대중창〉**

世尊當入雪山中 세존당입설산중

一座不知經六年 일좌부지경육년

因見明星云悟道 인경명성운오도

言詮消息遍三千 언전소식편삼천

부처님께서 설산에 들어가시어

한번 앉아 6년이 흘러감을 알지 못했네.

새벽 밝은 별을 보고 도를 깨달으시니

그 말씀 그 소식 삼천세계에 가득하여라.

(그 기쁜 소식 온 세상에 가득하고 모든 중생들이 함께 기뻐한다는 내용)

＊대중이 태징을 울리며 평염불로 소리한다.

＊ 가영歌詠 **평염불〈대중창〉**

法身遍滿百億界 법신변만백억계

설주이운

普放金色照人天 보방금색조인천

應物現形潭底月 응물현형담저월

體圓正坐寶蓮臺 체원정좌보련대

법신은 백억 세계에 두루 가득하고

금색의 넓은 광명이 하늘과 인간 세계 고루 비추나니

사물에 응하여 형상을 나타내심이 연못 가운데 달 같고

몸은 원만한 보련대에 바르게 앉아 계시도다.

* 대중이 태징을 올리며 평염불로 소리한다.

*헌좌게獻座偈/헌좌진언獻座眞言 홋소리〈1. 3구 독창, 2. 4구 대중창〉

我今敬設寶嚴座 아금경설보엄좌

奉獻諸大法師前 봉헌제대법사전

願滅塵勞忘想心 원멸진로망상심

速圓解脫菩提果 속원해탈보리과

내 이제 보배롭고 장엄한 자리를

모든 법사(法王) 전에 바치오니

원컨대 티끌 같은 세계의 모든 번뇌와 망상심 멸하고

원만한 해탈과 보리과 속히 이루어지다.

唵 迦摩羅 僧賀 娑婆訶

옴 가마라 승하 사바하 (3번)

* 한 스님이 홋소리로 '아금경설보엄좌'를 소리하면 대중 스님은 '봉헌제대법사전'을 소리하

이스라엘 영산재 공연시 증사이운

며, 다시 한 스님이 '원멸진노망상심'을 소리하면 대중 스님은 '속
원해탈보리과'를 소리하고, 이후 '옴 가마라 승하 사바하'를 선창
후창 형식으로 번갈아가며 3번 한다.

* 다게茶偈 홋소리〈대중창〉 나비무 후 요잡바라

今將甘露茶 奉獻大法師前 鑑察虔懇心
금장감로다 봉헌대법사전 감찰건간심

願垂哀納受 願垂哀納受 願垂慈悲哀納受
원수애납수 원수애납수 원수자비애납수

이제 감로의 차를 가져다/ 불법을 설하실 대법사 전에 바치오니/
간절한 정성을 감응하시여/ 애처롭게 여기사 거두어 주시옵기를
원하옵나이다.

* 홋소리로 진행할 때 대중이 둥글게 원을 그리며 홋소리를 하면 나
비무 의상을 수한 스님이 태징, 호적, 북, 육각소리에 맞추어 나비무
를 하며 이후 요잡바라를 한다. 하지만 평염불을 할 때는 나비무를
생략한다.

* 출산게出山偈 평염불〈대중창〉

巍巍落落淨裸裸 외외낙락정나나
獨步乾坤誰伴我 독보건곤수반아
若也山中逢子期 약야산중봉자기
豈將黃葉下山下 기장황엽하산하

높고 늠름한 본연本然의 세계
하늘과 땅 어디에다 비교하리.

만약 산중에서 종자기[136]를 못 만났다면
어찌 누런 나뭇잎(黃葉, 도를 그르침)마냥 하산했으리요.
* 대중이 태징을 울리며 평염불로 소리한다.

*영축게靈鷲偈 평염불〈대중창〉

靈鷲拈華示上機 영축염화시상긔
肯同浮木接盲龜 긍동부목접맹귀
飮光不是微微笑 음광불시미미소
無限淸風付與誰 무한청풍부여수

부처님께서 영축산에서 연꽃을 들어 상근기법 보이니
이는 눈먼 거북이가 마치 뜬 나무를 만난 듯하네.
만약 가섭이 부처님의 심지법문을 알고 빙그레 웃지 않았다면
끝없는 맑은 가풍 누구에게 전했으랴.
* 3천 년 전 북인도 네팔국 왕사성 교외 영축산에서 부처님은 그날 아무 말 하지 않고 범천이 공양한 금바라金波羅라는 꽃을 말없이 들어 보였고 가섭존자만이 그 뜻을 알고 파안미소破顔微笑를 지었네.
* 대중이 태징을 울리며 평염불로 소리한다.

*산화락散花落(3번) 평염불〈대중창〉

꽃을 뿌리옵니다.
* 대중이 태징을 울리며 평염불로 소리한다.

---

136 종자기鐘子期: 백아의 친구로 백아는 줄이 있는 악기를 잘 연주했고, 종자기는 백아가 타는 줄이 있는 악기 소리의 뜻을 잘 알아주는 지음知音이었다.

*거령산擧靈山

나무영산회상불보살(3설) - 짓소리〈어장 인도 대중창〉

* 대중이 태징을 울리며 둥글게 원을 그리며 '거령산' 짓소리를 한다.

*등상게登床偈[137] 평염불〈대중창〉

遍登獅子座 共臨十方界 蠢蠢諸衆生 引導蓮華界
변등사자좌 공림시방계 준준제중생 인도연화계

두루 사자자리(법문상)에 올라앉아서/ 한가지로 시방세계를 이르네/ 슬프고 미세한 모든 중생을/ 생멸고통 전혀 없는 극락연화세계로 안내하리라.

* 대중이 태징을 울리며 평염불로 소리한다.

*좌불게座佛偈 평염불〈대중창〉

世尊座道場 세존좌도량
淸淨大光明 청정대광명
比於千日出 비어천일출
照耀大千界 조요대천계

세존께서는 도량에 좌정하시어
청정한 대광명을 놓으시네.
비교하건대 마치 천 개의 해가 뜨는 것 같이
대천세계 모든 세계를 밝게 비추시네.

* 대중이 태징을 울리며 평염불로 소리한다.

---

[137] 부처님을 단 위에 모시는 글로 다음 글귀를 염송하기도 한다. 사자좌고광獅子座高廣 인중사자등人中獅子登 정명신력재淨名神力在 방장기다승方丈幾多昇.

범패 짓소리

이후 법문을 모실 경우 정대게부터 귀명게까지 하며, 법문을 하지 않을 경우 이어서 경을 보충하는 보궐진언補闕眞言으로 이어진다.

17. 정대게頂戴偈 평염불〈대중창〉

題目未唱傾劍樹 非揚一句折刀山 運心消盡千生業 何況拈來頂戴人
제목미창경검수 비양일구절도산 운심소진천생업 하황념래정대인

아직 경에 있는 글귀도 입 밖에 내기도 전에 검수(칼로 이루어진 지옥)는 기울어져 있고/ 경의 내용을 한 구절도 꺼내기 전에 도산지옥이 꺾여지느니라/ 이처럼 마음을 쓰면 천생의 업도 없어지거늘/ 굳이 정대인(부처님 경전을 설할 법사 스님)을 모셔올 필요가 있겠는가.

* 대중이 태징을 울리며 평염불로 소리한다.

18. 개경게開經偈 평염불〈대중창〉

無上甚深微妙法 百千萬劫難遭遇 我今聞見得受持 願解如來眞實意
무상심심미묘법 백천만겁난조우 아금문견득수지 원해여래진실의

위없이 심히 깊은 미묘법/ 백천만겁인들 어찌 만나리/ 내 이제 보고 듣고 받아 지니나니/ 부처님의 진실한 뜻 알아지이다.

* 대중이 태징을 울리며 평염불로 소리한다.

19. 개법장진언(삼남태三喃太) 짓소리〈대중창〉, 훗소리〈대중창〉– 나비무

옴 아라남 아라다 (3번)

* 대중이 둥글게 원을 그리며 개법장진언 "옴 아라남 아라다 옴 아라남"까지 짓소리를 하며 이후 둥글게 원을 그리며 돌면서 "아라다 옴 아라남 아라다"를 하면 태징, 호적, 북, 육각에 맞추어 '삼남태작법' 나비무를 한다. 나비무를 마치면 요잡바라와 나비무 사방요신 작법이 이루어진다.

20. 십념청정법신 운운+念淸淨法身 云云 평염불〈대중창〉

* 대중이 태징, 목탁, 북을 울리며 평염불로 소리한다.

21. 거량擧揚[138] 안채비〈독창〉

거 사바세계 차사천하 남섬부주 (축원)수월도량 ○○거주 금차지극지건성 ○○복위(요령) 49재영가(잠깐 요령) 재당망령사후 49일천

---

[138] 거량은 예명이라고도 한다. 법사 스님이 법상에 오르면 대중이 일제히 일어나, 아래 글을 한 스님이 목탁을 치며 낭송하면 삼배로써 예경한 후 좌정한다.

사물반주

도법회 지심위여각 상
세선망부모 열명(요령)
영가 위천청법재자 시
회대중 노소비구 사미
행자 신남신녀 각각등
복위 소천 상세선망 사
존부모 각 열위영가 내
지 철위산간 오무간옥
일일일야 만사만생 수고함령 제불자등 각열명영가(요령) 아유일권
경 불인지묵성 전개무일자 상방대광명(요령) 상래소청 제불자등
각열위열명 영가(축원) 청법재자 (요령) ○○영가 영가 환휘득 차
일구경마(요령 3번) 연미회득 위여선양 일승원교 대광불 화엄경 지
심제청 지심제수
수위안좌진언受位安坐眞言
옴마니 군다니 훔훔 사바하 (3번)[139] 봉청 경청

* 법사 스님이 법상에 오르면 아래 글을 한 스님이 목탁을 치며 낭
송하고 대중이 일제히 일어나 삼배로써 예경한 후 좌정한다. 위의
거량擧楊을 생략하고 아래의 청법게만 하기도 한다.

22. 청법게請法偈 평염불〈대중창〉
此經甚深意 大衆心渴仰 惟願大法師 廣爲衆生說
차경심심의 대중심갈앙 유원대법사 광위중생설

---

[139] 안진호, 『석문의범』, 법륜사, 1931(초판, 1983 재판), 하권, 212~213쪽.

이 경(깨달음)의 가르침의 깊고 깊은 뜻을 대중이 목말라 물을 찾듯 법문을 청합니다. 오직 원하옵건대 큰 법사 스님께서는 대중을 위하여 자비하시고 넓은 마음으로 법을 설하여 주옵소서.
* 한 스님이 목탁을 울리며 평염불로 소리한다.

23. 설법게說法偈 평염불〈대중창〉

一光東照八千土 大地山河如杲日 卽是如來微妙法 不須向外謾尋覓
일광동조팔천토 대지산하여고일 즉시여래미묘법 불수향외만심멱

한 광명이 동쪽에서 팔천토를 비추고,

대지와 산과 물은 밝은 해와 같이 비추니

끝이 없는 부처님 미묘한 법문,

모름지기 밖을 향하여 부질없이 찾지 말지어다.
* 한 스님이 평염불로 소리한다.

24. 보궐진언補闕眞言 평염불〈대중창〉

唵 戶盧戶盧 娑耶目契 娑婆訶
옴 호로호로 세야몰계 사바하

* 경을 보충하는 진언으로 대중이 평염불로 한다.

25. 수경게收經偈 평염불〈대중창〉

聞經開悟意超然 演處分明衆口宣 取捨由來元不動 方知月落不離天
문경개오의초연 연처분명중구선 취사유래원부동 방지월락불리천

경의 법문을 듣고 깨치니 뜨겁고 시원하여/ 설법 말씀 여러 입으로 퍼져 전하며/ 가지고 버리고 함이 원래 둘이 아닌 부동不動이란 마

음 하나인 줄 알아/ 하늘에 떠 있는 달 천강에 비치면 달이 떨어진 듯하나, 떨어진 것 아니네.

﹡하늘의 이 물론 하나이듯 천백억화신 석가모니부처님 모두 화신불이요. 한 분의 본사불(청정법신비로자나부처님)이 시현하심이다. (이렇듯 여러 몸의 화신불로 나투는 것, 이는 모든 중생을 교화하기 위함이다.)

﹡경을 거두는 글귀로 윗글 대중이 목탁에 맞추어 평염불로 염송한다.

26. 사무량게四無量偈 평염불〈대중창〉

大慈大悲愍衆生 大喜大捨濟含識 相好光明以自嚴 衆等志心歸命禮
대자대비민중생 대희대사제함식 상호광명이자엄 중등지심귀명례

대자대비로 중생을 불쌍히 여기시며/ 대희대사로 중생을 건지시여/ 상호광명으로써 스스로 장엄하셨나니/ 대중들이 뜻과 마음으로 부처님께 귀의하여 불법의 가르침을 받겠습니다.

﹡네 가지 무량한 글귀를 나타낸 글로 대중이 태징을 울리며 평염불로 소리한다.

27. 귀명게歸命偈 평염불〈대중창〉

十方盡歸命 滅罪生淨身 願生華藏界 極樂淨土中
시방진귀명 멸죄생정신 원생화장계 극락정토중

시방의 모든 중생들이 귀의하나니/ 죄는 멸하고 신심은 깨끗해져/ 원컨대 연화장 극락세계에 태어나기를 원합니다.

﹡대중이 태징을 울리며 평염불로 소리한다.

28. 준제공덕취(準堤功德聚)로부터 건단진언, 정법계진언까지 마친다.
* 평염불로 진행

운수상단 범패와 작법무 진행은 설주이운의식을 제외한 평염불과 범패의 안채비 바깥채비의 홋소리, 짓소리와 작법무 구성으로 각각의 쓰임은 다음과 같다.

(1) 음악
* 평염불 - 설주이운시(강생게, 입산게, 가영,출산게, 영축게, 산화락, 등상게, 좌불게)와 11.천수경〈정구업진언운운 - 신묘장구대다라니까지〉 12.복청게 13.천수바라 14.사방찬 15.도량게 16.참회게/참회진언(법문을 할 경우 정대게부터 귀명게까지 한다.) 설주이운 17.정대게 18.개경게 20.십념청정법신 운운 22.청법게 23.설법게〈법문〉 24.보궐진언 25.수경게 26.사무량게 27.귀명게 28.준제공덕취 운운 - 건단진언 등
* 안채비 - 21.거량예명/ 수위안좌진언
* 홋소리 - 설주이운시(헌좌게, 다게)와 1.할향 2.등게 3.정례 4.합장게 5.고향게 6.원부개게 7.정토결계진언 8.쇄향수진언 9.가영 10.돌진언
* 짓소리 - 설주이운시(거령산)와 19.개법장진언(삼남태)

(2) 무용
* 바라무 - 설주이운시(다게작법 후 요잡바라)와 3.정례작법 후 요잡바라 13.천수바라.15.도량게작법 후 요잡바라 19.삼남태 작법 후 요잡바라
* 나비무 - 설주이운시(다게작법)와 3.정례작법 15.도량게작법 19.삼

남태작법
* 법고무 - 3.정례작법 후 법고무
* 타주무 - 각배재 구성에서는 식당작법이 이루어지지 않아 사용되지 않음.

운수상단雲水上壇 및 중단中壇 소청중위召請中位의 구성

운수상단 권공은 운수단 권공의식을 마친 후 다시 상단, 중단을 번갈아가며 6단계 의식 절차로 진행된다.

1) 상단권공 - 소청상위(1) 1.거불부터 37.증명 다게까지[140]
29.거불 30.상단소 31.진령게 32.보소청진언 33.유치 34.청사 35.향화청(가영/고아게) 36.헌좌게/헌좌진언 37.증명다게

* 법주法主 스님이 요령을 한 번 갈아놓은 후 "소청상위"를 소리하면 대중이 아래의 거불을 동음으로 한다.

29.[141] 거불擧佛 훗소리, 평염불〈대중창〉
南無淸淨法身毘盧遮那佛 南無圓滿報身盧舍那佛 南無千百億化身
나무청정법신비로자나불 나무원만보신노사나불 나무천백억화신

---

140 안진호, 앞의 책, 상권, 135~138쪽.
141 의식절차 순번은 김응기, 「각배재 운수상단 권공의식I」, 『국제선문학회』 14집, 95~112쪽. 절차 28 이후의 순차적 순번을 사용한다.

釋迦牟尼佛
석가모니불

청정법신 비로자나불께 귀의합니다. 원만보신 노사나불께 귀의합니다. 천백억화신 석가모니불께 귀의합니다.
* 거불擧佛이 끝나면 스님 한 분이 상단上壇을 향해 아래 소疏를 읽는다.

30. 상단소上壇疏 안채비, 〈독창〉

* 상단 삼보전三寶前에 금일 재를 지내게 된 동기를 밝히는 글로, 경문에 능한 스님을 일러 병법이라 하여 이 글을 읽는다.

召請文疏 拜獻十方三寶自尊前 釋迦如來 遺敎弟子 奉行加持秉法沙
소청문소 배헌시방삼보자존전 석가여래 유교제자 봉행가지병법사

門 謹疏
문 근소

修設大會疏
수설대회소

伏聞 法身無相 乃 卽相以求眞 實相妄言仗 金言以詮灦 是以 三祇行
복문 법신무상 내 즉상이구진 실상망언장 금언이전현 시이 삼지행

滿 五位修因 應群機以月印千江 赴信心而春行萬國 有所皆應 無願
만 오위수인 응군기이월인천강 부신심이춘행만국 유기개응 무원

不從 今有此日 卽有大檀信 祝願是以謹命 秉法師梨一員 及僧一壇
부종 금유차일 즉유대단신 축원시이근명 병법사이일원 급승일단

以 今月今日 就於 某山 某寺 建置天地冥陽 水陸道場 約 一夜揚幡發
이 금월금일 취어 모산 모사 건치천지명양 수륙도량 약 일야양번발

牒 結界建檀 嚴備香化燈燭 茶菓珍食 供養之儀 謹持黃道 召請 十方
첩 결계건단 엄비향화등촉 다과진식 공양지의 근지황도 소청 시방
法界 過現未來 常住三寶 謹具稱揚 迎請于后 一心奉請 十方常住一
법계 과현미래 상주삼보 근구칭양 영청우후 일심봉청 시방상주일
切 佛陀耶衆 一心奉請 十方常住一切 達摩耶衆 一心奉請 十方常住
체 불타야중 일심봉청 시방상주일체 달마야중 일심봉청 시방상주
一切 僧加耶衆 右伏以 佛恩周庇 不違有感之心 法力難思 能濟無邊
일체 승가야중 우복이 불은주비 불위유감지심 법력난사 능제무변
之 衆伏乞覺天金相 慈光普照於凡情 空界眞靈 威德咸通於此地 今
지 중복걸각천금상 자광보조어범정 공계진령 위덕함통어차지 금
修淨供 望賜哀憐 出定光臨 和南謹疏 佛紀 某年 某日 秉法沙門 謹疏
수정공 망사애련 출정광림 화남근소 불기 모년 모일 병법사문 근소

글로써 소청하옵나니 시방의 삼보자존 전에 절하고 올립니다.
석가여래의 가르침을 받은 제자며 가지加持 위신력을 받들어 행하
는 병법사문이 삼가 글을 올립니다. 법회大會를 베풀어서 닦는 상소
글이라. 엎드려 듣사오니 법신의 무상함이 이에 곧 상으로써 진을
구함은 실상의 망언을 의지함이라. 금언으로써 전제를 나타냄이 이
로써 세 가지 행이 원만하면 오위를 닦는 인이 군기에 응함이 달이
천강에 비침이라. 신심에 나아감이 봄에 만국이 행함이요, 비는 것
이 있으면 다 응함이요, 원이 없으면 좇지 않음이라. 지금 이 날에
있어서 대단신이 있으니 이 근명으로써 병법사리 일원과 승려 일동
이 모월 모일 천지명양한 수륙도량의 하룻밤에 드날린 번을 잡고서
청을 발하여 건단을 결계하여 엄숙히 향화등촉 다과진식을 갖추어
서 공양의 예를 올리고 삼가 황도를 가져 소청함이라. 시방법계의

과거, 현재, 미래에 항상 머무시는 삼보님께 삼가 칭양을 갖추어서 간후干后에 우러러 청합니다.

일심으로 받들어 청하옵니다. 시방에 항상 주하시는 일체불타야중이시여

일심으로 받들어 청하옵니다. 시방에 항상 주하시는 일체달마야중이시여

일심으로 받들어 청하옵니다. 시방에 항상 주하시는 일체승가야중이시여

오른쪽으로 엎드림으로써 불은佛恩이 두루 덮고 감응이 있는 마음을 어김이 없고 법력法力을 헤아리기 어려움이라. 능히 제도함에 가이없는 중생이 각천 금상부처님께 엎드려 발원하나니 자비의 빛으로 범정을 널리 비추며 공계空界 허공계의 진령 위덕을 이 땅에 감통하시어 지금 공양을 받으시고 애민을 내려주시길 바라옵니다. 정에서 나와 강림하심에 합장하여 삼가 아뢰었습니다. 불기 ○년 ○월 ○일에 병법사문이 삼가 소疏합니다.

*소가 끝나면 바라지는 태징을 한 마루 올려 다음 게송을 받는다.

31. 진령게振鈴偈 〈1. 3구 법주 요령 흔들며 선창하면 2. 4구 바라지 후창〉

以此振鈴伸召請 十方佛刹普聞知 願此鈴聲遍法界 無邊佛聖咸來集
이차진령신소청 시방불찰보문지 원차영성변법게 무변불성함내집

요령을 흔들어서 불러 청하오니/ 시방의 부처님이 교화하는 국토의 중생들은 널리 듣고 아소서/ 원컨대 이 요령소리 법계에 두루하여/ 불성에 감응하여 함께 모임이 다함이 없음이로다.

32. 보소청진언普召請眞言 훗소리〈독창〉 - 〈법주 스님이 요령을 흔들며 진언을 독창〉

나무보보제리 가리다리 다타아다야 (3번)

33. 유치由致 안채비 - 유치성〈독창〉

仰惟三寶慈尊 法身湛寂 絶 視聽而包含太虛 報體圓明 離 方處而廓
앙유삼보자존 법신담적 절 시청이포함태허 보체원명 이 방처이확
周法界 分形千億 垂化萬邦 開 毘盧廣大之義門 照 實際幽深之寶藏
주법계 분형천억 수화만방 개 비로광대지의문 조 실제유심지보장
六度五行 十聖三賢 布 慈澐於三千世界 灑 法雨於八萬塵勞 有求皆
육도오행 십성삼현 포 자운어삼천세계 쇄 법우어팔만진로 유구개
遂 如 空谷之傳聲 無願不從 若 燈潭之印月 是以娑婆世界祝願 就於
수 여 공곡지전성 무원부종 약 등담지인월 시이사바세계축원 취어
某山某寺 淨灑寶界 以 今月某日 虔設淨饌供養 十方三世 帝網重重
모산모사 정쇄보계 이 금월모일 건설정찬공양 시방삼세 제망중중
無盡三寶慈尊薰懃作法 仰祈妙援者 右伏以 爇 茗香而禮請 呈玉粒
무진삼보자존훈근작법 앙기묘원자 우복이 설 명향이예청 정옥립
而修濟 財體雖微 虔誠可愍 伏願 他心遠鑑 慧眼遙觀 運 無緣之大悲
이수제 재체수미 건성가민 복원 타심원감 혜안요관 운 무연지대비
愍 有精之微懇 暫辭寶界 略降香筵 謹運一心 恭陳三請
민 유정지미간 잠사보계 약강향연 근운일심 공진삼청

삼보자존을 우러러 생각해보니 법신法身은 담적湛寂하여 시청視聽을 끊고서 태허를 포함하니 보체는 원명하여 사방을 여윔이나 법계法界를 널리 두루함이라. 형체를 나눔은 천억이요, 교화를 드리움은

만방이라. 비로광대의
의문을 여시어 실제유
심의 보장을 비추시니
육도 오행의 십성삼
현이 자비의 큰 물결
을 삼천 세계에 베풀
며 법우를 팔만 진로
에 흩뿌림이라. 구함

범패 안채비

이 있으면 다 좇음이 빈 골짜기 소리를 전하는 것과 같음이요, 원이 없으면 좇지 않음이 맑은 연못에 달이 비치는 것과 같음이라. 이로써 사바세계 모산 모사에 나아가서 보계를 깨끗이 씻으며 금월 모일에 정찬 공양을 건설함으로써 시방삼세의 제망중중하신 무진 삼보자존이 훈근작법하시길 묘하게 돕는 이들께 우러러 기도합니다. 오른쪽으로 엎드림으로써 태우는 차향으로 예청하고 옥립으로 수제를 보이며 재물이 비록 작으나 삼감이 가히 애민함이라. 엎드려 절하노니(원하나니) 타심他心을 멀리서도 거울처럼 보며 혜안이 멀리서도 관함이라, 무연의 대비를 움직여서 유정의 작은 정성을 애민히 여겨 잠시 보계를 사양하고 잠시 향기 나는 뜰에 강림하시길 삼가 일심을 움직여 공경히 세 번 청하옵니다.

34. 청사請辭 안채비 – 청사성〈요령을 흔들며 독창〉

南無一心奉請 性天寥廓 覺海汪洋 法力難思 大悲無碍 淸淨法身盧
나무일심봉청 성천요확 각해왕양 법력난사 대비무애 청정법신노

舍那佛 千百億化身釋迦牟尼佛 極樂敎主阿彌陀佛 當來敎主彌勒尊
사나불 천백억화신석가모니불 극락교주아미타불 당래교주미륵존
佛 十方三世 一切常住 眞如佛寶 大方廣佛 大華儼經 大乘頓敎 大圓
불 시방삼세 일체상주 진여불보 대방광불 대화엄경 대승돈교 대원
覺經 大乘始敎 大般若經 大乘終敎 妙法華經 拈花微笑 格外禪詮 十
각경 대승시교 대반야경 대승종교 묘법화경 염화미소 격외선전 시
方三世 一切常住 甚深法寶 大智文殊菩薩 大行普賢菩薩 大悲觀世
방삼세 일체상주 심심법보 대지문수보살 대행보현보살 대비관세
音菩薩 大願本尊地藏菩薩 傳佛心燈 迦葉尊者 流通敎海 阿難尊者
음보살 대원본존지장보살 전불심등 가섭존자 유통교해 아난존자
十方三世一切常住 淸淨僧寶 如是三寶 無量無邊 一一周偏 一一塵
시방삼세일체상주 청정승보 여시삼보 무량무변 일일주편 일일진
刹 願垂慈悲 光臨法會 恭請證明 普同供養
찰 원수자비 광림법회 공청증명 보동공양

일심으로 귀의하여 받들어 청하옵나니 성품이 넓고 고요하며 깨달음이 크고 넓으며 법력을 헤아리기 어려우며 대비가 무애하신 청정법신 비로자나불, 천백억화신 석가모니불, 극락교주 아미타불, 당래교주 미륵존불, 시방삼세 일체에 항상 주하는 진여불보, 대방광불 대화엄경, 대승돈교 대원각경, 대승시교 대열반경, 대승의 마지막 가르침인 묘법화경, 염화미소 격외선전, 시방삼세 일체에 항상 주하는 깊고 깊은 법보, 대지문수보살, 대행보현보살, 대비관세음보살, 대원본존지장보살, 부처님의 심등을 전한 가섭존자, 교해를 유통한 아난존자, 시방삼세 일체에 항상 주하는 깨끗하고 깨끗한 승보, 이와 같은 삼보가 무량무변, 일일주변, 일일진찰하니 원컨대

자비를 내리시어 법회에 빛으로 내리시고 증명해 주시길 공손히 청하옵나니 널리 함께 공양하소서. 위광이 시방 중에 두루함이 달이 천강에 일체 동으로 비춤이로다. 네 가지 지혜가 모든 성스러운 국토에 원만히 비추니 자타가 일시에 불도를 이룸이로다. 고로 제가 일심으로 목숨 바쳐 예경하옵니다

35. 향화청香花請/가영歌詠/ 홋소리〈독창〉/고아게故我偈〈대중창〉
威光遍照十方中 月印千江一切同 四智圓明諸聖士 賁林法會利群生
위광변조시방중 월인천강일체동 사지원명제성사 분림법회이군생

故我一心歸命頂禮
고아일심귀명정례

부처님의 위광威光이 시방세계 가득 차고/ 천 갈래 강에 비친 달은 천 개로 보여도 근본은 하나이듯/ 사지四智에 모두 통달한 많은 성인들/ 법회에 임해서 많은 중생을 이롭게 하네.

36. 헌좌게獻座偈/ 헌좌진언 홋소리〈1. 3구 독창, 2. 4구 대중창〉
妙菩提座勝莊嚴 諸佛座已成正覺 我今獻座亦如是 自他一時成佛道
묘보리좌승장엄 제불좌이성정각 아금헌좌역여시 자타일시성불도

唵 縛阿羅 彌那耶 娑婆訶
옴 바아라 미나야 사바하

깊고도 묘한 깨달음 진리의 자리 특이하게 꾸며져 있으니 시방삼세 일체제불 자리하사 정각을 이루셨네. 우리들이 깔고 있는 이 자리 또한 이와 같으니 나와 다른 이까지 차별 없이 한가지로 부처님 도를 이루게 하옵소서. 소원을 이루게 하옵소서.

* 법석에 좌정하시기를 발원하며 헌좌게성으로 요령을 흔들어 헌좌진언을 외친 후 법주가 앞에 1. 3구를 선창하고 2. 4구는 대중창을 한다.

37. 증명다게 證明茶偈

今將妙藥及茗茶 奉獻十方三寶前 監察檀那虔懇心 願垂哀納受
금장묘약급명다 봉헌시방삼보전 감찰단나건간심 원수애납수

이제 묘약과 명다로 시방 삼보님 전에 올리오니, 단나는 우리의 마음을 살피시어 원컨대 자애한 마음으로 받아주소서.

2) 중단권공 - 소청중위 召請中位(1) 1.거불부터 46.모란찬까지 한다.[142]

명부 지장보살 및 십대명왕에게 권공하는 의식으로 중단권공은 38가지로 구성된다.

바라춤

1.거불 2.시왕소 3.진령게 4.보소청진언 5.유치 6.청사 7.향화청가영/고아게 8.청사 9.향화청가영/고아게 10.헌좌게/헌좌진언 11.증명다게 12.청사 13.향화청가영/고아게 14.청사 15.향화청가영/고아게 16.청사 17.향화청가영/고아게 18.청사 19.향화청가영/고아게 20.청사 21.향화청가영/고아게 22.청사 23.향화청가영/고

---
[142] 안진호, 앞의 책, 상권, 138~150쪽.

아게 24.청사 25.향화청가영/고아게 26.청사 27.향화청가영/고아게 28.청사 29.향화청가영/고아게 30.청사 31.향화청가영/고아게 32.청사 33.향화청가영/고아게 34.청사 35.향화청가영/고아게 36.청사 37.향화청가영/고아게 38.청사 39.향화청가영/고아게 40.청사 41.향화청가영/고아게 42.청사 43.향화청가영/고아게 44.가영 45.산화락/내림게바라 46.모란찬

법주 스님이 요령을 한 번 갈아놓은 후 "소청중위"를 소리하면 아래 거불을 대중이 동음으로 한다.

* 대중이 동음으로 거불성을 짓고 한 스님이 시왕소十王疏를 한다.

1. 거불擧佛 훗소리, 평염불〈대중창〉

南無幽冥敎主地藏菩薩 南無助揚眞化道明尊者 南無助佛揚化無毒
나무유명교주지장보살 나무조양진화도명존자 나무조불양화무독
鬼王
귀왕

유명세계 교주이신 지장보살, 도명존자, 무독귀왕께 귀의합니다.

2. 시왕소十王疏 안채비 - 소성〈독창〉

召請文疏 拜獻冥府十方等衆 釋迦如來 遺敎弟子 奉行加持秉法沙門
소청문소 배헌명부시방등중 석가여래 유교제자 봉행가지병법사문
謹疏
근소

切以 智增靈明 不處天宮而而物 悲心弘廣 常居地府而化生 以四生
절이 지증영명 불처천궁이이물 비심홍광 상거지부이화생 이사생

如乎四心 以十王 如乎十地 殿前酷獄 愍 衆生造業而來 案側善童 錄
여호사심 이시왕 여호십지 전전혹옥 민 중생조업이래 안칙선동 녹

含識修福而往 鑑明善惡 總現無遺 今有此日 (祝願) 今直 道場嚴辦
함식수복이왕 감명선악 총현무유 금유차일 (축원) 금직 도량엄판

諸聖降臨 次 邀請於十方 願 來赴於法會 南無一心奉請 幽冥敎主 地
제성강림 차 요청어시방 원 내부어법회 나무일심봉청 유명교주 지

藏王菩薩 摩訶薩 一心奉請 左補處 道明尊者 一心奉請 右補處 無毒
장왕보살 마하살 일심봉청 좌보처 도명존자 일심봉청 우보처 무독

鬼王一心奉請 第一秦廣大王 一心奉請 第二初江大王 一心奉請 第
귀왕일심봉청 제일진광대왕 일심봉청 제이초강대왕 일심봉청 제

三宋帝大王 一心奉請 第四五官大王 一心奉請 第五閻羅大王 一心
삼송제대왕 일심봉청 제사오관대왕 일심봉청 제오염라대왕 일심

奉請 第六變成大王 一心奉請 第七泰山大王 一心奉請 第八平等大
봉청 제육변성대왕 일심봉청 제칠태산대왕 일심봉청 제팔평등대

王 一心奉請 第九都市大王 一心奉請 第十五道轉輪大王 太山府君
왕 일심봉청 제구도시대왕 일심봉청 제십오도전륜대왕 태산부군

五道大神 十八獄主 二十四位判官 三十六位鬼王 三元將軍 二府童
오도대신 십팔옥주 이십사위판관 삼십육위귀왕 삼원장군 이부동

子 諸位使者 牛頭馬面 卒吏阿旁 諸位等衆 十方法界 地獄道中 受苦
자 제위사자 우두마면 졸리아방 제위등중 시방법계 지옥도중 수고

有情 十方法界 餓鬼道中 受苦有情十方法界 傍生道中 受苦有情 各
유정 시방법계 아귀도중 수고유정시방법계 방생도중 수고유정 각

位等衆 右伏以 臟居冥殿 位列幽道 憑 衆生善惡之因 示 衆生昇沈之
위등중 우복이 직거명전 위열유도 빙 중생선악지인 시 중생승침지

報 罷 堆 苦 楚 暫 到 人 間 赴 此 夕 之 淨 筵 納 今 宵 之 妙 供 庶 幽 冥 滯 魄 早
보 파퇴고초 잠도인간 부 차석지정연 납금소지묘공 서 유명체백 조

遂 超 昇 願 已 往 亡 靈 咸 登 彼 岸 謹 疏 佛 紀 某 年 某 日 秉 法 沙 門 謹 疏
수초승 원 이왕망령 함등피안 근소불기 모년 모일 병법사문 근소

글로써 소청하오며 명부시방 등 대중께 예배 올립니다. 석가여래의 가르침을 받은 제자가 가지를 받들어 행하옵니다. 병법사문이 삼가 아뢰오니 간절함으로써 지혜가 증장하며 신령이 밝으며 항상 지부에 거하며 화생으로 나서 사생으로써 사심과 같게 하며 10대왕으로써 십지를 같게 하며 전이 혹독한 지옥의 앞에서 중생이 업을 지어 오는 것을 애민히 여겨 선동을 옆 책상에 두어 수복의 함식으로 왕往을 기록케 하되 선악은 거울과 같이 밝게 하며 총히 남김이 없음을 드러나게 하시니, 지금 이날에 있어서 지금의 법칙으로 도량을 엄히 가리고 모든 성인이 강림하시며 다음에 시방에 요청하옵니다. 원컨대 법회에 내부하심에 일심으로 귀의하여 받들어 청하옵나니, 유명교주이신 지장왕보살 마하살 일심으로 받들어 청하오며, 좌보처이신 도명존자께 일심으로 받들어 청하오며, 우보처이신 무독귀왕께 일심봉청 하오며, 제일 진광대왕께 일심봉청 하오며 제이 초강대왕께 일심봉청 하오며 제삼 송제대왕께 일심봉청 하오며, 제사 오관대왕께 일심봉청 하오며, 제육 변성대왕께 일심봉청 하오며, 제칠 태산대왕께 일심봉청 하오며, 제팔 평등대왕께 일심봉청 하오며, 제구 도시대왕께 일심봉청 하오며, 제십 오도전륜대왕, 태산부군, 오도대신, 십팔옥주, 이십사위판관, 삼십육위귀왕, 삼원장군, 이부동자, 제위사자와 우두마면 졸리아방 제위등중, 시방법계의 지옥도중에 고통받는 유정 등 시방법계 아귀도중에 고통받는

나비춤

일체유정, 시방법계 방생도중에 고통받는 유정, 각위등중이 명부전에 지위를 맡아 거하며 유도幽道에 위치해 계신 분께 오른쪽으로 엎드림으로써 중생의 선악의 인을 의지해서 중생의 승침의 보를 보이며 고초가 다하면 잠시 인간에 이르름이 이 저녁에 정연에 이르러서 지금 저녁의 묘공(의)을 받아서 뭇 유명의 체백이 드디어 초승 이루어, 원컨대 이미 망령이 가서 저 언덕에 함등하시길 삼가 아뢰옵니다. 불기 ○년 ○일 병법사문이 삼가 아뢰었습니다.

3. 진령게振鈴偈 안채비 - 진령게성〈1. 3구 법주 선창, 2. 4구 바라지 후창〉

以此振鈴伸召請 冥府十王普聞知 願承三寶力加持 今日今時來赴會
이차진령신소청 명부시왕보문지 원승삼보력가지 금일금시내부회

요령을 흔들어 불러 청하오니 명부에 있는 시왕들은 널리 듣고 아소서. 불·법·승 삼보의 힘을 이어받아 오늘 지금 마련한 법회에 오소서.

*법주 스님은 요령을 흔들며 보소청진언을 한 후 이어서 법주가 유치성으로 중단유치를 한다.

4. 보소청진언普召請眞言

나무보보제리 다리다리 다타 아데야 (3번)

5. 유치由致 안채비 - 유치성〈독창〉

切以 歡喜園 中 應機大聖 月印千江 幽冥界內 治罪列王 星羅十
절이 환희원 중 응기대성 월인천강 유명계내 치죄열왕 성라십

殿 杖金錫 拯 沈淪而勿憚 冠玉琉判 善惡而無私 誓願難思 威靈可
전 장금석 증 침륜이물탄 관옥류판 선악이무사 서원난사 위령가

畏 凡欲透 去來之業網 越 生死之迷津 盍盡歸依 虔陳供養 是以 娑
외 범욕투 거래지업망 월 생사지미진 합진귀의 건진공양 시이 사

婆世界(祝願) 以 今月今日 虔設法筵 淨飡供養 南方化主 地藏大聖
바세계(축원) 이 금월금일 건설법연 정찬공양 남방화주 지장대성

爲首 道明尊者 無毒鬼王 冥府十王 太山府君 五道大神 十八獄主
위수 도명존자 무독귀왕 명부시왕 태산부군 오도대신 십팔옥주

二十四位判官 三十六位鬼王 三元將軍 二符童子 諸位使者 不知名
이십사위판관 삼십육위귀왕 삼원장군 이부동자 제위사자 부지명

位 諸靈宰等 薰勤作法 仰祈妙援者 右伏以 苦海慈航 大敎主 冥天
위 제영재등 훈근작법 앙기묘원자 우복이 고해자항 대교주 명천

日月 十冥王 僉垂憐愍之情 各放神通之力 光臨法會 永化塵邦 仰表
일월 십명왕 첨수연민지정 각방신통지력 광림법회 영화진방 앙표

一心 先陳三請
일심 선진삼청

우러러 아뢰옵나니, 지장보살님께서는 만월같은 바른 얼굴과 강물 같은 맑은 눈매를 가지셨으며 (마니주를 손에 잡고 법의 자리 원만함을 보이시고 연화좌에 계시면서) 유명계 내의 죄를 다스리는 십대명왕과 성라십전의 금석 지팡이로 침륜을 구제함에 거리낌이 없으며 관옥유판은 사사로움이 없으며 서원은 생각키 어려움이요 위령은 가히 두려움이라. 법부가 거래의 업망을 뚫고자 하며 생사의 미진

을 건너고자 하여 대개 다 귀의함이라. 공경히 공양을 폄이니 이로 써 사바세계 금월 금일 정성으로 법년을 베풀어 청정한 공양을 남방화주 지장대성과 상수가 되는 도명존자, 무독귀왕, 명부십대명왕, 태산부군, 오도대신, 십팔옥주, 이십사위판관, 삼십육위귀왕, 삼원장군, 이부동자와 모든 지위의 사자, 명위를 알지 못하는 모든 영재 등에서 훈근작법 하시길 묘하게 돕는 이께 우러러 기원합니다. 오른쪽으로 엎드려서 고통바다에 자비의 배로써 항해하시는 대교주이신 명천일월, 십대명왕께서는 지금 애민의 정으로써 각기 신통의 힘을 놓으시어 법회에 강림하시어 길이 진방을 교화하시길 우러러 일심으로 세 번 청하옵니다.

6. 청사請司안채비 – 청사성〈요령을 흔들며 독창〉

南無一心奉請 閻摩羅幽冥界 毳衣圓頂 示相沙門 慈門廣大 願海弘
나무일심봉청 염마라유명계 취의원정 시상사문 자문광대 원해홍
沈 現 無邊身代 衆生苦 文前振錫 獄內放光 令諸衆生 離苦受樂 大
심 현 무변신대 중생고 문전진석 옥내방광 영제중생 이고수락 대
悲大願 大聖大慈 本尊地藏王菩薩 摩訶薩 唯願慈悲 降臨道場 證明
비대원 대성대자 본존지장왕보살 마하살 유원자비 강림도량 증명
功德
공덕

일심으로 귀의하여 받들어 청하옵니다. 염마라 유명계에 솜옷을 입고 둥근 정수리의 상을 보임이 사문이니 자비의 문이 관대하고 원해願海가 크고 깊으며 몸이 다함이 없음을 나타내심이로다. 중생의 고통의 문 앞(지옥)에서 석장을 짚고 옥 안에 빛을 놓으심(니)은 모

든 중생으로 하여금 고를 여의고 낙을 받게 함이로다. 대비대원 대성대자이신 본존 지장왕보살님이시여. 오직 원컨대 자비로 이 도량에 강림하시어 공덕을 증명하여 주시옵소서.

향하청 가영〈독창〉 고아게〈대중창〉
* 각 청사가 끝날 때마다 바라는 향화청, 가영, 고아게를 창한다.

7. 향화청香花請/ 가영歌詠 훗소리〈독창〉/ 고아게故我偈〈대중창〉
十九生來爲善女 脫衣入地號地藏 冥間爲主度生願 地獄門前淚萬行
십구생래위선녀 탈의입지호지장 명간위주도생원 지옥문전누만행

故我一心歸命頂禮
고아일심귀명정례

십구생래의 선녀(착한 여자)가 있어 옷을 벗고 땅속으로 들어가니 호가 지장이라. 명부 사이의 주인이 되어 중생제도의 원을 세우시고 지옥문 앞에 눈물로 만행하심일세. 지극한 마음으로 귀의하옵니다.

8. 청사請司안채비 – 청사성〈요령을 흔들며 독창〉
南無一心奉請 因深果滿 二利無偏 不憚始終之勤勞 願奉聖意而同
나무일심봉청 인심과만 이리무편 불탄시종지근로 원봉성의이동
化 親奉聖意 道明尊者 同運悲心大辨長者 唯願慈悲 降臨道場 證明
화 친봉성의 도명존자 동운비심대변장자 유원자비 강림도량 증명
功德
공덕

일심으로 귀의하고 받들어 청하옵니다. 인因이 깊어 과果가 원만하

면 이리二利가 치우침이 없고, 시종의 근로를 꺼리지 않으며, 소원은 성의를 받들어 함께 교화함이로다. 도명존자의 동운비심, 대변장자의 유원자비로 이 도량에 강림하시어 공덕을 증명하소서.

9. 향화청香花請/ 가영歌詠 훗소리〈독창〉/ 고아게故我偈〈대중창〉

無毒王隨一道明 兩家眞俗作同行 南方座下忝眞聖 大振玄風濟有情
무독왕수일도명 양가진속작동행 남방좌하참진성 대진현풍제유정

故我一心歸命頂禮
고아일심귀명정례

무독왕이 일도를 따라 밝히며, 진속양가가 동행을 짓고, 남방좌하의 진성에 참여하시어, 현풍을 크게 떨치어 유정을 가지런히 할세. 고로 제가 일심으로 목숨 바쳐 정례합니다.

*아래 헌좌게를 생략하기도 한다.[143]

10. 헌좌게獻座偈/ 헌좌진언 훗소리〈1. 3구 독창, 2. 4구 대중창〉

妙菩提座勝莊嚴 諸佛座已成正覺 我今獻座亦如是 自他一時成佛道
묘보리좌승장엄 제불좌이성정각 아금헌좌역여시 자타일시성불도

唵 縛阿羅 彌那耶 娑婆訶
옴 바아라 미나야 사바하

깊고도 묘한 깨달음(진리)의 자리 특이하게 꾸며져 있으니, 시방삼세 일체제불 자리하사 정각을 이루셨네. 우리들이 깔고 있는 이 자

---

[143] 안진호, 앞의 책, 상권, 145쪽. 헌좌게 묘보제좌승장엄 제불좌이성정각 아금헌좌역여시 자타일시성불도암 옴 바라라 미나야 사바하를 생략하고 곧바로 "증명다게"를 한다.

리 또한 이와 같으니, 나와 다른 이까지 차별 없이 한가지로 부처님 도를 이루게 하옵소서. 소원을 이루게 하옵소서. 옴 바아라 미나야 사바하.

11. 증명다게證明茶偈 훗소리

今將甘露茶 奉獻證明前 鑑察虔懇心 願垂哀納受
금장감로다 봉헌증명전 감찰건간심 원수애납수

이제 감로의 차를 가져다 증명전에 받들어 올리오니, 간절한 마음을 살펴 받아 주시옵소서.

12. 청사請司 안채비 – 청사성〈요령을 흔들며 독창〉

南無一心奉請[144] 生前秉直 死作冥王 懷賢鑑於育中 決疑情於目下 至
나무일심봉청   생전병직 사작명왕 회현감어육중 결의정어목하 지

明至聖 掌判陰司 第一秦廣大王 並從眷屬 唯願承 三寶力 降臨道場
명지성 장판음사 제일진광대왕 병종권속 유원승 삼보력 강림도량

受此供養
수차공양

일심으로 귀의하여 받들어 청하옵니다. 생전에는 병직을, 죽어서는 명부의 왕을 지으시며, 흉중에 현감을 품고 목하에 의정을 결하여 지극히 밝고 지극히 성스럽게 음사를 가리시는 판단하시는 제일 진광대왕과 아울러 함께 따를 권속들께 합장합니다. 오직 원하옵건대

---

[144] 49재일 경우. 안진호, 앞의 책, 상권, 147쪽.
"제칠태산대왕청"을 먼저 하고, 백일재는 "제팔평등대왕청" 순으로 먼저 한 다음 "제일진광대왕청"을 한다.

나비춤

삼보력을 이어서 도량에 강림하시어 이 공양을 받아주소서.

13. 향화청香花請/ 가영歌詠 훗소리〈독창〉/ 고아게故我偈〈대중창〉

普天寒氣振陰綱 正令全提弟一場 鍛鐵鍊金重下手 始知量匠義難量
보천한기진음강 정령전제제일장 단철연금중하수 시지양장의난양

故我一心歸命頂禮
고아일심귀명정례

넓은 하늘에 한기가 음강에 펼침이며, 정녕 제일장弟一場을 전제함이라. 손에서 철을 단련하고 금을 연마해야만, 비로소 장의 헤아리기 어려운 사랑을 헤아려 알 수 있음일세.
고로 제가 일심귀명 정례하옵니다.

14. 청사請司 안채비 – 청사성〈요령을 흔들며 독창〉

南無一心奉請 有職批判 正直無私 辨 是非不枉之情 賜 苦樂無偏之
나무일심봉청 유직비판 정직무사 변 시비불왕지정 사 고락무편지

報 靈明炳煥 掌判陰司 第二初江大王 並從眷屬 惟願承 三寶力 降臨
보 영명병환 장판음사 제이초강대왕 병종권속 유원승 삼보력 강림

道場 受此供養
도량 수차공양

일심으로 귀의하며 받들어 청하옵니다. 비판의 일을 맡으며 정직하여 사사로움이 없으며, 나눔에 시비의 그릇된 정이 없으며, 베풂에 고락의 치우친 보가 없으며, 영명한 밝은 불빛으로 음사의 일을 맡아 판단하는 제이 초강대왕과 아울러 따르는 권속이시여. 오직 원컨대 삼보력을 이어받아 도량에 강림하시어 이 공양을 받으소서.

15. 향화청香花請/ 가영歌詠 홋소리〈독창〉/ 고아게故我偈〈대중창〉

沃焦山作陷人機 上下烘窯火四支 忍見忍聞經機劫 外威還似不慈悲
옥초산작함인기 상하홍요화사지 인견인문경기겁 외위환사부자비

故我一心歸命頂禮
고아일심귀명정례

지옥의 옥초산에 빠짐을 지은 인기(人機, 수행하는 소질)가 상하로 가마불에 사지를 태움이라. 보는 것도 참고 듣는 것도 참아 몇 겁을 지나니, 외위가 도리어 자비롭지 못함과 같음일세. 고로 제가 일심 귀명 정례하옵니다.

16. 청사請司 안채비 - 청사성〈요령을 흔들며 독창〉

南無一心奉請 心常柄鑑 特判陰曹 訓衆生 悟本心源 誠有情 無迷自
나무일심봉청 심상병감 특판음조 훈중생 오본심원 계유정 무미자

性 至明至聖 掌判陰司 第三宋帝大王 並從眷屬 唯願承 三寶力 降臨
성 지명지성 장판음사 제삼송제대왕 병종권속 유원승 삼보력 강림

道場 受此供養
도량 수차공양

일심으로 귀의하여 받들어 청하옵니다. 마음이 항상 권세들의 본보기가 되시며, 특히 음조를 판단하여 중생을 가르쳐서 본심원을 깨닫게 하시며, 유정을 경계하여 자성에 미혹함이 없게 하시는, 지극히 밝고 지극히 성스러운 음사를 맡아 다스리는 제삼 송제대왕과 아울러 따르는 권속들이시여. 오직 원컨대 삼보력을 받드사 이 도량에 강림하시어 이 공양을 받으소서.

17. 향화청香花請/ 가영歌詠 홋소리〈독창〉/ 고아게故我偈〈대중창〉

四面刀山萬仞危 突然狂漢透重圍 丈夫不在羅籠裡 但向人間辨是非
사면도산만인위 돌연광한투중위 장부부재나롱리 단향인간변시비

故我一心歸命頂禮
고아일심귀명정례

사면이 칼산이요 만인의 위태로움이 돌연히 미친 사람이 중위를 뚫고 장부가 비단 그물 속에 있지 않음이니, 다만 인간을 향해 시비를 가림이로다. 고로 제가 일심귀명 정례하옵니다.

18. 청사請司 안채비 - 청사성〈요령을 흔들며 독창〉

南無一心奉請 心懷大造 恒抱寬慈 察 善惡之高低 施 苦樂之輕重 聰
나무일심봉청 심회대조 항포관자 찰 선악지고저 시 고락지경중 총

明正直 掌判陰司 第四五官大王 並從眷屬 唯願承 三寶力 降臨道場
명정직 장판음사 제사오관대왕 병종권속 유원승 삼보력 강림도량

受此供養
수차공양

일심으로 귀의하고 받들어 청하옵니다. 마음이 항상 권세들의 본보기가 되시며, 특히 음사(부정하고 난잡한 짓)를 판단하여 중생을 가르쳐서 본심원을 깨닫게 하시며 유정을 경계하여 자성에 미혹함이 없게 하시고 지극히 밝고 지극히 성스러운 음사를 맡아 다스리시는 제사 오관대왕과 아울러 따르는 권속들이시여. 오직 원컨대 삼보력을 받들어 도량에 강림하시어 이 공양을 받아주소서.

19. 향화청香花請 / 가영歌詠 홋소리〈독창〉/ 고아게故我偈〈대중창〉

清白家風直似衡 豈隨高下落人情 秤頭不許蒼蠅坐 些子傾時失正平
청백가풍직사형 기수고하낙인정 칭두불허창승좌 사자경시실정평

故我一心歸命頂禮
고아일심귀명정례

청백의 가풍이 바로 거울 같으매, 어찌 고하를 따라 인정에 떨어지리오. 저울머리에 창승좌를 허락지 않으며, 사자경시에도 정평을 잃지 않음일세. 고로 제가 일심귀명 정례하옵니다.

20. 청사請司 안채비 - 청사성〈요령을 흔들며 독창〉

南無一心奉請 因從願力 冊號法王 住 贍部 南之金山 處 沃焦下之實
나무일심봉청 인종원력 책호법왕 주 섬부 남지금산 처 옥초하지보

殿 冥中統御 總判陰司 第五閻羅大王 並從眷屬 唯願承 三寶力 降臨
전 명중통어 총판음사 제오염라대왕 병종권속 유원승 삼보력 강림

道場 受此供養
도량 수차공양

일심으로 귀의하여 받들어 청하옵니다. 인이 원력을 좇아 책호가 법왕이시며 섬부에 주하여 남쪽은 금산이요, 옥초는 아래 보전에 처하시어 명부중을 거느리며, 총히 음사를 다스리는 제오 염라대왕 및 따르는 권속들이시여. 오직 원컨대 삼보력을 받들어 도량에 강림하시어 이 공양을 받아주소서.

21. 향화청香花請/ 가영歌詠 훗소리〈독창〉/ 고아게故我偈〈대중창〉

冥威獨出十王中 五道奔波盡向風 聖化包容如遠比 人間無水不朝東
명위독출시왕중 오도분파진향풍 성화포용여원비 인간무수부조동

故我一心歸命頂禮
고아일심귀명정례

명부에서 위의가 홀로 시왕 가운데에 드러남이요 오도五道로 달아남이 파도가 바람을 향해 다함이요, 상서로운 교화가 저 원비遠比를 포용함이라. 인간에 물이 없으면 아침에 동쪽이 아님일세. 고로 제가 일심귀명 정례하옵니다.

22. 청사請司 안채비 - 청사성〈요령을 흔들며 독창〉

南無一心奉請 權衡六道 故號變成 度基因果之相符 致使昇沈於異質
나무일심봉청 권형육도 고호변성 탁기인과지상부 치사승침어이질

深窮報應 掌判陰司 第
심궁보응 장판음사 제

六變成大王 幷從眷屬
육변성대왕 병종권속

唯願承 三寶力 降臨道
유원승 삼보력 강림도

場 受此供養
량 수차공양

범패

일심으로 귀의하여 받들어 청하옵니다. 권세가 육도를 평정함일세. 고로 호가 변성이라. 인과의 상부하는 기基를 제도하며 승침의 이질을 부림을 이루어서 깊이 보응을 다해 음사를 맡아 다스리는 제육 변성대왕과 따르는 권속들이시여. 오직 원컨대 삼보력을 이어서 도량에 강림하시어 이 공양을 받으소서.

23. 향화청香花請/ 가영歌詠 훗소리〈독창〉/ 고아게故我偈〈대중창〉

罪案堆渠所作因 口中甘咀幾雙親 大王尚作慈悲父 火獄門開放此人
죄안퇴거소작인 구중감저기쌍친 대왕상작자비부 화옥문개방차인

故我一心歸明頂禮
고아일심귀명정례

죄의 생각을 크게 쌓는 바 인因을 지어 구중口中에 단 것을 먹어 몇 쌍이나 친함인가. 대왕은 항상 자비로운 아버지가 되어 화옥문을 열어 이 사람을 놓아줌일세. 고로 제가 일심귀명정례하옵니다.

24. 청사請司 안채비 - 청사성〈요령을 흔들며 독창〉

南無一心奉請 位居震旦 亦號法王 嵬嵬而 相貌威雄 堂堂而 心安巨
나무일심봉청 위거진단 역호법왕 외외이 상모위웅 당당이 심안거

海 修仁蘊德 掌判陰司 第七泰山大王 幷從眷屬 唯願承 三寶力 降臨
해 수인온덕 장판음사 제칠태산대왕 병종권속 유원승 삼보력 강림

道場 受此供養
도량 수차공양

일심으로 귀의하고 받들어 청하옵니다. 지위가 진단震旦에 거하니 또한 호가 법왕法王이라. 외외하기는 상호가 위웅이시며 당당하기가 심안이 거해라. 인을 닦아 덕을 쌓아서 음사를 맡아 다스리시는 제칠 태산대왕 및 따르는 권속들이시여. 오직 원컨대 삼보력을 받들어 도량에 강림하시어 이 공양을 받아주소서.

25. 향화청香花請/ 가영歌詠 훗소리〈독창〉/ 고아게故我偈〈대중창〉

人頑耳目禮雖違 稍順冥規敬向歸 智不責愚言可採 一毫微善捨前非
인완이목례수위 초순명규경향귀 지불책우언가채 일호미선사전비

故我一心歸命頂禮
고아일심귀명정례

사람이 완고하여 이목耳目의 예가 비록 어긋나나, 점차 명규冥規를 공경히 따라 향해 돌아감이라. 지혜인은 어리석은 사람을 꾸짖지 아니하며 가히 한 터럭 작은 선도 그릇됨 앞에서 버리지 않음일세. 고로 제가 일심귀명 정례하옵니다.

26. 청사請司 안채비 - 청사성〈요령을 흔들며 독창〉

南無一心奉請 號標平等 慮尚仁心 護生於 鞭撻之間 誠勖向 剞形之
나무일심봉청 호표평등 덕상인심 호생어 편달지간 계욱향 고형지

際 心懷大造 掌判陰司 第八平等大王 幷從眷屬 唯願承 三寶力 降臨
제 심회대조 장판음사 제팔평등대왕 병종권속 유원승 삼보력 강림

道場 受此供養
도량 수차공양

일심으로 귀의하여 받들어 청하옵니다. 호가 평등을 나타내며 항상 인자한 마음이시니, 중생을 보호하고 편달하는 사이에 음사를 맡아 다스리는 제팔 평등대왕과 아울러 따르는 권속들이시여. 오직 원컨대 삼보력을 이어받아 도량에 강림하시어 이 공양을 받으소서.

27. 향화청香花請/ 가영歌詠 훗소리〈독창〉/ 고아게故我偈〈대중창〉

明鏡當臺照膽肝 物逃姸媸也應難 諒哉入妙皆神決 鑑與王心一處安
명경당대조담간 물도연치야응난 양재입묘개신결 감여왕심일처안

故我一心歸命頂禮
고아일심귀명정례

밝은 거울이 높이 간담을 비춤을 당하며, 중생이 미하여 아름다움에 이르기에 응당히 어려움이라. 살펴보기에 묘妙에 들어가면 다 신결神決이라. 왕심王心과 같이 일호가 편안함을 앎일세. 고로 제가 일심귀명 정례하옵니다.

28. 청사請司 안채비 - 청사성〈요령을 흔들며 독창〉

南無一心奉請 位專交易 號則冥王 受命於 琰魔之君 築宮向 金剛之
나무일심봉청 위전교역 호칙명왕 수명어 염마지군 축궁향 금강지

外 權平斗秤 掌判陰司 第九都市大王 幷從眷屬 唯願承 三寶力 降臨
외 권평두칭 장판음사 제구도시대왕 병종권속 유원승 삼보력 강림

道場 受此供養
도량 수차공양

일심으로 귀의하여 받들어 청하옵니다. 지위가 오롯이 교역함일세 호가 곧 명왕이라. 목숨 받아 염마의 임금이며 축궁築宮을 향해서 금강 밖의 권세를 평정히 하며, 옳고 그름을 잘 분별하여 음사를 맡아 다스리는 제구 도시대왕 및 아울러 따르는 권속들이여. 오직 원컨대 삼보력을 받들어 도량에 강림하시어 이 공양을 받으소서.

29. 향화청香花請/ 가영歌詠 훗소리〈독창〉/ 고아게故我偈〈대중창〉

火爲孤魂長旱魃 佛因三難絶慈雲 乾坤盡入洪爐裡 幾望吾王雨露恩
화위고혼장한발 불인삼난절자운 건곤진입홍로리 기망오왕우로은

故我一心歸命頂禮
고아일심귀명정례

불이 고혼이 되어 긴 가뭄이 됨이라. 불은이 삼난을 자운으로 끊어주시며, 건곤이 다 큰 화로 속으로 들어감이라. 우리 왕의 우로雨露와 같은 은혜를 얼마나 바랐던가. 고로 제가 일심귀명 정례하옵니다.

30. 청사請司 안채비 - 청사성〈요령을 흔들며 독창〉

南無一心奉請 轉身冥世 昔王四洲 興權大柄之威嚴 不異當時之聖號
나무일심봉청 전신명세 석왕사주 흥권대병지위엄 불이당시지성호

嵬嵬氣宇 掌判陰司 第十五道 轉輪大王 幷從眷屬 唯願承 三寶力 降
외외기우 장판음사 제십오도 전륜대왕 병종권속 유원승 삼보력 강

臨道場 受此供養
림도량 수차공양

일심으로 귀의하여 받들어 청하옵니다. 몸은 명부세계를 굴러도 옛날에는 사주四洲의 왕이었어라. 권세가 흥하여 대병大柄의 위엄이라. 당시의 성호가 다르지 않아서 외외한 기우로 음사를 맡아 다스리는 제십 오도전륜대왕과 따르는 권속들이시여. 원컨대 삼보력을 이어받아 도량에 강림하시어 이 공양을 받으소서.

31. 향화청香花請/ 가영歌詠 훗소리〈독창〉/ 고아게故我偈〈대중창〉

古聖興悲作此身 逢場降迹現冥因 방杈若不橫交用 覺地猶難見一人
고성흥비작차신 봉장강적현명인 방차약불횡교용 각지유난견일인

故我一心歸命頂禮
고아일심귀명정례

옛 성인이 대비심을 일으켜 이 몸을 지어 강림한 도량을 만나서 발자취를 명인冥因에 나타냄이라. 방망이와 작살 같은 것을 함부로 쓰지 않음이라. 각지覺地에서 오히려 한 사람을 보기 힘듦일세. 고로 제가 일심귀명 정례하옵니다.

32. 청사請司 안채비 – 청사성〈요령을 흔들며 독창〉

南無一心奉請 織居總帥 弼補閻羅 掌 百局之尊權 領 三司之重柄 分
나무일심봉청 직거총수 필보염라 장 백국지존권 영 삼사지중병 분

付別化 泰山府君 幷從眷屬 唯願承 三寶力 降臨道場 受此供養
부별화 태산부군 병종권속 유원승 삼보력 강림도량 수차공양

바라춤, 월타 스님

일심으로 귀의하고 받들어 청하옵니다. 직織에 거해서 수帥를 거느리며 염라왕을 보필하며, 백국의 존권을 관장하며 삼사三司의 중병重柄을 거느리며, 부付를 나누어 달리 교화하는 태산부군 및 아울러 따르는 권속들이시여. 오직 원컨대 삼보력을 이어서 도량에 강림하시어 이 공양을 받으소서.

33. 향화청香花請/ 가영歌詠 홋소리〈독창〉/ 고아게故我偈〈대중창〉

分付別化宣王令 惡鬼獰神護殿庭 敢報會中諸善士 明知因果大分明
분부별화선왕령 악귀영신호전정 감보회중제선사 명지인과대분명

故我一心歸命頂禮
고아일심귀명정례

부付를 나누어 달리 교화하며 왕령王令을 펴서 악귀 충신들이 전정殿庭을 보호하는 회중의 모든 선사善士를 보호하여 인과가 크게 분명함을 밝게 앎일세. 고로 제가 일심귀명 정례하옵니다.

34. 청사請司 안채비 – 청사성〈요령을 흔들며 독창〉

南無一心奉請 心窮罪跡 決辨無私 承 列聖之威靈 判 衆生之善惡
나무일심봉청 심궁죄적 결판무사 승 열성지위령 판 중생지선악

二十四案 諸位判官并從眷屬 唯願承 三寶力 降臨道場 受此供養
이십사안 제위판관병종권속 유원승 삼보력 강림도량 수차공양

일심으로 귀의하여 받들어 청하옵니다. 마음에 죄의 자취가 다해 판단을 결정함에 사사로움이 없고, 열성列聖의 위령威靈을 받들어서 중생의 선악을 가르는 이십사안 모든 판관 및 아울러 따르는 권속들이시여. 삼보력을 받들어 도량에 강림하시어 이 공양을 받으소서.

35. 향화청香花請 / 가영歌詠 훗소리〈독창〉 / 고아게故我偈〈대중창〉

四海澄清共一家 訟庭 寥寂絕囂譁 如今世亂皆群犬 空使諸司判事多
사해증청공일가 송정 요적절효화 여금세란개군견 공사제사판사다

故我一心歸命頂禮
고아일심귀명정례

사해증청이 함께 일가라. 송하는 뜰에 요적하여 효화를 끊고, 지금과 같이 세상이 어지러우면 다 군견이라. 공으로 제사의 일을 나누게 함이 많음일세. 고로 제가 일심귀명 정례하옵니다.

36. 청사請司 안채비 – 청사성〈요령을 흔들며 독창〉

南無一心奉請 如來親詣 位號分明 一十八 掌獄之都官 無央數 群生
나무일심봉청 여래친예 위호분명 일십팔 장옥지도관 무앙수 군생

之化主 琰魔殿下 迦延等衆 二九諸王 並從眷屬 唯願承 三寶力 降臨
지화주 염마전하 가연등중 이구제왕 병종권속 유원승 삼보력 강림

道場 受此供養
도량 수차공양

일심으로 귀의하여 받들어 청하옵니다. 여래께서 친히 지시하여 지위의 호가 분명이리. 십팔지옥을 다스리는 도관과 무량한 무리의 화주와 염마전 아래의 가연 등의 대중과 이십구제왕과 병종권속이시여. 오직 원컨대 삼보력을 받들어 이 도량에 강림하시어 이 공양을 받으소서.

37. 향화청香花請/ 가영歌詠 훗소리〈독창〉/ 고아게故我偈〈대중창〉

倚天長劍丈夫行 各逞威風眼電光 棒下有人知痛否 一拳拳倒泰山崗
의천장검장부행 각령위풍안전광 봉하유인지통부 일권권도태산강

故我一心歸命頂禮
고아일심귀명정례

천장검을 의지한 장부행에 각기 위풍안전광을 놓으니 빛 아래 어떤 이가 아픔을 알겠는가. 한주먹으로 태산강을 쳐서 거꾸러뜨림일세. 고로 제가 일심귀명 정례하옵니다.

38. 청사請司 안채비 - 청사성〈요령을 흔들며 독창〉

南無一心奉請 金剛水際 鐵圍山間 普達菩薩之親臨 業集勞生之苦處
나무일심봉청 금강수제 철위산간 보달보살지친림 업집로생지고처

恒加禁等 四九諸王 火惡毒等 二九諸王 幷從眷屬 唯願承 三寶力 降
항가금등 사구제왕 화악독등 이구제왕 병종권속 유원승 삼보력 강

臨道場 受此供養
림도량 수차공양

일심으로 귀의하여 받들어
청하옵니다. 금강수 끝과 철
위산 사이에 보달普達보살이
친히 임하시고, 업으로 모인
노생의 고처에 항상 금계를 더하는 등의 49 모든 왕과 화악독 등의
29 모든 왕과 아울러 따르는 권속들이시여. 오직 원컨대 삼보력을
이어서 도량에 강림하시어 이 공양을 받으소서.

39. 향화청香花請/ 가영歌詠 훗소리〈독창〉/ 고아게故我偈〈대중창〉

敬衛庭前劍戟橫 此王僚佐盡賢良 一宮洒掃先從外 豈與無辜枉不殃
경위정전검극횡 차왕요좌진현량 일궁쇄소선종외 기여무고왕불앙

故我一心歸命頂禮
고아일심귀명정례

공경스럽게 뜰 앞에 검주를 가로로 호위하는 이는 왕의 요좌로서 다
하는 현량이며, 일궁이 씻어서 먼저 외부를 좇음일세. 어찌 더불어
허물과 재앙이 없지 않겠는가? 고로 제가 일심귀명 정례하옵니다.

40. 청사請司 안채비 - 청사성〈요령을 흔들며 독창〉

南無一心奉請威靈可畏 正直難思 爲 陽道追攝之神 作 陰司捷疾之
나무일심봉청위령가외 정직난사 위 양도추섭지신 작 음사첩질지

主 敬巡都統 五道大神 三元將軍 二部童子 幷從眷属唯願承 三寶力
주 경순도통 오도대신 삼원장군 이부동자 병종권속유원승 삼보력

降臨道場 受此供養
강림도량 수차공양

일심으로 귀의하여 받들어 청하옵니다. 위의가 신령스러워 가히 두려우며 정직함을 생각키 어렵사오니, 양도를 따라 거두시는 신이시며, 음사의 바른 벌을 짓는 주인이며, 경순도총, 오도대신, 삼원장군, 이부동자와 아울러 함께 하는 권속들이시어. 오직 원컨대 삼보력을 이어받아 도량에 강림하시어 이 공양을 받아주소서.

41. 향화청香花請/ 가영歌詠 훗소리〈독창〉/ 고아게故我偈〈대중창〉

古來怨債起於親 莫若多生不識人 向我佛前如廣濟 無緣眞箇大悲恩
고래원채기어친 막약다생불식인 향아불전여광제 무연진개대비은

故我一心歸命頂禮
고아일심귀명정례

예로부터 원수나 빚은 친함에서 일어나고 저 다생에 알지 못하는 사람이 없사오니, 저희 불전에 향하여 널리 제도 받을 인연이 없으니, 참으로 낱낱이 대비의 은혜일세. 고로 제가 일심귀명 정례하옵니다.

42. 청사請司 안채비 - 청사성〈요령을 흔들며 독창〉

南無一心奉請 基徒百萬 力助冥王 隨 局分以安排 逐 諸司而驅使 三
나무일심봉청 기도백만 역조명왕 수 극분이안배 축 제사이구사 삼
色從官 四直使者 牛頭馬面 卒吏諸班 幷從眷屬 唯願承 三寶力 降臨
색종관 사직사자 우두마면 졸리제반 병종권속 유원승 삼보력 강림

道場 受此供養
도량 수차공양

일심으로 귀의하여 받들어 청하옵니다. 기틀이 백만을 달리며 명왕의 힘을 도와 국분을 따라 안배하고, 모든 사를 좇아서 구역을 다스리는 삼색종관, 사직사자, 우두마면, 졸리제반과 아울러 따르는 권속들이시여. 오직 원컨대 삼보력을 이어서 도량에 강림하시어 이 공양을 받으소서.

43. 향화청香花請/ 가영歌詠 홋소리〈독창〉/ 고아게故我偈〈대중창〉

來王群官指路頭 黃泉風景卽仙遊 行人不識桃源洞 只說香葩泛水流
내왕군관지로두 황천풍경즉선유 행인불식도원동 지설향파범수류

故我一心歸命頂禮
고아일심귀명정례

왕이 옴에 군관이 길머리를 지시함이여. 황천풍경이 곧 신선이 노님이나 행인은 도원동을 알지 못함이라. 다만 설하기를 향기로운 파범(물에 뜬 꽃)이 물에 흐른다 함일세. 고로 제가 이제 일심귀명정례하옵니다.

44. 청사請司 안채비 – 청사성〈요령을 흔들며 독창〉

冥間一十大冥王 能使亡靈到淨邦 願承佛力來降臨 現垂靈驗坐道場
명간일십대명왕 능사망령도정방 원승불력내강림 현수영험좌도량

명부 사이의 열 분의 대명왕이시여. 능히 망령으로 하여금 깨끗한 나라에 이르게 하시고, 원컨대 부처님의 힘을 이어서 강림하여 오

시어 현재 좌도량에 영험을 드리우소서.

45. 산화락散花落 – 세 번

'원강도량수차공양' 후 (내림게바라)

* 이때 꽃을 가지고 도량을 인례법사를 따라 돈다.

46. 모란찬牧丹讚 훗소리 – 나비무

牧丹芍藥 蓮華爲尊貴 曾與如來 襯足眞金體 九品池中 化生菩提子
모란작약 연화위존귀 증여여래 친족진금체 구품지중 화생보리자

不惜金錢 買獻龍華會
불석금전 매헌용화회

모란, 작약, 연화는 존귀함이요, 일찍이 여래와 더불어 진금체를 친히 족함이라. 구품 연못 중에 보리자 화생하였으니, 금전을 아끼지 않고 보시하여 용화회상에 올리옵니다.

*원강도량수차공양

원컨대 이 도량에 강림하시어 이 공양을 받으소서.

* 내림게바라가 끝나면 대중이 원을 그리며 도량을 돌고 착복을 소한 스님이 '모란찬 나비무'를 한다. 그리고 이어서 바라춤을 추고 난 후 대중 스님은 상단을 향한다.

3) 상단권공 - 소청상위(2) 38.근백부터 42.괘전게까지 한다.[145]
38.근백편 39.보례삼보 40.헌좌안위(재백편) 41.법성게 42.괘전게
근백편과 재백편을 독창하면 대중 스님은 보례창을 한다.

38. 근백편謹白篇 안채비 편게성

謹白 十王等衆 旣受虔請 已降香壇 當除放逸之心 可發慇懃之意 投
근백 시왕등중 기수건청 이강향단 당제방일지심 가발은근지의 투
誠千種 懇意萬端 想 三寶之難逢 傾 一心而信禮 下有 普禮之偈 大衆
성천종 간의만단 상 삼보지난봉 경 일심이신례 하유 보례지게 대중

隨言後和
수언후화

삼가 아룁니다. 시왕十王 등 대중들이시여. 이미 건청을 받으시고 이미 향단에 강림하시니, 마땅히 방일의 마음을 제거하고, 가히 은근의 뜻을 발하여 정성스럽게 천종을 던지고 간절한 뜻이 만단입니다. 삼보를 만나기 어렵사옵고 일심을 기울여 믿음의 예를 하옵니다. 아래에 널리 예하는 게송이 있사오니 대중이 말을 들은 후에 합장합니다.

39. 보례삼보普禮三寶/ 상단보례上壇普禮

普禮十方無上尊吳智十身諸佛陀 普禮十方離欲尊五敎三乘諸達磨
보례시방무상존오지십신제불타 보례시방이욕존오교삼승제달마

普禮十方衆中尊大乘小乘諸僧伽
보례시방중중존대승소승제승가

---

[145] 안진호, 앞의 책, 상권, 150~151쪽.

범패

시방의 위없는 부처님께 널리 예하옵니다. 오지, 십신의 모든 불타께 시방의 욕심을 여읜 법에 널리 예하옵니다. 오교, 삼승의 모든 법께 시방의 화합하는 대중께 널리 예하옵니다. 대승과 소승의 모든 승가께 널리 예하옵니다.

보례삼보普禮三寶 / **중단보례**中壇普禮 - 평염불(대중창)

普禮酆都大帝衆 普禮十王府君衆 普禮判官鬼王衆
보례풍도대제중 보례시왕부군중 보례판관귀왕중

널리 예도제중께 예하옵니다. 널리 시왕부군중께 예하옵니다. 널리 판관귀왕께 예하옵니다.

40. 헌좌안위獻坐安位 / **근백편**再白篇안채비(편게성)

再白 十王等衆 旣淨三業 已禮十方 逍遙自在以無拘 寂靜安閒而有
재백 시왕등중 기정삼업 이례시방 소요자재이무구 적정안한이유

樂 茲者 香燈互列 花果交陳 旣敷筵會而祗迎 宜整容儀而就座 下有
락 자자 향등호열 화과교진 기부연회이지영 의정용의이취좌 하유

安座之偈 大衆隨言後和
안좌지게 대중수언후화

다시 아뢰옵니다. 시왕十王 등 대중이시여. 이미 삼업을 청정히 하였고 이미 시방에 예하였습니다. 소요자재로써 거리낄 것이 없사오며, 적정안한寂靜安閒하여 즐거움이 있는 이곳은 향등을 호열하고 꽃과 과일을 차례로 진설하고, 이미 연회를 펴서 편안히 맞이하여

편안한 얼굴의 위의로써 나아갈 자리를 베풂니다. 아래에 안좌의 게송이 있사오니 대중이 말을 들은 후에 합창합니다.

41. 법성게法性偈 평염불 - 〈대중창〉

법성원융무이상 제법부동본래적 무명무상절일체 증지소지비여경
진성심심극미묘 불수자성수연성 일중일체다중일 일즉일체다즉일
일미진중함시방 일체진중역여시 무량원겁즉일념 일념즉시무량겁
구세십세호상즉 잉불잡란격별성 초발심시변정각 생사열반상공화
이사명연무분별 십불보현대인경 능인해인삼매중 번출여의부사의
우보익생만허공 중생수기득리익 시고행자환본제 파식망상필부득
무연선교착여의 귀가수분득자량 이타라니무진보 장엄법계실보전
궁좌실제중도상 구래부동명위불

42. 괘전게掛錢偈 - 평염불

諸佛大圓經 畢竟無內外 爺孃今日會 尾目正相撕
제불대원경 필경무내외 야양금일회 미목정상시

모든 부처님의 대원경지, 필경에 친소나 내외가 없으며 금일에야 부처님을 뵙게 되어 미목을 바른 상으로 일깨워 주시네.

4) 중단권공 - 소청중위(2) 47.헌좌게부터 48.증명다게까지[146]

47.헌좌게獻座偈〈헌좌진언을 요령을 흔들 후 독창한다〉

＊아래글귀 첫 구절을 선창하면 다음 구는 대중이 동음으로 한다.

---

[146] 안진호, 앞의 책, 상권, 151.

我今敬說寶嚴座 普獻一切冥王衆 願滅塵勞忘想心 速圓解脫菩提果
아금경설보엄좌 보헌일체명왕중 원멸진노망상심 속원해탈보리과

唵 迦摩羅 僧賀 娑婆訶 (3번)
옴 가마라 승하 사바하 (3번)

제가 지금 공경히 보엄좌를 설하여 널리 일체 명왕중에 올리오니, 원컨대 진노망상심을 멸하여 속히 해탈 보리과를 원만히 할지어다.

*헌좌게가 끝나면 대중이 원을 그리며 도량을 돌고 착복을 소한 스님이 다게 소리에 맞추어 '다게 나비무'를 하며 때에 따라 다게를 줄여서 하기도 한다. 이어서 바라무를 추고 난 후 '원수애납수 원수자비애납수' 소리를 대중이 함께 한다.

48. 다게茶偈 홋소리〈대중창〉[147]

淸淨茗茶藥 能除病昏沈 唯祇冥王衆
청정명다약 능제병혼침 유기명왕중

願垂哀納受 願垂哀納受 願垂慈悲哀納受
원수애납수 원수애납수 원수자비애납수

깨끗하고 맑은 이 차·약과 같아서 병과 졸음 모두 없애줄 수 있도다. 바라오니 명부시왕 전에 애처로이 여기사 이 정성을 받아주소서.

5) 상단권공 - 소청상위(3) 43.욕건이부터 51.화청까지 한다.[148]

43.욕건이(옴남) 44.다게 45.향수나열 46.특사가지 47.사다라니

---

[147] 다게 가사에 맞추어 나비무를 하기도 하고 생략하기도 한다.
[148] 안진호, 앞의 책, 상권, 151~152쪽.

범패 짓소리

48.오공양/가지게 49.보공양진언 50.보회향진언 51.상단축원화청 (회심곡)

43. 옥건이欲建尼 홋소리〈독창〉

欲建曼拏野先誦 淨法界眞言 욕건만나라선송 정법계진언

옴 남 (3번)

'옴남' 소리에 맞추어 나비무 옴남작법을 시작한다.

*욕건이가 끝나면 대중이 원을 그리며 도량을 돌고 착복을 소한 스님이 다게 소리에 맞추어 '다게 작법무'를 한다. 그리고 이어서 바라춤을 추고 난 후 '원수애납수 원수자비애납수' 소리를 대중이 함께 한다.

44. 다게茶偈〈대중창〉

今將甘露茶 奉獻三寶前 鑑察虔懇心
금장감로다 봉헌삼보전 감찰건간심

願垂哀納受 願垂哀納受 願垂慈悲哀納受
원수애납수 원수애납수 원수자비애납수

내 이제 감로의 차 삼보전에 올리오니 정성스럽고 간절한 마음 어여삐 여기시여 받아주옵소서.

45. 향수나열香需羅列 훗소리〈독창〉

香需那冽 齋者虔誠 欲求供養之周圓 須仗加持之變化 仰惟三寶
향수나열 재자건성 욕구공양지주원 수장가지지변화 앙유삼보

향기로운 공양구를 마련함은 재자의 지극한 정성이오나, 공양이 두루하여 그 공덕이 원만하려면 미묘한 덕화를 입어야 하옵기에, 삼보(佛法僧)님께서는 특별히 가피의 힘을 베푸소서.

* 향수나열을 훗소리로 독창한 후 "특사가지特賜加持"는 대중이 일어나 훗소리 혹은 짓소리로 한다. 그 다음 진언에 바라무가 이어진다.

46. 특사가지特賜加持 훗소리

南無十方佛法僧 나무시방불법승 (3번)
시방의 불법승에게 귀의합니다.

* 특사가지는 의식 진행에 따라 짓소리, 훗소리 두 가지 형태로 부르며 '향수나열' 곡을 이어서 부른다.

47. 사다라니四陀羅尼 진언권공眞言勸供 홋소리〈대중창〉 - 바라무

南 無 十 方 佛　　法　　僧 (3번)
ㅇ　ㅇ　ㅇ　ㅇ　　ㅇ

ㅇ　ㅇ　ㅇ　ㅇ　　ㅇ

ㅇ　ㅇ　ㅇ　ㅇ　ㅇ　●ㅇ

무량　위덕　자재　광명　승묘력　변식시　다라니　나막
　′　　′　　′　　′　　′′　　′′　　　ㅇ—●　ㅇㅇㅇㅇ

살바　　다타　아다야　바로　기제　오옴　삼마라　삼마라
ㅇㅇㅇㅇ　ㅇ●　　ㅇㅇ　　ㅇ　　ㅇㅇ　　ㅇㅇ　ㅇㅇㅇㅇ　ㅇㅇㅇㅇ

오옴　나막　살바다타　아다야　바로　기제　오옴　삼마라
ㅇㅇ　ㅇㅇ　●●●●　ㅇㅇ　　ㅇ　　ㅇㅇ　ㅇㅇ　ㅇㅇ

삼마라　오옴　나막　살바다타　아다야　바로　기제　오옴
ㅇㅇㅇㅇ　ㅇㅇ　ㅇㅇ　●●●●　　ㅇㅇ　　ㅇ　　ㅇㅇ　ㅇㅇ

삼마라　삼마라아훔　ㅇㅇㅇㅇㅇ
ㅇㅇㅇㅇ　ㅇㅇ●●●

【시로감로수진언施甘露水眞言】

나무소로　바아야　다타　아다　혜혜　다냐타옴
ㅇ　ㅇ●　ㅇㅇ　　ㅇ　　ㅇㅇ　ㅇㅇ　ㅇㅇ●●●●

소로　소로바라　소로　바라소로　사바하　나무소로
ㅇㅇ　ㅇ●●　ㅇㅇ　ㅇㅇㅇ　　ㅇㅇ　●●●●

바아야　다타　아다　혜혜　다냐　타옴
ㅇㅇ　　ㅇ　　ㅇㅇ　ㅇㅇ　●●●●

소로　소로바라　소로　바라　소로　사바하　나무소로
ㅇㅇ　ㅇ●●　ㅇㅇ　ㅇ　　ㅇㅇ　　ㅇㅇ　●●●●

바아야 다타 아다 헤헤 다냐 타옴
ㅇㅇ　ㅇㅇ　ㅇㅇ　ㅇㅇ　●●●●

소로 소로바라 소로 바라소로ㅇㅇㅇㅇㅇ
ㅇㅇ　ㅇ●　●●●●

【일자수륜관진언一字水輪觀眞言】

옴 바옴바옴 밤바옴 (3번)
ㅇ　●●●●　ㅇㅇ　ㅇㅇ●●ㅇ

【유해진언乳海眞言】

나무 사만다 못다남오옴 바예염나무 (3번)
ㅇ●　ㅇㅇ　●●●●●●●

ㅇㅇㅇㅇㅇ 운심공양진언 ㅇㅇㅇㅇㅇ

* 사다라니 바라춤이 끝나고 아래 소리를 독창하면 착복을 소한 스님은 '오공양 작법'을 한다.

48. 상래가지/ 오공양五供養/ 가지게加持偈 홋소리

上來加持 已訖變化無窮以此香需 特伸供養 香供養 燃香供養 燈供
상내가지 이흘변화무궁이차향수 특신공양 향공양 연향공양 등공
養 燃燈供養 茶供養 仙茶供養 花供養 仙花供養 果供養 仙菓供養 米
양 연등공양 다공양 선다공양 화공양 선화공양 과공양 선과공양 미
供養 香米供養 不捨慈悲 受此供養
공양 향미공양 불사자비 수차공양

위의 가지로부터 이미 변화무궁함을 마침이니, 이 향기로운 음식으로써 특히 공양을 펴나니 향공양, 연향공양, 등공양, 연등공양, 다공

양, 선다공양, 화공양, 선
화공양, 과공양, 선과공
양, 미공양, 향미공양이
라. 자비를 버리지 마시
고 이 공양을 받으소서.

바라춤

가지게加持偈 훗소리〈가지게 앞 구절 선창 후 뒤 구절은 대중이 동음〉

以此加持妙供具供養十方諸佛陀 以此加持妙供具供養十方諸達磨
이차가지묘공구공양시방제불타 이차가지묘공구공양시방제달마

以此加持妙供具供養十方諸僧伽
이차가지묘공구공양시방제승가

49. 보공양진언普供養眞言

옴 아아나 삼바바 바아라 훔 (3번)

50. 보회향진언普廻向眞言

옴 삼마라 삼마라 미마나 사라마 자가라바 훔 (3번)

* 사대주四大呪 혹은 각 진언을 염念하기도 한다.

원성취진언願成就眞言

옴 아모카 살바다라 사다야시베훔 (3번)

보궐진언普闕眞言

옴 호로호로 사야 목케 사바하 (3번)

* 시간에 따라 예참禮懺 및 정근精勤을 한다.

51. 상단축원 화청 上壇祝願 和請

6) 중단권공 - 소청중위(3) 49.중단개게부터 56.화청까지 한다.[149]

49.중단개게 50.사다라니 51.오공양/가지게 52.보공양진언 53.반야심경(금강경찬/약찬게) 54.보회향진언(예참 및 정근) 55.탄백 56.중단 지장축원화청

49. 중단개게 中壇開偈 훗소리

切以 香燈耿耿 玉漏沉沉 今當上供 大聖之尊 亦可次獻 冥王之衆 玆
절이 향등경경 옥루침침 금당상공 대성지존 역가차헌 명왕지중 자

者 重伸激切 再熱茗香 欲具供養之周圓 須仗加持之變化 仰惟三寶
자 중신격절 재설명향 욕구공양지주원 수장가지지변화 앙유삼보

俯賜證明 南無十方佛 南無十方法 南無十方僧
부사증명 나무시방불 나무시방법 나무시방승

향과 등이 빛나고 빛나서 옥루가 잠기고 잠기어, 지금 상공을 당해서 대성지존께 또한 가히 다음으로 올리오니 명왕의 대중이시여. 이는 거듭 간절함을 펴서 다시 뜨겁고 향기 나는 차를 올려서 공양의 두루 원만함을 갖추고자 하옵니다. 모름지기 가지의 변화를 잡으리니 오직 삼보께서는 우러러 증명을 내리시길 부촉하옵니다. 시방불께 귀의하옵니다. 시방법께 귀의하옵니다. 시방승께 귀의하옵니다.

---

[149] 안진호, 앞의 책, 상권, 152~155쪽.

50. 사다라니 四多羅尼

無量威德 自在光明勝妙力變食眞言
무량위덕 자재광명승묘력변식진언

나막 살바다타 아다 바로기제 옴 삼바라 삼바라 훔 (3번)

施甘露水眞言시감로수 진언

나무 소로바야 다타아다야 다냐타 옴 소로소로 바라소로 바라소로 사바하 (3번)

一字水輪觀眞言일자수륜관진언

옴 밤밤밤밤 (3번)

乳海眞言유해진언

나무사만다 못다남 옴 밤 (3번)

* 사다라니 바라춤이 끝나고 아래 소리를 독창하면 나비무 '운심게 작법무'를 한다.

*운심게運心偈 – 홋소리〈독창〉를 하기도 하고 곧바로 오공양을 하기도 함

運心供養眞言 願此香供遍法界 普供無盡三寶海 慈悲受供增善根 令
운심공양진언 원차향공변법계 보공무진삼보해 자비수공증선근 영

法住世報佛恩
법주세보불은

나막 살바다타 아데박미 새바 보계배약 살바다캄 오나아제 바라헤 맘 옴 아아나캄 사바하

원컨대 올리옵는 향연이 법계에 두루하여 한량없는 불세계 부처님 전에 고루 미치사, 대자대비 불은 속에 선근공덕 싹이 나고 꽃이 피어 자리이타 물론이요, 부처님은 공덕 갚게 하여지이다.

나비춤과 범패

*가지게 앞 구절 선창하면 뒤 구절은 대중이 동음으로 한다.

51. 오공양五供養/ 가지게加持偈 훗소리〈독창〉

以此加持妙供具供養地藏大聖尊 以此加持妙供具供養道明無毒衆
이차가지묘공구공양지장대성존 이차가지묘공구공양도명무독중

以此加持妙供具供養冥府十王衆 以此加持妙供具供養泰山府君衆
이차가지묘공구공양명부시왕중 이차가지묘공구공양태산부군중

以此加持妙供具供養判官鬼王衆 以此加持妙供具供養將軍童子重
이차가지묘공구공양판관귀왕중 이차가지묘공구공양장군동자중

以此加持妙供具供養使者卒吏衆 悉皆受供發菩提施作佛事度衆生
이차가지묘공구공양사자졸리중 실개수공발보리시작불사도중생

52. 보공양진언 普供養眞言

옴 아아나 삼바바 바아라 훔 (3번)

53. 반야심경(금강경찬) 혹은 화엄경 약찬게 (3번)

54. 보회향진언 普廻向眞言

옴 삼마라 삼마라 미마나 사라마 자가라바 훔 (3번)

원성취진언 願成就眞言

옴 아모카 살바다라 사다야시베 훔 (3번)

보궐진언 普闕眞言

옴 호로호로 사야 목케 사바하 (3번)

* 시간에 따라 예참 및 정근을 한다.

55. 탄백 嘆白 평염불

地藏大聖威神力 恒河沙劫說難盡 見聞瞻禮一念間 利益人天無量事
지장대성위신력 항하사겁설난진 견문첨례일념간 이익인천무량사

故我一心歸命頂禮
고아일심귀명정례

지장대성의 위신력은 항하사겁에 다 설하기 어렵도다. 견문첨례하는 일념 간에 인간과 천상에 무량한 이익을 주심이로다.

* 화청에 앞서 원아게 願我偈를 한 스님이 홋소리로 한다.
* 화청은 사설 형식의 글을 각기 독특한 소리로 부른다.

56. 중단 지장축원화청中壇 地藏祝願 和請 - 독창

(이상이 상단권공의 의식 구성이다.)

②범패 유형

* 평염불 - 11. 17. 18. 20. 22. 23. 24. 25. 26. 27. 28. 29. 35. 41. 42.
* 안채비 - 21. 30. 31. 32. 33. 34. 38. 40.
* 홋소리 - 1. 2. 3. 4. 5. 6. 7. 8. 9. 10. 12. 13. 14. 15. 16. 36. 37. 43. 44. 45. 47. 48. 49. 50.
* 짓소리 - 19. 39. 46.
* 화청(회심곡) - 51.

③작법무 유형

* 바라무 - 3.정례작법 후 요잡바라 13.천수바라 15.도량게작법 후 요잡바라 44.다게작법 후 요잡바라 19.삼남태작법 후 요잡바라 47.사다라니바라 48.오공양작법 후 요잡바라
* 나비무 - 3.정례작법 15.도량게작법 19.삼남태작법 44.다게작법 48.오공양작법
* 타주무 - X
* 법고무 - 3.정례작법 후 법고무

이상에서 살펴본 바와 같이 운수상단은 51가지로 구성 진행되며, 범패는 평염불, 홋소리, 짓소리, 화청(회심곡)으로 진행되고, 작법무는 바라무, 나비무, 법고무가 사용된다.

(8) 중단권공(소청중위1)

명부 지장보살 및 십대명왕에게 권공하는 의식

①의식 구성

중단권공은 56가지로 구성된다.

　소청중위(1) 1.거불 2.시왕소 3.진령게 4.보소청진언 5.유치 6.청사 7.향화청(가영/고아게) 8.청사 9.향화청(가영/고아게) (소청중위 2) 10.헌좌게/헌좌진언 11.증명다게 12.청사 13.향화청(가영/고아게) 14.청사 15.향화청(가영/고아게) 16.청사 17.향화청(가영/고아게) 18.청사 19.향화청(가영/고아게) 20.청사 21향화청(가영/고아게) 22.청사 23.향화청(가영/고아게) 24.청사 25.향화청(가영/고아게) 26.청사 27.향화청(가영/고아게) 28.청사 29.향화청(가영/고아게) 30.청사 31.향화청(가영/고아게) 32.청사 33.향화청(가영/고아게) 34.청사 35.향화청(가영/고아게) 36.청사 37.향화청(가영/고아게) 38.청사 39.향화청(가영/고아게) 40.청사 41.향화청(가영/고아게) 42.청사 43.향화청(가영/고아게) 44.가영 45.산화락 46.모란찬 (소청중위 3) 47.헌좌게 48.다게 49.중단개게 50.사다라니 51.오공양/가지게 52.보공양진언 53.반야심경(금강경찬/약차게) 54.보회향진언(예참 및 정근) 55.탄백 56.중단지장축원화청

②범패 유형

* 평염불 – 1.
* 안채비 – 2. 3부터 9까지, 11부터 45까지, 52부터 55까지
* 홋소리 – 10. 46. 47. 48. 49. 50. 51.

* 짓소리 - X
* 화청(회심곡) - 56.축원화청(회심곡)

③작법무 유형

* 바라무 - 45.산화락 후 내림게바라 46.모란찬 후 요잡바라 50.사다라니바라 51.오공양작법 후 요잡바라
* 나비무 - 46.모란찬 작법 51.오공양 작법
* 타주무 - X
* 법고무 - X

　이상에서 살펴본 바와 같이 중단작법은 56가지로 구성 진행되며, 범패는 평염불, 안채비, 홋소리, 화청(회심곡)으로 진행되고, 작법무는 바라무, 나비무만 사용된다.
　이로써 각배의 소청상위 의식인 운수 상단권공과 소청중위 중단의

식을 마친 후 신중퇴공, 관음시식/전시식, 봉송순으로 진행된다.

(9) 신중퇴공神衆退供

상단에 공양물 등을 퇴공退供하여 각 신중들에게 공양 올리는 의식이다.[150]

① 의식 구성

신중퇴공은 다음 10가지 절차로 구성된다.

    1.다게茶偈 2.거목擧目 3.상래가지上來加持 4.보공양진언普供養眞言
5.보회향진언普廻向眞言 6.원성취진언願成就眞言 7.보궐진언普闕眞言
8.정근精勤 9.탄백嘆白 10.축원

② 범패 유형

* 평염불 – 1~10.전체 평염불
* 안채비 – X
* 홋소리 – X
* 짓소리 – X
* 화청(회심곡) – X

---

150 각배재와 영산재시 중단퇴공은 명부전 시왕중단권공 거목(『석문의범』, 상권, 58쪽)의 퇴공의식으로 진행하나, 상주권공재에서는 신중단을 향하여 『석문의범』, 하권 31~33쪽에 나오는 대로 1.다게 2.거목 3.상래가지 4.보공양진언 5.금강심진언 6.예적대원만다라니 7.항마진언 8.제석천왕제구예진언 9.십대명왕본존진언 10.소청팔부진언 11.보회향진언 12.원성취진언 13.보궐진언 14.정근 15.탄백 16.축원의 순으로 권공을 한다.

③작법무 유형

* 바라무 - X
* 나비무 - X
* 타주무 - X
* 법고무 - X

이상에서 살펴본 바와 같이 중단 신중퇴공 의식은 10가지로 구성 진행되며, 범패는 평염불로 진행되고, 작법무는 사용되지 않는다.

(10) 관음시식觀音施食
상단의 불보살과 중단의 신중들에게 권공을 마치고 하단인 영가단에 불법과 공양을 대접해 드리는 의식이다.[151]

①의식 구성
시식은 29가지 절차로 구성된다.
　1.거불(창혼) 2.착어 3.진령게 4.착어 후 천수일편 5.화엄사구게 6.파지옥진언 7.해원결진언 8.보소청진언 9.남무상주시방불·법·승·관세음보살·화엄경 운운 10.증명청 11.향화청 12.가영 13.헌좌진언 14.다게 15.고혼청 16.향화청 17.가영 후 제불자등 각열위영가 18.수위안좌진언 19.다게 20.선밀가지 21.변식진언 22.사다라니, 칭양성호, 원차가지식 23.시귀식진언 24.보공양진언 25.보회향진언 26.수아차법식 27.여래십호 운운 28.장엄염불 29.공덕게 순으로 진행된다.

---
[151] 안진호, 앞의 책, 하권, 70~75쪽.

② 범패 유형

* 평염불 – 1. 3. 5. 6. 7. 8. 9. 11. 12. 13. 14. 15. 16. 18부터 29까지
* 안채비 – 2. 4. 10. 17.
* 홋소리 – X
* 짓소리 – X
* 화청(회심곡) – X

③ 작법무 유형

* 바라무 – X
* 나비무 – X
* 타주무 – X
* 법고무 – X

하단 관음시식 진행에 있어서 범패는 평염불, 안채비로 진행되고, 작법무는 사용되지 않는다.

(11) 봉송奉送/ 소대의식燒臺儀式

모든 의식을 마지고 금일 재를 위해 도량에 봉청해 모신 불, 보살, 신중, 고혼 등을 위한 각종 장엄물과 위패를 모아 삼보전에 예를 올린 후 회향과 더불어 봉송하는 의식이다.

① 의식 구성

하단 봉송의식은 9가지로 구성된다.

1. 봉성회향편 2. 행보게 3. 소전진언 4. 법성게 5. 소대의식 6. 소전진

언 7.봉송진언, 상품상생진언 8.보회향진언 9.탄백[152]

② 범패 유형

* 평염불 - 1~9.전체 평염불
* 안채비 - X
* 홋소리 - X
* 짓소리 - X
* 화청(회심곡) - X

③ 작법무 유형

* 바라무 - X
* 나비무 - X
* 타주무 - X
* 법고무 - X

하단 봉송의식은 9가지로 구성 진행되며, 범패는 평염불로 진행되고, 작법무는 사용되지 않는다.

2) 상주권공재 범패와 작법무

상주권공재常住勸供齋는 상용常用으로 가장 많이 하는 사자死者를 위한 재로서 하루에 걸쳐 진행된다. 사십구일재四十九日齋 · 백일재百日齋 · 소상재小祥齋 · 대상재大祥齋와 선망부모 천도를 위하여 재를 올리

---

[152] 안진호, 앞의 책, 상권, 210~225쪽의 봉송편 의식을 간단히 9가지로 줄여서 할 수 있어, 본 의식 절차에서는 간단한 절차를 준하기로 한다.

는 공일재空日齋 등 일반 사찰에서 상용의례로 보편적으로 행하여지는 의식을 말한다. 상주는 여느 때나 일상적으로 베풀어지는 재의식의 의미로 영산재나 시왕각배재를 함축하여 1일권공으로 진행되어지는 재의식을 칭하며, 재의 구성은 1.시련 2.대령 3.관욕 4.신중작법39위 5.상단권공 6.신중퇴공 7.관음시식 8.봉송 등 8단계로 진행된다. 이 가운데 1.시련 2.대령 3.관욕 4.신중작법39위 6.신중퇴공 7.관음시식 8.봉송은 각배재 의식과 동일한 형태로 진행한다.

① 의식 구성[153]

1.할향喝香 2.등게燈偈 3.정례頂禮 4.합장게合掌偈 5.고향게告香偈 6.상부개계詳夫開啓 7.쇄수게灑水偈 8.천수경千手經 9.복청게伏請偈 10.천수千手바라 11.사방찬四方讚 12.도량게道場偈 13.참회게懺悔偈 및 참회진언懺悔眞言(법문을 할 경우는 정대게부터 귀명게까지 한다) 14.정대게頂戴偈 15.개경게開經偈 16.개법장진언삼남태三南馱 17.십념청정법신十念淸淨法身 운운云云 18.거량擧揚/수위안좌진언受位安坐眞言 19.청법게請法偈 20.설법게說法偈〈법문〉 21.보궐진언普闕眞言 22.수경게收經偈 23.사무량게四無量偈 24.귀명게歸命偈 25.준제공덕취 운운 - 정법계진언까지 26.거불擧佛 27.보소청신언普召請眞言 28.유치由致 29.청사請辭 30.향화청香花請/내림게 바라 31.가영歌詠 32.고아게故我偈 33.헌좌게獻座偈/헌좌진언獻座眞言 34.욕건이欲建而/정법계진언淨法界眞言 35.다게茶偈 36.향수나열香水羅列 37.특사가지特賜加持 38.사다라니四陀羅尼 39.운심게運心偈 40.가지게加持偈 41.보공양진언普供養眞言 42.보회향

---

[153] 안진호, 앞의 책, 상권, 108~110쪽. 상주권공 진행절차 순서 중 일부 게송은 생략되어 있어『봉원사奉元寺요집』을 참조함.

진언普廻向眞言 43.사대주四大呪 44.원성취진언願成就眞言 45.보궐진언普闕眞言 46.예참禮懺/정근精勤 47.탄백嘆白 48.원아게願我偈 49.회심곡回心曲 50.축원화청祝願和淸 등 50가지 절차로 구성된다.

상단권공은 불보살을 청하여 예를 갖추어 공양 올리며 금일 재의 내용을 소상히 밝히는 절차이며, 관음시식은 하단의식 절차로 관세음보살의 위신력으로 영혼에게 감로법을 설하는 의식이다. 이러한 상주권공재는 범패 안채비, 바깥채비(홋소리, 짓소리), 화청 등을 중심으로 진행된다.

1. 할향喝香 홋소리〈독창〉
奉獻一片香 德用難思議 根盤塵沙界 葉覆五須彌
봉헌일편향 덕용난사의 근반진사계 엽복오수미

한 조각 향이오나 정성으로 올리나니, 향의 덕 두루함 어찌 헤아릴 수 있으오리까. 뿌리라면 티끌 같은 사바세계 받치옵고, 잎이라면 다섯 수미계도 덮사옵니다.
* 착복을 수한 사미승이 꽃을 한 송이 들고 상단上壇을 향해 할향을 독창한다.

2. 등계燈偈 홋소리〈1. 3구 독창, 2. 4구 대중창으로 이루어진다.〉
戒定慧解知見香 遍十方刹常芬馥 願此香烟亦如是 勳現自他五分身
계정혜해지견향 변시방찰상분복 원차향연역여시 훈현자타오분신

오분향(계향, 정향, 혜향, 해탈향, 해탈지견향)/ 시방국토에 향냄새 풍기었네/ 원하옵건대 이 향과 연기 또한 이와 같이/ 나와 다름없이

오분신에 퍼져 나타났네.
계정타이점해일점법증기립 戒定打二點解一點法衆起立
〈戒와 定을 할 때 태징 두 번 치고 慧를 할 때에 한 번 치고 법중 할 때 일어선다는 뜻〉

* 계와 정을 할 때 태징을 두 번 치고 혜를 할 때 한 번 치고 대중이 일어선다.

3. 정례頂禮 - 홋소리 - 나비무

歸命十方常住佛 귀명시방상주불 (나비무)(소리 후 바라무)(법고무)
歸命十方常住法 귀명시방상주법 (나비무)(바라무)(법고무)
歸命十方常住僧 귀명시방상주승 (나비무)(바라무)(법고무)
시방에 상주하신 삼보(불, 법, 승)께 귀의합니다.

* 각 구절의 소리를 각각 마친 후 나비무 정례작법이 이어지고, 정례작법이 끝나면 쇠를 몰아 띄고 바라무 요잡바라와 법고무가 이어지기도 한다. 정례작법은 작법무 긔경작법과 동일하며, 시련 절차 시 진행되는 긔경작법을 외긔경外起經이라 하고 정례작법은 내긔경內起經이라 한다.

4. 합장게合掌偈 홋소리〈독창〉

合掌以爲花 身爲供養具 誠心眞實相 讚歎香煙覆
합장이위화 신위공양구 성심진실상 찬탄향연복

두 손을 합치고 보니 마치 한 송이 연꽃이구려/ 또한 몸은 부처님의 법을 받드는 공양구요/ 진실하고 거짓 없는 그 마음/ 그 향과 연기 가득한 법회를 찬탄합니다.

5. 고향게告香偈 홋소리〈1. 3구 독창, 2. 4구 대중 동음창〉

香煙遍覆三千界 定慧能開八萬門 唯願三寶大慈悲 聞此信香臨法會
향연변부삼천계 정혜능개팔만문 유원삼보대자비 문차신향임법회

향연은 가득하여 삼천 세계에 두루하고/ 정과 혜는 능히 팔만 문을 열었으며/ 오직 삼보님의 대자대비를 바라옵나니/ 이러한 믿음으로 향을 사르오니 법회에 임하소서.

6. 상부개게詳夫開偈 홋소리〈독창〉

詳夫 水含淸淨之功 香有普熏之德 故將法水 特熏妙香 灑斯法筵 成
상부 수함청정지공 향유보훈지덕 고장법수 특훈묘향 쇄사법연 성

조선시대 감로탱화 복식재현 법고춤

于淨土
우정토

자세히 살피오니 물에는 만물을 청결케 하는 공이 있사옵고
향에는 그 내음 퍼질 때 차별이 끊어지는 덕이 있사옵기로
감히 물과 향을 불법인 양 뿌리고 사루오니
상락아정 극락정토 이루어지이다.

7. 쇄수게灑水偈 훗소리〈독창〉

觀音菩薩大醫王 甘露瓶中法水香 灑濯魔雲生瑞氣 消除熱惱獲清凉
관음보살대의왕 감로병중법수향 쇄탁마운생서기 소제열뇌획청량

관세음보살은 중생의 모든 병을 치료하시는 훌륭한 의사의 왕이시니/ 향기로운 법수는 감로병에 가득하고/ 온갖 구름(망상과 번뇌) 감로수 뿌려 씻어버려 좋은 상서 보이나니/ 모든 번뇌 불꽃 뜨거운 진뇌를 녹여 없애어 맑고 시원함 얻나니라.

8. 『천수경』은 처음부터 신묘장구대다라니까지 하며, '신묘장구대다라니'만 두 번 반복한다.

9. 복청게伏請偈 훗소리 〈독창〉
伏請大衆同音唱和 神妙章句大陀羅尼
복청대중동음창화 신묘장구대다라니

엎드려 청하옵나니 대중들은 신비하고 묘한 불법대다라니를 동음으로 불러 주시옵소서.

10. 천수바라(신묘장구대다라니 云云) 훗소리〈대중창〉 - 바라무 CD 2집 - 2번곡

○○○○○   나모라   다나   다라   야야   나막   알약   바로
　　　　　 ○   ○○   ○○   ○○   ○○   ○○   ○○

기제 새바라야   ○○○○○   모지   사다   바야   마하   사다
○○　○○●●　　　　　 ○   ○○   ○○   ○○   ○○

바야   마하가로   니가야   옴   살바   바예수   다라나   가라야
○○   ○●●●   ○○   ○   ○○   ○○   ○○   ○○

다사명   나막   가리   다바   이맘   알야   바로기제   새바라
○○   ○○   ○○   ○○   ○○   ○○   ●●●●   ○○

다바 니라 간타 나막 하리나야 마발다 이사미 살바타
ㅇ ㅇㅇ ㅇㅇ ㅇㅇ ●●● ㅇㅇ   ㅇㅇ   ㅇㅇ

사다남수반
● ● ● ● ●

아예염살바 보다남 바바 말아 미수다감 다냐타오옴
● ● ● ● ●   ㅇㅇ   ㅇㅇ ㅇ   ●●●● ●●●●

아로계 아로가 마지 로가 지가 란제 혜혜 하례
ㅇㅇ   ㅇㅇ   ㅇ   ㅇ   ㅇ   ㅇ   ㅇㅇ ㅇㅇ

마하모지 사다바 삼마라 삼마라 하리 나야 구로
● ● ● ●   ㅇㅇ   ㅇㅇ   ㅇㅇ   ㅇㅇ ㅇㅇ ㅇ

구로갈바 사다야 사다야 도로도로 미연제마하 미연제
● ● ● ●   ㅇㅇ   ㅇㅇ   ● ● ● ●   ㅇㅇ   ㅇㅇ

다라 다라 다린나례 새바라 자라 자라마라 미마라
ㅇ   ㅇㅇ ● ● ● ●   ㅇㅇ   ㅇ   ● ● ●   ㅇㅇ

아마라몰제 예혜혜로계 새바라라아 미사미 나사야 나베
● ● ● ● ●   ● ● ● ● ●   ● ● ● ●   ㅇㅇ   ㅇㅇ   ㅇ

사미사미 나사야 모하자라 미사미 나사야 호로 호로
● ● ● ●   ㅇㅇ   ● ● ●   ㅇㅇ   ㅇㅇ   ㅇ   ㅇㅇ

마라 호로하례 바나마 나바 사라 사라 시리 시리
ㅇㅇ ● ● ● ●   ㅇㅇ   ㅇ   ㅇㅇ ㅇㅇ ㅇㅇ ㅇㅇ

소로 소로 못쟈못쟈 모다야 모다야 매다 리야 니라간타
ㅇㅇ ㅇㅇ ● ● ● ●   ㅇㅇ   ㅇㅇ   ㅇ   ㅇㅇ ● ● ● ●

가마사 날사남 바라 하리 나야마낙 사바하 싣다야
ㅇㅇ   ㅇㅇ   ㅇ   ㅇㅇ ● ● ● ●   ㅇㅇ   ㅇㅇ

사바하마하 신다야 사바하 신다 유예 새바라야
· · · · · ○ ○ ○ ○ · · · ·

사바하니라 간타야 사바하 바아라 목카싱하
· · · · · ○ ○ ○ · · · ·

목카야 사바하 바나마 하따야 사바하 자가라 욕따야
○ ○ ○ ○ ○ ○ ○ ○ ○ ○

사바하상카 섭나녜 모다나야 사바하 마하라구타 다라야
· · · · · ○ ○ · · · · ○ ○ · · · · ○ ○

사바하바마 사간타이사 시체다 가릿나 이나야 사바하
· · · · ○ ○ ○ ○ ○ ○ ○ ○

먀가라 살마이바 사나야 사바하 나로라 다나 다라 야야
○ ○ ● — · · ○ ○ ○ ○ ○ ○ ○ ○ ○ ○

나막 알야 바로기제 새바라야 사바하 ○○○
○ ○ ○ ○ ○ ○ ○ ○ · · · · ○ ○

* 재도량에 감로수를 뿌렸으니 정토와 다름없다는 의미로, 훗소리로 독창한다.

11. 사방찬四方讚 훗소리〈독창〉

一灑東方潔道場 二灑南方得淸凉 三灑西方俱淨土 四灑北方永安康
일쇄동방결도량 이쇄남방득청량 삼쇄서방구정토 사쇄북방영안강

동방에다 물 뿌리니 온 도량이 깨끗하고/ 남방에다 물 뿌리니 온 천지가 서늘하며/ 서방에다 물 뿌리니 이 세계가 정토되고/ 북방에다 물 뿌리니 영원토록 평안하네.

12. 도량게道場偈 엄정게嚴靜偈[154] 짧은 홋소리〈대중창〉- 나비무

道場淸淨無瑕穢 三寶天龍降此地 我今持誦妙眞言 願賜慈悲密加護
도량청정무하례 삼보천룡강차지 아금지송묘진언 원사자비밀가호

온 도량이 깨끗하니/ 삼보천룡 내리소서/ 묘한 진언 외우오니/ 자비로써 보호해 주소서.

* '도량게' 곡은 재의 진행 과정에 따라 소리를 길게 혹은 짧게 줄여서 한다.
* 참회게를 하기도 하고 곧바로 대회소大會疏를 읽기도 한다.

13. 참회게懺悔偈聲홋소리〈독창〉 참회진언懺悔眞言대중창

* 한 스님이 상단을 향해 대회소를 읽는다.

我昔所造諸惡業 皆由無始貪嗔癡 從身口意之所生 一切我今皆懺悔
아석소조제악업 개유무시탐진치 종신구의지소생 일체아금개참회

懺悔皆懺悔 懺悔悉懺悔 懺悔皆悉永懺悔 懺悔大發願已 終身歸命禮
참회개참회 참회실참회 참회개실영참회 참회대발원이 종신귀명례

三寶
삼보

오랜 겁래 내가 지은 악법 그 모두가 탐진치로 생기었기에 이 몸 따라 이미 지은 모든 업장 내가 이제 머리 숙여 일심참회 하나이다.

* 각 진언은 대중이 평염불로 동음으로 한다.

懺悔眞言참회진언 - 옴사바 못다모디 사다야 사바하
차경심심의 대중심갈앙 유원대법사 광위중생설 위여선양승회의

---

154 『작법귀감作法龜鑑』에는 엄정게嚴淨偈로 되어 있음.

아난창설위신괴 약비양무중진설 귀취하연득편의
무상심심미묘법 백천만겁난조우 아금문견득수지 원아여래진실의
개법장장언 - 옴 아라남 아라다

나무청정법신비로자나불 원만보신노사나불 천백억화신석가모니불 구품도사아미타불 당래하생미륵존불 시방삼세일체제불 시방삼세일체존법 대성문수사리보살 대행보현보살 대비관세음보살 제존보살 마하살 마하반야바라밀

*상주권공재에서는 참회게 후 법사 스님을 청하여 법문을 들을 경우, 증사이운 및 거량擧揚 혹은 청법게, 설법게, 법사 스님 법문 후 수경게, 사무량게, 귀명게, 준제공덕취부터 건단진언까지 평염불로 한다.

고려·조선시대 복식재현, 범패 짓소리

14. 정대게頂戴偈[155] 평염불〈대중창〉

題目未唱傾釖樹 非揚一句折刀山 運心消盡千生業 何況拈來頂戴人
제목미창경쇠수 비양일구절도산 운심소진천생업 하황념래정대인

제목을 입 밖에 내기도 전에 검수釖樹[156]는 기울어져 있고/ 경의 내용을 한 구절도 꺼내기 전에 도산지옥이 꺾여지느니라./ 이처럼 마음을 쓰면(運心)[157] 천생의 업도 없어지거늘/ 굳이 정대인[158]을 가져올 필요가 있겠는가.

15. 개경게開經偈[159] 평염불

無上甚深微妙法 百千萬劫難遭遇 我今聞見得受持 願解如來眞實意
무상심심미묘법 백천만겁난조우 아금문견득수지 원해여래진실의

위없이 심히 깊은 미묘법/ 백천만겁인들 어찌 만나리/ 내 이제 보고 듣고 받아 지니나니/ 부처님의 진실한 뜻 알아지이다.

16. 개법장진언三喃太 짓소리〈대중창〉, 훗소리〈대중창〉- 나비무

옴 아라남 아라다 (3번)

* "옴 아라남 아라다 옴 아라남"까지 짓소리를 하며 "아라다 옴 아

---

155 경전을 머리 위에 이고 道場을 도는 것을 말한다. 『預修生七日經』에 보면 잘 알 수 있듯, 인간은 이 세상에 태어날 때 많은 빚을 지고 태어났는데 여기에는 經도 포함되어 있으므로 전생의 業을 소진하기 위해서 이렇게 한다.

156 나뭇가지와 잎새, 꽃, 열매 등 모두가 칼로 되어 있다는 나무지옥.

157 마음을 움직인다는 뜻.

158 부처님 법을 가리키며, 굳이 불법을 설하지 않아도 되지 않을까 하는 의미이다.

159 머리에서 경전을 내려놓고 「개경게」를 염송하여 위없이 깊은 미묘한 법을 백천만겁 만나기 어려운 생각을 하고 그 뜻을 알도록 함이다.

라남 아라다"는 삼남태 작법무를 한다.

17. 십념청정법신 운운 十念淸淨法身 云云 평염불〈대중창〉

18. 거량擧揚 안채비〈독창〉

수위안좌진언受位安坐眞言

* 법사 스님이 법상에 오르면 아래 글을 한 스님이 목탁을 치며 낭송하고 대중이 일제히 일어나 삼배로써 예경한 후 좌정한다.
* 혹은 청법게 대신 거량擧揚을 한다.

19. 청법게請法偈[160] 평염불〈대중창〉

此經甚深意 大衆心渴仰 惟願大法師 廣爲衆生說
차경심심의 대중심갈앙 유원대법사 광위중생설

이 경의 깊고 깊은 뜻을 대중이 목말라 물을 찾듯 법문을 청합니다. 오직 원하옵건대 큰 법사 스님께서는 대중을 위하여 자비하고 넓은 마음으로 법을 설하여 주옵소서.

20. 설법게說法偈 평염불〈대중창〉

一光東照八千土 大地山河如果日 卽是如來微妙法 不須向外謾尋覓
일광동조팔천토 대지산하여고일 즉시여래미묘법 불수향외만심멱

한 광명이 동쪽에서 팔천토를 비추고/ 대지와 산과 물은 밝은 해와 같이 비추니/ 끝이 없는 부처님 미묘한 법문/ 모름지기 밖을 향하

---
[160] 법사님께 법을 청하는 글.

여 부질없이 찾지 말지어다.

21. 보궐진언補闕眞言[161] 평염불〈대중창〉

唵 户盧户盧 娑耶目契娑婆訶
옴 호로호로 세야몰계사바하

* 경을 보충하는 진언을 한다.

22. 수경게收經偈[162] 평염불〈대중창〉

聞經開悟意超然 演處分明衆口宣 取捨由來元不動 方知月落不離天
문경개오의초연 연처분명중구선 취사유래원부동 방지월락불리천

경의 법문을 듣고 깨치니 뜨겁고 시원하여/ 설법 말씀 여러 입으로 펴져 전하며/ 가지고 버리고 함이 원래 둘이 아닌 부동이란 마음 하나인 줄 알아/ 하늘의 달 천강에 비치면 달이 떨어진 듯하나 떨어진 것 아니듯/ 하늘의 달이 물론 하나이듯 천백억화신 석가모니 부처님 모두 화신불이지.
(본래는 한 분의 본사불이 시현하심이요, 이렇듯 여러 몸의 화신불로 나투는 것, 이는 모든 중생을 교화하기 위함이다.)
* 경을 거두는 글귀로 윗글을 염송한다.

---

161 經을 염송함에 혹시나 빠진 경구가 있으면 이를 보충하는 글귀.
162 경을 거두는 글귀.

23. 사무량게四無量偈[163] 평염불〈대중창〉

大慈大悲愍衆生 大喜大捨濟含識 相好光明以自嚴 衆等志心歸命禮
대자대비민중생 대희대사제함식 상호광명이자엄 중등지심귀명례

대자대비로 중생을 불쌍히 여기시며/ 대희대사로 중생을 건지시어/ 상호광명으로써 스스로 장엄하셨나니/ 대중들이 뜻과 마음으로 부처님께 귀의하여 불법의 가르침을 받겠습니다.

* 대중창으로 하며 네 가지 무량한 글귀를 나타낸 글이다.

24. 귀명게歸命偈[164] 평염불〈대중창〉

十方盡歸命 滅罪生淨身 願生華藏界 極樂淨土中
시방진귀명 멸죄생정신 원생화장계 극락정토중

시방의 모든 중생들이 귀의하나니/ 죄는 멸하고 신심은 깨끗해져/ 원컨대 연화장 극락세계에 태어나기를 원합니다.

25. 준제공덕취準堤功德聚부터 건단진언, 정법계진언까지 마친 후 거불을 한다.

26. 거불擧佛 훗소리, 평염불〈대중창〉

南無佛陀部衆光臨法會 南無達摩部衆光臨法會 南無僧伽部衆光臨
나무불타부중광림법회 나무달마부중광림법회 나무승가부중광림

---

[163] 네 가지 무량한 글귀.
[164] 『起信論義記上』에, "歸는 歸順의 뜻이고 命은 佛陀의 敎命"이라고 기술되어 있다.

法會
법회

지극한 마음으로 부처님께 귀의하오니 법회에 널리 강림하여 주시옵소서. 지극한 마음으로 가르침에 귀의하오니 법회에 널리 강림하여 주시옵소서. 지극한 마음으로 스님들께 귀의하오니 법회에 널리 강림하여 주시옵소서.

27. 보소청진언普召請眞言 홋소리〈독창〉

나무보보제리 가리다리 다라아다야 (3번)

* 간절히 청하는 참된 진언이다.

28. 유치由致 안채비 - 유치성〈독창〉

仰惟 三寶大聖者 從眞淨界 興大悲雲 非身現身 布身雲於三千世界
앙유 삼보대성자 종진정계 흥대비운 비신현신 포신운어삼천세계

無法說法 灑 法雨於八萬塵勞 開 種種方便之門 導 茫茫沙界之衆 有
무법설법 쇄 법우어팔만진로 개 종종방편지문 도 망망사계지중 유

求皆遂 如 空谷之傳聲 無願不從 若 澄潭之印月 是以 娑婆世界(祝願
구개수 여 공곡지전성 무원부종 약 징담지인월 시이 사바세계(축원

云云)以 今月今日 虔設法筵 淨饌供養 帝網重重 無盡三寶慈尊 薰勳
운운)이 금월금일 건설법연 정찬공양 제망중중 무진삼보자존 훈근

作法 仰祈妙援者 右伏以 褻 茗香以禮請 呈玉粒而修齋 齋體雖徵 虔
작법 앙기묘원자 우복이 설 명향이례청 정옥립이수재 재체수미 건

誠可愍 冀回慈鑑 曲照徵誠 謹秉一心 先陳三請
성가민 기회자감 곡조미성 근병일심 선진삼청

우러러 사뢰옵나니 삼보대성께서는 진리의 세계에서 자비의 구름을 일으키시어 몸 아닌 몸을 나투시어 원력으로 삼천대천세계를 감싸시고, 설함 없는 법을 설하시옵니다. 법의 비를 내려 팔만 사천의 온갖 번뇌 씻어 주시고 갖가지 방편 문을 열어 망망한 갠지스 강 모래 수와 같은 많은 세계의 중생들을 인도하십니다. 구하는 것 이루기는 빈 골짜기에 메아리와 같사오며, 원하는 바를 따라 성취하지 못함이 없음은 맑은 물에 달그림자 비침과 같사옵니다. 사바세계(축원) 이와 같이 금월 금일 경건한 마음으로 법연을 열고 정결한 공양구를 마련하여 제석천의 그물코와 같이 중중하여 다함없는 삼보님 전에 받들어 올리옵고, 향기롭고 정성스런 작법으로 묘한 발원하오며, 좋은 향을 사루어 예로써 청하오며, 옥구슬과 같이 맑은 재를 닦으오니, 재의 규모 비록 작더라도 간절한 정성 불쌍히 여기시옵고, 정성이 비록 모자라더라도 자비로써 두루 살펴주시기를 삼가 일심으로 세 번 청하옵니다.

29. 청사請詞 안채비 - 청사성〈요령을 흔들며 독창〉

南無 一心奉請 以 大慈大悲 而爲體故 救護衆生 以爲資粮 於諸病苦
나무 일심봉청 이 대자대비 이위체고 구호중생 이위자량 어제병고

爲作良醫 於失道者 示其正路 於闇夜中 爲作光明 於貧窮者 永得伏
위작양의 어실도자 시기정로 어암야중 위작광명 어 빈궁자 영득복

藏 平等饒益 一切衆生 淸淨法身 毘盧舍那佛 一切菩薩 摩訶薩 圓滿
장 평등요익 일체중생 청정법신 비로자나불 일체보살 마하살 원만

報身 盧舍那佛 千百億化身 釋迦牟尼佛 西方敎主 阿彌陀佛 當來敎
보신 노사나불 천백억화신 석가모니불 서방교주 아미타불 당래교

主 彌勒尊佛 十方常住一切 眞如佛寶 一乘圓敎 大華嚴經 大乘實敎
주 미륵존불 시방상주일체 진여불보 일승원교 대화엄경 대승실교

(頓敎)實相 妙法蓮華經 三處傳心 格外禪詮 十方常住一切 甚心法寶
(돈교)실상 묘법연화경 삼처전심 격외선전 시방상주일체 심심법보

大智文殊菩薩 大行普賢菩薩 大悲觀世音菩薩 大願本尊地藏菩薩 傳
대지문수보살 대행보현보살 대비관세음보살 대원본존지장보살 전

佛心燈 迦葉尊者 流通敎海 阿難尊者 十方常住一切 淸淨僧寶 如是
불심등 가섭존자 유통교해 아난존자 시방상주일체 청정승보 여시

三寶 無量無邊 一一周徧 一一塵刹 唯願慈悲 憐愍有情 降臨道場 受
삼보 무량무변 일일주편 일일진찰 유원자비 연민유정 강림도량 수

此供養
차공양

지극한 마음으로 귀의하옵고 받들어 청하오니, 크나큰 자비를 본 바탕으로 삼아 중생들을 건지시고 보호하실세 자량이 되시사, 병든 이에게는 어진 의원이 되시고, 길을 잃은 자에게는 바른 길을 보여주시며, 어두운 밤중에는 빛이 되어주시고, 가난한 자에게는 길이 복을 얻게 하시어 일체중생을 평등이 이익 되게 하여 주시는 청정한 법신이신 비로자나불, 원만보신 노사나불, 천백억의 화신 석가모니불, 극락세계의 스승이신 아마타불, 미래의 스승이신 미륵존불 등 시방에 항상 계신 진리와 같으신 불보살님과 일불승의 뚜렷한 가르침인 화엄경, 대승의 참된 가르침인 묘법연화경, 세 곳에서

마음을 전하신 격외의 도리인 선문 등 시방에 항상 계신 법보님과 지혜제일 문수사리보살, 큰 행의 보현보살님, 큰 사랑의 관세음보살, 큰 원의 본존이신 지장보살, 부처님으로부터 마음의 등불을 전해 받은 가섭존자, 가르침을 널리 펴신 아난존자 등 시방에 항상 계신 청정하신 승보님이시여, 이와 같이 삼보께서는 셀 수 없고 헤아릴 수 없사와 낱낱이 하나의 티끌세계에 두루하시옵니다. 바라옵건대 자비로써 중생을 가엾이 여기시어, 이 도량에 강림하시어 이 공양을 받으시옵소서.

30. 향화청香花請 훗소리〈대중창〉

* 향화청에 앞서서 산화락을 (3번) 하고 나서 내림게바라를 친 후, 그리고 향화청 소리를 하기도 한다.

31. 가영歌詠 훗소리〈독창〉

佛身普偏十方中三世如來一體同廣大願雲恒不盡汪洋覺海妙難窮
불신보변시방중삼세여래일체동광대원운항부진왕양각해묘난궁

부처님 몸 시방세계에 두루하시니 삼세 여래가 동일한 한 몸이시네. 광대한 서원 구름같이 다함이 없고 넓고 넓은 깨달음의 바다 아득하여 끝이 없네.

32. 고아게故我偈 훗소리〈대중창〉

故我一心歸命頂禮 고아일심귀명정례
지극한 마음 일심으로 예를 올리옵니다.

33. 헌좌게獻座偈/ 헌좌진언 홋소리〈1. 3구 독창, 2. 4구 대중창〉

妙菩提座勝莊嚴 諸佛座已成正覺 我今獻座亦如是 自他一時成佛道
묘보리좌승장엄 제불좌이성정각 아금헌좌역여시 자타일시성불도

唵 縛阿羅 彌那耶 娑婆訶
옴 바아라 미나야 사바하

깊고도 묘한 깨달음 진리의 자리 특이하게 꾸며져 있으니, 시방삼세 일체제불 자리하사 정각을 이루셨네. 우리들이 깔고 있는 이 자리 또한 이와 같으니, 나와 다른 이까지 차별 없이 한가지로, 부처님 도를 이루게 하옵소서. 소원을 이루게 하옵소서. 옴 바아라 미나야 사바하.

* 법석에 좌정하시기를 발원하며 헌좌게성으로 요령을 흔들어 헌좌진언을 외친 후 법주가 앞에 1. 3구를 선창 2. 4구 대중창

34. 욕건이欲建而 홋소리 후 옴남 - 나비무〈독창〉

欲建曼拏羅先頌 淨法界眞言 唵南
욕건만나라선송 정법계진언 옴남

鍾頭轉鍾三下 時判首 領諸沙彌 進供畢 鳴鈸讀別疏 但 別疏臨時
종두전종삼하 시판수 영제사미 진공필 명발독별소 단 별소림시

製進
제진

* 상주권공재 진행시 '욕건만나라선송 정법계진언'은 홋소리 독창으로 하고, '옴남 옴남 옴남'은 대중창으로 소리하며, 작법무가 진행된다.

35. 다게茶偈 훗소리〈대중창〉 - 나비무

今將甘露茶 奉獻三寶前 鑑察虔懇心
금장감로다 봉헌삼보전 감찰건간심

願垂哀納受 願垂哀納受 願垂慈悲哀納受
원수애납수 원수애납수 원수자비애납수

내 이제 감로의 차를 거룩한 삼보전에 올리옵나니, 간절한 성심 살 피시옵고, 원컨대 자비를 드리우소서.

36. 향수나열香需羅列 훗소리〈독창〉

香需那洌 齋者虔誠 欲求供養之周圓 須仗加持之變化 仰惟三寶
향수나열 재자건성 욕구공양지주원 수장가지지변화 앙유삼보

향기로운 공양구를 마련함은 재자의 지극한 정성이오나, 공양이 두루하여 그 공덕이 원만하려면 미묘한 덕화를 입어야 하옵기에, 삼보(佛法僧)님께서는 특별히 가피의 힘을 베푸소서.

＊향수나열을 훗소리로 독창한 후 "특사가지"는 대중이 일어나 훗소리 혹은 짓소리로 한다. 그 다음 진언에 바라무가 이어진다.

37. 특사가지特賜加持 훗소리〈독창〉

南無十方佛法僧 나무시방불법승 (3번)
시방의 불법승에게 귀의합니다.

＊특사가지는 의식 진행에 따라 짓소리, 훗소리 두 가지 형태로 부르며 '향수나열' 곡을 이어서 부른다.

법고춤, 월타 스님

38. 사다라니四陀羅尼 진언권공眞言勸供(홋소리)〈대중창〉- 바라무

南無十方佛　　法　　僧 (3번)
ㅇ　ㅇ　ㅇ　ㅇ　　ㅇ
ㅇ　ㅇ　ㅇ　ㅇ　　ㅇ
ㅇ　ㅇ　ㅇ　ㅇ　　●●

무량　위덕　자재　광명　승묘력　변식시　다라니　　나막
′　　′　　′　　′　　′′　　′′　　ㅇ—●　ㅇㅇㅇㅇ

살바　　다타　아다야　바로　기제　오옴　삼마라　삼마라
ㅇㅇㅇㅇ　ㅇ●　　ㅇㅇ　　　ㅇ　　ㅇㅇ　　ㅇㅇㅇㅇ　ㅇㅇㅇㅇ

오옴　나막　살바다타　아다야　바로　기제　오옴　삼마라
ㅇㅇ　　ㅇㅇ　　●●●●　　ㅇㅇ　　ㅇ　　ㅇㅇ　　ㅇ　　ㅇㅇㅇ

삼마라　오옴　나막　살바다타　아다야　바로　기제　오옴
ㅇㅇㅇㅇ　ㅇㅇ　ㅇㅇ　●●●●　ㅇㅇ　ㅇ　ㅇ　ㅇ

삼마라　삼마라아훔　○○○○○
○○○○　○○●●●●

【시감로수진언施甘露水眞言】

나무소로　바아야　다타　아다　혜헤　다냐타옴
○　○●　○○　○　○○　○○　○○●●●●

소로　소로바라　소로　바라소로　사바하　나무소로
○○　○　○●●　○○　○　○○　○○　●●●●

바아야　다타　아다　혜혜　다냐　타옴
○○　○　○○　○○　○○　●●●●

소로　소로바라　소로　바라　소로　사바하　나무소로
○○　○　○●●　○○　○　○○　○○　●●●●

바아야　다타　아다　혜혜　다냐　타옴
○○　○　○○　○○　○○　●●●●

소로　소로바라　소로　바라소로○○○○○
○○　○　○●●　○○　●●●●

【일자수륜관진언一字水輪觀眞言】

옴　바옴바옴　밤바옴 (3번)
○　●●●●　○○　○○●●○

【유해진언乳海眞言】

나무　사만다　못다남오옴　바예염나무 (3번)
○　●　○○　●●●●　●●●●

○○○○○　운심공양진언　○○○○○

　　＊사다라니 바라춤이 끝나고 아래 소리를 독창하면 착복을 소한 스

님은 '운심게 작법무運心偈 作法舞'를 한다.

39. 운심게運心偈 훗소리〈독창〉 - 나비무

運心供養眞言 願此香供遍法界 普供無
운심공양진언 원차향공변법계 보공무
盡三寶海 慈悲受供增善根 令法住世報
진삼보해 자비수공증선근 영법주세보
佛恩
불은

고려·조선시대 복식재현

나막 살바다타 아데박미 새바 보계배약 살바다캄 오나아제 바라혜
맘 옴 아아나캄 사바하

원컨대 올리옵는 향연이 법계에 두루하여, 한량없는 불세계 부처님 전에 고루 미치사, 대자대비 불은 속에 선근공덕 싹이 나고 꽃이 피어, 자리이타 물론이요 부처님은 공덕 깊게 하여지이다.

나막 살바다타 아데박미 새바 보계배약 살바다캄 오나아제 바라혜
맘 옴 아아나캄 사바하

* 가지게 앞 구절 선창하면 뒤 구절은 대중이 동음으로 한다.

40. 가지게加持偈 훗소리〈독창, 대중창〉

願此香供遍法界〈독창〉 供養十方諸佛陀〈대중창〉 願此燈供遍法系
원차향공변법계   공양시방제불타   원차등공변법계
〈독창〉 供養十方諸達摩〈대중창〉 願此香燈茶米供〈독창〉 供養十方
        공양시방제달마   원차향등다미공   공양시방

II. 불교의식음악의 종류와 범패 구성 247

諸僧伽〈대중창〉 悉皆受供發菩提 施作佛事度衆生〈독창〉
제승가　　　　실개수공발보리 시작불사도중생

원컨대 이 향공양이 법계에 두루해서 시방세계 부처님께 공양하게 하옵소서.

원컨대 이 등공양이 법계에 가득하여 시방세계 달마님께 공양하게 하옵소서.

원컨대 이 향과 등, 차와 쌀 등의 공양이 법계에 가득 차서 시방세계 스님들께 공양하게 하옵소서. 불보, 법보, 승보께옵선 보리심을 발하시어 중생제도 큰 서원을 저버리지 마옵소서.

* 태징소리에 맞추어 대중이 진언을 한 후 사대주四大呪와 탄백嘆白까지 동음同音으로 한다.

* 보공양진언, 보회향진언은 회향게라 하며 태징에 맞추어 대중이 동음으로 한다.

41. 보공양진언普供養眞言 홋소리 혹은 평염불〈독창, 대중창〉
옴 아아나 삼바바 바아라 훔

42. 보회향진언普廻向眞言 홋소리 혹은 평염불〈독창, 대중창〉
옴 삼마라 삼마라 미마나 사라마 자가라바 훔

43. 사대주四大呪 평염불〈대중창〉

44. 원성취진언願成就眞言 평염불〈대중창〉

옴 아모카 살바다라 사다야시베훔

45. 보궐진언普闕眞言 평염불〈대중창〉

옴 호로호로 사야 목케 사바하

*시간에 따라 예참 및 정근을 한다.

46. 예참 및 정근 평염불

47. 탄백歎白 평염불

地藏大聖威神力 恒河沙劫說難盡 見聞瞻禮一念間 利益人天無量事
지장대성위신력 항하사겁설난진 견문첨례일념간 이익인천무량사

故我一心歸命頂禮
고아일심귀명정례

지장보살 대성인의 위신력은 항하사겁 말하여도 다 못하네. 한 번 뵙고 일념 간에 예배하면 그 이익이 인간계에 한량없네. 지극한 마음으로 예경하옵니다.

*화청에 앞서 원아게를 한 스님이 홋소리로 한다.

48. 원아게願我偈 홋소리, 평염불〈독창, 대중창〉

願以此功德 普及於一切 我等與衆生
원이차공덕 보급어일체 아등여중생

當生極樂國 同見無量壽 皆共成佛道
당생극락국 동견무량수 개공성불도

원컨대 이러한 공덕으로 일체 널리 두루 미치게 하니, 나와 모든 중생 마땅히 극락에 태어나, 한량없는 수명을 얻어 모두 부처님의 위없는 도 이뤄지이다.

* 화청은 사설 형식의 글을 각기 독특한 소리로 부른다.

49. 회심곡回心曲은 별회심곡 혹은 백발가白髮歌를, 백중날은 목련경청目連經請을 한다.

50. 화청和請 및 축원화청祝願和請

회심곡 및 축원화청과 그 외 백발가, 목련경청, 별회심곡 등을 한다.

이상으로 상주권공재 상단권공은 50단계 구성으로 불보살께 향, 등 공양과 도량을 청정이 하여 대중이 예를 갖춘 후, 진언 등으로 도량은 물론 마음까지 청정케 한 후 경을 열어 부처님을 대신하여 법사 스님의 법문을 청해 듣고 다시 진언으로 단을 꾸민다. 그 다음 금일 불공의 대상인 불보살께 진언으로 소청하여 불공을 받드는 사유인 유치와 그 소예의 불보살께서 강림해 주실 것을 청하는 청사와, 부처님 덕을 찬탄하고 지극한 마음으로 귀의함과 더불어 거룩한 자리에 모시고 차 공양과 네 다라니, 그리고 공양의 올림과 법회의 회향을 알리는 진언 등으로 이어진 후, 재가 원만 성취되고 경의 빠진 부분을 알리는 진언과 마지막으로 다른 염불과 달리 듣는 이로 하여금 쉽게 글의 내용을 알아 들을 수 있도록 하는 스님의 독특한 음성으로 사설 형식의 화청과 축원으로 권공이 진행된다.

② 범패 유형

* 평염불 - 8. 14. 15. 16. 17. 19. 20. 21. 22. 23. 24. 25. 26. 30. 41. 42. 43. 44. 45. 46. 47.
* 안채비 - 18. 27. 28. 29.
* 홋소리 - 1. 2. 3. 4. 5. 6. 7. 9. 10. 11. 12. 13. 31. 32. 33. 34. 35. 36. 37. 38. 39. 40. 48.
* 짓소리 - X
* 화청(회심곡) - 49. 50.

③ 작법무 유형

* 바라무 - 3.정례작법 후 요잡바라 10.천수千手바라 12.도량게道場偈 작법 후 요잡바라(도량게작법을 할 경우 지옥게 생략) 16.삼남태작법 후 요잡바라 38.사다라니바라 30.향화청/내림게바라 35.다게작법 후 요잡바라 39.운심게 후 요잡바라
* 나비무 - 3.정례작법 및 사방요신 12.도량게작법 후 사방요신 16.삼남태작법(상주권공재에서는 생략하기도 한다) 34.육건이작법 35.다게작법 후 사방요신 39.운심게 후 사방요신
* 타주무 - X
* 법고무 - 3.정례작법 후 법고무

이 가운데 1.시련 2.대령 3.관욕 4.조전점안 5.신중작법 14.신중퇴공

봉원사 영산재

- 15.관음시식/전시식 16.봉송의식은 영산재·생전예수재·수륙재·각배재 모두 동일한 내용과 순서로 범패와 작법무가 진행된다.

3) 영산재 범패와 작법무

영산재靈山齋는 석가모니 부처님께서 영축산靈鷲山에서 『법화경』을 설하던 영산회상을 재현한 장엄한 불교의식으로, 살아있는 사람과 죽은 사람이 다함께 진리를 깨달아 이고득락離苦得樂의 경지에 이르게 하는 데 목적을 두고 3일에 걸쳐 재의식으로 진행된다.

　영산재의 구성은 1.시련 2.대령 3.관욕 4.조전점안 5.신중작법(104위) 6.괘불이운 7.영산단권공 8.식당작법 9.운수상단권공(소청상위) 10.중단권공(소청중위) 11.신중퇴공 12.관음시식/전시식 13.봉송 등 13단계로 구성된다.

　이 가운데 1.시련 2.대령 3.관욕 4.조전점안 5.신중작법(104위) 6.괘불이운 9.운수상단권공(소청상위) 10.중단권공(소청중위) 11.신중퇴공 12.관음시식/전시식 13.봉송 등은 각배재 의식 절차와 동일하므로 영산단권공만 서술한다.

(1) 영산단권공

① 의식 구성

1.할향喝香 - 홋 2.연향게燃香偈 - 평 3.할등喝燈 - 홋 4.연등게燃燈偈 - 평 5.할화喝花 - 홋 6.서찬게舒讚偈 - 평 7.불찬佛讚 8.대직찬大直讚 - 홋 9.지심이(志心信禮佛陀耶兩足尊) - 짓 10.삼귀의三歸依 - 홋 11.중직찬中直讚 - 홋 12.지심이(志心信禮佛陀耶兩足尊) - 짓 13.보장취寶藏聚 - 홋 14.소직찬小直讚 - 홋 15.지심이 - 지심신례불타야양족존志心信禮佛

범패 대중창

陀耶兩足尊 - 짓 16.오덕사五德師 - 홋 17.개계소開啓疏 - 안소성 18.합장게合掌偈 - 홋 19.고향게告香偈 - 홋 20.영산개계靈山開啓 - 홋 21.관음찬觀音讚 - 평 22.관음청觀音請 - 홋 23.향화청(香花請/내림게바라) - 평 24.가영歌詠 - 홋 25.걸수게乞水偈 - 홋 26.쇄수게灑水偈 - 홋 27.복청게伏請偈 - 홋 28.천수바라 - 홋 29.사방찬四方讚 - 홋 30.도량게道場偈 - 홋 31.참회게懺悔偈聲 - 홋 32.대회소大會疏 안(소성) 33.육거불六擧佛 - 평, 짓 34.삼보소三寶疏 - 안(소성) 35.대청불大請佛 - 홋 36.삼례청三禮請 - 홋 37.사부청四府請 - 홋 38.단청불單請佛 - 홋 39.헌좌게獻座偈/헌좌진언獻座眞言 - 홋 40.다게茶偈 - 홋 41.일체공경一切恭敬 - 홋 42.향화게香花偈 - 홋(법문을 모실 경우 정대게부터 - 귀명게까지 한다.) 43.정대게頂戴偈 - 평 44.계경게開經偈 - 평 45.개법장진언삼남태 - 짓 47.거량擧揚/수위안좌진언受位安坐眞言 - 안(축원성, 착어성) 48.청법게

請法偈 - 평 49.설법게說法偈〈법문〉 - 평 50.보궐진언補闕眞言 - 평 51.수경게收經偈 - 평 52.사무량게四無量偈 - 평 53.귀명게歸命偈 - 평 54.창혼唱魂 - 홋 55.지심귀명례 - 짓, 평 /구원겁중久遠劫中 - 홋 56.욕건이欲建而/정법계진언淨法界眞言 - 홋 57.향수나열香水羅列 - 홋 특사가지 - 홋, 짓 58.사다라니四陀羅尼 - 홋 59.운심게運心偈작법 - 홋 60.상래가지上來加持 - 홋 61.육법공양六法供養 - 홋 62.배헌해탈향拜獻解脫香 - 홋 63.배헌반야등拜獻般若燈 - 홋 64.배헌만행화拜獻萬行花 - 홋 65.배헌보리과拜獻菩提果 - 홋 66.배헌감로다拜獻甘露茶 - 홋 67.배헌성열미拜獻禪悅味/대각석가존작법 - 홋 68.각집게各執偈 - 홋 69.가지게加持偈 - 홋 70.탄백歎白 - 평 71.회심곡回心曲 - 회 72.축원화청祝願和淸 - 화

② 범패 유형

* 평염불 - 43. 44. 46. 48. 49. 50. 51. 52. 53. 70.
* 안채비 - 2. 4. 6. 32. 34.
* 홋소리 - 1. 3. 5. 7. 8. 10. 11. 13. 14. 16. 17. 18. 19. 20. 21. 22. 23. 24. 25. 26. 27. 28. 29. 30. 31. 35. 36. 37. 38. 39. 40. 41. 42. 45. 47. 54. 56. 57. 58. 59. 60. 61. 62. 63. 64. 65. 66. 67. 68. 69.
* 짓소리 - 9. 12. 15. 33. 45. 55.
* 화청(회심곡) - 71. 72.

③ 작법무 유형

* 바라무 - 28.천수바라 58.사다라니四陀羅尼
* 나비무 - 10.삼귀의三歸依 23.향화청香花請/산화락(散花落/내림게바라) 30.도량게道場偈 및 법고무 40.다게茶偈 42.향화게香花偈 45.개법

장진언(삼남태) 54.창혼唱魂 55.지심귀명례/久遠劫中 56.욕건이欲建
而/정법계진언淨法界眞言 후 옴남작법 59.운심게작법運心偈 67.대각
석가존大覺釋迦尊이다.

* 타주무 - X
* 법고무 - 30.도량게 작법이 끝난 후 법고무

영산재 상단권공의식은 평염불 15회, 홋소리 45회(1회는 짓소리로
하기도 함), 짓소리 7회(1회 홋소리, 2회 평염불 형식), 안채비 4회(소성
3회, 1회는 축원 및 착어성 형식), 회심곡 1회, 화청 1회로 진행된다.

(2) 식당작법食堂作法
① 의식 구성
1.운판삼하호雲板三下乎 평, 타(징) 2.당종십팔퇴堂鐘十八槌 타(당종)
3.목어당상초삼통알木魚堂象初三通謁 - 타(북) 4.목어당후오통알木魚堂
後五通謁 - 타(북) 5.오관게五觀偈 - 짓소리 후 요잡바라/법고무 6.하
발금십오퇴下鉢金十五槌 - 타(징) 7.대중기립大衆起立 8.정수정건淨水
淨巾 - 평 9.중수타주대중창衆首打柱大衆唱 - 약수상좌若數上座 운운 -
평 10.당좌창堂佐唱 - 반야바라밀다심경 - 평 11.중수대중창(衆首大衆
唱 - 전발게) - 평 12.대중창大衆唱 - 관자재보살행심반야바라밀다 운
운 - 평 13.당좌창堂佐唱 - 아제아제바라아제 운운 - 평 14.대중창십
념大衆唱十念 - 평 15.당좌창當佐唱 - 마하반야바라밀 - 평 16.당수대중
창衆首大衆唱 - 약반식시당원중생 운운/불삼신진언佛三身眞言/법삼장
진언法三藏眞言/승삼승진언僧三承眞言/계장진언戒藏眞言/정결도진언
定決道眞言/혜철수진언慧徹修眞言 운운 - 평 17.오관五觀 및 대중창食

靈山 - 나무영산회상불보살 - 짓 18.중수창衆首唱 - 약견만발당원중생 운운 - 평 19.대중창 - 정식게淨食偈 - 평 20.대중창 - 삼시게三匙偈 - 평 21.타주상환打柱相換 - 타(타주) 22.당좌창(堂佐唱 - 삼덕육미) - 평 23.타주권반打柱勸飯 '공양소합소' - 평 24.공백대중 운운 - 평 25.공양 26.중수 - 경쇠로 6추 - 타 27.당좌창 - 절수게絶水偈 - 평 28.중수대중창 - 반식이흘飯食已訖 - 평 29.당좌창 - 처세간 여허공(처세간여허공 운운) - 평 30.축원문봉송祝願文奉頌 - 평 31.타주 - 광쇠에 맞추어 타주무 32.오관소리 - 왕생왕생 원왕생往生往生 願往生 - 평 33.당좌창 - 축원문祝願文 - 금일지성위천제자今日至誠爲薦齋者 - 평 34.오관소리 - 정찰정찰 생정찰淨刹淨刹 生淨刹 - 평 35.당좌창 - 금일지극지정성今日至極之精誠 운운 - 평 36.오관소리 - 명장명장 수명장命長 命長 壽命長 - 평 37.중수대중창 - 금일공양제자今日供養齋者 운운 - 평 38.중수대중창 - 사가부자捨跏趺坐 운운 - 평 39.당수창 - 퇴자출당 당

영산재 식당작법, 타주춤

원중생퇴좌출당 堂願衆生 - 평 40.당좌창 - 영출삼계永出三界 - 평 41.자귀불自歸佛 - 홋 42.대중창 - 회향게廻向偈 - 평 43.대중창(성불하십시오) - 평

② 범패 유형

* 평염불 - 1. 3. 4. 8. 9. 10. 11. 12. 13. 14. 15. 16. 18. 19. 20. 22. 23. 24. 27. 28. 29. 30. 32. 33. 34. 35. 36. 37. 38. 39. 40. 42. 43.
* 타악 - 2. 6. 26. 31. 묵언 - 7. 25.
* 홋소리 - 41.
* 짓소리 - 5. 17.
* 화청(회심곡) - X

③ 작법무 유형

* 바라무 - 6. 41.
* 나비무 - 17.
* 법고무 - 6.
* 타주무 - 8. 9. 10. 13. 14. 15. 21. 27. 29. 30. 31. 32. 33. 34. 35. 36. 37. 38. 40.

이상 식당작법에서는 타악 반주 및 범패 평염불, 홋소리, 짓소리와 작법무 바라무, 나비무, 법고무, 타주무가 사용된다.

식당작법은 43단계 절차로 평염불 30회(1회 평염불 후 타악), 홋소리 1회(1회는 반짓소리로 하기도 함), 짓소리 2회, 타악 및 타주 8회, 아무런 소리 없는 동작 2회로 진행된다.

4) 생전예수재 범패와 작법무

영산재 식당작법 오관게

절차는, 1.시련 2.대령 3.관욕 4.조전금은전점안 5.신중작법 6.괘불이운 7.예수상단권공 8.중단(소청사자편, 봉송사자편) 9.예수상단(소청성위편) 10.중단(소청부편) 11.중단(소청고사판관편) 12.중단(마구단) 13.식당작법 14.신중퇴공 15.관음시식/전시식 16.봉송 등 16단계로 구성된다.

이 가운데 1.시련 2.대령 3.관욕 4.조전점안 5.신중작법 6.괘불이운 13.식당작법 14.신중퇴공 15.관음시식/전시식 16.봉송의식은 상기 각배재 의식에서와 동일한 내용과 순서로 진행된다.

상단의 각단권공은 예수재를 지내기 위한 권공의식으로 불·보살·사자·명부시왕 및 권속·고사판관·마고(구)단 등을 청하여 공양을 올리며, 금일 생전예수재의 내용을 소상히 밝히는 절차이다.

(1) 운수상단(예수 상단) 1.할향부터 41.주향공양편까지 한다.

(2) 소청중위 사자단(중단) 1.거불부터 32.보회향진언까지 한다.

(3) 소청성위(상단) 1.거불부터 34.축원화청까지 한다.

(4) 소청중위 명부(중단) 1.거불부터 69.지장축원화청까지 한다.

(5) 소청중위 고사판관(중단) 1.거불부터 23.함합소까지 한다.

(6) 소청중위 마구단(중단) 1.정법계진언부터 8.심념까지 한다.[165]

---

[165] 안진호, 앞의 책, 上卷, 155~209쪽 참조. 『석문의범』에는 마구단 의식 절차가 생략되고 일부만 소개됨. 마구단의 의식 진행 순서는 현재 범패를 전문적으로

상기 생전예수재 상단 및 중단 의식 구성은 총 6단계로 번갈아가면서 진행된다.

(1) 운수상단(예수 상단)

생전예수재의 예수상단권공(소청성위召請聖位)은 불·보살을 청하기에 앞서 예를 갖추어 공양供養 올리고 금일 예수재를 지내게 되는 내용과 발원을 위해 불단을 설판하는 의식이다.

①의식 구성

1.할향喝香 2.연향게燃香偈 3.정례頂禮 후 명발鳴鈸 4.개계開啓소 5.합장게合掌偈 6.고향게告香偈 7.통서인유편通叙因由篇 8.정삼업진언淨三業眞言 9.계도도장진언戒度塗掌眞言 10.삼매야계진언三昧耶戒眞言 11.엄정팔방편嚴淨八方篇 12.관음찬觀音讚 13.관음청觀音請 14.향화청香花請/내림게바라 15.산화락散花落 16.가영歌詠/고아게故我偈 17.걸수게乞水偈 18.쇄수게灑水偈 19.복청게伏請偈 20.천수千手바라 21.사방찬四方讚 22.도량게道場偈(엄정게) 23.참회게懺悔偈 24.참회진언懺悔眞言〈법문을 볼 경우 정대게부터 귀명게까지 한다.〉 25.정대게頂戴偈 26.개경게開經偈 27.개법장진언(삼남태=南哆) 28.십념청정법신十念淸淨法身 운운 29.거량擧揚/수위안좌진언受位安坐眞言 30.청법게請法偈 31.설법게說法偈〈법문〉 32.보궐진언補闕眞言 33.수경게收經偈 34.사무량게四無量偈 35.귀명게歸命偈 36.개단진언開壇眞言 37.건단진언建壇眞言 38.결계진언結界眞言 39.주향통서편呪香通序篇 40.분향진언焚香眞言 41.주향공양편呪香

가르치고 전승되는 봉원사 의식집 순서로 나열하였다.

일본 고야산 범패

供養篇 등 41가지 절차로 구성된다.

②범패 유형

* 평염불 – 8. 9. 10. 12. 15. 28. 30. 31. 32. 33. 34. 35. 36. 37. 38. 40.
* 안채비 – 7. 29. 39. 41.
* 홋소리 – 1. 2. 3. 4. 5. 6. 11. 13. 14. 16. 17. 18. 19. 20. 21. 22. 23. 24. 25. 26.
* 짓소리 – 27.
* 화청(회심곡) – X

③작법무 유형

* 바라무 – 3.정례작법 후 요잡바라 및 명발 14.내림게바라 20.천수바라 22.도량게작법 후 요잡바라 27.삼남태작법 후 요잡바라
* 나비무 – 3.정례작법 마친 후 사방요신작법 22.도량게작법 마친 후 사방요신작법 27.삼남태작법 마친 후 사방요신작법
* 타주무 – X
* 법고무 – 3.정례작법 후 법고무

이상에서 살펴본 바와 같이 예수상단은 41가지로 구성 진행되는데, 범패는 평염불·안채비·홋소리·짓소리(삼남태)로 진행되며, 작법무는 바라무·나비무·법고무가 사용된다.

(2) 중단(소청사자편·봉송사자편)

명부시왕 세계로 안내하는 사자使者들에게 청하여 권공하고 되돌려 들이는 의식이다.

①의식 구성

1.거불擧佛 2.사자소使者疏 3.진령게振鈴偈 4.소청사자진언召請使者眞言 5.유치由致 6.청사請辭 7.향화청香花請/가영歌詠/고아게故我偈(내림게바라)/가영/고아게 8.안위공양편安慰供養篇 9.헌좌게獻座偈/헌좌진언獻座眞言 10.욕건이欲建而/정법계진언淨法界眞言 11.다게茶偈 12.향수나열香水羅列 13.특사가지特賜加持 14.사다라니四陀羅尼 15.오공양五供養 16.가지게加持偈 17.보공양진언普供養眞言 18.보회향진언普廻向眞言 19.사대주四大呪 20.금강경찬金剛經讚 21.원성취진언願成就眞言 22.보궐진언普闕眞言 23.탄백嘆白 24.화청和淸〈십대명왕청〉 25.행첩소行牒疏 26.봉송사자편奉送使者篇 27.봉송게奉送偈 28.봉송진언奉送眞言 29.분장보첩응군긔 운운 30.청장請狀 31.물장物狀 32.보회향진언普廻向眞言 등 32가지 절차로 구성된다.

②범패 유형

* 평염불 – 1. 4. 19. 20. 21. 22. 23. 27. 28. 29. 32.
* 안채비 – 2. 5. 6. 7. 8. 25. 26. 30. 31.
* 홋소리 – 3. 9. 10. 11. 12. 14. 15. 16. 17. 18.
* 짓소리 – 13.
* 화청(회심곡) – 24.십대명왕청

③작법무 유형

* 바라무 - 7.고아게 후 내림게바라 11.다게작법 후 요잡바라 14.사다라니바라 15.오공양작법 후 요잡바라
* 나비무 - 11.다게작법 마친 후 사방요신작법 15.오공양작법 마친 후 사방요신작법
* 타주무 - X
* 법고무 - X

이상에서 살펴본 바와 같이 사자단권공은 32가지로 구성 진행되는데, 범패는 평염불·안채비·홋소리·짓소리(특사가지),[166] 화청(중단 십대명왕청)으로 진행되고, 작법무는 바라무가 사용된다.

(3) 상단(소청성위편)
불·보살과 일체의 현성賢聖을 청하여 공양 올리는 절차이다.

① 의식 구성
1.거불擧佛 2.소청성위소召請聖位疏 3.진령게振鈴偈 4.청제여래진언請諸如來眞言 5.청제현성진언請諸賢聖眞言 6.유치(개문盖聞 월조장공月照長空 운운云云) 7.청사(나무일심봉청 삼세본렴 운운) 8.향화청/가영 9.청사(나무일심봉청 구상본인 운운) 10.향화청/가영 11.청사(나무일심봉청 적육단상 운운) 12.향화청/가영 13.다게茶偈 14.청사(나무일심봉

---

[166] 김응기, 「짓소리 쓰임연구」, 『동국대 불교대학원논총』 제4집, 357쪽. 현재 재의식시 짓소리는 총 15곡, 반짓소리는 3곡이 있으며, 이 가운데 영산재에서는 13곡 짓소리와 반짓소리 3곡이 불리어지므로 짓소리 중심의 齋임을 알 수 있다.

청 대비위본 운운) 15.향화청/가영 16.청사(나무일심봉청 제성홍비 운운) 17.향화청/가영 18.청사(나무일심봉청 개어본인 운운) 19.향화청/가영 20.청사(나무일심봉청 명찰음양 운운) 21.향화청/

홍고

가영/내림게 22.헌좌안위편(절이切異 도량영결道場永潔 운운) 23.헌좌게獻座偈/헌좌진언獻座眞言 24.제위진백편(근백謹白 합당성중闔堂聖衆 운운) 25.욕건만나라선송 정법계진언 26.다게茶偈 27.가지변공편(절이切以 정단기설淨壇旣設 운운) 28.사다라니四陀羅尼 29.상단 가지게加持偈 30.보공양진언普供養眞言 31.보회향진언普廻向眞言 32.보궐진언補闕眞言 33.회향게廻向偈 34.축원화청祝願和請 등 34가지 절차로 구성된다.

② 범패 유형

* 평염불 - 1. 4. 5. 8. 9. 10. 11. 12. 13. 14. 15. 16. 17. 18. 19. 20. 21. 32. 33.
* 안채비 - 2. 3. 6. 7. 22. 24.
* 홋소리 - 23. 25. 26. 27. 28. 29. 30. 31.
* 짓소리 - X
* 화청(회심곡) - 34.회심곡 및 상단 축원화청

③작법무 유형

* 바라무 - 21.내림게바라 26.다게작법 후 요잡바라 28.사다라니바라
* 나비무 - 25.욕건만나라선송 정법계진언 후 옴남 작법 26.다게작법 마친 후 사방요신작법
* 타주무 - X
* 법고무 - X

  이상에서 살펴본 바와 같이 예수상단은 34가지로 구성 진행되는데, 범패는 평염불·안채비·홋소리·회심곡·축원화청으로 진행되고, 작법무는 바라무·나비무가 사용된다.

(4) 중단(소청 명부편)
명부세계를 관장하는 지장보살과 각 대왕께 공양 및 발원하는 의식이다.

①의식 구성
1.거불擧佛 2.소청명위소召請冥位疏 3.진령게振鈴偈 4.소청염마라왕진언召請焰魔羅王眞言 5.유치(개문蓋聞 청풍하산淸風下散 운운云云) 6.청사(나무일심봉청南無一心奉請 풍도대제 운운) 7.향화청/가영. 8.청사(제1 진광대왕청) 9.향화청/가영 10.청사(제2 초광대왕청) 11.향화청/가영 12.청사(제3 송제대왕청) 13.향화청/가영 14.청사(제4 오관대왕청) 15.향화청/가영 16.청사(제5 염라대왕청) 17.향화청/가영 18.청사(제6 변성대왕청) 19.향화청/가영 20.청사(제7 태산대왕청) 21.향화청/가영 22.청사(제8 평등대왕청) 23.향화청/가영 24.청사(제9 도시대왕청) 25.향화청/가영 26.청사(제10 오도전륜대왕청) 27.향화청/가영 28.중

중단: 청사(나무일심봉청 불재세지 운운) 29.향화청/가영 30.청사(나무일심봉청 아여검수 운운) 31.향화청/가영 33.청사(나무일심봉청 인혼부제 운운) 33.향화청/가영 34.중하단: 청사(나무일심봉청 성정자신 운운) 35.향화청/가영 36.청사(나무일심봉청 불의취제 운운) 37.향화청/가영 38.청사(나무일심봉청 세간치인 운운) 39.향화청/가영 40.청사(나무일심봉청 견현사제 운운) 41.향화청/가영 42.청사(나무일심봉청 상하평균 운운) 43.향화청/가영 44.청사(나무일심봉청 염피빈인 운운) 45.향화청/가영 46.청사(나무일심봉청 항사세계 운운) 47.향화청/가영 48.청사(나무일심봉청 부진불퇴 운운) 49.향화청/가영 50.청사(나무일심봉청 죄인출옥 운운) 51.향화청/가영 52.청사(나무일심봉청 불고신로 운운) 53.향화청/가영 54.청사(나무일심봉청 유불소지 운운) 55.향화청/가영/내림게 56.가영歌詠 57.참례성중편(탄백謹白 명부시왕일체冥府十王一切 운운) 58.보례게普禮偈 59.정례(일심례청一心禮請 나무진허공南無盡虛空 변법계遍法界 운운) 60.가영 61.헌좌안위편(재백再白 명부시왕일체冥府十王一切 운운) 62.법성게法性偈 63.중단권공: 헌좌게/헌좌진언 64.욕건만나라선송 정법계진언 65.다게茶偈 66.기성가지편(절이切以 향등경경香燈耿耿 운운) 67.사다라니四陀羅尼 68.중단 가지게加持偈 69.보공앙진언普供養眞言 70.보회향진언普廻向眞言 71.심경/보궐진언補闕眞言 72.탄백歎白 73.지장축원地藏祝願 화청和淸 등 73가지 절차로 구성된다.

②범패 유형
* 평염불 - 1. 58. 60. 62. 71. 72.
* 안채비 - 2부터 57까지. 61.

* 홋소리 - 63. 64. 65. 66. 67. 68. 69. 70.

* 짓소리 - 59.

* 화청(회심곡) - 73.중단 지장축원화청

③작법무 유형

* 바라무 - 53.내림게바라 62.옴남작법 후 요잡바라 63.다게작법 후 요잡바라 65.사다라니바라
* 나비무 - 62.욕건만나라선송 정법계진언 후 옴남작법 63.다게작법 마친 후 사방요신작법
* 타주무 - X
* 법고무 - X

　이상에서 살펴본 바와 같이 소청 명부권공은 73가지로 구성 진행되는데, 범패는 안채비·평염불·홋소리·짓소리정례·화청중단 지장축원화청으로 진행되고, 작법무는 바라무·나비무가 사용된다.

(5) 중단(소청 고사판관편)
명부의 고사판관을 청하여 공양·발원하는 절차이다.

①의식 구성
1.거불擧佛 2.진령게振鈴偈 3.보소청진언普召請眞言 4.유치(절이切以 염라이하閻羅而下 운운) 5.청사(일심봉청一心奉請 위풍늠렬威風凜烈 운운) 6.향화청/가영 7.보례삼보편(탄백謹白 고관등중庫官等衆 운운) 8.상단-보례삼보普禮三寶 9.중단 - 보례삼보普禮三寶 10.법성게法性偈 11.수위

안좌편(절이切以 신심유감信心有感 운운) 12.헌좌게獻座偈/헌좌진언獻座眞言 13.고사단권공: 정법계진언 14.다게茶偈 15.가지변공편(향수나열香水羅列) 16.사다라니四陀羅尼 17.오공양五供養/가지게加持偈 18.보공양진언普供養眞言 19.보회향진언普廻向眞言 20.심경/보궐진언補闕眞言 21.탄백歎白 22.축원祝願 23.함합소緘合召 등 23가지 절차로 구성된다.

② 범패 유형
* 평염불 – 1. 10. 20. 21. 22.
* 안채비 – 2. 3. 4. 5. 6. 7. 8. 9. 11. 23.
* 홋소리 – 12. 13. 14. 15. 16. 17. 18. 19.
* 짓소리 – X
* 화청(회심곡) – X

③작법무 유형

* 바라무 – 13.옴남작법 후 요잡바라 14.다게작법 후 요잡바라 16.사다라니바라 17.오공양작법 후 요잡바라
* 나비무 – 13.옴남작법 14.다게작법 마친 후 사방요신작법 17.오공양작법 마친 후 사방요신작법
* 타주무 – X
* 법고무 – X

이상에서 살펴본 바와 같이 고사단 권공은 23가지로 구성 진행되는데, 범패는 평염불·안채비·홋소리로 진행되고, 작법무는 바라무·나비무가 사용된다.

(6) 중단 – 마구단 馬廐壇

생전예수재의 공덕과 발원의 내용을 전달할 마구전에 대한 권공의식이다.

①의식 구성

마구단과 사자님을 권공 및 봉송하는 8가지 절차로 구성된다.
 1.정법계진언淨法界眞言 2.다게茶偈 3.향수나열香水羅列/특사가지 4.사다라니四陀羅尼 5.운심게(원차청정묘향願此淸淨妙香 운운) 6.보공양진언普供養眞言 7.보회향진언普廻向眞言 8.귀의불歸依佛, 귀의법歸依法, 귀의승歸依僧 운운云云/봉송진언奉送眞言/십념十念 등 8가지 절차로 구성된다.

② 범패 유형

* 평염불 - 6. 7. 8.
* 안채비 - X
* 홋소리 - 1. 2. 3. 4. 5.
* 짓소리 - X
* 화청(회심곡) - X

③ 작법무 유형

* 바라무 - 1.옴남작법 후 요잡바라 2.다게작법 후 요잡바라 4.사다라 니바라 5.운심게작법 후 요잡바라
* 나비무 - 13.옴남작법 14.다게작법 마친 후 사방요신작법 17.운심게작법 마친 후 사방요신작법
* 타주무 - X
* 법고무 - X

이상에서 살펴본 바와 같이 마구단권공은 8가지로 구성 진행되는데, 범패는 평염불·홋소리로 진행되고, 작법무는 바라무·나비무가 사용된다.

5) 수륙재 범패와 작법무

수륙재는 3일 동안 1.시련 2.대령 3.관욕 4.조전점안 5.신중작법 6.괘불이운 7.설회인유편 8.중단소청사자편, 봉송사자편 9.개벽오방편오로단 10.소청상위편 11.중단소청 중위편 12.하단소청 하위편 13.식당작법 14.신중퇴공 15.관음시식/전시식 16.봉송 등 총 16단계로 구

성된다.

이 가운데 1.시련 2.대령 3.관욕 4.조전점안 5.신중작법 6.괘불이운 13.식당작법 14.신중퇴공 15.관음시식/전시식 16.봉송의 의식진행은 각배재와 동일하고, 13.식당작법은 영산재와 동일하므로 본고에서는 7.설회인유편 8.중단소청사자편, 봉송사자편 9.개벽오방편오로단 10.소청상위편 11.중단소청 중위편 12.하단소청 하위편만 서술한다.

＊안진호安震湖의『석문의범釋門儀範』의식에 서술된 구성절차는 다음과 같다.

(1) 운수상단(수륙상단): 1.설회인유편設會因由篇부터 14.주향공양편呪香供養篇까지 한다.

(2) 중단(소청사자편, 봉송사자편): 1.진령게振鈴偈부터 10.봉송진언奉送眞言까지 한다.

(3) 개벽 오방편(오로단): 1.개벽오방편소/ 진령게부터 8.오공양五供養까지 한다.

(4) 소청상위편: 1.소청상위편/상단소부터 14.위리제유정까지 한다.

(5) 중단(소청중위편): 1.중위소中位疏부터 11.헌좌게獻座偈/헌좌진언獻座眞言까지 한다.

(6) 하단(소청하위편): 1.하위소下位疏부터 78.만시방계滿十方界 운운까지 한다.

* 봉원사奉元寺의 『의례요집儀禮要集』에 의한 중요무형문화재 50호 영산재보존회 수륙진행시 현행의식에서의 구성절차는 다음과 같다.

(1) 운수상단(수륙상단): 1.할향喝香부터 41.주향공양편呪香供養篇까지 한다.

(2) 중단(소청사자편, 봉송사자편): 1.거불擧佛부터 28.봉송진언奉送眞言까지 한다.

(3) 개벽 오방편(오로단): 1.거불부터 25.개통도로진언까지 한다.

(4) 소청상위편: 1.거불부터 37.축원화청祝願和請까지 한다.

(5) 중단(소청중위편): 1.거불부터 43.회향문까지 한다.

(6) 하단(소청하위편): 1.하위소下位疏부터 78.만시방계滿十方界 운운까지 한다.[167]

(1) 운수상단(수륙상단)
① 의식 구성

운수상단(수륙상단)의 의식 구성에 있어서 『석문의범』에는 14가지 절

---

[167] 수륙재 의식 절차에 있어 안진호의 『석문의범釋門儀範』에 일부 의식 진행 절차가 생략되어 있어, 봉원사奉元寺의 『의례요집儀禮要集』 진행 구성을 보완하여 의식 절차를 수록한다.

차[168]로 구성돼 있지만, 봉원사奉元寺의 『의례요집儀禮要集』 진행구성은 41가지 절차[169]로, 훗소리 할향喝香으로 시작한다.

　　서찬편 1.할향喝香 2.연향게燃香偈 3.정례頂禮[170] 후 명발鳴鈸 4.개게소開啓/(석문의범에는 생략되었으나 첨가) 5.합장게合掌偈 6.고향게告香偈[171] 7.설회인유편通敘因由篇 8.정삼업진언淨三業眞言 9.계도도장진언戒度塗掌眞言 10.삼매야계진언三昧耶戒眞言 11.엄정팔방편嚴淨八方篇 12.관음찬觀音讚 13.관음청觀音請 14.향화청香花請/내림게바라 15.산화락散花落/ 16.가영歌詠/고아게故我偈 17.걸수게乞水偈 18.쇄수게灑水偈/(12부터 18까지 석문의범에는 생략되어 봉원사奉元寺의 의례요집儀禮要集에서 첨가) 19.복청게伏請偈 20.천수바라 21.사방찬四方讚 22.도량게道場偈(엄정게) 23.참회게懺悔偈 24.참회진언懺悔眞言(법문을 보실 경우 정대게부터 귀명게까지 한다) 25.정대게頂戴偈 26.개경게開經偈 27.개법장진언(三南吶) 28.십념청청법신 운운十念淸淨法身 云云 29.거량擧揚/수위안좌진언受位安坐眞言 30.청법게請法偈 31.설법게說法偈〈법문〉 32.보궐진언補闕眞言 33.수경게收經偈 34.사무량게四無量偈 35.귀

---

[168] 안진호, 앞의 책, 상권, 240~242쪽.
　　『석문의범』의 구성 절차 1.설회인유편通敘因由篇 2.정삼업진언淨三業眞言 3.계도도장진언戒度塗掌眞言 4.삼매야계진언三昧耶戒眞言 5.엄정팔방편嚴淨八方篇 6.쇄정호마다라니 7.개단진언開壇眞言 8.건단진언建壇眞言 9.결계진언結界眞言 10.발보리심편發菩提心篇 11.발보리심진언發菩提心眞言 12.주향통서편呪香通序篇 13.분향진언 焚香眞言 14.주향공양편呪香供養篇

[169] 안진호 편, 한정섭 주,『신편증주 석문의범』, 법륜사, 1982, 816~820쪽.

[170] 정례 대신 짓소리 '지반지심지심신례불타야 양족존 지심신례달마야 이욕존 지심신례승가야 중중존'을 하기도 한다.

[171] 1.할향喝香부터 6.고향게告香偈까지를 서찬편이라 하며, 이를 생략하고 7.설회인유편을 하기도 한다.

272

명게歸命偈 (25부터 35까지 『석문의범』에는 생략되어 봉원사의 『의례요집』에서 첨가) 36.개단진언開壇眞言 37.건단진언建壇眞言 38.결계진언結界眞言 후 발보리심편/발보리심진언發菩提心眞言 39.주향통서편呪香通序篇 40.분향진언 焚香眞言 41.주향공양편呪香供養篇

②불교무용 유형

* 바라무 – 3.정례작법 후 요잡바라 및 명발 14.내림게바라 20.천수바라 22.도량게작법 후 요잡바라 27.삼남태작법 후 요잡바라
* 나비무 – 3.정례작법 22.도량게작법 27.삼남태작법 후 사방요신
* 타주무 – X
* 법고무 – 3.정례작법 후 법고무

③범패 유형

* 평염불 – 8. 9. 10. 12. 15. 28. 30. 31. 32. 33. 34. 35. 36. 37. 38. 40.
* 안채비 – 7. 29. 39. 41.
* 홋소리 – 1. 2. 3. 4. 5. 6. 11. 13. 14. 16. 17. 18. 19. 20. 21. 22. 23. 24. 25. 26.
* 짓소리 – 27.
* 화청(회심곡) – X

이상에서 살펴본 바와 같이 운수상단(수륙상단)은 41가지로 구성 진행되어 불교무용은 나비무, 바라무, 법고무와 범패는 평염불,

바라춤

II. 불교의식음악의 종류와 범패 구성 273

안채비, 홋소리, 짓소리(삼남태)가 사용되었다.

(2) 소청중위(사자단) 중단

중단의식은 청정법신 비로자나불, 원만보신 노사나불, 천백억화신 석가모니불 등 삼신불의 증명으로 중생계의 수명을 관장하고 천계天界와 유명계를 인도하는 각각의 사자인 연직사천사자, 월직공행사자, 일직지행사자, 시직염마사자를 모시는 권공과 이를 밝히는 사자소使者疏, 되돌려 보내는 봉송의례인 행첩소行牒疏로 구성되어 생전예수재 중단권공의 사자단 권공의식은 사자소使者疏 안채비성 독창으로 시작된다.

① 의식 구성

중단 사자단 의식 구성에 있어서 『석문의범』에는 10가지의 절차[172]로 구성되어 있지만 봉원사奉元寺의 『의례요집儀禮要集』은 아래의 28가지 형식 절차[173]로 진행한다.

1.거불擧佛 2.사자소使者疏 수설수륙대회소 3.진령게振鈴偈 4.소청사자진언召請使者眞言 5.유치由致 6.청사請辭 7.향화청香花請/가영歌詠/고아게故我偈(내림게바라)/가영/고아게 8.안위공양편安慰供養篇 9.헌좌게獻座偈/헌좌진언獻座眞言 10.욕건이欲建而/정법계진언淨法界眞言

---

[172] 안진호, 앞의 책, 상권, 242~244쪽.
1.진령게振鈴偈 2.소청사자진언召請使者眞言 3.유치切以 無功曰道 云云 4.청사一心奉請 今年 今日 云云 5.향화청/가영/고아게 6.안위공양편安慰供養篇 7.반야심경 8.오공양五供養 9.봉송사자편奉送使者篇 10.봉송진언奉送眞言
[173] 안진호 편, 한정섭 주, 앞의 책, 821~825쪽.

11.다게茶偈 12.향수나열香水羅列 13.특사가지特賜加持 14.사다라니四陀羅尼 (12부터 14까지 『석문의범』에는 생략되어 봉원사의 『의례요집』에서 첨가함) 15.오공양五供養 16.가지게假持偈 17.보공양진언普供養眞言 18.보회향진언普廻向眞言 19.사대주四大呪 20.금강경찬金剛經讚 21.원성취진언願成就眞言 22.보궐진언普闕眞言 23.탄백嘆白 24.화청和淸〈십대명왕청〉 25.행첩소行牒疏 26.봉송사자편奉送使者篇 27.봉송게奉送偈 28.봉송진언奉送眞言 (16부터 28까지 『석문의범』에는 생략되어 봉원사의 『의례요집』에서 첨가함)

②불교무용 유형

* 바라무 – 7.고아게 후 내림게바라 11.다게작법 후 요잡바라 14.사다라니바라 15.오공양작법 후 요잡바라
* 나비무 – 11.다게작법 15.오공양작법
* 타주무 – X
* 법고무 – X

③범패 유형

* 평염불 – 1. 4. 19. 20. 21. 22. 23. 27. 28
* 안채비 – 2. 5. 6. 7. 8. 25. 26.
* 홋소리 – 3. 9. 10. 11. 12. 14. 15. 16. 17. 18.
* 짓소리 – 13.
* 화청(회심곡) – 24.십대명왕청

이상에서 살펴본 바와 같이 사자단권공은 32가지로 구성 진행되

며, 불교무용은 바라무, 나비무가 범패는 평염불, 안채비, 훗소리, 짓소리(특사가지), 화청(중단 십대명왕청)이 사용된다.

(3) 개벽 오방편(오로단) 중단

오방, 즉 동방구망보필태호지군, 서방욕수보필소호지군, 남방축융보필염제지군, 북방현명보필전욱지군, 중방여렴보필황제지군 및 오제·오위를 청하여 수륙재 진행에 걸림이 없도록 하는 의식.

① 의식 구성

『석문의범』의식 구성은 8가지로 구성[174]되어 있지만, 봉원사의 『의례요집』은 아래의 형식 25가지 절차로 진행한다.

   1.거불 2.개벽오방편소/오로소 3.진령게振鈴偈 4.보소청진언普召請眞言 5.유치(盖聞 二氣昇沈 云云)/ 6.청사(一心奉請 五方五帝 云云) 7.향화청香花請/가영 8.안위공양편安慰供養篇 9.헌좌게獻座偈/헌좌진언獻座眞言 10.욕건이欲建而/정법계진언淨法界眞言 11.다게茶偈 12.향수나열香水羅列 13.특사가지特賜加持 14.사다라니四陀羅尼 15.오공양五供養 16.가지게假持偈 17.보공양진언普供養眞言 18.보회향진언普廻向眞言 19.사대주四大呪 20.금강경찬金剛經讚 21.원성취진언願成就眞言 22.보궐진언普闕眞言 23.탄백嘆白 24.축원화청祝願和請 25.개통도로진언

---

[174] 안진호, 앞의 책, 상권, 244~245쪽.
  1.진령게振鈴偈 2.보소청진언普召請眞言 3.유치(盖聞 二氣昇沈 云云) 4.청사(一心奉請 五方五帝 云云) 5.향화청香花請/가영 6.안위공양편安慰供養篇 7.대비주大悲呪 8.오공양五供養/가지게

②불교무용 유형

* 바라무 - 7.향화청 후 내림게바라 11.다게작법 후 요잡바라 14.사다
라니바라
* 나비무 - 10.정법계진언 후 옴남작법 11.다게작법 및 사방요신작법
* 타주무 - X
* 법고무 - X

③범패 유형

* 평염불 - 1. 19. 20. 21. 22. 23. 25.
* 안채비 - 2. 3. 4. 5. 6. 7. 8.
* 훗소리 - 9. 10. 11. 12. 14. 15. 16. 17. 18.
* 짓소리 - 13.
* 화청(회심곡) - 24.

 이상에서 살펴본 바와 같이 중단 개벽오방편은 23가지로 구성 진행되며, 불교무용은 나비무와 바라무가, 범패는 평염불, 안채비, 훗소리, 짓소리(특사가지), 화청이 사용된다.

(4) 소청상위편(상상단)
법신, 보신, 화신 등 삼신의 모든 부처님, 지장보살, 육광보살, 천조 도명존자, 무독귀왕, 일체성현의 무리에게 올리는 권공의식이다.

①의식 구성
『석문의범』 의식 구성은 14가지로 되어[175] 있지만 봉원사의 『의례요

집』은 아래의 37가지 형식 절차로 진행한다.

1.거불擧佛 2.소청상위소召請聖位疏/상단소 3.진령게振鈴偈 후(석문의범에는 불부소청진언佛部召請眞言/연화부소청진언蓮花部召請眞言/금강부소청진언金剛部召請眞言으로 수록됨) 4.청제여래진언 5.청제보살진언 6.청제현성진언 7.봉영거로진언 8.유치(盖聞 法身湛 운운)(석문의범의 유치(盖聞 三身四智 云云)로 수록) 9.청사(南無 一心奉請 塵塵刹刹刹塵塵刹 十方三世 佛陀 云云) 10.향화청/가영/고아게 11.청사(南無 一心奉請 塵塵刹刹刹塵塵刹 十方三世 達摩 云云) 12.향화청/가영/고아게 13.청사(南無 一心奉請 塵塵刹刹刹塵塵刹 十方三世 僧伽 云云) 14.향화청/가영/고아게/내림게바라(『석문의범』에는 봉영부욕편 절이대자切以大慈 운운, 보례삼보편普禮三寶篇이 수록되어 있음) 15.헌좌안위편獻座安位篇 16.거령산 17.인성 18.유치원부 운운 19.헌좌게獻座偈/헌좌진언獻座眞言 20.다게

＊상단 21.기성가지편 22.정법계진언(옴남 37번 반복) 23.다게茶偈(3번 반복) 24.절이봉사이포새 운운 25.거불 26.향수나열 27.사다라니/특사가지 28.가지게 29.보신배헌편 30.상래가지기필 31.향차배헌 32.보공양진언 33.보회향진언 34.공성회향편 35.탄백 36.상래수제청지 운운 37.축원화청祝願和請

---

175 안진호, 앞의 책, 상권, 245~247쪽. 1.거불擧佛 2.소청상위편/상단소 3.진령게振鈴偈 4.불부소청진언佛部召請眞言 5.연화부소청진언蓮花部召請眞言 6.금강부소청진언金剛部召請眞言 7.유치(盖聞 三身四智 云云) 8.청사(南無 一心奉請 塵塵刹刹 云云) 9.향화청/가영/고아게 10.헌좌안위편獻座安位篇 11.헌좌게獻座偈/헌좌진언獻座眞言 12.보례삼보편普禮三寶篇 13.일심정례一心頂禮 14.위리제유정 운운

278

나비춤

② 불교무용 유형

* 바라무 – 14.향화청 후 내림게바라 23.다게작법 후 요잡바라 27.사다라니바라
* 나비무 – 22.옴남작법 23.다게작법 및 사방요신작법
* 타주무 – X
* 법고무 – X

③ 범패 유형

* 평염불 – 1. 4. 5. 6. 7. 10. 12. 14. 25. 32. 33. 35.
* 안채비 – 2. 3. 7. 8. 9. 11. 13. 15. 18. 21. 24. 29. 31. 34. 36.
* 홋소리 – 19. 20. 22. 23. 26. 27. 28. 30.
* 짓소리 – 16. 17.
* 화청(회심곡) – 37.

이상에서 살펴본 바와 같이 상단은 37가지로 구성 진행되며, 불교무용은 나비무와 바라무가, 범패는 평염불, 안채비, 홋소리, 짓소리 거령산 인성, 화청이 사용된다.

(5) 소청중위편 중단
중단의식은 중상단, 중중단 의식으로 신령, 명부관료 천신·선인·지기·명부·곤요 등의 무리를 불러 청하는 권공의식이다.

①의식 구성
『석문의범』의식 구성은 11가지의 절차로 되어[176] 있지만 중상단, 중중단 등에 있어서 봉원사의 『의례요집』은 아래의 형식 43가지 절차로 진행한다.

중상단中上壇권공

1.거불擧佛 2.중위소中位疏 3.진령게振鈴偈 4.소청삼계제천주召請三界諸天呪 5.소청오통선인주召請五通仙人呪 6.소청대력선신주 7.소청일절선신주 8.소청염마라왕주 9.유치(切以 天光下暎 云云) 10.청사(一心奉請 塵塵刹刹 云云) 11.향화청香花請/가영 12.청사 13.향화청香花請/가영/고아게(산화락 후 내림게) 14.천선예성편天仙禮聖篇 15.근백

---

[176] 안진호, 앞의 책, 상권, 248~250쪽. 1.거불擧佛 2.중위소中位疏 3.진령게振鈴偈 4.소청삼계제천주召請三界諸天呪 5.소청오통선인주召請五通仙人呪 6.소청대력선신주 7.유치切以 天光下暎 云云 8.청사一心奉請 塵塵刹刹 云云 9.향화청香花請 10.천선예성편天仙禮聖篇 11.보례게普禮偈 12.일심정례一心頂禮 13.헌좌안위편獻座安位篇 14.헌좌게獻座偈/헌좌진언獻座眞言

16.탄백 17.보례게普禮偈/일심정례一心頂禮 18.진언 19.헌좌안위편獻座安位篇 20.재백편 21.법성게法性偈 22.욕건만나라선송 정법계진언 23.다게茶偈 24.향수나열 25.사다라니/특사가지

중중단中中壇권공

26.기성가지편(切以 香燈耿耿 云云) 27.거불 28.향수나열 29.특사가지 30.사다라니四陀羅尼 31.보신배헌편 32.상래가지 33.향차배헌 34.가지게加持偈 35.오공양 36.보공양진언普供養眞言 37.보회향진언普廻向眞言 38.원성취진언 39.심경/보궐진언補闕眞言 40.공성회향편 41.창화게 42.반야심경 43.회향문

② 불교무용 유형

* 바라무 - 11.향화청 후 내림게바라 22.다게작법 후 요잡바라 24.사다라니바라 30.사다라니바라
* 나비무 - 22.옴남작법 23.다게작법 및 사방요신작법
* 타주무 - X
* 법고무 - X

③ 범패 유형

* 평염불 - 1. 4. 5. 6. 7. 8. 11. 13. 18. 21. 22. 27. 36. 37. 38. 39. 41. 42. 43.
* 안채비 - 2. 3. 7. 8. 9. 10. 12. 14. 15. 16. 17. 19. 26. 31. 33. 40.
* 홋소리 - 23. 24. 25. 28. 29. 39. 32. 34. 35.
* 짓소리 - X

* 화청(회심곡) - X

 이상에서 살펴본 바와 같이 중단 소청중위는 27가지로 구성 진행되며, 불교무용은 나비무와 바라무가, 범패는 평염불, 안채비, 홋소리가 사용된다.

(6) 소청하위편 하단
일체의 영혼을 대상으로 법法을 설하는 절차인 하단의식이라 할 수 있다. 먼저 하단의 영혼을 청하여 일체의 깨달음을 설하는 하위소下位疏와 수륙재를 마치는 의미의 원만회향소圓滿廻向疏로 이어진다.

①의식 구성
『석문의범』[177] 의식 구성 및 봉원사의 『의례요집』은 공통적으로 78가지의 절차로 구성된다.

 1.거불擧佛 2.하위소下位疏 3.진령게振鈴偈 4.파지옥진언破地獄眞言 5.멸악취진언滅惡趣眞言 6.소아귀진언召餓鬼眞言/구소제악취중진언 7.보소청진언普召請眞言 8.유치(切以 銀河浪徹 云云) 9.청사(一心奉請 塵塵刹刹 云云) 10.향연청 11.인예향욕편引詣香浴篇 12.대비주大悲呪 13.정로진언淨路眞言 14.입실게入室偈 15.가지조욕편(詳夫 淨 三業者 云云) 16.목욕게沐浴偈 17.목욕진언沐浴眞言 18.관욕쇠〈관욕쇠태징〉 19.작양지진언嚼楊枝眞言 20.수구진언漱口眞言 21.세수면진언洗手面眞言 22.가지화의편(諸佛者 灌浴旣周 云云) 23.화의재진언化衣財眞言 24.제불자

---
177 안진호, 앞의 책, 상권, 250~264쪽.

운운(諸佛者 持呪旣周 云云) 25.수의진언授衣眞言 26.착의진언着衣眞言 27.정의진언整衣眞言 28.출욕참성편(諸佛者 旣周服飾 云云) 29.지단진언指壇眞言 30.가영歌詠 31.산화락散花落 32.인성(南無大聖 引路王菩薩) 33.정중게庭中偈 34.개문게開門偈 35.가지예성편(上來爲 冥道有情 云云) 36.보례삼보普禮三寶 37.행봉성회 운운幸逢聖會 云云 38.법성게法性偈 39.괘전게掛錢偈 40.수위안좌편(諸佛者 上來承佛攝受 云云) 41.안좌게安座偈 42.다게茶偈 43.가지변공편加持變供篇 44.사다라니四陀羅尼 45.선량성호편宣揚聖號篇 46.오여래五如來 47.설시인연편說示因緣篇 48.십이인연진언十二因緣眞言 49.선밀가지편宣密加持篇 50.멸정업진언滅定業眞言 51.해원결진언解寃結眞言 52.주식현공편呪食現功篇 53.사다라니四陀羅尼 54.고혼수향편孤魂受饗篇 55.시귀식진언施鬼食眞言 56.보공양진언普供養眞言 57.참제업장편懺除業障篇 58.참회게/참회진언 59.발사홍편發四弘篇 60.사홍서원四弘誓願 61.원성취진언願成就眞言 62.사사귀정편捨邪歸正篇 63.삼귀의계三歸依戒 64.귀위삼보진언歸依三寶眞言 65.석상호지편釋相護持篇 66.오계五戒 67.지계진언持戒眞言 68.수행육도편修行六度篇 69.육바라밀육바라밀 70.관행게찬편觀行偈讚篇 71.회향게찬편廻向偈讚篇 하단봉송 72.봉송육도편奉送六道篇 73.봉송게奉送偈 74.봉송진언奉送眞言 75.원만회향소圓滿廻向疏 76.보회향진언補廻向眞言 77.운정게雲程偈 78.만시방계滿十方界 云云

② 불교무용 유형

* 바라무 – 18.관욕게바라 28.화의재바라
* 나비무 – X
* 타주무 – X

* 법고무 - X

③ 범패 유형

* 평염불 - 1. 4. 5. 6. 12. 13. 14. 16. 17. 30. 31. 39. 44. 45. 50. 51. 53. 55. 56. 58. 60. 61. 63. 64. 66. 67. 69. 70. 73. 74. 76. 77. 78.
* 안채비 - 2. 3. 7. 8. 9. 10. 11. 15. 18~29. 33~38. 40. 42. 43. 46. 47. 48. 49. 52. 54. 57. 59. 62. 65. 68. 71. 72. 75.
* 홋소리 - 41.
* 짓소리 - 32.
* 화청(회심곡) - X

이상에서 살펴본 바와 같이 하단 소청하위는 78가지로 구성 진행되며, 불교무용은 나비무와 바라무가, 범패는 평염불, 안채비, 홋소리, 짓소리 인성이 사용된다.

2012 러시아 공연, 바라춤

III. 불교의식음악 범패의 구조

제종 의식문 가운데 현재 가장 많이 보편화된 『석문의범釋門儀範』, 『봉원사요집奉元寺要集』, 『작법귀감作法龜鑑』 등과 최근 간행된 『한국불교의례자료총서韓國佛敎儀禮資料叢書』에 전해지고 있는 순서를 바탕으로 그 내용의 의미와 작법진행에 있어서 범패의 악곡을 살펴보겠다.

1. 동음집同音集

범패 짓소리를 표기한 5종의 『동음집同音集』 가운데 먼저 박송암朴松庵 소장所藏의 『옥천범음유향동음집玉泉梵音遺響同音集』에 대하여는, 송암 스님 열반에 즈음하여 "봉원사奉元寺 박송암朴松庵 세존응화삼천일년갑인광월일世尊應化三千一年甲寅胱月日 옥천범음유향玉泉梵音遺響"[178]라는 표제가 쓰인 필사본을 발견하였고, 이후 필사본은 필자의 저서 『불교음악감상』[179]에 수록하여 세간에 처음으로 공개하였다.

『동음집』은 불교의식 진행시 범패승 어장이 바깥채비 짓소리 곡목 옆에 동일한 소리를 표기한 악보집을 말한다. 현존하는『동음집』[180]은 박월운朴雲月 소장 판본『동음집』, 김운공金耘空 소장 판본『동음집』,『옥천유교동음집玉泉遺敎同音集』, 장벽응張碧應 소장 판본『동음집』,[181] 박송암 소장 판본『옥천범음유향동음집』이 전해진다. 이 가운데 짓소리 복원은 "1968년 5월 13일부터 16일까지 봉원사에서 3일 동안 영산재가 진행되면서 김운파金雲坡, 박송암, 장벽응, 김운공, 박운월, 조덕산曹德山, 한제은韓濟恩, 김화담金華潭, 조일파曺一波에 의해 인성, 거령산, 관욕게, 목욕진언, 단정례, 보례, 식령산, 두갑, 오관게, 영산지심, 특사가지 등 11곡의 짓소리가 불려졌음이 확인되고"[182] 이후 "1969년 8월 8일과 13일, 한만영 짓소리 채록 녹음에서 김운파, 박송암, 장벽응, 김운공, 박운월, 조덕산에 의해 거불, 삼남태 등 2곡이 추가되었다." 이후 1995년 10월 19일 필자가 짓소리『동음집』과 관련하여 박송암 범패증언에 의거 삼마하(나무마하반야바라밀), 불상점안시(옴 아훔) 등을 복원하여 현재 15곡의 짓소리가 전승되어온 것으로 밝히고, 기존 어장들에 의해 73곡의 짓소리가 전승되었다는 증언

---

178 2000년 2월1일 서울 신촌 봉원사에서 중요무형문화재 제50호 영산재 보유자 박송암 스님이 열반하였고, 본인과 제자인 김민재, 오숙현 대학원 재학생이 참여하여 스님의 유품을 정리하던 중 상기『동음집』을 접하게 되었다.

179 김응기(법현),『불교음악감상』, 운주사, 2005, 365~374쪽.

180 김응기(법현),『한국의 불교음악』, 운주사, 2005, 61쪽.

181 朴世民,『佛敎儀式資料叢書』卷四, 保京出版社, 1991, 255~277쪽. 朴雲月 所藏 板本『同音集』57곡, 金耘空 所藏 板本『同音集』57곡,『玉泉遺敎同音集』59곡, 張碧應 所藏 板本『同音集』60곡.

182 月刊佛敎編輯部,「梵音・梵唄」,『佛敎界』通卷 12호, 佛敎界社, 1968, 18쪽.

을 뒷받침할 수 있는 근거를 필자의 「범패의 분류 연구1」[183]에서 밝혔다. 즉 박운월 소장 판본『동음집』, 김운공 소장 판본『동음집』,『옥천유교동음집』, 장벽응 소장 판본『동음집』의 네 가지『동음집』의 동음곡을 분석한 결과 총 68곡의 짓소리의 가사와 곡목을 찾아내었고, 이 가운데 영산재 13단계 절차 진행과정에서 사용되는 짓소리는 53곡이 있음을 밝혔다.[184] 이 외 김태곤의 「동음집에 나타난 짓소리 연구」[185]는 현존하는 인성引聲과 거령산擧靈山의 선율을 중심으로 동음의 형태를 분석한 논문이며, 김민정의 「범패 성聲에 대한 연구」는 범패 안채비, 바깥채비, 화청, 회심곡 등 성聲에 대한 연구로서 이 가운데 "짓소리는 한 음을 길게 끄는 장인성長引聲으로, 11도 아래나 8도 아래로 급하강하는 음이 많다. 전체 음역은 G~F"로 14도이고 주요선율의 음역은 A~D'으로 아주 저음이며, 미분음이 많다"[186]고 하여 음의 길이가 길게 끌어 다니는 듯한 장인성長引聲으로 범패 각 선율의 특징에 대하여 연구하였다. 이처럼 짓소리 곡목을 수록한『동음집』은 범패의 전승과 곡목 형태에 대한 중요한 자료로 평가된다. 이에 본고에서는 앞서『동음집』관련 논고와 자료를 중심으로 박송암 소장『옥천범음유향동음집玉泉梵音遺響同音集』에 대한 분석을 통해 기존『동음집』과의

---

[183] 김응기(법현),「범패의 분류연구1 - 재의식 중심으로 - 」,『문화재』제28호, 문화재관리국, 1995.

[184] 김응기(법현),「짓소리 쓰임에 관한 연구 - 영산재를 중심으로 - 」,『불교대학원논총』, 동국대학교, 1997.

[185] 김태곤,『同音集에 나타난 짓소리 연구 - 引聲, 擧靈山의 선율 中心으로 - 』, 동국대 석사논문, 1999.

[186] 김민정(동환),『범패 성聲에 대한 연구 - 영산재 中心으로 - 』, 동국대 석사논문, 2008, 96쪽.

상관관계를 살펴보고자 한다.

1) 박송암 소장『옥천범음유향동음집』

'동음집同音集'이란 어떤 짓소리가 어느 소리와 동일한 소리인지 가사 옆에 동음同音에 해당하는 가사를 적어 놓은, 어장의 필독서이다.

이러한 짓소리는 보통 상주권공, 각배, 영산, 안채비 과정을 거쳐 짓소리 과정에서 배우며, 대략 짧게는 15년 이상, 길게는 30~40년간 소리를 익힌 범패의 최고 승이 주관한다. 1곡당 연주시간이 짧게는 5~15분, 길게는 30분~1시간 가까이 진행되며, 짓소리는 범패의 최고 승을 지칭하는 어장魚丈을 중심으로 대중창大衆唱으로 불려진다. 현재 전승되는 짓소리는 인성, 거령산, 관욕게, 목욕진언, 단정례, 보례, 식영산, 두갑, 오관게, 영산지심, 특사가지, 거불, 삼남태, 삼마하(나무마하반야바라밀), 불상점안시(옴 아훔) 등 15곡이다.[187]

이들 짓소리의 가창 형태는 본 소리에 들어가기 전에 우선 허덜품으로 시작되기도 하며, 짓소리는 한 자 한 자를 규칙적으로 장인長引하며 겹성, 훗성, 자웅성, 상사구성 등의 범패 사성四聲을 사용한다.

현전하는 짓소리 곡목 분석은, 앞서 말한 바와 같이 필자의「범패의 분류연구1」에서 박운월 소장 판본『동음집』, 김운공 소장 판본『동음집』,『옥천유교동음집』, 장벽응 소장 판본『동음집』등 4종의 동음 곡을 분석한 결과 총 68곡[188]의 짓소리 곡목이 있음을 밝혀냈다.

---

[187] 김응기(법현),『불교음악 영산재 연구』, 운주사, 1997, 31쪽.
[188] 김응기(법현),「범패의 분류연구1 -재의식 중심으로-」, 앞의 책, 249~252쪽.

4종의 『동음집』 짓소리의 곡목과 가사는 아래와 같다.

1. 인성인聖(南無大聖引路王菩薩)
2. 거령산擧靈山(南無靈山會上一切 諸佛菩薩 摩伽薩)
3. 관욕게灌浴偈(我今以此香湯水 灌浴孤魂及有情 身心洗滌令淸淨 證入眞空常樂鄕)
4. 목욕진언(옴 바다모 사니사 아모가 아례훔)
5. 거불擧佛(南無極樂導師 阿彌陀佛)
6. 보례普禮(普禮十方無上尊)
7. 특사가지特賜加持
8. 식령산食靈山(南無靈山會上佛菩薩)
9. 삼귀두갑三歸頭匣(志心信禮佛陀耶兩足尊)
10. 단정례單頂禮(一心頂禮十方常住佛法僧)
11. 영산거불靈山擧佛(南無極樂導師阿彌陀佛 南無靈山敎主釋迦牟尼佛)
12. 삼남테三南馱(옴 아라남 아라다 志心歸命禮)
13. 오관게五觀偈(計功多小量彼來處 應受此食)
14. 삼례청三禮請(一心頂禮南無盡虛空徧法界十方常住一切佛陀耶衆)
15. 옹호게擁護偈(報禎祥)
16. 사부청四部請(已發菩提一切聖衆)
17. 일체공경一切恭敬
18. 자민고慈愍苦

범패 중흥조, 박송암 큰스님

19. 시제중등是諸衆等(是諸衆等 各各胡跪 嚴持香花 如法供養 十方法界三寶)

20. 각집게各執偈(願此一身化多神 一一身出 百千手 各執香花燈茶菓 供養靈山諸佛陀)

21. 가영歌詠(四顧無人法不傳 鹿園鶴樹兩茫然 朝朝大士生浮世 處處明星現碧天)

22. 인연자성因緣自性(因緣自性所出生)

23. 유원자비 애납수惟願慈悲哀納受(哀納受)

24. 옴아훔아해

25. 오불례五佛禮(나무청정법신비로사나불)

26. 삼마하三摩訶(南無摩訶般若波羅密)

27. 대삼보례大三寶禮(我今普禮十方佛)

28. 삼정례三頂禮(一心頂禮 上來奉請十方常住一切佛陀耶衆)

29. 오사례五師禮(一心奉請龍種本師釋迦牟尼佛)

30. 모단찬牡丹讚(買獻龍華會)

31. 별례청別禮請

    (一心豫請 南無住도率降王宮 八相成道 本師 釋迦牟尼佛)

    (一心禮請南無摩竭國海印定七日 掩關本師釋迦牟尼佛)

    (一心禮請南無靈鷲山來會 粘花示衆本師釋迦牟尼佛)

32. 원불축願佛祝(無量壽佛 大皇帝階下壽萬歲 藥師如釋迦如來來皇太子殿下壽萬歲消*障 菩薩 干戈息靜民安樂 熾盛光如來 天下太平法輪轉)

33. 삽향게揷香偈(心香一炷起雲峰 直下清霽*碧空 仰請佛法僧三寶 降臨千葉寶蓮坮)

34. 가지게加持偈(以此加持 妙供具 供養十方諸佛陀)

35. 특신공양特伸供養

36. 거불(南無彌陀會上佛菩薩, 南無華嚴會上佛菩薩 南無摩訶 會上佛菩薩)

37. 팔상八相(南無三界四生父釋迦牟尼佛)

38. 사방주四方呪(옴 阿摩羅訶)

39. 산화락散花落

40. 가영歌永(一葉紅蓮 在海中 碧波深處現神通 昨夜寶陀觀自在 今日降赴 道場中)

41. 오공양五供養(香供養 燃香供養 不捨慈悲受此供養)

42. 도량게道場偈(道場淸淨 無瑕穢)

43. 사무량게四無量偈-대자례大慈禮(大慈大悲愍衆生 大喜大捨諸含識 相好光明以自嚴)

44. 지반지심志盤至心(至心歸命禮 十方法界諸佛法常住三寶)

45. 고아게故我偈(故我一心歸命頂禮)

46. 고향게告香偈(香烟偏覆三千界,惟願三寶大慈悲)

47. 개계후성開啓後聲 - 상부개계祥夫開啓(成牛淨土)

48. 대개계후성大開啓後聲 - 영산개계靈山開啓(一眞之淸淨)

49. 진령게振鈴偈(以次振鈴伸召請)

50. 향화게香花偈(願降道場受此供養)

51. 민정례愍頂禮(一心頂禮十方常住三寶)

52. 멸신업죄滅身業罪

53. 영산지심靈山志心(至心歸命禮 靈山會上 拈花示衆 是我本師 釋迦牟尼佛)

54. 영축게靈鷲偈(靈鷲拈華示上機 付與誰)

55. 운하범云何梵

56. 원수애납수(哀納受)

57. 등게燈偈(燃香偈)(戒定慧解知見香 偏十方利常芬馥 願此香烟亦如是 熏現自他五分身)

58. 대삼보례大三寶禮(我今寶禮常住佛)

59. 종성鐘聲-願此鐘聲遍法界

60. 오자게五字偈 - 옴 살바못다 달마승가람 남모 소도제(豫修齋普禮三寶篇)

61. 관욕게灌浴偈-옴 제사제사 승가 사바하(豫修召請聖位篇)

62. (옴아훔)

63. 회향게廻向偈(普願衆生苦輪海 摠令除熱得淸凉 皆發無上菩提心 同出愛河登彼岸)

64. 걸수성乞水聲

65. 신중창불神衆唱佛(奉請二十五位萬事吉祥護戒大神)

66. 운심게運心偈(願此香共遍法界 普共無盡三寶海 慈悲受供增善根 令法住世報佛恩)

67. 원아게願我偈(願我 今日齋者 某人伏爲 所薦亡 某人靈駕 當靈伏爲 上逝先亡 師尊父母 列位靈駕 往生西方 安樂刹)

68. 욕건이欲建而(欲建曼拏羅 先誦 淨法界 眞言 옴 남)

2) 『옥천범음유향동음집』 원문

『옥천범음유향동음집玉泉梵音遺響同音集』의 첫째 장(사진 5 참조)은 "박송암 세존응화삼천일년갑인광월일 옥천범음유향동음집朴松庵 世尊應化三千一年甲寅胱月日 玉泉梵音遺響同音集"이라 표기되었고, 총 5장 10페이지에 걸쳐 원문과 현재 의식 진행시 불리어지는 범패 가사가

292

표기되어 있다.

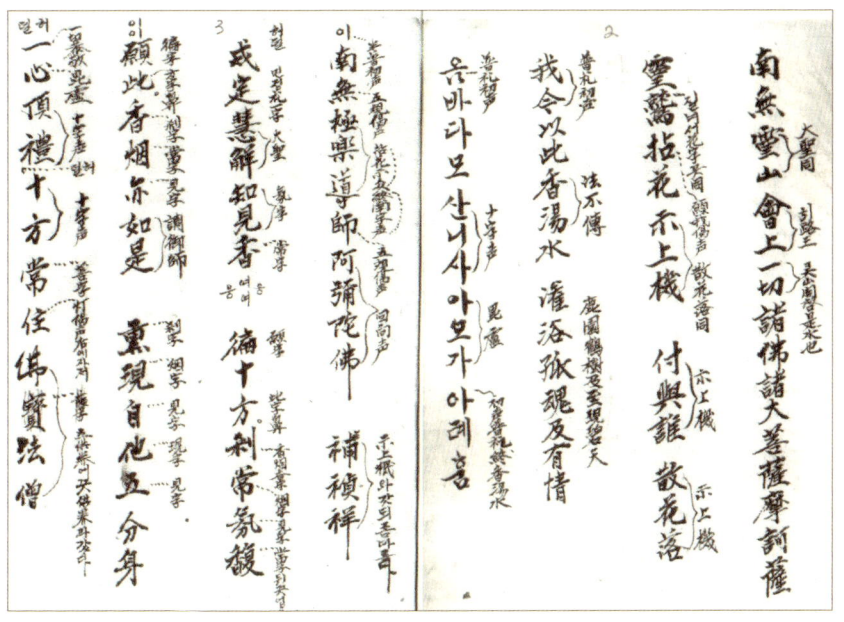

〈사진 1〉 동음집 2~3쪽

상기 〈사진 1〉의 2~3쪽을 분석한다.

(1) 첫째 줄 원문

南無靈山會上一切諸佛諸大菩薩摩訶薩

분석: 짓소리 거령산擧靈山 '나무영산南無靈山'은 짓소리 곡목 인성 引聖(南無大聖引路王菩薩)에서 인성引聲과 동일하며, '회상會上' 소리 는 인성引聲 가운데 (引路王) 소리와 동일하며 '일체一切' 소리는 영 산재 진행시 개게의 시수야 소리와 동일함을 표기하였다.

'나무영산회상일체제불제대보살마하살南無靈山會上一切諸佛諸大菩薩 摩訶薩'은 짓소리 거령산, 인성, 영산 개게소리 일부와 동일하다고 보았다.

거령산(南無靈山會上一切諸佛諸大菩薩摩訶薩)은 현재 전승되고 있다.

(2) 둘째 줄 원문

靈鷲拈華 付與誰 散花落

분석: '영축靈鷲'에서 축鷲은 질러서 염화拈華 끝소리와 동일하다.

'부여수付與誰'는 시상기示上機와 동일하다.

'산화락散花落'은 시상기와 동일하다.

둘째 단락은 각기 다른 3곡의 짓소리가 표기되어 있다.

상기 3곡은 전승되지 않는다.

(3) 셋째 줄 원문

我今以此香湯水 灌浴孤魂及有情

분석: 관욕게 '아금我今' 소리는 보례초성普禮初聲과 동일하며, '이차향탕수以此香湯水'에서 향탕수는 법부전法不傳 소리와 동일하다. '관욕고혼급유정灌浴孤魂及有情' 소리는 비원학수毘園鶴樹 소리와 같다. 관욕게灌浴偈(我今以此香湯水 灌浴孤魂及有情 身心洗滌令淸淨 證入眞空常樂鄕)는 현재 전승되고 있다.

(4) 넷째 줄 원문

옴 바다모 사니사 아모가 아례훔

분석: '옴'자 소리는 보례초성普禮初聲으로 하며, '바다모 사니사' 가운데 사니사는 십十자 성聲으로 '아모가'는 '비로毘盧' 소리로 '아례훔'은 초성보례초종향탕수初聲普禮初終香湯水 소리와 같다.

즉 11곡의 짓소리 목욕진언沐浴眞言(옴 바다모 사니사 아모가 아례훔)만 표기되었다.

목욕진언(옴 바다모 사니사 아모가 아례훔)은 현재 전승되고 있다.

(5) 다섯째 줄 원문

南無極樂導師阿彌陀佛 補禎祥

분석: '나무극락도사아미타불南無極樂導師阿彌陀佛'의 영산거불靈山擧佛 곡목이다.

'보정상補禎祥'은 시상기示上機와 같되 좀 다르다. 보정상은 옹호게擁護偈(八部金剛護道場 空神速赴報天王 三界諸天咸來集 如今佛刹 補禎祥)에 나오는 소리이다. 즉 2곡의 짓소리 곡목을 표기하고 있다.

영산거불(南無極樂導師阿彌陀佛)은 현재 전승되고, 보정상은 옹호게(八部金剛護道場 空神速赴報天王 三界諸天咸來集 如今佛刹 補禎祥) 가운데 보정상 일부 소리만 반짓소리로 전승된다.

(6) 여섯째 줄 원문

연향게燃香偈

戒定慧解知見香 遍十方刹常氛馥

분석: 허덜품 시작으로 '계정戒定'은 민정례愍頂禮와 동일하고 '혜해慧解'는 인성의 대성大聖과 동일하며, '지견知見'은 분芬과, '향香'자는 상常자字와 동일하다. '변遍'은 원願자와 동일하며 '시방十方'에서 '방方'은 차此자와, '찰刹'은 향연향香燃香자와, '상常'은 연烟자와, '분氛'은 견見자와, '복馥'은 상常자와 같은 소리이다.

이 곡목은 전승되지 않는다.

(7) 일곱째 줄 원문

願此香烟亦如是 熏現自他五分身

분석: '원願'자는 편偏자와, '차此'자는 방자비성方字鼻聲으로, '향香'자는 찰찌자, 연烟자는 상常자와, '역亦'자는 견見자와, '여시如是'는 조어사調御士와, '훈熏자'는 찰찌자와, '현現'자는 상常자와, '자自'자는 견見자와, '타他'자는 현現자와, '오五'자는 견見자와 동일하며, 그 외 분신分身이 있다.

이 곡목은 전승되지 않는다.

(8) 여덟째 줄 원문

단정례單頂禮

一心頂禮十方常住佛法僧

분석: '일一'은 일체공경一切恭敬과 동일하며, '심心'은 비로毘盧와, '정례頂禮'는 십자성十字聲과, 그리고 허덜품 후 '시방十方'은 십자성, '상常'자는 보살자로, '주住'자는 게성 후에 자추려서, '불법승佛法僧'은 시자 오공양의 끝 공양 소리와 같다.

이 곡목은 전승된다.

다음으로 〈사진 2〉의 4~5쪽을 분석한다.

(1) 첫째 줄 원문

一心頂禮十方常住三寶

분석: 현존하는 짓소리 단정례單頂禮(一心頂禮十方常住三寶) 곡목이다.

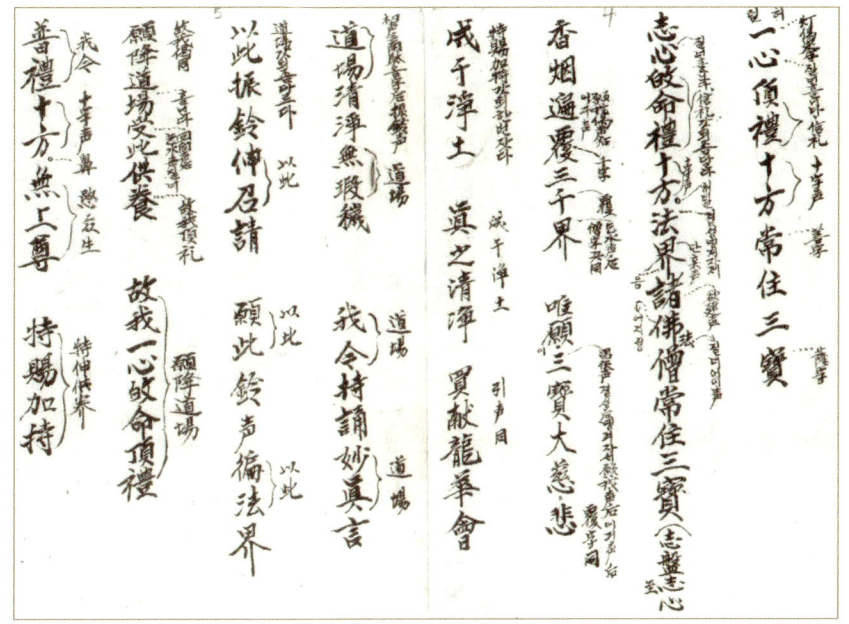

〈사진 2〉 동음집 4~5쪽

이 곡목은 전승되지 않는다.

(2) 둘째 줄 원문

志心歸命禮十方法界諸佛僧常住三寶

분석: 현재 병엄불곡 지빈지심志盤志心(志心歸命禮十方法界諸佛僧常住三寶) 곡목이다. 이 곡목은 전승되지 않는다.

(3) 셋째 줄 원문

香烟偏覆三千界, 惟願三寶大慈悲

분석: 현재 홋소리 고향게告香偈(香煙遍覆三千界 定慧能開八萬門 唯願三寶大慈悲 聞此信香臨法會)의 1구와 3구 곡목이다. 이 곡목은 전승

되지 않는다.

(4) 넷째 줄 원문

成于淨土, 眞之淸淨, 買獻龍華會

분석: '성우정토成于淨土'는 상주권공 개게의 끝 게송이다. '진지청정眞之淸淨'은 영산 개게 끝 게송이다. '매헌용화회買獻龍華會'는 각배재 모란찬 구절이다. 상기 3곡은 전승되지 않는다.

(5) 다섯째 줄 원문

道場淸淨無瑕穢, 我今持誦妙眞言

분석: '도량청정무하례道場淸淨無瑕穢'는 상주권공 도량게道場偈 1구, '아금지송묘진언我今持誦妙眞言'은 3구 게송이다. 이 곡목은 전승되지 않는다.

(6) 여섯째 줄 원문

以此振鈴伸召請, 願此鈴聲偏法界

분석: 현재 평염불인 진령게振鈴偈(以此振鈴伸召請 今日靈駕普聞知 願此鈴聲偏法界 今日今時來赴會)의 1구와 3구 게송이다. 이 곡목은 전승되지 않는다.

(7) 일곱째 줄 원문

願降道場受此供養, 故我一心歸命頂禮

분석: 상주권공 상단권공시 내림게바라 태징을 반주하기에 앞서서 '원강도량수차공양願降道場受此供養'을 평염불로 하고 내림게바라

혹은 가영을 마친 후 고아게(故我一心歸命頂禮) 게송을 평염불 혹은 훗소리로 한다. 이 곡목은 짓소리로 전승되지 않는다.

(8) 여덟째 줄 원문

普禮十方無上尊, 特賜加持

분석: 영산재 시련의식 진행시 짓소리 보례普禮(普禮十方無上尊)와 상단권공의 짓소리 특사가지特賜加持 두 곡 모두 짓소리로 전승된다. 상기 2곡 모두 전승된다.

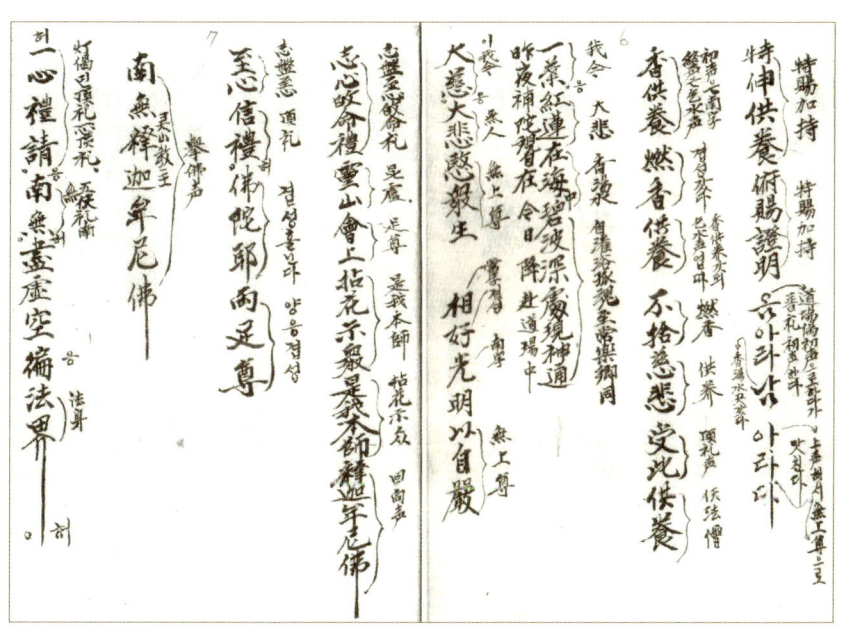

〈사진 3〉 동음집 6~7쪽

다음으로 〈사진 3〉의 6~7쪽을 분석한다.

(1) 첫째 줄 원문

特伸供養 俯賜證明 옴 아라남 아라다

분석: '특신공양特伸供養'은 각배재 상단권공 훗소리이고, '부사증명俯賜證明'은 각배 훗소리이며, '옴아라남 아라다'는 삼남태 곡목이다.

상기 3곡은 전승되지 않는다. 하지만 특사가지特賜加持와 동일함이 표시되어 복원 가능하다.

(2) 둘째 줄 원문

香供養 燃香供養 不捨慈悲受此供養

분석: '향공양香供養 연향공양燃香供養 불사자비수차공양不捨慈悲受此供養'은 오공양五供養 훗소리 곡목이다. 이 곡은 전승되지 않는다.

(3) 셋째 줄 원문

一葉紅蓮在海中 碧波深處現神通

분석: '일엽홍연一葉紅蓮 재해중在海中 벽파심처현신통碧波深處現神通'은 가영歌泳 훗소리 곡목이다. 이 곡은 전승되지 않는다.

(4) 넷째 줄 원문

昨夜寶陀觀自在 今日降赴道場中

분석: '일엽홍연一葉紅蓮 재해중在海中 벽파심처현신통碧波深處現神通'에 이어지는 '작야보타관자재昨夜寶陀觀自在 금일강부도량중今日降赴道場中'도 가영歌泳 훗소리 곡목이다. 이 곡은 전승되지 않는다.

(5) 다섯째 줄 원문

大慈大悲愍衆生 相好光明以自嚴

분석: '대자대비민중생大慈大悲愍衆生 (大喜大捨諸含識) 상호광명이 자엄相好光明以自嚴 (衆等志心歸命頂禮)'은 사무량게四無量偈 - 대자례 大慈禮 1. 3구 평염불 게송이다. 이 곡은 전승되지 않는다.

(6) 여섯째 줄 원문

至心歸命禮 靈山會上 拈花示衆 是我本師 釋迦牟尼佛

분석: '지심귀명례 영산회상 염화시중 시아본사 석가모니불至心歸 命禮 靈山會上 拈花示衆 是我本師 釋迦牟尼佛'은 영산재 괘불이운시 불 리는 짓소리 영산지심靈山志心이다. 이 곡은 전승된다.

(7) 일곱째 줄 원문

志心信禮佛陀耶兩足尊

분석: '지심신례불타야양족존志心信禮佛陀耶兩足尊'은 삼귀두갑三歸 頭匣의 짓소리이다. 이 곡은 전승된다.

(8) 여덟째 줄 원문

南無釋迦牟尼佛

분석: '나무석가모니불南無釋迦牟尼佛'은 거불로 평염불로 진행된다. 이 곡은 전승되지 않는다. 하지만 '영산거불 나무극락도사아미타 불'과 동일할 경우 복원이 가능하다.

(9) 아홉째 줄 원문

一心頂禮南無盡虛空偏法界

분석: 삼례청三禮請(一心頂禮南無盡虛空偏法界 十方常住一切佛陀耶衆)은 현재 홋소리로 진행된다. 상기 3곡 모두 전승되지 않는다.

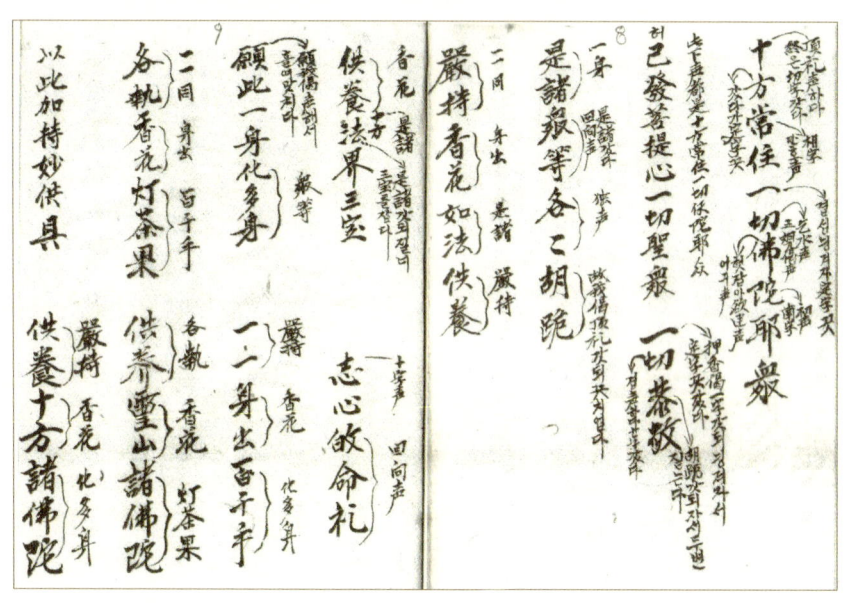

〈사진 4〉 동음집 8~9쪽

〈사진 4〉의 8~9쪽을 분석한다.

(1) 첫째 줄 원문

十方常住一切佛陀耶衆

분석: 앞의 삼례청(一心頂禮南無盡虛空偏法界 十方常住一切佛陀耶衆)의 후렴구 짓소리 곡목이다.

(2) 둘째 줄 원문

已發菩提一切聖衆, 一切恭敬

분석: '이발보리일체성중已發菩提一切聖衆'은 영산재 상단권공 홋소리 사부청四部請 곡목이다. '일체공경一切恭敬'은 영산재 상단권공 홋소리 일체공경 곡목이다.

(3) 셋째 줄 원문

是諸衆等 各各胡跪

분석: '시제중등 각각호궤是諸衆等 各各胡跪'는 평염불 시제중등 곡목(是諸衆等 嚴持香花 如法供養 十方法界三寶)이다.

(4) 넷째 줄 원문

嚴持香花 如法供養

분석: '엄지향화 여법공양嚴持香花 如法供養'은 시제중등 곡목(是諸衆等 嚴持香花 如法供養 十方法界三寶)이다. 이 곡은 전승되지 않는다.

(5) 다섯째 줄 원문

供養法界三寶, 志心歸命禮

분석: '공양법계삼보供養法界三寶'와 '지심귀명례志心歸命禮'의 상기 2곡은 전승되지 않는다.

(6) 여섯째 줄 원문

願此一身化多神, 一一身出百千手

분석: '원차일신화다신願此一身化多神, 일일신출백천수一一身出百千

手'는 홋소리 각집게各執偈(願此一身化多神 一一身出 百千手 各執香花 燈茶菓 供養靈山諸佛陀)의 1. 2구 곡목이다.

이 곡은 전승되지 않는다.

(7) 일곱째 줄 원문

各執香花燈茶菓 供養靈山諸佛陀

분석: '각집향화등다과 공양영산제불타各執香花燈茶菓 供養靈山諸佛陀'는 앞의 각집게 곡목 가사이다. 이 곡은 전승되지 않는다.

(8) 여덟째 줄 원문

願此一身化多神 一一身出 百千手 各執香花燈茶菓 供養靈山諸佛陀

분석: '원차일신화다신 일일신출 백천수 각집향화등다과 공양영산제불타願此一身化多神 一一身出 百千手 各執香花燈茶菓 供養靈山諸佛陀'는 홋소리 각집게 3. 4구 곡목이다. 이 곡은 전승되지 않는다.

(9) 아홉째 줄 원문

以此加持 妙供具, 供養十方諸佛陀

분석; '이차가지 묘공구, 공양시방제불타以此加持 妙供具, 供養十方諸佛陀'는 홋소리 가지게加持偈(以此加持 妙供具 供養十方諸佛陀) 곡목이다. 이 곡은 전승되지 않는다.

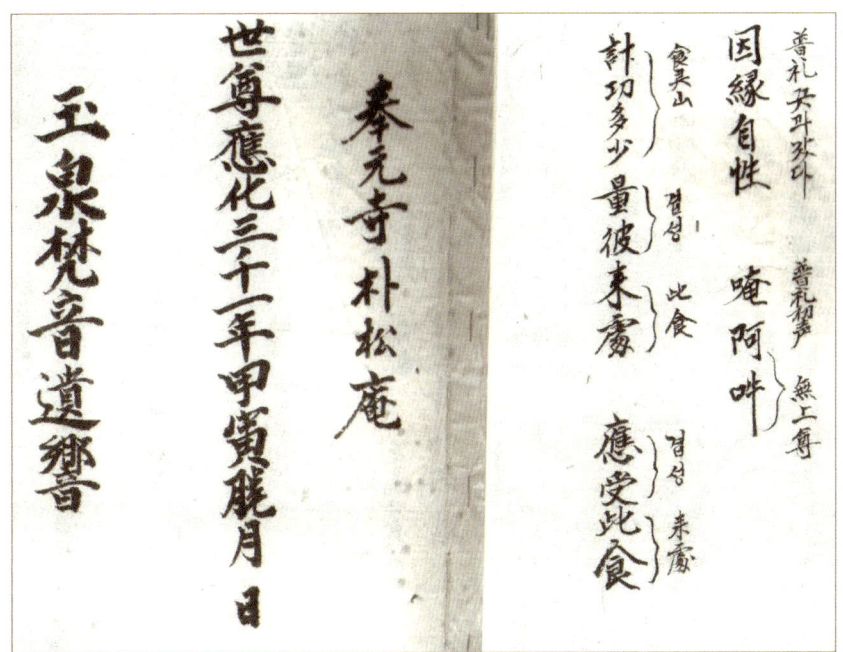

〈사진 5〉 동음집 9쪽~표지

〈사진 5〉의 9~표지를 분석한다.

(1) 첫째 줄 원문

因緣自性 옴아훔

분석: '인연자성因緣自性 옴아훔'은 불상점안시 불리는 짓소리이다. 상기 2곡 가운데 인연자성은 전승되지 않지만, 옴아훔은 불상점안시 불린다.

(2) 둘째 줄 원문

計功多小量彼來處 應受此食

분석: '계공다소양피래처 응수차식 計功多小量彼來處 應受此食'은 영산

Ⅲ. 불교의식음악 범패의 구조 305

재 식당작법시 불리는 오관게五觀偈(計功多小量彼來處 應受此食) 곡목이다. 이 곡은 짓소리로 불려진다.

(3) 셋째 줄 원문

朴松庵 世尊應化三千一年甲寅朏月日 玉泉梵音遺響同音集

분석: 상기의 『동음집』 곡목 가운데 짓소리로 불려지는 특사가지 特賜加持는 특신공양特伸供養과 부사증명府賜證明과 동일함을 표기하고 있어 복원 가능하다. 또한 짓소리 거불擧佛(南無極樂導師 阿彌陀佛)은 영산거불靈山擧佛(南舞釋迦牟尼佛)과 동일할 경우 복원 가능하다.

3) 『옥천범음유향동음집』 분석 짓소리 곡목

  1. 거령산擧靈山(南無靈山會上一切諸佛菩薩 諸大菩薩 摩訶薩)

  2. 영축게靈鷲偈(靈鷲拈華示上機 付與誰)

  3. 산화락散花落(散花落)

  4. 관욕게灌浴偈(我今以此香湯水 灌浴孤魂及有情 身心洗滌令清淨 證入眞空常樂鄉)

  5. 목욕진언沐浴眞言(옴 바다모 사니사 아모가 아례훔)

  6. 거불擧佛(南無極樂導師 阿彌陀佛)

  7. 옹호게擁護偈(報禎祥)

  8. 등게燈偈(燃香偈)(戒定慧解知見香 偏十方刹常芬馥 願此香烟亦如是 熏現自他五分身)

  9. 단정례單頂禮(一心頂禮十方常住佛法僧)

  10. 민정례愍頂禮(一心頂禮十方常住三寶)

11. 지반지심志盤至心(至心歸命禮 十方法界諸佛法常住三寶)

12. 고향게告香偈(香烟偏覆三千界,惟願三寶大慈悲)

13. 개계후성開啓後聲 - 상부개계祥夫開啓(成牛淨土)

14. 대개계후성大開啓後聲 - 영산개계靈山開啓(一眞之淸淨)

15. 모단찬牡丹讚(買獻龍華會)

16. 도량게道場偈(道場淸淨 無瑕穢 我今持誦妙眞言)

17. 진령게振鈴偈(以次振鈴伸召請, 願此鈴聲偏法界)

18. 원강도량수차공양願降道場受此供養

19. 고아게故我偈(故我一心歸命頂禮)

20. 보례普禮(普禮十方無上尊)

21. 특사가지特賜加持

22. 특신공양特伸供養

23. 부사증명府賜證明

24. 삼남태三南馱(옴 아라남 아라다)

25. 오공양五供養(香供養 燃香供養 不捨慈悲受此供養)

26. 가영歌永(一葉紅蓮 在海中 碧波深處現神通 昨夜寶陀觀自在 今日降赴 道場中)

27. 사무량게四無量偈 - 대자례大慈禮 - 대자대비민중생大慈大悲愍衆 生 상호광명이자엄相好光明以自嚴(大慈大悲愍衆生 大喜大捨諸含識 相 好光明以自嚴 衆等志心歸命頂禮)

28. 지심귀명례 영산회상 염화시중 시아본사 석가모니불至心歸命禮 靈山會上 拈花示衆 是我本師 釋迦牟尼佛

29. 삼귀두갑三歸頭匣(志心信禮佛陀耶兩足尊)

30. 영산거불靈山擧佛(南無靈山敎主釋迦牟尼佛)

31. 삼례청三禮請(一心頂禮南無盡虛空偏法界十方常住一切佛陀耶衆)

32. 사부청四部請(已發菩提一切聖衆)

33. 일체공경一切恭敬(一切恭敬)

34. 시제중등是諸衆等(是諸衆等 各各胡跪 嚴持香花 如法供養 十方法界 三寶)

35. 영산지심靈山志心(至心歸命禮 靈山會上 拈花示衆 是我本師 釋迦牟尼佛)

36. 각집게各執偈(願此一身化多神 一一身出 百千手 各執香花燈茶菓 供養 靈山諸佛陀)

37. 가지게加持偈(以此加持 妙供具 供養十方諸佛陀)

38. 인연자성因緣自性(因緣自性所出生)

39. 오관게五觀偈(計功多小量彼來處 應受此食)

40. 옴아훔 - 불상점안시

이상에서 본 바와 같이 '박송암 세존응화삼천일년갑인광월일 옥천 범음유향동음집'에는 총 40곡의 짓소리 가사와 곡목이 있음을 알 수 있다.

4) 박송암 스님 행장

    1915년 10월 14일 서울 신촌 봉원사 출생(속명, 박희덕)

    1933년 영진불교전문강원 대교과 수료 및 경성상업학교 졸업

    1933년 박운허 스님을 은사로 봉원사에서 출가

    1933년 범패 중흥조 월하月河 스님으로부터 범패 전수

    1968년 옥천 범음회 결성 범패 강의

1973년 11월 5일 중요무형문화재 제50호 범패 보유자

1987년 11월 7일 중요무형문화재 제50호 영산재 보유 단체로 지정 영산재보존회 총재 추대

1994년 9월 3일 영산재보존회 부설 범음대학설립 초대 학장 역임

1994년 10월 10일 옥관문화훈장 수상

1995년 범패, 영산(안채비소리 14과목) 체계적 강의

1996년 범패(짓소리 15곡) 강의

2000년 2월 1일 서울 신촌 봉원사 운수각에서 새벽예불 후 세수 86세, 법랍 67세로 입적

경성 무용전문학교 강사 역임

동국대, 이화여대, 청주대 강의

태국 국왕초청 문화교류 불교음악 및 무용 시연

베를린 음악제 초청 영산재 시연

유럽, 미주, 동남아 불교음악 및 무용 순회공연

송암 회상에서 범패를 배운 제자로 구해, 일운, 송강, 기봉, 동주, 동희, 고산, 효성, 인각, 능화, 원허, 운봉, 성오, 법현, 호산 스님, 그 외 영산재보존회 및 수많은 스님들이 그의 가르침을 받았다.[189]

5) 박송암 스님 『동음집』 분석

현재 출판된 단행본 가운데 박세민의 『불교의식자료총서』의 4종 동음집에 따르면 운월 스님 소장본에는 57곡, 운공 스님 소장본에 57곡, 『옥천유교동음집』에 59곡, 벽응 스님 소장본에 60곡의 짓소리 곡명이

---

[189] 법현, 한국의 범패시리즈, 『송암 스님 범패 시리즈 1~5집』, 「상주권공」 해설집』, 아세아레코드사, 2001, 45쪽.

기록된 것을 알 수 있으며, 4종 동음집을 분석하여 68곡의 짓소리 가사를 찾아냈다. 이 가운데 필자(법현)의 단행본인 『불교음악감상』에 수록된 박송암 소장 『옥천범음유향동음집』의 분석 결과, 앞에서 살펴본 것과 같이 40곡의 짓소리가 수록되어 있음을 확인할 수 있었다.

중요무형문화재 제50호 영산재는 범패, 작법, 장엄 구성으로 진행된다.

범패는 안채비, 바깥채비 홋소리, 짓소리, 화청과 회심곡과 작법으로 바라무, 나비무 법고무, 타주무와 장엄의 구성으로 13단계 절차로 진행된다.

이 가운데 박송암 소장 『옥천범음유향동음집』에 수록된 짓소리 곡목은 현행 영산재에서 전승되어지는 인성引聲, 거불擧佛, 관욕게灌浴偈, 목욕진언沐浴眞言, 거령산擧靈山, 영산지심靈山志心, 삼귀두갑三歸頭匣, 육거불六擧佛, 삼남태三南駄, 특사가지特賜加持(久遠劫中 시작 전에 불리는 志心歸命禮), 오관게五觀偈, 식영산食靈山과 반짓소리는 옹호게擁護偈(시련시), 옹호게(신중작법시), 괘불이운시 옹호게 등 현재 3곡이 수록되어 있다. 하지만 특사가지는 특신공양特伸供養과 부사증명府賜證明과 동일함을 표기하고 있어 복원이 가능하며, 이 외 거불擧佛(南無極樂導師 阿彌陀佛)은 영산거불靈山擧佛(南舞釋迦牟尼佛)과 동일할 경우 추가로 3곡의 짓소리 복원이 가능하다.

현전하는 5권의 『동음집』에 68곡 짓소리 곡목과 가사는 영산재 의식 진행에서 13곡, 이 외 불상점안시 옴 아훔, 삼마하(나무마하반야바라밀) 2곡 등 총 15곡만이 전승되고 있다. 박송암 소장 『옥천범음유향동음집』 분석과 더불어 일부 짓소리에 대한 복원화의 가능성을 엿볼 수 있다.

2. 재의식 진행시 각종 소疏에 대한 해제

안진호의 『석문의범』에 보이는 소疏는 재齋의식 진행시 권공에 대한 사유를 밝히는 글로서 소疏는 영산재, 상주권공재, 각배재, 수륙재, 생전예수재의식 진행과정에서 한자의 사성을 바탕으로 안채비성으로 진행한다. 이러한 의식 진행시 소疏의 형태는 상단소, 중단소, 하단소 등 삼단작법으로 안채비를 전문적으로 익힌 범패승에 의해 전승되며, 소疏의 해제를 위한 저본 의례문은 제반 의식집 가운데 『석문의범』[190]에는 대령소, 건회소, 개계소, 대회소, 삼보소, 상단소, 시왕소, 사자소, 행첩소, 소청명위소, 함합소, 개통오로소, 소청성위소, 소청중위소, 소청하위소, 원만회향소, 풍백우사소 등 17종류의 소疏가 있다. 이 가운데 풍백우사소風伯雨師疏[191]를 제외한 16종의 소疏를 중심으로 상주권공재, 각배재, 생전예수재, 수륙재, 영산재 의식에서의 쓰임을 중심으로 해서 본고에서는 16종만을 고찰의 대상으로 한다.

의식 절차시 소疏는 법회를 건립하게 된 동기 및 발원發願의 취지 등을 담고 있는 것으로 불·보살·명왕·사자 등에게 올리게 되며, 부처님의 가르침을 잡을 법주가 의식 순서에 따라 소청疏請한다. 소청하

---

[190] 안진호, 앞의 책.
[191] 안진호, 앞의 책, 하권, 43쪽. "風伯雨師疏宣疏 修設大會疏 聞 佛慧施彰 功溥及 於幽顯 僧田資祐 福廣利乎存亡 恒兼神德威光 勝事方堺 成遂 爰有某處某人 修設天地冥陽 水陸道場 所伸意者 伏爲云云以今日某日 開啓 至 某日滿散 共 三晝夜 當所持此 情意 謹依設醮儀式 將欲開啓法事 必先 仗於神聰 是以嚴備香花 珍食供養之儀 謹請雨師風伯 電母雷公 並從拳屬等衆 右伏以 淳風和氣 甘澤清凉 及萬物 有生成之攻 安國界 無崩摧之患 今崇法會 普濟幽冥 望降香壇 滿慰檀那 之願 暫停風雨 同垂利物之心 願臨法席 俯納微誠 謹疏."

는 그 대상은 소疏를 적은 봉투 전면에 적혀 있으며 소疏를 맡은 법주 스님은 먼저 피봉식을 한 후 피봉지는 오른쪽 어깨 위에 올린 후 대회 大會[192]에 관하여 안채비 소성疏聲 형식, 한자의 사성체계 형식으로 글을 촘촘히 읽어 내려간다.[193] 그 후 맨 마지막 소의 글귀를 마치면서 병법사문의 이름을 밝힌다.

소성과 더불어 안채비는 대체로 경문에 해박한 지식이 있는 본사의 승법이나 법주가 진행하는데, 권공하는 사연을 탄백하는 것으로 4.6 구체 형식과 산문 형식의 문장으로 되어 있다.[194]

1) 대령소對靈疏

召請文疏 拜獻三代 家親等衆 釋迦如來 遺敎弟子 奉行加持 秉法沙
소청문소 배헌삼대 가친등중 서가여래 유교제자 봉행가지 병법사

門 謹疏 修設大會疏
문 근소 수설대회소

盖聞 生死路暗 憑佛燭而可明 苦海波深 仗法船而可渡 四生六道 迷
개문 생사노암 빙불촉이가명 고해파심 장법선이가도 사생육도 미

眞則 似蟻巡環 八難三途 恣情則 如蠶處繭 傷嗟生死 從古至今 未悟
진칙 사의순환 팔난삼도 자정칙 여잠처견 상차생사 종고지금 미오

心源 那能免矣 非憑佛力 難可超昇 娑婆世界云云 今則 天風肅靜 白
심원 나능면의 비빙불력 난가초승 사바세계운운 금즉 천풍숙정 백

日明明 夜漏沈沈 專列香花 以伸迎請 南無一心奉請 大聖引路王菩
일명명 야누침침 전열향화 이신영청 나무일심봉청 대성인로왕보

---

192 대회大會: 많은 대중이 모인 큰 법회나 의식.
193 김응기(법현), 『한국의 불교음악』, 운주사, 2005, 72쪽.
194 김응기(법현), 『불교음악감상』 운주사, 2005, 12쪽.

薩摩訶薩 右伏以 一靈不昧 八識分明 歸屬道場 領霑功德 陳寃宿債
살마하살 우복이 일령불매 팔식분명 귀계도량 영점공덕 진원숙채

應念頓消 正覺菩提 隨心便證 謹疏 佛紀 年 月日秉法涉門 謹疏[195]
응념돈소 정각보리 수심변증 근소 불기 년 월일병법섭문 근소

글로써 소청하나니 삼대 가친 여러 어른께 절하고 올리나이다. 서가여래 유교제자로 재를 봉행하는 병법사문은 삼가 아뢰옵나이다. 듣자옵건대 생사의 길은 어두워서 부처님의 광명을 의지하여야 밝힐 수 있다고 하셨습니다. 중생들의 번뇌의 바다는 그 물결이 깊어서 부처님의 법선을 의지하여 가히 사생육도 중생을 제도하며 참된 성품을 미한즉 쳇바퀴 안에서 나올 줄 모르고 돌고 돌아 중생이 팔난과 삼도 속에서 맴도는 개미와 같으니, 자정(恣情, 제멋대로 구는 것)함은 누에가 줄을 치어 집을 짓고 그 속에서 죽는 것과 같습니다. 가련한 생사의 되풀이는 예부터 오늘에 이르기까지 그칠 줄 모르니 마음의 근원을 깨닫지 못하고서 어찌 면할 수 있겠습니까. 오늘 이 자리에는 발원재자의 주소 ○○○그의 부모 혹은 친족 ○○○ 영가의 사후 49일 혹은 100일재를 맞아 부처님의 위신력으로 왕생극락을 발원코자 법식을 마련하고 향과 꽃과 과일 등 공양구를 장만하여 대성 인로왕보살님을 청해 모시니, 본래의 서원을 잊지 마시고 이 도량에 강림하시어 이 공덕을 굽어 감응하옵고, 영가의 앞길을 밝게 인도하여 주옵소서.

그리하여 한 생각 매이지 않고 팔식八識이 분명하여 부처님의 품안에서 풍성한 공덕을 누리고 묵은 업장, 쌓은 업 모두 소멸하여 정각

---

[195] 안진호, 앞의 책, 하권, 56쪽.

안채비 대령소

보리의 법을 깨달아 무생법인을 얻도록 힘을 베풀어 주옵소서.

대령소對靈疏는 상주권공재, 각배재, 영산재, 수륙재, 생전예수재의 하단작법 대령의식 절차로 진행되며, 영가에게 불전에 나아가기에 앞서 법회를 베풀게 된 동기를 일러주는 글이다.

2) 상단소上壇疏

召請文疏 拜獻十方三寶自尊前 釋迦如來 遺敎弟子 奉行加持秉法沙
소청문소 배헌시방삼보자존전 석가여래 유교제자 봉행가지병법사

門 謹疏 修設大會疏
문 근소 수설대회소

伏聞 法身無相 乃 卽相以求眞 實相妄言仗 金言以詮灝 是以 三祇行
복문 법신무상 내 즉상이구진 실상망언장 금언이전현 시이 삼지행

滿 五位修因 應群機以月印千江 赴信心而春行萬國 有祈皆應 無願
만 오위수인 응군기이월인천강 부신심이춘행만국 유기개응 무원

不從 今有此日 卽有大檀信 (祝願) 是以謹命 秉法師梨一員 及僧一
부종 금유차일 즉유대단신 (축원) 시이근명 병법사리일원 급승일

壇 以 今月今日 (就於 某山 某寺) 建置天地冥陽 水陸道場 約 一夜揚
단 이 금월금일 (취어 모산 모사) 건치천지명양 수륙도량 약 일야양

幡發牒 結界建檀 嚴備香化燈燭 茶菓珍食 供養之儀 謹持黃道 召請
번발첩 결계건단 엄비향화등촉 다과진식 공양지의 근지황도 소청

十方法界 過現未來 常住三寶 謹具稱楊 迎請于后 一心奉請 十方常
시방법계 과현미래 상주삼보 근구칭양 영청우후 일심봉청 시방상

住一切 佛陀耶衆 一心奉請 十方常住一切 達摩耶衆 一心奉請 十方
주일체 불타야중 일심봉청 시방상주일체 달마야중 일심봉청 시방

常住一切 僧加耶衆 右伏以 佛恩周庇 不違有感之心 法力難思 能濟
상주일체 승가야중 우복이 불은주비 불위유감지심 법력난사 능제

無邊之 衆伏乞覺天金相 慈光普照於凡情 空界眞靈 威德咸通於此
무변지 중복걸각천금상 자광보조어범정 공계진령 위덕함통어차

地 今修淨供 望賜哀憐 出定光臨 和南謹疏 佛紀 某年 某日 秉法沙
지 금수정공 망사애련 출정광림 화남근소 불기 모년 모일 병법사

門謹疏[196]
문 근소

글로써 소청하옵나니 시방의 삼보자존 전에 절하고 올립니다.
석가여래의 가르침을 받은 제자며 가지加持 위신력을 받들어 행하
는 병법사문이 삼가 글을 올립니다. 법회大會를 베풀어서 닦는 상소
글이라. 엎드려 들사오니 법신의 무상함이 이에 곧 상으로써 진을
구함은 실상의 망언을 의지함이라. 금언으로써 전제를 나타냄이 이
로써 세 가지 행이 원만하면 오위를 닦는 인이 군기에 응함이 달이
천강에 비침이라. 신심에 나아감이 봄에 만국이 행함이요, 비는 것
이 있으면 다 응함이요, 원이 없으면 좇지 않음이라. 지금 이 날에
있어서 대단신이 있으니 이 근명으로써 법을 잡은 사리일원 급승일
단이 모월 모일 천지명양한 수륙도량의 하룻밤에 드날린 번을 잡고

---

[196] 안진호, 앞의 책, 상권, 135~136쪽: 김응기(법현),「각배재운수상단권공의식Ⅱ」
『선무학회 논집』15집, 2005, 203~204쪽.

서 청을 발하여 건단을 결계하여 엄숙히 향화등촉 다과진식을 갖추어서 공양의 예를 올리고 삼가 황도를 가져 소청함이라. 시방법계의 과거, 현재, 미래에 항상 머무시는 삼보님께 삼가 칭양을 갖추어서 간후干后에 우러러 청합니다.

일심으로 받들어 청하옵니다. 시방에 항상 주하시는 일체불타야중이시여

일심으로 받들어 청하옵니다. 시방에 항상 주하시는 일체달마야중이시여

일심으로 받들어 청하옵니다. 시방에 항상 주하시는 일체승가야중이시여

오른쪽으로 엎드림으로써 불은佛恩이 두루 덮고 감응이 있는 마음을 어김이 없고 법력法力을 헤아리기 어려움이라. 능히 제도함에 가이없는 중생이 각천 금상부처님께 엎드려 발원하나니 자비의 빛으로 범정을 널리 비추며 공계空界 허공계의 진령 위덕을 이 땅에 감통하시어 지금 공양을 받으시고 애민을 내려주시길 바라옵니다. 정에서 나와 강림하심에 합장하여 삼가 아뢰었습니다. 불기 ○년 ○월 ○일에 병법사문이 삼가 소疏합니다.

상단소上壇疏는 각배재의식시 운수상단 소청상위에서 상단 삼보전 三寶前에 금일 재를 지내게 된 동기를 밝히는 글이다.

3) 시왕소十王疏

召請文疏 拜獻冥府十方等衆 釋迦如來 遺敎弟子 奉行加持 秉法沙
소청문소 배헌명부시방등중 석가여래 유교제자 봉행가지 병법사

門謹疏
문 근소

切以 智增靈明 不處天宮而而物 悲心弘廣 常居地府而化生 以四生
절이 지증영명 불처천궁이이물 비심홍광 상거지부이화생 이사생

如乎四心 以十王 如乎十地 殿前酷獄 愍衆生造業而來 案側善童子
여호사심 이시왕 여호십지 전전혹옥 민중생조업이래 안측선동자

錄 含識修福而往 鑑明善惡 總現無遺 今有此日 (祝願) 今則道場嚴
록 함식수복이왕 감명선악 총현무유 금유차일 (축원) 금즉도량엄

辨 諸聖降臨 次 邀請於十方 願 來赴於法會 南無一心奉請 幽冥敎主
판 제성강림 차 요청어시방 원 내부어법회 나무일심봉청 유명교주

地藏王菩薩摩訶薩 一心奉請 左補處 道明尊者 一心奉請 右補處 無
지장왕보살마하살 일심봉청 좌보처 도명존자 일심봉청 우보처 무

毒鬼王 一心奉請 第一秦廣大王 一心奉請 第二初江大王 一心奉請
독귀왕 일심봉청 제일진광대왕 일심봉청 제이초강대왕 일심봉청

第三宋帝大王 一心奉請 第四五官大王 一心奉請 第五閻羅大王 一
제삼송제대왕 일심봉청 제사오관대왕 일심봉청 제오염라대왕 일

心奉請 第六變成大王 一心奉請 第七泰山大王 一心奉請 第八平等
심봉청 제육변성대왕 일심봉청 제칠태산대왕 일심봉청 제팔평등

大王 一心奉請 第九都市大王 一心奉請 第十五道轉輪大王 太山府
대왕 일심봉청 제구도시대왕 일심봉청 제십오도전륜대왕 태산부

君 五道大神 十八獄主 二十四位判官 三十六位鬼王 三元將軍 二府
군 오도대신 십팔옥주 이십사위판관 삼십육위귀왕 삼원장군 이부

童子 諸位使者 牛頭馬面 卒吏阿旁 諸位等衆 十方法界 地獄道中 受
동자 제위사자 우두마면 졸리아방 제위등중 시방법계 지옥도중 수

苦有情 十方法界 餓鬼道中 受苦有情 十方法界 傍生道中 受苦有情
고유정 시방법계 아귀도중 수고유정 시방법계 방생도중 수고유정

各位等衆 右伏以 臟居冥殿 位列幽道 憑 衆生善惡之因 示 衆生昇沈
각위등중 우복이 직거명전 위열유도 빙 중생선악지인 시 중생승침

之報 罷堆苦楚 暫到人間 赴 此夕之淨筵 納今宵之妙供 庶 幽冥滯
지보 파퇴고초 잠도인간 부 차석지정연 납금소지묘공 서 유명체

魄 早遂超昇 願 已往亡靈 咸登彼岸 謹疏 佛紀 某年 某日 秉法沙門
백 조수초승 원 이왕망령 함등피안 근소 불기 모년 모일 병법사문

謹疏[197]
근소

글로써 소청하오며 명부시방 등 대중께 예배 올립니다. 석가여래의 가르침을 받은 제자가 가지를 받들어 행하옵니다. 병법사문이 삼가 아뢰오니 간절함으로써 지혜가 증장하며 신령이 밝으며 항상 지부에 거하며 화생으로 나서 사생으로써 사심과 같게 하며 10대왕으로써 십지를 같게 하며 전이 혹독한 지옥의 앞에서 중생이 업을 지어 오는 것을 애민히 여겨 선동을 옆 책상에 두어 수복의 함식으로 왕往을 기록케 하되 선악은 거울과 같이 밝게 하며 총히 남김이 없음을 드러나게 하시니, 지금 이날에 있어서 지금의 법칙으로 도량을 엄히 가리고 모든 성인이 강림하시며 다음에 시방에 요청하옵니다. 원컨대 법회에 내부하심에 일심으로 귀의하여 받들어 청하옵나니, 유명교주이신 지장왕보살 마하살 일심으로 받들어 청하오며, 좌보처이신 도명존자께 일심으로 받들어 청하오며, 우보처이신 무독귀왕께 일심봉청 하오며, 제일 진광대왕께 일심봉청 하오며 제이 초강대왕께 일심봉청 하오며 제삼 송제대왕께 일심봉청 하오며, 제사 오관대왕께 일심봉청 하오며, 제육 변성대왕께 일심봉청 하오며,

---

[197] 안진호, 앞의 책, 상권, 138~139쪽.

제칠 태산대왕께 일심
봉청 하오며, 제팔 평등
대왕께 일심봉청 하오
며, 제구 도시대왕께 일
심봉청 하오며, 제십 오
도전륜대왕, 태산부군,
오도대신, 십팔옥주, 이
십사위판관, 삼십육위

식당작법

귀왕, 삼원장군, 이부동자, 제위사자와 우두마면 졸리아방 제위등
중, 시방법계의 지옥도중에 고통받는 유정 등 시방법계 아귀도중에
고통받는 일체유정, 시방법계 방생도중에 고통받는 유정, 각위등중
이 명부전에 지위를 맡아 거하며 유도幽道에 위치해 계신 분께 오른
쪽으로 엎드림으로써 중생의 선악의 인을 의지해서 중생의 승침의
보를 보이며 고초가 다하면 잠시 인간에 이르름이 이 저녁에 정연
에 이르러서 지금 저녁의 묘공(의)을 받아서 뭇 유명의 체백이 드디
어 초승 이루어, 원컨대 이미 망령이 가서 저 언덕에 함등하시길 삼
가 아뢰옵니다. 불기 ○년 ○일 병법사문이 삼가 아뢰었습니다.

시왕소十王疏는 각배재 운수상단 소청중위편에서 명부冥府세계를
담당하는 분에게 중생의 발원을 함축하여 올리는 글이다.

4) 건회소建會疏
切以 雲花影裡 "堪傾向聖之心" 覺樹陰 中 可植生方之福 "法開經藏
절이 담화영리 "감경향성지심" 각수음 중 가식생방지복 "법개경장

僧集精藍"乃 苾蒭歷鍊之園"實 檀那歸投之地"或 爲平安而作供
승집정람" 내 필추역련지원 " 실 단나귀투지지 " 혹 위평안이작공

"或乃追薦以修齋"旣依寶坊 先陪聖德者 盖聞法身湛寂 號曰毘盧
"혹내추천이수재" 긔의보방 선배성덕자 개문법신담적 호왈비로

"常爾無爲 凝然不動"是辰 卽有會首 今日祝願云云"右伏以 香風散
"상이무위 응연부동" 시신 즉유회수 금일축원운운 " 우복이 향풍산

處巍巍身"泣於壇場"玉珮(佩)鳴時 蕭蕭聲 傳於紺殿"恭惟三寶 爲
처외외신" 리어단장 " 옥패(패)명시 소소성 전어감전" 공유삼보 위

作證明 謹疏
작증명 근소

佛紀 年 月 日 秉法沙門 某謹疏[198]
불기 년 월 일 병법사문 모근소

간절히 담화(성현이 출현해야만 핀다는 꽃으로 우담바라라고도 함) 그림자 속 성현을 향하는 지극한 마음입니다.

부처님께서 보리수나무 아래 그늘 속에서 도를 깨치실 생방生方의 복을 심으심이며, 법이 경장을 열어 스님들이 모여 정람精藍과, 풀 향기 나는 숲속, 경결한 곳, 혹은 안전하게 공양을 지을 수 있는 곳에서 재를 닦아 영혼을 천도하며, 긔이보방을 의지하여(보방, 승방이란 말) 먼저 성현의 덕을 따르옵니다. 법신은 맑고 고요함을 들으며, 이름을 말하기를 비로라 하며, 항상 하염없이 언제나 동하지 않나니, 이 지사족 천도할 대중이 모여 금일 축원합니다. 향 연기가 바람에 흩어져 높고 높은 저 단장에 자리하였네. 저 감전紺殿에 전하여 들으며, 삼보에 공경하며 증명을 짓게 하옵소서.

---

[198] 김응기(법현),『영산재 연구』, 운주사, 1997, 68쪽.

이스라엘 영산회상 니르바나

건회소建會疏는 생전예수재, 수륙재, 영산재 괘불이운 절차시 야외에 괘불을 모셔 법회法會를 건립하게 된 동기를 밝히는 글이다.[199]

5) 개게소開啓疏

蓋聞 覺皇垂敎 賢聖扶持 欲抛生死之源 須假慈悲之力 由是 依經作
개문 각황수교 현성부지 욕포생사지원 수가자비지력 유시 의경작

法 準敎加持 建無礙之道場 啓宏通之佛事 召請則 大排幡盖 邀迎則
법 준교가지 건무애지도량 계굉통지불사 소청칙 대배번개 요영칙

廣列香花 佛聲宣而沙界淸凉 法鼓鳴而十方寧靜 壇場大啓 軌範弘陳
광열향화 불성선이사계청량 법고명이시방영정 단장대계 궤범홍진

欲尊聖賢之儀 須賴啓白之意 今有 此日云云 今則道場嚴辨 儀軌將
욕존성현지의 수뢰계백지의 금유 차일운운 금칙도량엄판 의궤장

---

[199] 안진호, 앞의 책, 상권, 111~112쪽.

行當 法筵 首建之時 乃 佛事初陳之際 謹具法事 開列于后 云加持行
행 당 법연 수건지시 내 불사초진지제 근구법사 개열우후 운가지행

道 法事一席等 右伏以 法音瞭嘵 上驚九頂之天 螺鈸磓轟 下震八寒
도 법사일석등 우복이 법음료량 상경구정지천 나발선굉 하진팔한

之獄 寬容則遍周沙界 廣包則 盈滿十方 三塗八難以霑恩 六趣四生
지옥 관용칙변주사계 광포칙 영만시방 삼도팔난이점은 육취사생

而獲益 仰唯大覺證明 表宣謹疏 年月日 云云[200]
이획익 앙유대각증명 표선근소 년월일 운운

큰 법회를 베풀기 앞서 삼가 글월 올리나니 바라옵건대 부처(각황)께오서 가르침을 내리셨고 삼현과 열분성현(십성)께서 부지해오셨으니, 생사의 근원을 버리고자 할진대 모름지기 삼보전 자비하신 가피력에 의지해야 하옵니다. 하옵기로 경전에 의거하여 의식을 거행하옵고 가르침에 따라 가지加持하여 무애(無礙-걸림이 없는) 도량을 세우고 불법 홍통弘通의 불사佛事를 여옵나이다. 삼보님을 권공으로 청하오려 번幡과 개蓋를 크게 배열하였고 영접코자 널리 향과 꽃을 베풀었나이다. 부처님의 옥음(玉音-주옥같은 말씀)이 퍼지면 한량없는 세계는 청량하게 되옵고 북소리가 울리오면 시방세계가 편안하고 고요하게 되옵니다. 설법의 자리를 크게 열고 법석을 법답게 널리 베푸옴은 성현의 위의威儀를 드높이고 아뢰옵는 뜻을 발원드리고자 함입니다.

금일 발원자 모인 축원과 더불어 이제 곧 도량을 엄히 단속하고 의궤儀軌를 행하려 하오니 석가모니 부처님께서 처음 중생에게 법을 설했을 때와 같이 법연法筵을 막 세우는 때이고 바야흐로 불사를 처

---

[200] 앞의 책, 상권, 115~116쪽.

음으로 베푸는 때이옵니다. 삼가 중생에게 맨 처음 법을 설할 때와 동일하게 법석을 갖추어 아뢰옵고 특별한 위신력과 가피력 열심히 수행하면 석존이 중생을 제도하시던 자리와 같지 않겠습니까.

삼가 엎드려 생각하옵건대 법음法音의 맑은 소리 위로 모든 하늘이 놀라고 법라法螺와 요발(鐃鈸-바라) 울리는 소리 아래로 팔한지옥八寒地獄까지 흔들리옵니다. 너그러히 용납하시기에 모든 세계에 두루하시고 널리 포용하시기에 시방에 가득히 차시니 삼도三途와 팔난八難이 은혜를 입사옵고 사생四生과 육도六道가 이익을 얻을 것입니다. 오직 대각세존의 증명하시옴을 우러르오며 삼가 글월 올리나이다. ○년 ○월 ○일 병법사문 ○○가 삼가 올리나이다.

개게소開啓疏는 영산재 상단권공시 진행되며 가련한 중생들의 삼도팔난과 일체 고통을 없애 달라는 소망을 청하는 글이다.

6) 대회소大會疏

盖聞眞空本寂 妙有繁興 依正互融 聖凡交徹 旣 悟迷之派列 遂 苦樂
개문진공본적 묘유번흥 의정호융 성범교철 기 오미지파열 수 고락

之昇沈 般若現前 寶位立齊於四聖 塵勞未息 輪回永墜於六凡 業海
지승침 반야현전 보위입제어사성 진로미식 윤회영추어육범 업해

茫茫 甘受吟瀋之苦 幽道擾擾 曾無拯救之方 不有至人 誰爲法事 是
망망 감수령병지고 유도요요 증무증구지방 불유지인 수위법사 시

以 釋迦如來 首設光明之呪 面燃大士 助開甘露之門 梁武帝 感逢神
이 석가여래 수설광명지주 면연대사 조개감로지문 양무제 감봉신

僧 齋修水陸 英禪師 文傳儀帝 福彼幽冥 惟茲勝會 設 大無遮 河沙可
승 재수수륙 영선사 문전의제 복피유명 유자승회 설 대무차 하사가

算 功德難量 今有此日云云 由是 水陸會 首啓大悲心 届斯追薦之辰
산 공덕난량 금유차일운운 유시 수륙회 수계대비심 계사추천지신

邀命大乘法師一位 秉法司梨一員 法事僧衆一壇 擇定今月某日夜 就
요명대승법사일위 병법사리일원 법사승중일단 택정금월모일야 취

於某處 啓建天地冥暘 水陸大道場 幾晝夜 依法加持 潔方隅界 嚴備
어모처 계건천지명양 수륙대도량 기주야 의법가지 결방우계 엄비

香花 修疏
향화 수소

奉請大聖大悲 法報化三身諸佛 八大菩薩 五十二位諸菩薩衆 三乘五
봉청대성대비 법보화삼신제불 팔대보살 오십이위제보살중 삼승오

教 甚深法藏 五果四向 羅漢辟支 十大明王 金剛密跡 護法善神 次當
교 심심법장 오과사향 나한벽지 십대명왕 금강밀적 호법선신 차당

召請 三界諸天 釋梵四王 諸天仙衆 五方上帝 二十八宿 九曜星君 日
소청 삼계제천 석범사왕 제천선중 오방상제 이십팔숙 구요성군 일

月二宮天子 乃至虛空 藏菩薩之統攝 熾盛光如來之所降 周天列曜
월이궁천자 내지허공 장보살지통섭 치성광여래지소강 주천열요

一切聖賢 次當奉請 大地神龍 五岳聖帝 四海龍王 三光水府 諸龍神
일체성현 차당봉청 대지신룡 오악성제 사해룡왕 삼광수부 제룡신

衆 主風主雨之尊 主苗主稼之宰 守疆護界 堅牢地神 及邀閻魔羅界
중 주풍주우지존 주묘주가지재 수강호계 견뢰지신 급요염마라계

地府諸王 百官宰僚 諸鬼王衆 盡陰府界 一切神祇 地獄受苦 諸有情
지부제왕 백관재요 제귀왕중 진음부계 일체신기 지옥수고 제유정

衆 次及古往人倫 明君帝王 補弼臣僚 三貞九烈 孝子順孫 爲國亡身
중 차급고왕인륜 명군제왕 보필신요 삼정구열 효자순손 위국망신

先賢後凡 人道之中 九流百家 一切人衆 竝及九種橫夭 十類孤魂 三
선현후범 인도지중 구류백가 일체인중 병급구종횡요 십류고혼 삼

惡途中 諸有情衆 仍及時方法界 意言不盡 昇沈不一 苦樂萬端 未悟
악도중 제유정중 잉급시방법계 의언부진 승침불일 고락만단 미오

心源 同祈解却 據此水陸會首 主靈檀那 所伸意者 濟拔各人 祖先父
심원 동기해각 거차수륙회수 주령단나 소신의자 제발각인 조선부

母 三代家親 失諱亡名 一切眷屬 摠願不滯冥司 超生淨界 先當啓開
모 삼대가친 실휘망명 일체권속 총원불체명사 초생정계 선당계개

者 右伏以 阿難興敎 武帝遺風 宣 金剛頂之摠持 建 曼拏羅之勝地 由
자 우복이 아난흥교 무제유풍 선 금강정지총지 건 만나라지승지 유

是 寃親不擇 開 平等之法筵 追薦生天 建 水陸之妙會 上命三乘之聖
시 원친불택 개 평등지법연 추천생천 건 수륙지묘회 상명삼승지성

衆 道眼希垂 下沾五趣之靈祇 威光克備 今者會首 意望行生 開啓功
중 도안희수 하첨오취지영기 위광극비 금자회수 의망행생 개계공

德良有薦 先亡以生天 保 現存之吉慶 然冀具識具形 盡十方 三界世
덕양유천 선망이생천 보 현존지길경 연기구식구형 진시방 삼계세

間 應六道 四生含識者 焚香稽水 向佛傾心 赴 無遮無碍之道場 受 有
간 응육도 사생함식자 분향계수 향불경심 부 무차무애지도량 수 유

分有全之功德 同來聖果 共結洪緣 俱沐良由 齊登覺岸 今當開啓 仰
분유전지공덕 동래성과 공결홍연 구목양유 제등각안 금당개계 앙

望聖慈 敬對金容 表宣謹疏(年月日云)[201]
망성자 경대금용 표선근소(년월일운)

법회를 열며 글로써 삼가 소청하옵니다. 바라옵건대 진공眞空은 본래 고요하고, 묘유妙有는 항시 일어난 것이기에 의보와 정보가 서로 화합하고 성인과 범부가 서로 뒤섞여 있다 하옵니다. 이러하듯 이

---

[201] 앞의 책, 상권, 118~119쪽.

미 깨달음과 미혹함이 나뉨에 마침내 낙방과 고륜을 오르내리게 되오며, 반야지혜가 일어나면 법왕의 자리에 사성과 나란히 서게 되어서 진로塵勞를 쉬지 못하면 윤회의 길에서 영원히 육범六凡에 떨어지게 됩니다. 업의 바다는 끝이 없어 가눌 수 없는 고통을 감수해야 하고, 이 가운데에서도 삼악도는 더욱 어지러워 일찍이 구제의 방법조차 없나니, 만일 성현이 계시지 않았던들 어느 누가 법회를 열 수 있었겠나이까? 이런고로 석가여래께서 처음으로 광명의 설법을 베푸셨고 면연대사面燃大士는 달콤한 감로의 법으로 문을 열도록 도우셨나이다.

양나라 무제는 꿈속에서 신승을 만나 재를 수륙에 베푸셨고 영선英禪 스님은 의재儀齊 스님으로부터 글을 전해 받으시어 저 유명계의 중생들을 복되게 하셨나이다. 이러하듯 수승한 대법회임을 생각하며 오늘에 무차대법회를 베푼다면 갠지스 강(항하사)의 수많은 모래에 비유하여도 그 공덕은 헤아릴 수 없을 것입니다. 이제 금일에 있어 운운云云.

이런 연유로 수륙회를 베푸오니 먼저 대비심을 열고 정해 놓은 천도일에 이르러 대승법사 일위, 병법아사리 일원, 법사 스님 일단을 모시었나이다.

금일(모일) 낮과 밤 택해 정하고 모처(사찰의 장소) 도량에 나아가 하늘, 땅, 명계, 양계 등 수륙대도량을 시작하며 여러 밤낮을 법에 의지하여 특별한 가피력으로 모든 곳을 정결히 하며 향, 꽃을 엄숙히 갖추고 글로써 밝히나이다.

수승한 성현이시며 대자대비하옵신 법신불, 보신불, 화신불 등 삼신 부처님, 문수보살, 보현보살, 팔대보살, 십신十信 오십이위의 계

위에 오르진 보살 및 일체 보살님, 삼승에게 설하신 오교五敎의 가르침 깊은 법보님, 사향四向 사과四果에 벽지불 등 구종의 소승의 깨달음을 증득한 성자님, 열 분의 위대하신 명왕님과 금강밀적님, 불법을 옹호하시는 선신님을 받들어 청하옵나이다. 다음으로 삼계(욕계, 색계, 무색계)의 모든 천상과 대범천왕, 제석천왕, 동서남북 사대천왕님, 모든 하늘의 신선, 오방의 상제, 스물여덟 종 별자리의 일요성日曜星 등 아홉 개의 천체天體, 해와 달을 다스리는 천자, 내지 허공장보살께서 다스리고 치성광여래께서 강림하시는 허공의 수많은 밝은 별들의 일체 성현님을 청하옵니다.

다음으로 대지大地의 신神과 용신龍神으로 오대 명산의 산신, 사해四海용왕, 일월성신과 용궁의 일체 용신, 바람과 비를 주관하는 분, 곡식을 주관하는 신중, 세계를 굳게 지키고 보호하며, 대지를 받들고 굳게 지키시는 신중神衆과 염마라 유명계의 십대명왕, 만조백관과 재상, 관리 등 귀계의 일체 왕, 저승세계의 일체 신령, 지옥에서 고통받는 일체 유정有情 모두를 받들어 청합니다. 다음으로 앞서서 가신 선대 조상님, 명군이셨던 황제, 국왕, 이를 보필하던 신하(신료), 순결과 신념과 절개를 지킨 모든 여인, 효자며 효성스러운 자손, 나리를 위해 몸 바친 동료 선후배 되시는 모든 분, 사람 가운데 유가儒家 도가道家 등 구가九家와 자신의 학설이나 주장을 내세우시던 많은 학자 여러분 등, 모든 사람들 및 비명(非命 - 억울하게)에 죽음을 당하거나 젊은 나이에 돌아가시는 등 열 가지 종류의 외로우신 넋, 지옥 등 세 가지 악도 가운데 있는 일체 모든 중생들이시여! 여전히 시방세계에 언설이나 마음으로 헤아려 다할 수 없으리만큼 오르내림이 한결같지 않아 고통(고락)이 만 가지요, 마음의 근원을 깨닫지 못함에 한가지로 해탈을 기원하오며 청하나이다. 오늘 이 수륙재 모임의 서두에 주인공인 영가와 시주자가 아뢰고자 하는 것은 제각기 윗대의 어르신과 부모님, 삼대의 가친 이름조차 잊혀진 모든 권속님들을 제도하고 구하고자 함이옵니다.

총원에는 빠짐이 없어야 하나니 명부冥府의 관리님들께서도 극락에 태어나시기를 바라오며, 우선 법회가 시작됨을 본존本尊께 아뢰나이다. 삼가 깊이 생각하옵나니 아난존자께서 가르침을 일으키셨고, 양나라 무제께서 가풍을 남기심에 금강회상의 다라니를 베풀어 만다라의 빼어난 이 도량을 건립하였습니다. 그러하옵기로 원친寃親을 가리지 않고 무차평등 법회를 여오니 추선追善으로 천상에 태어나게 하는 자리로 수륙에 통하는 신묘한 법회를 건립하였나이다. 위로는 삼승이신 성중에 명하사 도안道眼을 특별히 드리우게 하시고, 아래로는 오취五趣의 영가에까지 위광을 장하게 갖추게 하시었나이다. 이제 법회의 서두에 소망을 생기게 하는 만큼 개계(開啓, 법에 문을 연다는 의미)의 공덕에는 참으로 천거할 능력이 있어 선망부모께서는 천상에 태어나게 하시고, 현존사친께서는 길하고 경사스러움을 보존케 하시나이다. 이러하옵기로 고혼께서도 (이 법회를 통해) 식견과 모습을 갖추시길 바라나이다. 모든 세계, 삼계 세간의 육도 사생四生 등 모든 중생에게 향香을 사르오며 머리를 숙여 부처님을 향해 마음(예경)을 기울이소서. 막음 없고 걸림 없는 도량에 이르시어 부분적이나 혹은 온전한 공덕을 받으소서. 함께 성스러운 결과를 구하시고 함께 큰 인연을 맺으시어, 함께 좋은 인연을 입어 나란히 깨달음의 언덕(열반)에 오르소서. 지금 법회의 시작을 본존께 아뢰오며 우러러 성스러우신 자비를 바라옵고 공경히 금빛 나는

용안을 대하오며 삼가 머리 숙여 예경하며 글월을 올립니다.

대회소大會疏는 영산재 상단권공시 삼보전에 법회를 열어 일체중생을 청하여 깨달음을 얻을 수 있도록 밝히는 글이다.

7) 삼보소三寶疏

聞 薄伽至尊 甚深法藏 爲衆生之怙恃作 人天之福田 歸投者 皆蒙利
문 박가지존 심심법장 위중생지호시작 인천지복전 귀투자 개몽리

益 懇禱者 齊亨吉祥 宿願不違 悲憐六趣 由是江水淨而秋月來臨 信
익 간도자 제형길상 숙원불위 비련육취 유시강수정이추월내림 신

心生而諸佛悉降 今有此日云云 特爲追薦 前項靈魂 以憑佛力 度脫
심생이제불실강 금유차일운운 특위추천 전항영혼 이빙불력 도탈

施行 嚴備香花 然塗茶果 供養之儀 召請十方法界 過現未來 常住三
시행 엄비향화 연도다과 공양지의 소청시방법계 과현미래 상주삼

實 金剛密跡 十大明王 諸大聖衆 帝釋梵王 天龍八部 一切護法 神祇
보 금강밀적 십대명왕 제대성중 제석범왕 천룡팔부 일체호법 신기

等衆 謹具慈尊 開列如後 右伏以 慈悲普光 喜捨無窮 應物現形 印千
등중 근구자존 개열여후 우복이 자비보광 희사무궁 응물현형 인천

江之秋月 隨心滿願 秀 萬卉之春風 愍此群情 願垂加護 今夜今時 降
강지추월 수심만원 수 만훼지춘풍 민차군정 원수가호 금야금시 강

臨道場 某 冒觸慈容 無任懇禱 激切之至 欽惟覺皇表宣謹疏
림도량 모 모촉자용 무임간도 격절지지 흠유각황표선근소

佛紀年月日秉法沙門 某謹疏[202]
불기년월일병법사문 모근소

---

[202] 앞의 책, 상권, 121~122쪽.

듣자옵건대 박가범薄伽梵 지극히 존귀하사 더없이 깊은 진리의 법의 가르침으로 중생의 어버이시고 인간과 천상의 복밭이 되어 주시옵니다.

신심을 바쳐 진력하는 사람은 모두 이로움을 입게 하사옵고, 정성스럽게 기도하는 사람은 모두 길상吉祥을 만나게 하시는 등 숙세의 원을 어기지 않으시고 자비심으로 육도 중생을 불쌍히 여기시옵니다.

바라옵나니 강물이 맑으면 가을달이 내려오듯 신심이 일어나면 제불께서 강림하시옵니다.

오늘 이날 운운. 특히 명복을 빌고 있는 앞의 영혼은 부처님의 힘을 의지하여 생사를 벗어날 불사를 행하고자 엄숙히 향과 꽃을 갖추옵고, 또 다과를 많이 장만하여 공양의 의식으로 시방법계와 과거, 현재, 미래의 삼세에 늘 머무시는 삼보님, 금강밀적과 십대명왕 등 제 대성중, 제석천왕, 대범천왕과 천룡팔부 등 법을 옹호하는 모든 신중님을 청하옵나이다.

삼가 대자대비하신 세존을 모시려는 이유를 나열하면 다음과 같나이다.

삼가 엎드려 생각하옵건대 자비하심이 넓고 넓으시며 희사하심은 다함이 없으사 중생에 따라 모습을 나투심이 천 개의 강에 내리비친 가을달이시며, 중생의 마음에 따르사 원을 채워주심은 만 가지 초목에 피어나는 봄바람이옵니다.

이 많은 유정들을 연민하시어 원컨대 가호하심을 드리우사, 오늘 이때에 도량에 강림하시여 감히 자비로우신 모습을 뵙고 싶어 견디지 못하고 간절히 기도하오며 간절히 각황을 공경하고 생각하옵기

로 저희들의 마음을 드
러내 펼치고자 삼가 글
월을 올리나이다.

삼보소三寶疏는 영산재
상단권공시 삼보전에 가
르침을 설해 줄 것을 발
원하는 글이다.

바라춤

8) 개통오로소開通五路疏

修說水陸大會所
수설수륙대회소

切以 大方無隅 初不分於彼此 七鑿旣乖 遂有間於遐邇 其 疆界之互
절이 대방무우 초부분어피차 칠착기괴 수유간어하이 기 강계지호

分 有神祇而各主 先當開通五路 後乃召於萬靈 于夜 卽有大檀信 某
분 유신기이각주 선당개통오로 후내소어만령 우야 즉유대단신 모

甲 伏爲某事 今則 道場已啓 事方陳 如將召請神祇 致使 首先告請 伏
갑 복위모사 금칙 도량이계 사방진 여장소청신기 치사 수선고청 복

望 聖慈 同垂光降 一心奉 請東方句芒輔弼 太昊之君
망 성자 동수광강 일심봉 청동방구망보필 태호지군

一心奉 請南方祝融輔弼 炎帝之君一心奉請西方收輔弼 少昊之君 一
일심봉 청남방축융보필 염제지군일심봉청서방수보필 소호지군 일

心奉請 北方玄冥輔弼 顓頊之君一心奉請中方黎簾輔弼 黃帝之君 右
심봉청 북방현명보필 전욱지군일심봉청중방여렴보필 황제지군 우

伏以 五方五帝 五位神祇 同 諸天大慈大悲 普濟淪之苦六通無遮無
복이 오방오제 오위신기 동 제천대자대비 보제륜지고육통무차무

碍 廣開方便之門 干冒 神慈 和南謹疏 年月日秉法沙門 某 謹疏[203]
애 광개방편지문 간모 신자 화남근소 년월일병법사문 모 근소

간절히 방소가 커서 모퉁이가 없으며 처음부터 피차를 구분하지 않았으나 칠착七鑿이 이미 이그러짐이라. 드디어 멀고 가까움에 사이가 있으니 그 강계가 서로 나뉘어져 신기가 각각 주하여 먼저 마땅히 오로를 개통하고 후에 이내 만령을 불러 곧 대단신 있어(某甲伏爲) 금일인즉 도량을 이미 열어 불사를 바야흐로 펴서 장차 신기를 청해 불러 수로 하여금 우선 고해 청하게 하는데 이르러 엎드려 바라오니, 성스러운 자비로 다 같이 빛 내림을 드리우소서. 일심으로 동방 구망보필 태호지군께 받들어 청합니다. 일심으로 남방 축융보필군께 받들어 청합니다. 일심으로 서방 욕수보필 소호지군께 받들어 청합니다. 일심으로 북방 현명보필 전욱지군께 받들어 청합니다. 일심으로 중방 여렴보필 황제지군께 받들어 청합니다. 우로 엎드려 오방·오제·오위 신기로써 다 같이 모든 천의 대자대비로 널리 침륜의 고를 더하여 육통이 막힘이 없고 걸림이 없게 하여 널리 방편의 문을 열어 거짓을 막고 자비를 펴서 예배하여 삼가 소하나이다.

○월 ○일 병법사문 ○○가 삼가 아뢰옵니다.

개통오로소開通五路疏는 수륙재 진행시 동, 서, 남, 북, 중앙이 오방·

---

[203] 앞의 책, 상권, 263~264쪽.

오제·오위 전에 방편의 문으로 자비를 청하는 글이다.

9) 소청중위소召請中位疏

切以 光潔自在 得天稱 修行延生 故獲仙號 不示聲容 祈之應謂神 不
절이 광결자재 득천칭 수행연생 고획선호 부시성용 기지응위신 부

形運用 祝之通謂聖 尙 遠方而立境 猶 裂土以分疆 斯建法筵 敢依聖
형운용 축지통위성 상 원방이입경 유 열토이분강 사건법연 감의성

造 于夜 卽有大檀信 某甲 伏爲某人 謹命秉法闍梨一員 及僧一壇 以
조 우야 즉유대단신 모갑 복위모인 근명병법사리일원 급승일단 이

今月某日 就於某寺 開峙冥陽水陸道場 約一夜 揚幡發牒 結界建壇
금월모일 취어모사 개치명양수륙도량 약일야 양번발첩 결계건단

嚴備香花燈燭 茶菓珍食 供養之儀 謹持黃黑二道 召請天仙地祇冥
엄비향화등촉 다과진식 공양지의 근지황흑이도 소청천선지기명

府官僚等衆 伏願 光臨勝會 贊助法筵 謹具芳啣 伸聞于後
부관요등중 복원 광림승회 찬조법연 근구방함 신문우후

一心奉請法界一切(各位上 加此八字) 四空天衆 十八天衆 六欲天衆
일심봉청법계일체(각위상 가차팔자) 사공천중 십팔천중 육욕천중

日月天衆 諸 星君衆 五通仙衆 諸 金剛衆 八部神衆 諸 龍王衆 阿修
일월천중 제 성군중 오통선중 제 김강중 팔부신중 제 용왕중 아수

羅衆 大藥叉衆 鳩槃茶衆 羅刹波衆 鬼子母衆 大河王衆 大山王衆 幽
라중 대약차중 구반다중 나찰파중 귀자모중 대하왕중 대산왕중 유

顯神衆 諸 冥王衆 泰山府君 諸 獄王衆 諸 判官衆 諸 鬼王衆 諸 將軍
현신중 제 명왕중 태산부군 제 옥왕중 제 판관중 제 귀왕중 제 장군

衆 諸 卒吏衆 右具如前 伏乞 天仙地祇 冥府官僚等衆 希降聖慈 望垂
중 제 졸리중 우구여전 복걸 천선지기 명부관요등중 희강성자 망수

이스라엘 김향금 춤 비천무

靈造 上稟 如來之勅 下愍檀信之心 早布龍旌 速排鳳輦 幸無叱阻 咸
영조 상품 여래지칙 하민단신지심 조포용정 속배봉연 행무질조 함

率臣僚 願赴 聖壇 廣施妙用僧某 冒犯靈威 無任懇禱激切之至 具狀
솔신요 원부 성단 광시묘용승모 모범영위 무임간도격절지지 구장

申聞 伏祈聖鑑 謹疏 年月日秉法沙門某謹疏[204]
신문 복기성감 근소 년월일병법사문모근소

광결이 자재하여 이에 천칭을 얻어 수행하여 생을 연장하는 연고로 선호를 얻고 소리와 용모를 보이지 않으며 기도에 응함을 신神이라 이르고, 운용하는 데 형상이 없으며 기도에 통함을 성聖이라 이르니, 오히려 멀리 방소에 경계를 세우고 경계를 나눔으로써 토를 나누어 이러한 법연을 세우고 감히 성조를 의지하며 밤에 대단신이

---

[204] 앞의 책, 상권, 264~265쪽.

있어 (某甲伏爲 某人) 근명 병법사리 일원과 승려 일동이 써 금일 모일에 모사某寺에 나아가 명양수륙도량을 열어 하룻밤을 잡아서 깃발을 드날리고 첩을 발하고 계를 결하고 단을 세우며 향·꽃·등불과 차·과일의 진귀한 음식을 갖추어 장엄하여 공양하는 의식으로 황·흑 그 도를 삼가 가지고 천신·선인·지기·명부·곤요 등의 무리를 불러 청하여 엎드려 원하오니 수승한 회에 강림하시어 법연에 찬조하고 삼가 방함을 갖추어 후에 널리 듣게 함이라.

일심으로 법계 일체에 받들어 청하오니 사공천중, 십팔천중, 육욕천중, 일월천중, 제성군중, 오통선중, 제금강중, 팔부신중, 제용왕중, 아수라중, 대약차중, 구반다중, 나찰바중, 귀자모중, 대화왕중, 대산왕중, 유현신중, 제명왕중, 태산부전, 제옥왕중, 제판관중, 제귀왕중, 제장군중, 제졸리중 오른쪽으로 앞과 같이 갖추어 엎드려 빌며, 하늘의 신령과 땅의 신령, 명부, 관료 등 무리들에게 이르며 성인의 자비를 내리시길 바라오니, 신령스러운 지음(靈造)을 드리우사 위로 여래의 칙령을 받고 아래로는 단월(시주자)의 믿는 마음을 애민히 여겨 먼저 용의 깃발을 펴서 빨리 봉련을 배척하고, 다행히 질조叱阻가 없고 다 신하를 다스림이라. 원컨대 성인의 단에 다다라 널리 묘용을 베품이리. 승려 모某가 신령스러운 위의를 모범하고 간절히 기도하는 격절한 지극함에 임함이 없이 모양을 갖추고 엎드려 성감에 빌며 삼가 소하다. 연월일 병법사문 ○○가 삼가 소하노라"

소청 중위소召請 中位疏는 수륙재 중단 진행시 중단에 해당하는 일체 성현의 강림과 더불어 자비의 가르침을 설해주실 것을 청하는 글이다.

10) 소청하위소召請下位疏

竊以 孤魂獨處 四時無 享祭之儀 衆苦長 千載乏 薦修之理 無依無 有
절이 고혼독처 사시무 향제지의 중고장 천재핍 천수지리 무의무 유

怖有驚 不憑薦拔之功 難得超昇之路 次及三途滯魄 八難魂 其因也
포유경 부빙천발지공 난득초승지로 차급삼도체백 팔난혼 기인야

縱 一寸心其果也 感 百千劫 斯殃斯苦 難忍難當 不假慈悲 無由解脫
종 일촌심기과야 감 백천겁 사앙사고 난인난당 부가자비 무유해탈

由是 卽有大檀信某甲 伏爲某事 謹命秉法閣利一員 及僧一壇 擇取
유시 즉유대단신모갑 복위모사 근명병법각리일원 급승일단 택취

今月某日 就於某寺 開峙天地冥陽水陸道場 約一夜 揚幡發牒 結界
금월모일 취어모사 개치천지명양수륙도량 약일야 양번발첩 결계

建壇 安置香浴 焚化魂衣 竪立無碍錢山 廣設無遮斛食 別備香花燈
건단 안치향욕 분화혼의 수립무애전산 광설무차곡식 별비향화등

燭 茶果珍食 祭享之儀 召請三途滯魄 十類孤魂等衆 伏願 承 佛神力
촉 다과진식 제향지의 소청삼도체백 십류고혼등중 복원 승 불신력

降臨道場 謹仗加持 鉤召于后 一心奉請法界一切
강림도량 근장가지 구소우후 일심봉청법계일체

古今世主 文武官僚 靈魂等衆 列國諸候 忠義將帥 孤魂等衆
고금세주 문무관료 영혼등중 열국제후 충의장수 고혼등중

守護疆界官僚兵卒靈魂等衆朝
수호강계관료병졸영혼등중조

野差除内外赴任 靈魂等衆
야차제내외부임 영혼등중

從軍將帥持節使臣靈魂等衆山
종군장수지절사신영혼등중산

間林下圖仙學道 靈魂等衆
간임하도선학도 영혼등중

遊方僧尼道士女官 靈魂等衆 道儒二流 佩錄赴擧 靈魂等衆
유방승니도사녀관 영혼등중 도유이류 패록부거 영혼등중

師巫神女散樂伶官 靈魂等衆 經營求利 客死他鄕 靈魂等衆
사무신녀산악령관 영혼등중 경영구리 객사타향 영혼등중

非命惡死無怙無依 靈魂等衆 尊卑男女 萬類群分 靈魂等衆
비명악사무호무의 영혼등중 존비남녀 만류군분 영혼등중

胎卵濕化 羽毛鱗介 傍生道衆 針咽巨口 大腹臭毛 餓鬼道衆
태란십화 우모인개 방생도중 침인거구 대복취모 아귀도중

根本近邊 及與孤獨 地獄道衆 六道傍來 杳杳冥冥 中陰界衆
근본근변 급여고독 지옥도중 육도방래 묘묘명명 중음계중

右伏以 心珠本淨 六塵蒙 般若之光 慧鑑圓明 八垢昧 菩提之相 由是
우복이 심주본정 육진몽 반야지광 혜감원명 팔구매 보리지상 유시

四生出沒 諸趣沈淪 不憑我佛悲 難使孤魂度脫 法筵難遇 勝會斯逢
사생출몰 제취침륜 부빙아불비 난사고혼도탈 법연난우 승회사봉

猛省前非 廻光返照
맹성전비 회광반조

謹疏, 某年月日(云云)[205]
근소 모년월일(운운)

외로운 혼이 홀로 처해 사시에 제사의 의식이 없이 많은 고통이 장구하며, 천년에 거듭 수행해 나아가는 이치가 결핍되어 의지함이 없이 두려움도 있고 놀람도 있어 천의 공을 의지하지 않아 뛰어나

---

[205] 앞의 책, 상권, 266~267쪽.

게 초월하는 길은 얻기 어려움이라. 다음에는 삼도에 혼백이 막히고 팔난에 혼이 빠짐이 그 인因이요, 일촌의 마음을 놓음이 그 과라. 백천겁에 이 재앙과 고를 감당함에 인내하고 당해내기 어려움이라. 자비를 빌리지 않으며 해탈을 말미암음이 없어 이것을 말미암아 곧 대단신이 있음이라. (某甲伏爲 某寺) 삼가 받들어 병법사리 일원과 승일단이 금월 모일今月某日을 취해 모사某寺에 나아가 천지에 명양 수륙도량을 열어 하룻밤을 잡아 깃대를 드날리고 첩을 발하고 계를 결하고 단을 세우고 향과 욕을 안치하고 혼백의 옷을 사루어 장애 없는 전산에 수립하며, 널리 막음이 없는 곡식을 시설하고, 따로 향·꽃·등과 차·과일 등 진귀한 음식을 갖추어 제사의식을 하여 삼도에 막힌 넋과 열 가지의 고혼 등의 무리를 불러 청하여 엎드려 원하오니, 부처님 신력을 받들어 도량에 강림하여 삼가 가지를 의지하고 후에 희망하는 경지에 도달(鉤召)하게 되기를 일심으로 법계 일체에 받들어 청하옵니다.

고금세주 문무관료 영혼 등의 무리와
열국제후 충의장수 고혼 등의 무리와
수호강계 관료병졸 영혼 등의 무리와
조야차제 내외부임 영혼 등의 무리와
종군장수 지절사신 영혼 등의 무리와
산간임하 도선학도 영혼 등의 무리와
유방승니 도사여관 영혼 등의 무리와
도유이류 패록부거 영혼 등의 무리와
사무신녀 산악령관 영혼 등의 무리와
경영구리 객사타향 영혼 등의 무리와

비명악사 무호무의 영혼 등의 무리와

존비남녀 만류군분 영혼 등의 무리와

태란습화 우모인개 방생도의 무리와

침인거구 대복치모 아귀도의 무리와

근본근변 급여고독 지옥도의 무리와

육도방해 묘묘명명 중음계의 무리와 오른쪽으로 엎드려 마음의 진주는 본래 청정하고 육진으로 덮인 바가 반야의 빛이며 지혜의 거울이 원명함과 팔구八垢에 매함이 보리의 상이라. 이곳을 말미암아 사생이 침몰하고 제취가 빠짐이로다. 우리 부처님의 자비를 의지하지 않아 고혼으로 하여금 도탈케 하기 어렵고 법연을 만나기 어려움이라. 수승한 회에 이렇게 만나서 맹렬히 앞의 그릇됨을 살펴 빛을 돌이켜 반조하여 삼가 소하나이다.

소청하위소召請下位疏는 수륙재 하단의식 진행시 하단 일체 영혼을 청하고 법을 설하여 깨우침을 얻도록 법석을 마련하는 글이다.

11) 원만회향소圓滿廻向疏

修設水陸大會所
수설수륙대회소

切以 感 信心於武帝 神夢潛通 契 玄旨於誌公 經函大啓 爲救冥陽
절이 감 신심어무제 신몽잠통 계 현지어지공 경함대계 위구명양

之苦
지고

故修水陸之儀 兹者施主 甲 伏爲某事捨 有限財 建 無遮會 廣備香花
고수수륙지의 자자시주 갑 복위모사사 유한재 건 무차회 광비향화

而設席 嚴陳品膳以開筵 上行召請十方法界 三寶聖賢行 召請天仙地
이설석 엄진품선이개연 상행소청시방법계 삼보성현행 소청천선지

祇冥府官僚 下行召請四生七趣冥途有情 如是三界聖賢 獻以珍羞之
기명부관요 하행소청사생칠취명도유정 여시삼계성현 헌이진수지

味 獄羅鬼畜 祀以品之飾 仍懺滌於罪愆 復 聞熏於戒法 怨親普濟 盡
미 옥라귀축 사이품지식 잉 참척어죄건 복 문훈어계법 원친보제 진

法界以無遺 凡聖同資 等 河沙而莫算 玆者誠已格 妙會斯圓 廻 有作
법계이무유 범성동자 등 하사이막산 자자 성이격 묘회사원 회 유작

之殊勳 施 無邊之種類 伏願 三界九有因玆而 念念歸眞 六趣四生 自
지수훈 시 무변지종류 복원 삼계구유인자이 염염귀진 육취사생 자

此而新作佛 修齋施主 萬善莊嚴 受薦亡靈 九蓮化往 龍歡神悅 雨順
차이신작불 수재시주 만선장엄 수천망령 구련화왕 용환신열 우순

風調 萬民樂業 而時和 百穀登場而稔 堯風永扇 舜日長明 法輪常轉
풍조 만민낙업 이시화 백곡등장이임 요풍영선 순일장명 법륜상전

於無窮 國界恒安而不亂 然後願 上窮有頂 下及無間 同沾水陸良因
어무궁 국계항안이부란 연후원 상궁유정 하급무간 동첨수륙양인

盡獲金剛種智 仰唯 三寶證明 廻向謹疏年月日 秉法沙門 某 謹疏[206]
진획김강종지 앙유 삼보증명 회향근소연월일 병법사문 모 근소

무제의 신심에 감응하여 신비로운 꿈에 가만히 통하고 지공의 현지에 계합하여 함을 크게 여는 것은 명양의 고통을 구제하기 위한 연고로 수륙의 의식을 닦음이라. 시주자 모갑복위 모사 유한한 재물을 버리고 무차회를 건립하며 널리 향·꽃을 갖추고 자리를 펴고 품선을 진열해 나열함이라. 위로 행하여 시방법계 삼보성현을 불

---

[206] 앞의 책, 상권, 267~268쪽.

고려·조선시대 복식재현 영산재 범패

러 청하고 천선지기 명부관료를 불러 청하고, 아래로 행하여 사생 칠취 명도유정을 불러 청함이라. 이와 같이 삼계의 성현에게 진수의 맛으로써 헌납하고 지옥·나찰·아귀·축생에게 품의 먹을 것으로써 기도해, 이에 죄와 허물을 참회하여 씻어 버리고 다시 계법을 들어 쬐이며 원수와 친한 이 널리 제도하여 법계가 다하도록 남김이 없으며, 범부와 성인이 다 같이 도와줌이 항하의 모래와 같아 셀 수 없음이라. 이것은 정성스러운 마음이 이미 이르러 묘한 회가 이 원만함이라. 특별한 공을 세워 돌아가니 가이없는 종류를 시설함이라. 엎드려 원하오니 삼계구유는 이것을 인해서 염념히 진에 돌아가고 육취사생은 이로부터 새롭고 새롭게 부처를 지음이라. 재물 닦는 시주자는 만선을 장엄해서 망령을 천거 받고 구품연화에 감이라. 용이 환희하고 신이 기뻐하며 비가 내리고 바람이 조화로워 만인이 즐거이 일하고 때가 화평하여 백곡이 장에 등장하고 풍년이며

요의 바람은 길이 불고 순임금의 해는 길이 밝으며 법륜이 항상 굴러 다함이 없으며 계는 항상 안정되어 어지럽지 않으며 그런 연후에 원컨대 위로는 유정을 궁구하고 아래는 사이가 없으며 수륙의 진실한 인에 다 같이 적셔져 다 금강 경지를 얻음이라. 우러르니 오직 삼보는 증명하소서. 근소 회향하오니, ○년 ○월 ○일, 병법사문 모는 근소하옵니다.

원만회향소圓滿廻向疏는 수륙재 진행시 회향廻向과 더불어 중생들 모두 금강의 경직을 얻도록 하고 이를 위해 삼보의 증명을 발원하는 글이다.

12) 사자단 사자소使者疏

使者疏 修設冥司勝會所
사자소 수설명사승회소

聞 金人垂相 示 中土之化身 玉敎流慈憫 南洲之劣輩 然 凡情詎通聖
문 금인수상 시 중토지화신 옥교유자민 남주지열배 연 범정거통성

意 況 俗體難遭幽關 若欲請 召聖賢 必須假於使者 由是 卽有大韓 某
의 황 속체난조유관 약욕청 소성현 필수가어사자 유시 즉유대한 모

住所居住 某人保體 現增福壽 當生淨刹之願 預修十王生七之齋 謹
주소거주 모인보체 현증복수 당생정찰지원 예수시왕생칠지재 근

命秉法사梨一員 及 法事僧一壇 以 今月某日 就於何寺 開峙冥司 十
명병법사리일원 급 법사승일단 이 금월모일 취어하사 개치명사 시

王道場 約一夜 揚幡發諜 結界建壇 式遵科儀 特備冥錢 香花燈燭 茶
왕도량 약일야 양번발첩 결계건단 식준과의 특비명전 향화등촉 다

342

果珍食 供養之儀 端請 年直四天使者 月直空行使者 日直地行使者
과진식 공양지의 단청 연직사천사자 월직공행사자 일직지행사자

時直琰魔使者 右伏以 聰明正直 捷疾持符 其來也 迅若雷奔 其去也
시직염마사자 우복이 총명정직 첩질지부 기래야 신약뇌분 기거야

速如電急 威風莫測 聖力難思 不違有命之期 允副無私之望 今年今
속여전급 위풍막측 성력난사 불위유명지기 윤부무사지망 금년금

月 今日今時 幸乞神慈 同垂光降 仰惟 至德 俯察愚衷 謹疏
월 금일금시 행걸신자 동수광강 앙유 지덕 부찰우충 근소

○○年 ○○月 ○○日 釋迦如來 遺敎弟子 奉行加持 法事沙門 某 謹封[207]
○○년 ○○월 ○○일 석가여래 유교제자 봉행가지 법사사문 모 근봉

부처님께서 드리워 나타냄을 듣고 중생의 국토에 화신化身을 보이시고 남섬부주의 뭇 중생에게 자비와 연민으로 보살의 가르침을 설하시니 어찌 범부들이 성스러운 뜻에 통하지 않으리오. 하물며 속된 몸이 깊이 들어가 만나는 것이 어찌 어렵지 않으리오. 만약 성현을 청하려 한다면 반드시 모름지기 사자를 빌려야 하느니 이러한 연유로 (축원) 금일 ○○도량 ○○재자가 이 복과 수명이 증장됨을 보이어 마땅히 청정한 국토에 나기를 원하옵나니, 예수시왕생칠재를 삼가 병법사리(부처님을 대신하여 법을 설하는 법주) 한 사람을 명하고 또 법사 스님을 모시고 금일 ○○일 ○○도량에서 우뚝 솟은 명사冥司의 십대명왕의 법회를 열어 성취하게 하고, 간략히 하룻밤 동안 번(깃발)을 내걸고 첩(牒, 글)을 띄우고 단을 세워 경계를 맺고 식순에 준하여 의식을 봉행하고 특별히 마련한 명부의 금은전, 향, 등, 꽃, 과일, 차, 진수 등을 의식에 맞추어 공양하고 단정히 청하니,

---

[207] 앞의 책, 상권, 160~161쪽.

연직사천사자, 월직공행사자, 일직지행사자, 시직염마사자들이여, 오른쪽의 세 번 돌아 성존께 엎드려 총명하고 정직한 부符를 지니니 병을 이기고 그와 같이 오소이다. 천둥소리가 달리는 것 같이 빨리 가고, 번개처럼 빠르고, 깊이는 바람의 위세와 같은 성스러운 힘 가히 생각하기 힘드옵니다. 어김없이 사람의 수명은 기약이 있고 삿되지 않은 바람은 진실로 돕나니, ○○년 ○○월 ○○일 ○○시 다행히 신묘한 자비를 빌어 빛과 함께 나란히 내려옴을 믿어 의심치 아니 하나이다. ○○년 ○○월 ○○일 석가여래의 가르침을 받은 제자로 가지를 받들어 행하는 병법사문 ○○가 삼가 올리나이다.

사자단 사자소使者疏는 수륙재 진행시 각각의 명부를 담당하는 사자들에게 미리 예를 청하는 글이다.

13) 소청성위소 召請聖位疏

修設 冥司勝會所疏
수설 명사승회소소

伏聞 妙化無方 必隨機而現相 聖恩廣施 但 應物以利生 今陳妙供 仰
복문 묘화무방 필 수기이현상 성은광시 단 응물이이생 금진묘공 앙

望金容是晨 즉有娑婆世界 大韓某道 郡洞某番地居住 姓名伏爲 現
망금용시신 즉유사파세계 대한모도 군동모번지거주 성명복위 현

增福壽 當生淨刹之願 預修十王生七之齋 邀命秉法闍梨一員 及 法
증복수 당생정찰지원 예수시왕생칠지재 요명병법각리일원 급 법

事僧 一壇 以 今月某日 就於某寺 開置冥司 十王道場 約一夜 揚幡發
사승 일단 이 금월모일 취어모사 개치명사 시왕도량 약일야 양번발

牒 結界建壇 式遵科儀 特備冥錢 香花燈燭 茶果珍食 供養之儀 謹持
첩 결계건단 식준과의 특비명전 향화등촉 다과진식 공양지의 근지

黃道 召請 法報化 三身諸佛 地藏大聖 六光菩薩 應身天曺 道明無毒
황도 소청 법보화 삼신제불 지장대성 육광보살 응신천조 도명무독

一切聖賢等衆 謹具稱揚 迎請于后 一心奉請 淸淨法身 毘盧遮那佛
일체성현등중 근구칭양 영청우후 일심봉청 청정법신 비로자나불

一心奉請 圓滿報身 盧舍那佛 一心奉請 千百億化身 釋迦牟尼佛 一
일심봉청 원만보신 노사나불 일심봉청 천백억화신 석가모니불 일

心奉請 圓成悲智 大聖地藏王菩薩 一心奉請 咸登覺位 證法度生六
심봉청 원성비지 대성지장왕보살 일심봉청 함등각위 증법도생육

光菩薩 一心奉請 興悲降迹 應化三身六大天曺 一心奉請 立大誓願
광보살 일심봉청 흥비강적 응화삼신육대천조 일심봉청 입대서원

助佛揚化道明尊者 一心奉請 發弘誓願 助揚眞化無毒鬼王 一心奉請
조불양화도명존자 일심봉청 발홍서원 조양진화무독귀왕 일심봉청

梵釋二主 四大天王衆 右伏以 佛恩周庇 不違有感之心 法力難思 能
범석이주 사대천왕중 우복이 불은주비 불위유감지심 법력난사 능

濟無邊之衆 伏乞覺天金相 慈光普照於凡情 空界眞靈 威德感通於此
제무변지중 복걸각천금상 자광보조어범정 공계진령 위덕감통어차

地 今修淨供 望賜哀憐 出定光臨 和南謹疏 仰惟 大覺證明 謹疏 佛紀
지 금수정공 망사애련 출정광림 화남근소 앙유 대각증명 근소 불기

○○年○○月○○日 謹疏[208]
○○년 ○○월 ○○일 근소

신묘하고 걸림 없는 감화 삼가 예를 갖추어 가르침을 받드오니 반드시 근기 따라 모양을 보이시고 성스러운 은혜를 넓게 베푸시니,

[208] 앞의 책, 상권, 168~169쪽.

러시아 공연 김향금, 시건무

다만 응당히 만물로써 중생들을 이익되게 하는 신묘한 공양구를 지금 펴고 부처님의 가피를 우러러 바라오니 사바세계 (축원) ○○ 재자 복위는 복과 수명이 늘고 마땅히 청정한 국토에 발원하여 예수시왕생칠재에 병법 아사리 한 분을 부르고 또 법사 스님 한 분이 단을 꾸미며 ○○일 ○○사찰에 모시고 명사冥司와 시왕도량을 열어 설치하고 하루 동안 깃발을 날리고 편지를 보내 단을 세워 경계를 맺고 법식에 맞추어 의식을 치르고 특별히 준비한 명전冥錢과 향, 등. 차. 과일. 꽃 진수 등 공양을 올리옵고 삼가 중생의 도리를 지니오니 불러 청하옵니다.

법신, 보신, 화신, 삼신의 모든 부처님과 성스러우심이 크신 지장보살과 육광보살六光菩薩, 몸으로 응하는 천조 도명존자, 무독귀왕, 일체성현의 무리에게 삼가 공덕과 발함을 갖추고 청하여 맞이하옵나니, 청정하신 진리의 몸이신 비로자나 부처님을 한 마음으로 받들어 청하옵니다. 둥글고 가득함으로 보답하는 몸이신 노사나 부처님을 한마음으로 받들어 청하옵니다. 천백억화신 석가모니불, 대자대비심 지혜를 둥글게 이룩하신 대성 지장보살을 일심으로 받들어 청하옵니다. 깨달음의 지위에 다 오르시어 법을 증득하여 중생을 제도하시는 육광보살, 공적을 따라 대비심을 일으켜 세 가지 몸으로 응당히 변하는 육대천조, 큰 서원 세워 부처님을 도와 교화를 하는 도명존자, 넓은 서원을 발하여 교화를 돕고 떨치는 무독귀왕, 범천과 제석천의 두 주인과 사천왕 등을 일심으로 받들어 청하옵니다. 오른쪽으로 엎드려 우러르니 부처님의 은혜로 두루 덮어 감응하는 마음은 어김이 없고 법력은 생각하기 힘들고 한량없는 중생을 능히 제도하나이다. 성인들께 엎드려 깨달음을 구하고 중생들에게 두루 자비의 빛이 비치고 허공계의 진영眞靈은 위덕威德의 감화력이 이 지옥세계로 통해서 지금 맛있는 공양구를 마련하여 애처롭고 가엽게 여겨 은덕을 바라오니, 출정하여 빛으로 강림하시기를 합장경례하며(和南) 근소하오니, 오직 우러러 대각께서는 증명하여 주옵소서. 불기 ○○년 ○○월 ○○일 근소.

명사승회소冥司勝會所疏는 예수재 진행시 법신, 법신, 화신 등 삼신의 모든 부처님, 지장보살, 육광보살, 천조 도명존자, 무독귀왕, 일체 성현의 무리에게 올리는 권공의식이다.

14) 행첩소行牒疏

修設冥司勝會所
수설명사승회소

據 娑婆世界 南贍部洲 海東大韓 서울市 某洞幾番地 居住姓名 所神
거 사바세계 남섬부주 해동대한 서울시 모동기번지 거주성명 소신

情志 伏爲現增福壽 當生淨刹之願 預修十王生七之齋 謹命秉法闍梨
정지 복위현증복수 당생정찰지원 예수시왕생칠지재 근명병법사리

一員 及 法事僧一壇 以 今月某日 就於某寺 特開冥司十王道場 約一
일원 급 법사승일단 이 금월모일 취어모사 특개명사시왕도량 약일

夜 揚幡發牒 結界建壇 式遵科儀 嚴備冥饌 香花燈燭 茶果珍食 供養
야 양번발첩 결계건단 식준과의 엄비명전 향화등촉 다과진식 공양

之儀 謹持黃黑二道 普伸迎請 大聖大慈 法報化 三身諸佛 地藏大聖
지의 근지황흑이도 보신영청 대성대자 법보화 삼신제불 지장대성

六光菩薩 道明無毒 六大天曹 一切聖賢等衆 次及召請 十大冥王 泰
육광보살 도명무독 육대천조 일체성현등중 차급소청 십대명왕 태

山府君 二十六位判官三十七位鬼王 三元將軍 五道大神等衆 次及召
산부군 이십육위판관삼십칠위귀왕 삼원장군 오도대신등중 차급소

請 諸位冥官 案列諸司 判官鬼王 善惡二符 監齋直符 四直使者 牛頭
청 제위명관 안열제사 판관귀왕 선악이부 감재직부 사직사자 우두

阿房 卒吏諸班 不知名位 難思難量 一切眷屬等衆 咸冀 上遵密語 俯
아방 졸리제반 불지명위 난사난량 일체권속등중 함기 상준밀어 부

鑑精誠 克於子時之前 仗此加持之力 各依品敍 齊赴 法筵 受今施主
감정성 극어자시지전 장차가지지역 각의품서 제부 법연 수금시주

廣大工養 右仰四直使者 賫持文牒 上遊天界 下及幽冥速疾遍請 咸
광대공양 우앙사직사자 뇌지문첩 상유천계 하급유명속질편청 함

準法筵 不憚劬勞 希毋違遶 謹牒 佛化二千九百十年月日[209]
준법연 불탄구로 희무위체 근첩 불화이천구백십년월일

[209] 앞의 책, 상권, 164~165쪽.

사바세계 남섬부주 해동 대한민국 (축원) 서울시 모동 기번지 거주성명, 청정한 뜻을 펴는 바 엎드려 바라오니, 살아서 복과 수명 증장되고 죽어서 마땅히 청정한 국토에 태어나기 원합니다. 예수시왕생칠재를 응당히 베픕니다. 삼가 병법 아사리 한 분과 법사 스님을 단에 모시어 금일 ○○ 사찰에서 명사의 시왕도량을 특별히 열어 하루 동안 번을 걸고 첩

소대전송

을 보내어 단을 세우고 경계를 맺고 식순에 준하여 의식을 마치어, 엄숙히 준비한 명전과 향, 꽃, 등, 과일, 차, 진수 등을 의식에 맞추어 공양하니 삼가 황혹의 두 가지 길을 지니어 널리 청하여 맞이하옵니다. 대성대자의 법신, 보신, 화신, 삼신의 모든 부처님과 지장대성과 육광보살, 도명존자, 무독귀왕, 육대천주, 일체성현 등의 무리들 다시 한 번 청하옵나니, 십대명왕, 태산부군, 이십육위판군, 이십칠위귀왕, 삼원장군, 오도대신들의 무리들 다시 청하옵나니, 모든 명관의 자리와 업무를 하는 모든 벼슬과 판관하는 귀와 선악의 두 가지 부적과 재를 살피어, 부富를 바르게 하는 사직사자, 소머리의 아방, 졸개, 벼슬아치들 모두 나오고 이름과 지위를 알지 못하는 생각할 수도 헤아릴 수도 없는 일체 권속 등의 무리들 모두 펴서 위로는 비밀한 말을 좇고 자시子時 전에 능히 정성을 드리니, 장차 가피의 힘으로 각기 차례에 의지해 법연을 펴고, 베푸는 자로 하여금 받

아 넓고 크게 공양하며 사직사자를 중히 받드니, 문첩을 주어 지니고 위로는 천계를 노닐고 아래로는 유명계를 노니나니, 속히 두루 청하여 일체 법연에 준하여 노력하고 애써서 수고롭지 않게 위배되고 막히게 하지 말지어다. 불기 ○○년 모일 근소.

행첩소行牒疏는 생전예수재 진행시 부처님과 지장대성과 육광보살, 도명존자, 무독귀왕, 육대천주, 일체성현 등의 무리들을 다시 한 번 청하고 십대명왕, 태산부군, 이십육위판군, 이십칠위귀왕, 삼원장군, 오도대신들의 무리들 역시 청해 사직사자 등 문첩을 주는 내용이다.

15) 함합소緘合疏

修設冥司勝會所
수설명사승회소

據 娑婆世界 南贍部洲 海東大韓 서울市 某洞某番地齋者 姓名 伏爲
거 사바세계 남섬부주 해동대한 서울시 모동모번지재자 성명 복위

現增福壽 當生淨刹之願 就於某寺 以 今月某日 預修十王生七之齋
현증복수 당생정찰지원 취어모사 이 금월모일 예수시왕생칠지재

謹命秉法闍梨一員 及 法事僧幾員 約一夜 揚幡發牒 結界建壇 式遵
근명병법각리일원 급 법사승기원 약일야 양번발첩 결계건단 식준

科儀 嚴備壽生貸欠之錢 廣列香花珍羞之味 上供十方聖賢之尊 中供
과의 엄비수생대흠지전 광열향화진수지미 상공시방성현지존 중공

十王冥府之衆 下及各位案列諸司 次至庫司壇前 普召十二生相諸位
시왕명부지중 하급각위안열제사 차지고사단전 보소십이생상제위

聖聰 天曹眞君 地府眞君 本命元神 本命星官 善部童子 宅神土地 五
성총 천조진군 지부진군 본명원신 본명성관 선부동자 택신토지 오

道將軍 家竈大王 水草將軍 福祿官 財祿官 衣祿官 食祿官 錢祿官 命
도장군 가조대왕 수초장군 복녹관 재록관 의록관 식녹관 전록관 명

祿官 本庫官 廣布法食 備諸香花 一一奉獻 一一供養 切以一眞凝寂
녹관 본고관 광포법식 비제향화 일일봉헌 일일공양 절이일진응적

物我無形 一氣肇分 乃有方位之界 妄明忽起 仍茲壽生之差 今夫某
물아무형 일기조분 내유방위지계 망명홀기 잉자수생지차 금부모

生某名齋者 曾於第某庫某司君前 禀受人身之時 貸欠冥間之錢幾貫
생모명재자 증어제모고모사군전 품수인신지시 대흠명간지전기관

壽生經金剛經幾卷 已於本命 聖聰前 納於本庫 生於人間 貧富貴賤
수생경금강경기권 이어본명 성총전 납어본고 생어인간 빈부귀천

修短苦樂 各得其所 以自受用 而今所欠冥錢 某貫 金剛經幾卷 備數
수단고락 각득기소 이자수용 이금소흠명전 모관 금강경기권 비수

準備 還納
준비 환납

第 某庫某司君前 幸乞納受 第恨無力 不得備數 惟承佛力 仗法加持
제 모고모사군전 행걸납수 제한무력 부득비수 유승불력 장법가지

以僞爲眞 以無爲有 變成金銀之錢 一爲無量 無量爲一 一多無碍 事
이위위진 이무위유 변성금은지전 일위무량 무량위일 일다무애 사

理雙融 遍滿刹海之中 我以如是 諸佛法力 悉令具足 伏祇聖聰 照察
리쌍융 편만찰해지중 아이여시 제불법력 실령구족 복기성총 조찰

領納 緘合者 謹疏 佛紀二千九百十年干支月日 秉法沙門 某印[210]
영납 함합자 근소 불기이천구백십년간지월일 병법사문 모인

거 사바세계 남섬부주 해동 대한민국 ○○○ 복위 복수 증장함을 나
투시고 응당히 정토에 탄생하기를 발원합니다. 금일 ○○ 사찰에서

---

[210] 앞의 책, 상권, 209~210쪽.

금월 금일 생전에 시왕생칠재를 올림에 삼가 분부하되 병법 아사리 한 분, 법사 승 여러 명이 날을 잡아 번을 달고 첩을 발하여 결계의 단을 세우고 식을 따라 의식을 나누며 수생대흥의 돈을 엄격히 갖추고 널리 향화와 진수의 미공양을 차려 위로는(상단) 시방 성현 지존께 공양하고 중단에 열 명의 명왕지중께 공양하고 아래에(하단) 각위 안위 제사에 미쳐서 이어서 고사단 앞에 이르니 널리 소청하건대 십이생상, 제위성총, 지부진군, 본명원신, 본명성관, 선부동자, 안택토지신, 오도장군, 가조대왕, 수초장군, 복록관, 재록관, 의록관, 식록관, 전록관, 명록관, 본고관 전에 널리 법식을 베풀고 모든 향화를 갖추어 낱낱이 받들어 올리고, 각각 공양하여 간절히 일진응적一眞凝寂을 이루어서 물物과 아我의 형상이 없으며 일기가 나누어지기 시작하니 이에 방위의 세계가 있게 되고 망령된 밝음이 홀연히 일어나 이에 더욱 수명의 차이가 생기게 되었습니다. 이제

봉송

대저 금일 재자가 일찍이 ○○고 ○○사군 전에 인신을 품 받을 때에 명간冥間의 돈을 몇 관 빌려서 『수생경』과 『금강경』 몇 권을 본명에 마치고 성총 전에 본고생의 인간 바치나이다. 빈부귀천과 수단고락을 각각 그 소이를 스스로 수용해 얻음이라. 이제 빌린 명전으로 ○○관의 『금강경』○○권을 수를 갖추어 준비하고 환납함이라. ○○고 ○○사 ○○군전에 바라오니 받아주소서. 감히 힘이 없어 수를 갖추지 못하였으나 오직 부처님의 위신력을 받들고 법의 가지를 의지하나니, 즉 거짓이 진실이 되고, 즉 무가 유가 되며, 금은의 돈이 변성하고, 하나가 무량이 되고 무량이 하나가 되며, 하나와 많음에 걸림이 없어 사와 이가 쌍으로 융합하여 두루 찰해 가운데 원만하나이다. 제가 이와 같은 제불의 법력으로써 다하여 구족케 하고 엎드려 발원하나이다. 성총 영납을 조찰하여 주소서. 함합자는 삼가 상소하나이다. 불기 ○년 ○일 병법사문 ○○.

함합소緘合疏는 예수재의식에서 진행되며 명부의 십이생상 제위성총, 지부진군, 본명원신, 본명성관, 선부동자, 안택토지신, 오도장군, 가조대왕, 수초장군, 복록관, 재록관, 의록관, 식록관, 전록관, 명록관, 본고관 전에 사후에 받을 복전을 금생에 미리 맡겨놓는다는 의미를 가지고 있다.

16) 소청명위소召請冥位疏

修設冥司勝會所
수설명사승회소

切以 智增靈明 不處天宮而利物 悲心弘廣 常居地府而化生 以四相
절이 지증영명 불처천궁이이물 비심홍광 상거지부이화생 이사상

如乎四心以十王 如乎十地 殿 前酷獄 愍 衆生造業而來 案側善童 錄
여호사심이시왕 여호십지 전 전혹옥 민 중생조업이내 안측선동 녹

含識修福而往 鑑明善惡 總現無遺 是晨則有 娑婆世界 南贍部洲 海
함식수복이왕 감명선악 총현무유 시신즉유 사파세계 남섬부주 해

東大韓 某道某郡 某面某洞居住 何某伏爲 現增福壽 當生淨刹之願
동대한 모도모군 모면모동거주 하모복위 현증복수 당생정찰지원

預修十王生七之齋 謹命秉法閣梨 及 法事一壇 以 今月某日 就於某
예수시왕 생칠지재 근명병법각리 급 법사일단 이 금월모일 취어모

寺 水月道場 開置冥司 十王道場 約一夜 揚幡發牒 結界建壇 謹遵科
사 수월도량 개치명사 시왕도량 약일야 양번발첩 결계건단 근준과

儀 特備冥錢 香花燈燭 茶菓珍食 供養之儀 謹持黑道 召請
의 특비명전 향화등촉 다과진식 공양지의 근지흑도 소청

冥府十王 六曹官典 百司宰執 億千眷屬 十八部官 牛頭馬面 阿旁卒
명부시왕 육조관전 백사재집 억천권속 십팔부관 우두마면 아방졸

吏 部知名位 一切神祇等衆 伏願同臨道場 普霑妙供 謹具冥啣 開列
리 부지명위 일체신기등중 복원동림도량 보첨묘공 근구명함 개열

于后
우후

一心奉請諸位冥王衆 一心奉請諸位獄王衆
일심봉청제위명왕중 일심봉청제위옥왕중

一心奉請諸位判官衆 一心奉請諸位鬼王衆
일심봉청제위판관중 일심봉청제위귀왕중

一心奉請諸位將軍衆 一心奉請諸位阿旁衆
일심봉청제위장군중 일심봉청제위아방중

一心奉請諸位童子衆 一心奉請諸位卒吏衆
일심봉청제위동자중 일심봉청제위졸리중

一心奉請諸位部知名位等衆
일심봉청제위부지명위등중

右具如前 伏乞 冥府官曹一切聖賢等衆 希降聖慈 望垂靈助 上稟
우구여전 복걸 명부관조일체성현등중 희강성자 망수영조 상품

如來之勅 下愍檀信之心 早布龍旌 速排鳳輦 毋賜叱阻 率領徒衆 願
여래지칙 하민단신지심 조포용정 속배봉연 무사질조 솔령도중 원

赴聖壇 廣施妙用 僧某 冒犯冥威 無任懇禱檄切之至 具狀伸聞 伏祇
부성단 광시묘용 승모 모범명위 무임간도격절지지 구장신문 복기

聖鑑 謹疏
성감 근소

佛紀二千九百某年某月某日 釋迦如來 遺敎弟子 奉行加持 云云[211]
불기이천구백모년모월모일 석가여래 유교제자 봉행가지 운운

간절히 지혜를 더하고 신령이 밝아 천궁에 이물利物 처가 없으며 자비심으로 널리 이롭게 하고, 항상 지옥에 있어 중생을 교화하시며, 사상(四相, 생로병사)으로써 시왕의 사심四心과 같게 하고 십지와 같게 하며, 괴로운 지옥문 앞에 중생이 죄를 지어 옴을 슬퍼하고, 선농을 옆 책상에 두어 중생이 복을 닦아 오는 것을 기록하고, 선과 악을 감독해 분명히 하며, 모두 남김없이 나타내어 샛별과 같이 빛남이 있게 하시옵니다. 사바세계(축원) ○○복위가 현재 복과 명을 더하고 마땅히 깨끗한 세계에 태어남을 원하오며, 예수십왕생칠지재로 삼가 병법아사리와 법사 일단을 명하여 금일 ○○일 ○○도량

---

[211] 안진호, 앞의 책, 177~179쪽.

에서 나아가니 명부를 열어 십대왕 도량에 두어 간략히 하룻밤에 번을 드날리고 첩을 발해 세계를 맺어 단을 차리고 삼가 위의를 받드옵니다. 특별히 명전을 갖추어 향, 등, 다, 과, 화 진수 등으로 공양의 위의를 갖추니 삼가 어두운 길에서 잘 지니시길 청하나이다. 명부시왕, 유조관전, 백사자집, 억척권속, 십팔부관, 우두마면, 아방졸리 등 명위를 알지 못하는 일체신지 등에 엎드려 원하옵나니 도량에 오시어 신묘한 공양을 널리 받으소서. 삼가 모든 명부제위를 차례로 열거하나니 제위명왕중, 제위옥왕중, 제위판관중, 제위귀왕중, 제위장군중, 제위아방중, 제위동자중, 제위졸리중, 제위명위 등 알지 못하는 모든 대중들, 예전과 같이 오른쪽에 갖추고 엎드려 발원하노니 명부관리 일체성현 대중들은 성스러운 자비를 기꺼이 내리시어 신령스러운 도움을 드리워주심을 바라며 상품上稟하나이다. 여래의 조칙이 단심의 마음을 불쌍히 여겨 일찍이 포용정으로 속히 봉연을 물리치며 어미가 꾸짖는 것같이 대중을 통솔하시어, 원컨대 성단을 부축하셔서 널리 묘용을 베푸소서. 승 ○○가 명위를 모범(법에 어그러짐이 있는 언행)하여 간절한 기도의 지극함이 다함이 없어 모양을 갖추고 펼쳐 들사옵나니, 엎드려 성감을 삼가 부릅니다. 불기 ○○년 ○○월 ○○일 근소. 서가여래 유교제자 봉해가지 병법사문 ○○근소.

소청명위소召請冥位疏는 예수재 소청중위의 명부편에서 명부시왕, 유조관전, 백사자집, 억척권속, 십팔부관, 우두마면, 아방졸리 등 명왕 및 각각 권속을 청하여 중생에게 묘용을 베푸어 주시길 발원하는 내용이다.

봉원사 영산재

소疏는 재의식 진행에 있어서 상단 불보살 중심 의식, 중단 대례大禮, 중단 명부시왕 중심 의식, 소례小禮는 하단의식 절차 영혼천도의식, 영가단에서 서문에 해당하는 글이라 할 수 있다. 안진호의 『석문의범釋門儀範』에 보이는 각종 소疏인 대령소, 건회소, 대회소, 개게소, 삼보소, 상단소, 시왕소, 사자소, 행첩소, 함합소, 개통오로소, 소청성위소, 소청중위소, 소청하위소, 원만회향소, 소청명위소 등 이들 소疏는 상주권공재, 각배재, 생전예수재, 수륙재, 영산재 재의식에서 각기 봉청과 소청의 의미로 범패 안채비로 진행된다.

한국의 대표적 불교의례요집 안진호의 『석문의범』에 서술된 의식 진행시의 각종 소에 대하여 풍백우사소를 제외한 16종의 소疏는 상주권공재, 각배재, 영산재, 수륙재, 생전예수재의식 진행의 절차에서 부분적으로 사용된다.

이 중 대령소對靈疏는 상주권공재, 각배재, 영산재, 수륙재, 생전예수재의 하단작법 대령의식 절차에서, 상단소上壇疏는 각배재의식시 운수상단 소청상위의 상단 삼보전三寶前에서, 시왕소十王疏는 각배재 운수상단 소청중위편에서 명부冥府세계를 담당하는 분에게 중생의 발원을 함축하여 올리는 내용으로, 건회소建會疏는 생전예수재, 수륙재, 영산재 괘불이운 절차시 야외에 괘불을 모시며 법회를 건립하게 된 동기를 밝히는 글에서, 개계소開啓疏는 영산재 상단권공시 진행되며 가련한 중생들의 삼도팔난과 일체 고통을 없애 달라는 발원의 글이다. 대회소大會疏는 영산재 상단권공시 삼보전에 법회를 열어 일체 중생을 청하여 깨달음을 얻을 수 있도록 밝히는 발원의 글이며, 삼보소三寶疏는 영산재 상단권공시 삼보전에 가르침을 설해줄 것을 발원하는 내용이며, 소청명위소召請冥位疏는 예수재 소청중위의 명부편에서 명부시왕, 유조관전, 백사자집, 억척권속, 십팔부관, 우두마면, 아방졸리 등 명왕 및 각각 권속을 청하여 중생에게 묘용을 베풀어 주시길 발원하는 내용이며, 개통오로소開通五路疏는 수륙재 진행시 동, 서, 남, 북, 중앙이 오방·오제·오위 전에 방편의 문으로 자비를 청하는 글이며, 소청 중위소召請 中位疏는 수륙재 중단 진행시 중단에 해당하는 일체 성현의 강림과 더불어 자비의 가르침을 설해주실 것을 청하는 글이다. 소청하위소召請下位疏는 수륙재 하단의식 진행시 하단 일체 영혼을 청하고 법을 설하여 깨우침을 얻도록 법석을 마련한다는 글이며, 사자단사자소使者疏는 수륙재 진행시 각각의 명부를 담당하는 사자들에게 미리 예를 청하는 글이다. 행첩소行牒疏는 생전예수재 진행시 부처님과 지장대성과 육광보살, 도명존자, 무독귀왕, 육대천주, 일체성현, 그 아래 각종 권속에게 중생이 사후의 받을 복전을 금생에 미리 맡겨놓는다는 의미를 가지고 있다.

　소疏는 각종 재를 지냄에 있어서 살아 있는 자와 죽은 자 모두가 부처님의 가르침을 받고 깨달음을 성취하려는 의식 가운데 거행되는 발원의 성격을 내포하고 있다.

3. 불교의식음악 범패의 종류와 유형

범패는 장단長短과 화성和聲이 없는 단성시율單聲施聿로서 그 종류는 안채비, 바깥채비, 화청으로 나눌 수 있는데, 안채비는 순수 불교적 의식 절차로 유치성由致聲, 착어성着語聲, 편게성偏偈聲, 개탁성開鐸聲 등이며 바깥채비는 홋소리, 짓소리, 화청(회심곡)이다.

1) 안채비

안채비에서 유치성由致聲, 청사성請辭聲, 착어성着語聲, 편게성偏偈(評偈)聲, 축원성祝願聲, 개탁성開卓聲 등의 가사는 주로 한문으로 된 산문이며, 바깥채비 음의 굴곡이 긴 것에 비하여 안채비는 짧은 소리를 촘촘히 엮어 나아가는 형식으로, 보통 절 안에 있는 병법秉法이나 법주法主가 4·6체 형식 문장을 한자 사성四聲체계에 의거하여 1인 독창한다.

(1) 유치성由致聲

유치는 법주가 기립하여 1인창唱을 하는데, 불보살에 대한 찬탄의 글을 '직촉(直觸, 한 호흡에 여러 게송을 소리하는 형태)'을 사용하여 부르며, 유치에는 상단유치와 중단유치가 있다.

상단유치上壇由致〈독창〉

仰惟 三寶大聖者 從眞淨界 興大悲雲 非身現身 布身雲於 三千世界
앙유 삼보대성자 종진정계 흥대비운 비신현신 포신운어 삼천세계

云云
운운

(2) 착어성着語聲

착어는 영혼에게 법을 설하는 하단 법문으로 시식, 영반, 대령, 법주가 좌정하여 여거로 1인창으로 부른다.

착어성着語聲 - 생본무생운운生本無生云云〈법주 독창〉[212] (불교음식음악 악보Ⅱ- 대령의식 악보 4)

生本無生 滅本無滅 生滅本虛 實相常住靈駕 還會得 無生滅底一句
생본무생 멸본무멸 생멸본허 실상상주영가 환회득 무생멸저일구

麼良久 俯仰隱玄玄 視聽明歷歷 若也會得 頓證法身 永滅飢虛 其或
마양구 부앙은현현 시청명역역 약야회득 돈증법신 영멸기허 기혹

未然 承佛神力 仗法加持 赴此香檀 受我妙供 證悟無生
미연 승불신력 장법가지 부차향단 수아묘공 증오무생

상주권공재, 각배재, 영산재, 수륙재, 생전예수재 진행시 대령의식에서 불리어지는 착어성 음계는 mi, sol, la, do', re'의 5음으로 된 메나리토리이다. 다만 sol의 쓰임이 la에서 mi로 하행할 때 외에도 do'로 상행할 때도 쓰이고, 긴 시가로 빈번히 사용되며, 악절 끝의 반종

---

[212] 법현, 한국의 범패 시리즈 9집, 영산재 대령의식, 2008, 아세아레코드사, cd 4번곡.

지나 최종 종지음으로 쓰이는 점이 특징적이다. 사설을 촘촘히 읽어나갈 때는 do' 한 음으로 지속하는 경우가 많고, 선율은 반복되지 않고 곡을 마치며, 새로운 가사가 시작될 때는 mi - sol의 선율형을 많이 사용한다.

(3) 편게성偏偈聲

원래 게송을 법주가 1인창으로 좌정하여 한자의 사성四聲에 맞추어 끊어서 읽어 간다.

    편게성偏偈聲 - 인예향욕편引詣香浴偏 〈법주 독창〉[213] (불교의식음악 악보 III - 관욕의식 악보 1)

> 上來已憑 佛力法力 三寶威神之力 召請人道 一體人倫 及 無主孤魂
> 상래이빙 불력법력 삼보위신지력 소청인도 일체인륜 급 무주고혼
>
> 有情等衆 已屆道場 大衆聲鈸 請迎赴浴
> 유정등중 기계도량 대중성발 청영부욕

상주권공재, 각배재, 영산재, 수륙재, 생전예수재 진행시 관욕의식 절차에서 불리는 '인예향욕'은 mi, sol, la, do' 4음 음계에 mi로 종지하는 메나리토리 선율로 되어 있다.

'인예향욕'은 네 가지 선율형의 조합으로 이루어져 있는데, A 선율을 제외하고는 모두 짧은 음형으로 이루어져 있다. 예를 들면, B 선율

---

[213] 법현, 한국의 범패 시리즈 10집, 영산재 관욕의식, 2008, 아세아레코드사, cd 1번곡.

봉원사 영산재

은 mi-la의 음형이고, C 선율은 do'-la 음형이며, D 선율은 la-sol-mi-sol-mi이다. A 선율로 시작해서 A 선율로 종지하고, ABCD 선율을 두 번 반복한 다음, BD 선율을 세 번 반복하고 나서 A 선율형으로 종지한다.

'인예향욕'의 사설에 붙는 선율형은 다음과 같다.

가 사: 인예 / 향욕 / 상래 / 이빙 / 불법 / 법력 / 삼보 / 위신지력 /
선율형: A A확대 A축소 B   C   C   D   A변형

가 사: 소청 / 인도 / 일체 / 인류 / 급 / 무주 / 고혼 / 계 / 유정
선율형: B D변형   C   D   B   B   D   B   B

가   사: 등중 / 이계 / 도량 / 대중 / 성발 / 청영 / 부욕
선율형: A변형   B   D   B   D변형   B   A변형

(4) 게탁성偈鐸聲

게송의 긴 소리를 1인 독창으로 기립하여 짧게 끊어서 촘촘히 읽어 간다.

영산재 상단권공시靈山齋 上壇勸供時 **영산개계편**靈山開啓篇〈독창〉

切以 法筵廣啓 誠意精虔 欲迎諸聖以來臨 須假八方之清淨 是水也
절이 법연광계 성의정건 욕영제성이내림 수가팔방지청정 시수야

崑崙朶秀 河漢流芳 蓮花香裡
곤륜타수 하한유방 연화향리

(5) 소성疏聲 - 재의 진행 연유를 밝히는 글로 1인 독창을 기립하여 한다

대령소 - (불교의식음악 악보 Ⅱ - 대령의식 악보 2)

召請文疏 拜獻三代 家親等衆 釋迦如來 遺敎弟子 奉行加持 秉法沙
소청문소 배헌삼대 가친등중 석가여래 유교제자 봉행가지 병법사

門 謹疏 修設大會疏 盖聞 生死路暗 憑佛燭而可明 苦海波深 仗法船
문 근소 수설대회소 개문 생사노암 빙불촉이가명 고해파심 장법선

而可渡 四生六道 迷眞則 似蟻巡環 八難三途 恣情則 如蠶處繭 傷嗟
이가도 사생육도 미진칙 사의순환 팔난삼도 자정칙 여잠처견 상차

生死 從古至今 未悟心源 那能免矣 非憑佛力 難可超昇
생사 종고지금 미오심원 나능면의 비빙불력 난가초승

娑婆世界(云云) 今則 天風肅靜 白日明明 (夜漏沈沈) 專列香花 以伸
사바세계(운운) 금칙 천풍숙정 백일명명 (야루침침) 전열향화 이신

迎請
영청

南無一心奉請 大聖引路王菩薩摩訶薩 右伏以 一靈不昧 八識分明
나무일심봉청 대성 인로왕보살마하살 우복이 일령불매 팔식분명

歸屬道場 領霑功德
귀계도량 영첨공덕

陳寃宿債 應念頓消 正覺菩提 隨心便證 謹疏 佛紀 年月日 秉法涉門
진원숙채 응념돈소 정각보리 수심편증 근소 불기 년월일 병법섭문

謹疏
근소

상주권공재, 각배재, 영산재, 수륙재, 생전예수재 진행시 대령절차에서 독창으로 부르는 '대령소'는 안채비 염불에 가깝게 부른다. 대체로 4언 1구句의 한문사설을 소성으로 촘촘히 읽어 나가는데, 안채비 염불에 가까운 만큼 mi, sol, la 3음(do'는 드물게 쓰임)으로 된 단순한 선율형을 기본으로 읽어 나간다.

'대령소' 시작 부분의 선율은 사설 4자字를 'mi - la - mi - sol - mi'의 단순한 선율형으로 부르는데, 사설이 6자로 추가될 경우에는 la - sol - mi - sol의 선율형을 덧붙인다. 중간부터는 B형의 선율형으로 넘어가는데, 이때도 노랫말의 서두는 mi - la 선율로 시작한다.

2) 바깥채비

한자의 오언사구五言四句, 칠언사구七言四句 등 한문 및 산문과 범어, 진언으로 구성된 글을 단창單唱, 독창, 대중창으로 부르며 홋소리, 짓

소리, 반짓소리, 셋으로 사성(四聲: 겹성, 홋성, 자웅성, 상사구성) 바깥채비 4성 직촉(直觸: 한 호흡에 여러 게송을 소리하는 형태), 자웅성(雌雄聲: 음

고려·조선시대 복식재현 나비춤

과 양의 소리를 표현), 애원성(哀願聲: 애절한 소리를 일컬음), 삼사구성(三四句聲: 소리나 짓소리 진행시 동일한 소리를 3번씩 두 번 반복하고 마지막 네 번째 마치는 형태를 표현) 등으로 구성되고, 1인창 혹은 대중창으로 진행되며, 홋소리는 경쾌하고 질러서 부르는 것이 특징이고, 음의 길이가 안채비 게송에 비하여 길고 짓소리 게송에 비하여 짧다. 짓소리는 게송이 짧으나 음의 길이는 길고 장중하며 1인 선창에 대중은 제창으로 이어지는 것이 특징이다.

짓소리는 해방 전후 73곡 가운데 현재 15곡이 전하며, 이 외 과거에는 짓소리 곡목이었으나 일부분만 짓소리로 불리고 나머지는 홋소리로 불리는 것을 반짓소리라 한다.

(1) 홋소리

상주권공재, 각배재, 영산재, 수륙재, 생전예수재 진행시 시련의식 절차에서 불리는 다게는 나비무 반주곡으로 대중창으로 한다.

다게 영산재茶偈 靈山齋 - 시련식시施輦式時 독창[214] (불교의식음악 악보 I - 시련의식 악보 4)

---

[214] 법현, 한국의 범패 시리즈 8집, 영산재 시련의식, 2008, 아세아레코드사, CD 4번곡.

今將甘露茶 奉獻三寶前 鑑察虔懇心
금장감로다 봉헌삼보전 감찰건간심

願垂哀納受 願垂哀納受 願垂慈悲哀納受
원수애납수 원수애납수 원수자비애납수

상주권공재, 각배재, 영산재, 수륙재, 생전예수재의 시련의식 절차에서 나비춤의 반주음악으로 불리는 소리이다.

다게 게송은 호적과 태징반주도 함께 어우러지며, 가사는 "금장 감로다 봉원 삼보전 감찰 건강심 원수애납수"의 사설을 부른다. 출현 음은 (A), B, (C), d, e, f, g, (a), (b)로, 홋소리들이 대개 한 옥타브 이내에서 소리하는 것과는 달리 이 곡은 한 옥타브를 벗어난다. 선율은 하행할 때 g-e-d-B로 진행하는 메나리토리 선율도 있지만, 대부분이 B, d, e, f(g) 음으로 진행되는 선율이 많아서, sol이 생략되고 mi'와 fa'를 혼용하는 la, do', re', mi'(fa')의 경토리 선율이 많다. 반면 소리와 함께 반주되는 호적 선율은 시종 경토리로 되어 있다. 선율은 중간에 한 번 반복하는 것(04:08~05:26) 외에는 전체적으로 반복 없이 변화가 많은 선율로 이루어진 점이 특징적이다. 즉 다른 홋소리들이 몇 가지 선율형이 조합, 반복되는 것과는 달리, 다게작법의 반주로 불리는 이 곡은 곡 전체에 걸쳐 거의 반복 없이 끝나는 점이 특이하다.

(2) 짓소리

짓소리는 어장이 선창을 하면 대중이 어장의 목소리를 따라 소리를 이어 부른다.

인성引聖 - 대중창(불교의식음악 악보 I - 시련의식 악보 8)

引聖(南無大聖引路王菩薩)인성(나무대성인로왕보살)

상주권공재, 각배재, 영산재, 수륙재, 생전예수재의 시련의식 절차에서 불리는 짓소리이다. "나무대성인로왕보살" 9자의 가사를 두 번 노래하는데, 세 번째는 짓소리로 짓고 소리의 시작과 끝에 태징 반주가 따른다.

출현음은 A, B, C, d, e, f, g, a, b로 두 옥타브를 넘으며, 종지음은 B이다. "나무대성인로왕보살"의 사설을 두 번 쏟아서 부른 다음, 마지막의 '인로왕보살' 5자를 길게 부른다. A음을 짧게 거쳐 C를 길게 부르는 '인'에 해당하는 선율은 이어지는 선율에서 두 번 더 반복되는데, 이것을 일러 범패승들은 '자출인다'고 한다. 이 밖에도 특정 선율형의 반복은 2분 38초에서부터의 선율이 3분 21초에 이르는 동안 세 번 반복되고, 3분 59초부터의 선율이 4분 11초에서 한 번 더 반복되는 등 중간 중간 반복된다. 그리고 반복되는 선율 앞뒤에는 '자출이는 소리'나 '잦는 소리' 등의 유형이 삽입된다.

이 밖에도 짓소리로 불리는 '나무대성인로왕보살'은 가성을 써서 소리를 고음으로 지르기도 하고, 완전 5도 이상의 음정을 오르내리거나 글리산도로 한 옥타브 가까운 음정으로 떨어지는 등의 선율과 창법을 쓰는 것이 특징이다.

거령산擧靈山 - 대중창[215] (불교의식음악 악보 II - 관욕의식 악보 23)

南無靈山會上佛菩薩 나무영산회상불보살

---

[215] 법현, 한국의 범패 시리즈 10집, 영산재 관욕의식, 2008, 아세아레코드사, CD 23번곡.

각배재, 영산재, 수륙재, 생전예수재의 괘불이운 의식시 불리워지는 거령산의 출현음은 G, A, C, d, e, f, g, a, c', d'로서, 거의 두 옥타브에 이른다. 이 출현음 중에서 출현빈도가 높고 긴 시가로 주로 쓰이는 음은 C, d, e, f, a이며, 선율의 최종 종지는 C로 한다. 거령산은 "나무영산회상 불보살 나무영산 영산회상 나무영산회상 제불제대보살마하살"의 노랫말을 2번 반복한 후 마지막 게송 "나무영산" 이후 게송을 짓소리로 부른다. 다음은 짧게 G음을 낸 다음 길게 C음으로 일관하는 선율을 5번 반복한 다음, 자출이는 소리와 잦는 소리 선율형을 몇 번 반복한 다음 곡을 마친다. 이러한 선율 진행에서 특징적인 현상은 소리 전체를 G에서 d'까지의 음역을 넘나들며 소리하는 것이 아니라, 낮은 음역으로 하여 뒤로 갈수록 차츰차츰 높은 음역으로 옮겨가는 점이다.

(3) 반짓소리

종전에는 짓소리로 불리웠으나 일부는 짓소리로, 일부는 홋소리나 평염불로 부르는 소리이다.

봉청奉請 - 신중작법시神衆作法時 반짓소리 (독창) (악보)
奉請如來化現圓滿神通大穢跡金剛 聖者
봉청여래화현원만신통대예적금강 성자

(4) 화청(회심곡)

화청은 축원화청祝願和請을 줄여 일컫는 말로 축수발원祝壽發願, 즉 불보살 전에 재자齋者의 발원을 담은 축원의 성격을 띠고 있다. 화청은 범패 학습 과정에서 배운다. 한편 회심곡은 별회심곡, 특별회심곡, 속회심곡, 해원경解怨經이라 하며, 가사는 한글 4·4조 형태로 구성되어 불리어진다. 회심곡은 범패 학습 과정에서 배우지 않는 것이 특징이다.

화청은 상주권공재, 각배재, 영산재, 수륙재, 생전예수재 진행시 상단 축원화청祝願和淸과 각배재, 영산재, 수륙재, 생전예수재 진행시 중단의 지장축원화청地藏祝願和淸이 있다.

이 외 육갑화청六甲和淸 등 순수한 한글인 4·4체 형식으로 이루어진 회심곡, 참선곡이 있다.

상단축원上壇祝願 **화청**和請 (독창)

공덕功德a 공덕功德a[216] 상래소수불공덕上來所修佛功德a 원만원 만圓滿a 圓滿a 회향삼처 성실원 만廻向三處a聖悉圓滿a 정유리광상덕홍연淨a琉璃光上德紅蓮a 융궁형전융궁현전a 반지수의 攀枝受依 제천입극성덕대부 복원성은이광대 항위만승지존도안원명영작천추지보감諸天a入極聖a德大夫a伏願a聖恩以廣大恒爲a萬乘之尊道眼圓明a永作千秋之a實鑑a 향탈근진 속증락방향脫根塵速證樂邦 무량수요명심지해통화장無量壽了明心地該通華藏 석가존釋迦尊a 자미장조어심궁옥엽紫薇長詔於深宮玉葉 항부어상원恒敷於上願a 천화지리물물시강千和地利物勿時康 만상

[216] 상단축원 화청에 있어서 a의 표시는 소리를 길게 지어 마무리 지으라는 표시로, 안채비 소리에서는 이 부호를 주로 사용한다.

함춘萬像含春 화훼부무花卉敷茂a 앙명어鶯鳴御 원서苑瑞 알황도謁皇圖 풍이조風以調 우이순화등우以順禾登 구소맥수이지九紹麥琇二枝a 관이 경민이환문치승평무원간쾌억조창생고복어官以慶民以歡文致昇平武願 干快a億越潛生苦復於 환증環中 광대불법홍양어세외廣大佛法弘揚於世外 a 삼천계내무비예의지강산대한민국내三千界內無非禮義之江山大韓民 國內 진시자비지도량盡是慈悲之道場a 소유시방세계중삼세일체인사 자아이청정신어의일일변례진무여所有十方世界中三世一切人獅子a我以 淸淨身語意一一稱禮盡無餘a 팔황태평八荒泰平 사이불침국태민안법륜 전四夷不侵國泰民安法輪轉a 법륜상전어法輪常轉於 무궁국계항안어만 세無窮國界恒安於萬歲a[217]

상단축원 화청은 상단의 회심곡을 마친 후 하기도 하고, 회심곡을 생략할 경우 축원화청만 하기도 한다.

중단축원中壇祝願 **화청**和請 (독창)

원력원력願力願力 지장대성서원력地藏大聖誓願力 고해고해항사중생 출고해苦海苦海恒沙衆生出苦海 옥공옥공玉空玉空 십전조율지옥공十殿 調律地獄空 인간인간업진중생방인간人間人間業盡衆生放人間[218]

회심곡(1인 독창)

지심걸청 지심걸청 일회대중 일심봉청 걸랑절랑 다져두고 여보시

---
217 법현, 『영산재 연구』, 운주사, 1997, (악보편) 201쪽.
218 법현, 앞의 책, 201쪽.

오 시주님네 이내말씀 들어보소 이세상에 나올적에 뉘덕으로 나왔는가 서가여래 공덕으로 아버님전 뼈를빌고 어머님전 살을빌며 제석님전 복을빌어 이내일신 탄생하니 한두살에 철을몰라 부모은공 알을손가 이삼십을 당하여도 부모은공 못다갚아 어이없고 애닯고나 무정세월 여류하야 원수백발 돌아오니 없든망령 절로난다 망령이라 흉을보고 구석구석 웃는모양 애닯고도 설운지고 절통하고 통분하오 할수없네 할수없네 홍안백발 늙어지니 인간세상 이공도를 누가능히 막을손가 춘초는 년년록이나 왕손은 귀불귀라

우리인생 늙어지면 다시젊지는 못하리라 인간백년 다살아도 병든날과 잠든날과 걱정근심 다제하면 단사십도 못살인생 하물며 청춘시에 애연히도 죽는사람 불쌍하고 가련하오 세상사가 무상하야 명사십리 해당화야 꽃진다고 설워마라 명년삼월 봄이오면 꽃과잎은 피련마는 우리인생 한번가면 다시오기 어렵구나 가련하오 우리인생 옛노인네 말들으니 저승길이 멀다드니 오늘내게 당하여선 대문밖이 저승이라 일직사자 손을끌고 월직사자 등을밀어 풍우같이 재촉하여 천방지방 몰아갈제 높은데는 낮아지고 낮은데는 높아진다 사자님아 사자님아 내말잠깐 듣고가소 시장한데 점심하고 신발이나 고쳐신고 쉬어가자 애걸한들 들은체도 아니하고 실날같은 이내몸에 팔뚝같은 쇠사슬로 칭칭동여 끌어내니 혼비백산 나죽겠네 가련하오 우리인생 애명걸명 모은재물 못다먹고 못다쓰고 헌신같이 저바리고 열손걸어 배워였고 시름없이 운명하니 서산낙일 저문날에 북망산천 돌아갈제 만당처자 애착한들 어느누가 생각하며 세상만사 생각하니 묘창해지가 일속이라 부운같은 이세상에 초로같은 우리인생 단불에 나비죽듯

인간칠십 고래희라 아차한번 죽어지면 삼혼칠백 흩어지고 지수화풍 돌아가니 일장춘몽 이아닌가 세상사람 벗님들아 이런진리 깨달아서 너와내가 성불하세. 云云

회심곡(1인 독창)

지심걸청 지심걸청 일회대중 일심봉청 이세상에 나온사람 이내말씀 들어보소 초로인생 굳이믿어 몇백년을 살줄알고 애명걸명 모은재산 먹고가며 가져가나 공수레 공수거라 빈손으로 나왔다가 빈손으로 가는사람 비조즉석 찰라로다 공도라니 백발이요 못면할손 죽엄이라 물욕탐심 너무마소 몽환같은 우리인생 구름같은 부귀영화 탐착하여 무엇하리 소유재산 아니먹고 소유재산 아니쓰고 한푼두푼 재물모아 전후창고 채워놓고 삼처칠첩 치가하여 백자천손 경영타가 일조에 병이들어 이내목숨 끊어지니 고대광실 높은집도 헌신같이 저버리고 산과같은 금은옥백 티끌같이 저버리네 처자권속 곁에앉아 손목잡고 눈물지며 만단설화 다못하고 북망산천 들어가니

불교의식 회향

한산명월 비추는곳 차디찬몸 홀로누워 새소리만 처량하니 넋인들 안울겠소 인간칠십 고래희라 팔십을 산다해도 잠든날과 병든날과 걱정근심 다제하면 단사십도 못사나니 편한날이 며칠인가 하물며 청춘시에 애련하게 죽는사람 불쌍하고 가련하다 여객같은 천지간에 하루살이 우리인생 훌훌히 한번가면 다시오지 못하나니 어찌아니 허망한가 걸랑절랑 다져두고 여보시오 시주님네 이내말씀 들어보소 살아생전 살았을제 선심공덕 많이닦아 후생길을 밝히시오 빈객삼천 맹상군도 죽어지니 자취없고 백자천손 곽분향도 죽어지니 허사로세 걸랑절랑 다져두고 영웅인들 늙지않고 호걸인들 죽잖을까 영웅도 자랑말고 호걸도 말을마소 만고영웅 진시황도 여산추초 잠들었소 글잘하던 이태백도 달건지다 돌아가도 천하명장 초패왕도 오강월야 사라지고 약잘쓰던 편작이도 할수없이 죽었구려 만고부자 석숭이도 못다먹고 죽었으며 천하영걸 한무제도 장생불사 못하였소 일생일사 한번죽엄 그뉘라서 면하겠소 가련하고 한심하오 열대왕이 부린사자 번개같이 달려들어 닫은문을 박차면서 성명삼자 불러내어 결박짓고 끌어가니 심산험로 어이갈꼬 한정없는 길이로다 저승길이 멀다드니 대문밖이 저승이라 처자권속 의깊은들 내갈길을 대신가며 친구벗이 많다한들 어느누가 동행할까 죄를지어 저승가니 만반고초 한이없네 여보시오 시주님네 이내말씀 들어보소 인간살이 그만두고 발심염불 지극하여 저극락을 어서가세 아미타불 대성존이 사십팔대 원을세워 일체중생 제도하려 연화대로 인도할제 반야용선 크게모아 노자없고 선가없는 애욕바다 빠진중생 반야선에 태워다가 생사대해 건너갈제 아미타불 선주되고 관음세지 사공돠어 칠중난순 둘러있고 칠중라망 덮었어라 걸랑절랑 다져

두고 금은유리 자거마노 처처에 충만하고 백천풍악 진동하니 소리마다 염불이요 팔공덕수 연꽃못에 금일영가 탄생처가 분명하고 확실하다 여보시오 시주님네 생사장야 잠을깨서 노는입에 염불하여 저극락에 어서가세 염불이 따로없소 착한맘도 염불이요 어진맘도 염불이요 참는것도 염불이요 보시함도 염불이요 자비심도 염불이라 마음닦아 참선하고 명호불러 염불하세 들이아닌 염불참선부지런히 갈고닦아 이내마음 찾아보고 저극락에 어서가서 지장보살 지장보살 지장보살 이어고해 생어정찰 회심곡을 노래하고 참마음을 돌이키어 생사고해 벗어나세 나무아미타불 관세음보살. 운운

범패 안채비, 바깥채비 화청은 한문, 진언 등으로 이루어졌고 회심곡의 경우는 한글로 이루어졌다. 이 가운데 범패는 불경을 읽기 위해 만들어진 음악으로 현재 전승된 범패악보는 신라시대『판비량론』, 고려시대『묘법연화경』권1·권8, 조선시대『지장경』각필악보이다. 이외 조선시대 학조 스님이 발문한『오대진언집』(1485년)과 학조 스님 번역본인『진언권공』(1496년)에서 보이는 탁점보, 19세기 백파 홍선 스님의 제반의식집『작법귀감』에서 보이는 사성점보, 19세기 범패승들이 범패의 짓소리를 알기 쉽게 표시한『동음집』의 동음보, 20세기 범패승들이 소리의 형태를 실선형 그림으로 옮긴 실선보, 서양의 오음계로 옮긴 오선보 등이 있으며, 이들은 현재 범패승들에 의해 사용된다.

IV. 불교의식음악 범패의 악곡 분석과 자료 현황

불교의식의 재齋의식 가운데 영산재, 각배재, 수륙재, 생전예수재, 상주권공재 등의 각종 의식에 사용되고 있는 의식음악인 범패는 작법무, 장엄과 더불어 구성된다.

이 가운데 1일권공재인 상주권공재, 각배재, 3일영산재, 수륙재, 생전예수재의 진행시 공통적으로 구성되는 시련의식, 대령의식, 관욕의식을 범패 음악곡집 『불교의식음악 악보 I·II·III』[219]에 소개했으며, 이들 의식 절차는 『봉원사요집』과 『석문의범』의 구성절차에 따랐다.

1. 시련의식 구성과 악보 〈불교의식음악 악보 I〉

시련의식은 불, 보살, 일체신중, 명왕, 영혼을 모셔오는 의식으로 5종의 재의식, 즉 상주권공재, 각배재, 영산재, 수륙재, 생전예수재의 모

---

[219] 김응기(법현), 『불교의식음악 악보 I·II·III』, 범패: 법현, 채보: 김황식, 악보감수: 김응기(법현), 교정: 채혜련, 운주사, 2012.

든 의식에서 진행된다.

시련의식 음반자료인 「한국의 범패 시리즈」 8집은 서울, 경기 중심의 소리인 경제 범패의 악곡이다.

한국의 범패 시리즈 8[220]

Korea Buddhist Chant Series 8.

'영산재(Yeongsanjae)' 시련(Siryeon)의식

Korean Buddhist Music by POP HYUN(법현)

1. 옹호게(Onghoge)〈홋소리〉- 소리, 태징-법현(Pophyun)   2.33"
2. 요잡바라(Yojabbara) 반주곡-태징-법현, 북-효성(Hyuosung), 호적-심진(Simjin)   1.50"
3. 헌좌게(Honjage)/헌좌진언(Honjajinon)〈홋소리〉-1, 3구 선창-법현. 2, 4구-효성   4.39"
4. 다게(Dage)작법(I)-나비춤 반주곡-홋소리, 태징-법현, 북-효성, 호적-심진   7.58"
5. 다게(Dage)작법(II)-나비춤 반주곡-홋소리, 태징-법현, 북-효성   9.23"
6. 사방요신(Sabangyosin) 작법 반주곡-태징-법현, 북-효성, 호적-심진   1.50"
7. 행보게(Hyangboge)&산화락(Sanhwarak)&나무대성인로왕보살

---

[220] 법현, 한국의 범패 시리즈 8집, 〈영산재 시련의식〉, 아세아레코드 음반발매 2008.7.1.

서양음악과 범패, 불교무용

    (Namodaesunginrowangbosal)-소리-법현   1.49"

  8. 나무대성인로왕보살(Namodaesunginrowangbosal)〈짓소리〉

    소리-법현   5.36"

  9. 영축게(Yeongchukge)〈평염불〉 긔경작법(Kigyongchakpop)-징-

    법현   2.27"

  10. 보례삼보(Boreasambo)〈평염불〉 소리-법현   1.20"

  11. 무용 바라춤 반주곡 천수바라(Chonsubara), 홋소리, 징-효성,

    북-법현, 효적-심진   4.40"

  12. 무용 나비춤 반주곡 도량게(Dorangge)작법(I) 짧은소리,

    홋소리, 징-법현, 북-효성, 호적-심진   7.36"

                                          〈총 51:48〉

기획, 제작, 연출, 해설/법현 Executive Producer: Rev. Pophyun
녹음/불교음악연구소
    Recording Engineering: Produced by Buddhist Misic Institute

제작후원/김하은, 박일혁, 박일웅

녹음, 마스터링/김상준 Kim Sangjun(BBS 불교방송 PD)

디자인/무송 Cover Design: Musong

제작/불교음악&불교무용 연구소 (02) 363-1115

Address: Research Institute of Buddhist Music Box 173 Seodaemun Post Office Seoul Postal code; 120-600 /2008.7.1.

http://www.pompae.or.kr

상기 한국의 범패 시리즈 8집 '영산재(Yeongsanjae)' 시련(Siryeon) 의식은 총 12곡 가운데 시련의식에 사용된 곡은 1~10번 곡이며, 그 외의 곡은 상단권공시 사용되는 천수바라반주곡, 도량게작법 등이 수록되어 있다. 3명의 범패승이 범패, 타악, 태평소로 녹음한 음반이다.

(1) 옹호게擁護偈〈대중이 동음으로 창한다〉(악보 - 1)

영산재 중 시련 절차에서 불리는 〈옹호게〉[221]는 홋소리, 반소리곡으로 주로 홋소리로 많이 불린다.

奉請十方諸賢聖 梵帝釋四天王 伽藍八部神祇衆 不捨慈悲願降臨
봉청시방제현성 범제석사천왕 가람팔부신긔중 불사자비원강림

시방세계 모든 어진 성현, 대범천왕, 동서남북 사대천왕, 가람신, 팔부신들 모두 청하오니 자비를 베푸시와 강림해 주옵기를 원하옵니다.

---
[221] 법현, 한국의 범패 시리즈 8집, 〈영산재 시련의식〉, 2008, 아세아레코드사, CD 1번곡.

먼저 태징과 북을 2소박 9박을 단위로 몇 차례 반복한 다음, 소리가 시작된다.

〈옹호게〉의 출현음은 mi, (sol), la, (si), do', (mi'), (fa')이지만, si와 fa'는 아주 짧은 시가로 잠깐 출현한다.

따라서 〈옹호게〉의 선율은 mi, la, do' 3음을 빈번하게 사용하고, sol을 la에서 mi로 하행할 때 짧게 쓰며, la로 종지하므로, 전체적인 선율 성격은 메나리토리라 할 수 있다.

시련 절차에서 불리는 〈옹호게〉는 7언 1구로 모두 4구로 이루어져 있는데, 대동소이한 선율을 약간 변주하면서 반복하는 A - A1 - A2 - A3 형식이다.

A : 봉청시방제현성
A1: 범왕제석사천왕
A2: 가람팔부신기중
A3: 불사자비원강림

상기 소리를 마치고 나면 바라지(법주를 보조하는 스님)는 태징을 울리고, 태징쇠에 맞추어 요잡바라 타악 연주를 한다.

(2) 요잡바라[222] (악보 - 2)

옹호게 소리가 끝나면 쇠를 몰아친 후 태징쇠에 맞추어 바라무 가운데 1가지인 요잡바라를 한다. (악보 - 2)

---

[222] 법현, 한국의 범패 시리즈 8집, 〈영산재 시련의식〉, 2008, 아세아레코드사, CD 2번곡.

(3) 헌좌게獻座偈/헌좌진언獻座眞言[223] 〈1, 3구 독창, 2, 4구 대중창〉(악보 - 3)

我今敬設寶嚴座 奉獻一切聖賢前 願滅塵勞忘想心 速圓解脫菩提果
아금경설보엄좌 봉헌일체성현전 원멸진로망상심 속원해탈보리과

唵 迦摩羅 僧賀 娑婆訶
옴 가마라 승하 사바하

내 이제 보배롭고 장엄한 자리를 모든 성현께 바치오니, 원컨대 티끌 같은 세계의 모든 번뇌와 망상심을 멸하고 속히 해탈과 보리과 이루어지이다.

헌좌게 1구를 선창하면 대중이 2구를 후창하는데, 이는 자리에 좌정하는 의미가 담겨 있다.

시련의식 절차에서 불리는 〈헌좌게〉는 태징과 북 반주에 맞춰 두 명이 소리를 주고받으며 부른다. 먼저 선창이 한 악절을 부르면, 악절 끝에 후창이 시작되고, 또 후창의 소리가 끝날 즈음에 선창이 시작되는 식이다. 따라서 선창과 후창의 각 악절 끝은 다음 소리가 들어오기 때문에 overlap된다.

선창과 후창 모두 〈헌좌게〉의 출현음은 mi, (sol), la, do', (re')이고, mi로 종지하며, sol이 la에서 mi로 하행할 때 경과음으로 쓰이고, re'에서 do'로 꺾어서 떨어지는 퇴성이 있는 메나리토리이다.

〈헌좌게〉의 형식은 하나의 선율에서 시작하여 이 선율을 반복, 혹은 변주해 나가는 형식이다. "옴 가마라 승하 사바하" 대목의 선율은 동일 선율을 선창과 후창이 반복하지만, 선창의 제일 마지막 부분은

---

[223] 법현, 한국의 범패 시리즈 8집, 〈영산재 시련의식〉, 2008, 아세아레코드사, CD 3번곡.

길게 변주를 하는 것이 특징적이다.

선창과 후창의 시작 부분 및 형식
은 다음과 같다.

선창1: 아금경설보엄좌 A
후창1:　　　봉현일체성현전 A　　법고춤
선창2:　　　　원멸진로망상심 A1
후창2:　　　　　속원해탈보리관 A1
선창3:　　　　　　옴가마라승하사바하 A2
후창3:　　　　　　옴가마라승하사바 A2
선창4:　　　　　　　옴가마라승하사바야 A2
후창4:　　　　　　　옴가마라승화사바 A2
선창5:　　　　　　　　옴가마라 A3
후창5:　　　　　　　　옴가마라승화사바 A2

(4) 다게茶偈[224] 〈대중창〉 홋소리(I) 짧은소리(악보 - 4)

今將甘露茶 奉獻聖賢前 鑑察虔懇心
금장감로다 봉헌성현전 감찰건간심

願垂哀納受 願垂哀納受 願垂慈悲哀納受
원수애납수 원수애납수 원수자비애납수

이제 감로의 차를 가져다 여러 성현전에 바치오니 간절한 정성을
감응하시어 애처롭게 여기사 거두어 주시옵기를 원하옵나이다.

[224] 법현, 한국의 범패 시리즈 8집, 〈영산재 시련의식〉, 2008, 아세아레코드사, CD 4
번곡.

영산재 중 시련의식 절차에서 나비춤의 반주음악으로 불리는 소리이다. 호적과 태징반주도 함께 따른다.

노랫말은 "금장감로다 봉헌삼보전 감찰건간심 원수애납수"의 사설을 부른다. 출현음은 (A), B, (C), d, e, f, g, (a), (b)로, 홋소리들이 대개 한 옥타브 이내에서 소리하는 것과는 달리 이 곡은 한 옥타브를 벗어난다. 선율은 하행할 때 g-e-d-B로 진행하는 메나리토리 선율도 있지만, 대부분이 B, d, e, f(g) 음으로 진행되는 선율이 많아서, sol이 생략되고 mi'와 fa'를 혼용하는 la, do', re', mi'(fa')의 경토리 선율이 많다. 반면 소리와 함께 반주되는 호적 선율은 시종 경토리로 되어 있다.

선율은 중간에 한 번 반복하는 것(04:08~05:26) 외에는, 전체적으로 반복 없이 변화가 많은 선율로 이루어진 점이 특징적이다. 즉 다른 홋소리들이 몇 가지 선율형이 조합, 반복되는 것과는 달리, 다게작법의 반주로 불리는 이 곡은 곡 전체에 걸쳐 거의 반복 없이 끝나는 점이 특이하다.

다게茶偈[225] 홋소리(II) 긴소리(악보-5)

今將甘露茶 奉獻聖賢前 鑑察虔懇心
금장감로다 봉헌성현전 감찰건간심

願垂哀納受 願垂哀納受 願垂慈悲哀納受
원수애납수 원수애납수 원수자비애납수

시련 의식시 '다게茶偈'의 소리 및 여타의 범패는 시간에 따라 소리

---

[225] 법현, 한국의 범패 시리즈 8집, 〈영산재 시련의식〉, 2008, 아세아레코드사, CD 5번곡.

를 줄이거나 긴소리로 행한다.

(5) 사방요신 및 요잡바라[226] 〈악보 - 6〉

'다게茶偈' 나비무가 마쳐지면 요잡바라 반주곡에 맞추어 나비춤 사방요신작법과 바라춤 요잡바라가 동시에 진행된다.

(6) 행보게行步偈[227] 〈대중창〉〈악보 - 7〉

移行千里滿虛空 歸道情忘到淨邦 三業投誠三寶禮 聖凡同會法王宮
이행천리만허공 귀도정망도정방 삼업투성삼보례 성범동회법왕궁

허공 끝까지 먼 길을 떠나시니 가시다가 정을 잊으면 거기가 정토라오. 삼업(신·구·의)을 던져 삼보께 귀의하나니 성현 범부 구별 없이 법왕궁에 모이소서.

산화락散花落 (3번 반복)

나무대성인로왕보살 2번 반복 후 3번째 아래 짓소리로 연결된다.

(7) 나무대성인로왕보살南無大聖引路王菩薩[228] 〈대중전체 - 짓소리〉〈악보 - 8〉

불, 보살, 일체성중, 영기 등의 길을 인례하는 '나무대성인로왕보살'

---

[226] 법현, 한국의 범패 시리즈 8집, 〈영산재 시련의식〉, 2008, 아세아레코드사, CD 6번곡.

[227] 법현, 한국의 범패 시리즈 8집, 〈영산재 시련의식〉, 2008, 아세아레코드사, CD 7번곡.

[228] 법현, 한국의 범패 시리즈 8집, 〈영산재 시련의식〉, 2008, 아세아레코드사, CD 8번곡.

을 대중이 시련터에서 절 본당으로 행차하며 짓소리를 한다.

이 곡은 대중이 "나무대성인로왕보살"의 가사를 두 번 반복하고 세 번째 소리는 짓소리로 노래하는데, 소리의 시작과 끝에 태징 반주가 따른다.

출현음은 A, B, C, d, e, f, g, a, b로 두 옥타브를 넘으며, 종지음은 B이다. "나무대성인로왕보살"의 사설을 두 번 썼어서 부른 다음, 마지막 '인로왕보살' 5자를 길게 부른다. A음을 짧게 거쳐 C를 길게 부르는 '인'에 해당하는 선율은 이어지는 선율에서 두 번 더 반복되는데, 이것이 '자출인다'는 선율형인지는 확실치 않다. 이 밖에도 특정 선율형의 반복은 2분 38초에서부터의 선율이 3분 21초에 이르는 동안 세 번 반복되고, 3분 59초부터의 선율이 4분 11초에서 한 번 더 반복되는 등 중간 중간 반복된다. 그리고 반복되는 선율 앞뒤에는 '자출이는 소리'나 '잦는 소리' 등의 유형이 삽입된다.

이 밖에도 짓소리로 불리는 〈나무대성인로왕보살〉은 가성을 써서 소리를 고음으로 지르기도 하고, 완전 5도 이상의 음정을 오르내리거나 글리산도로 한 옥타브 가까운 음정으로 떨어지는 등의 선율과 창법을 쓰는 것이 특징이다.

(8) 영축게靈鷲偈〈평염불〉대중창(악보 - 9)

靈鷲拈華示上機 肯同浮木接盲龜 飮光不是微微笑 無限淸風付與誰
영축염화시상기 긍동부목접맹귀 음광불시미미소 무한청풍부여수

부처님께서 영축산에서 연꽃을 들어 상근기를 보이니 이는 눈먼 거북이가 마치 뜬 나무를 만난 듯하네. 만약 가섭이 부처님의 심지법문을 알고 빙그레 웃지 않았다면 끝없는 맑은 가풍 누구에게 전했

으랴.

영축게 소리 후 아래 긔경작법 나비춤 반주 태징이 진행된다.

(9) 긔경작법起經作法 - 나비춤 반주(악보 9)
긔경작법 태징 소리에 맞추어 착복을 소한 두 스님이 작법무를 하는데, 긔경작법은 경을 연다(펼친다)는 의미이며, 작법 후 모셔온 번과 연 등 위패행렬은 상단을 향해 선 후 아래 글을 대중이 창唱한다.

(10) 보례삼보普禮三寶〈법주가 요령을 흔들며 법주가 "보례삼보"소리를 선창하면 아래 글귀를 평염불로 대중창〉(악보 - 10)

普禮十方常住佛 普禮十方常住法 普禮十方常住僧 大韓民國 千秋
보례시방상주불 보례시방상주법 보례시방상주승 대한민국 천추

萬歲
만세

시방세계 상주하신 불·법·승께 지극한 마음으로 예를 올립니다.
대한민국 천추만세로다.

이로써 시련의식 절차는 마친다.

시련의식시 범패의 구성은 (1)옹호게擁護偈 - 훗소리, 반짓소리 (2) 요잡바라 (3)헌좌게獻座偈/헌좌진언獻座眞言 - 훗소리 (4)다게茶偈 - 훗소리 (5)사방요신, 요잡바라. (6)행보게行步偈 - 평염불, 산화락散花落 - 평염불 (7)인성나무대성인로왕보살南無大聖引路王菩薩 - 짓소리 (8) 영축게靈鷲偈 - 평염불 (9)긔경起經작법 - 태징, 호적, 북반주 (10)보례

인도 티베트하우스 달라이 라마 초청 영산재

삼보성寶禮三寶聲 - 평염불 순으로 진행된다.

상기 10단계 절차로 평염불 4회, 홋소리 3회(1회 부분적 반짓소리), 짓소리 1회, 타악 반주 2회로 진행된다.

2. 대령對靈의식 구성과 악보 〈불교의식음악 악보 Ⅱ〉

대령의식은 부처님의 증명으로 영혼에게 상단권공의식에 앞서 간단히 법을 설해주는 절차로 5종의 재의식, 즉 상주권공재, 각배재, 영산재, 수륙재, 생전예수재의 모든 의식에서 진행된다.[229]

대령의식에 대한 음반자료「한국의 범패 시리즈」9집은 서울, 경기 중심의 소리인 경제 범패의 악곡이다.

---

[229] 김응기(법현),『불교음악감상』, 운주사, 2005, 256~275쪽.

한국의 범패 시리즈 9[230]

Korea Buddhist Chant Series 9.

'영산재(Yeongsanjae)' 대령(Daeryeong)의식
Korean Buddhist Music by POP HYUN(법현)

1. 거불(Geobul), 소리-법현(Pophyun)　　　　　　　3.12"
2. 대령소(Deayeongso)〈소성-독창〉소리-법현　　　6.29"
3. 지옥게(Jiokge), 소리-법현　　　　　　　　　　　1.03"
4. 착어(Chak) 생본무생(Saengbonmuseang), 소리-법현　6.31"
5. 진령게(Jinyeong)〈1, 3구 선창-법현. 2, 4구 후창-
　　효성(Hyuosung)〉　　　　　　　　　　　　　　2.25"
6. 보소청진언(Bosochungjinon), 소리-법현　　　　　2.31"
7. 고혼청(Gohonchung) & 향연청(Hyangyunchung) 가영(Gayeong),
　　소리-법현　　　　　　　　　　　　　　　　　　1.50"
8. 금일영가 귀수건청(Kumelyeunggagisugonchung), 소리-법현
　　　　　　　　　　　　　　　　　　　　　　　　5.03"
9. 무용 나비춤 반주, 도량게(Dorangge)작법(Ⅱ) 긴소리,
　　홋소리, 징-법현, 북-효성, 호적-심진(Simjin)　　10.02"
10. 법고춤(Bupgochum) 반주, 징-법현, 북-효성, 호적-심진 4.28"
11. 내림게바라춤(Nelimegbarachum)반주, 징-법현, 북-효성,
　　호적-심진　　　　　　　　　　　　　　　　　　3.17"

---

[230] 한국의 범패 시리즈 9, 〈영산재 대령의식〉, 아세아음반 발매, 2008.7.10.

12. 명바라(Myongbara) 반주, 징-법현   5.11″

〈총 52:10 〉

기획, 제작, 연출, 해설/법현 Executive Producer: Rev. Pophyun
녹음/불교음악연구소
   Recording Engineering: Produced by Buddhist Misic Institute
제작후원/김하은, 박일혁, 박일웅
녹음, 마스터링/김상준 Kim Sangjun(BBS 불교방송 PD)
디자인/무송 Cover Design: Musong
제작/불교음악&불교무용연구소 (02) 363-1115
  Address: Research Institute of Buddhist Music Box 173
  Seodaemun Post Office Seoul Postal code ; 120-600
  /2008.7.10. http://www.pompae.or.kr

상기「한국의 범패 시리즈」 9집 '영산재(Yeongsanjae)' 대령(Dae-ryeong)의식은 총 12곡 가운데 대령의식에 사용된 곡은 1~8번 곡이며, 그 외의 곡은 상단권공시 사용되는 도량게작법, 법고무작법, 내림게바라춤 반주곡, 명바라 등이 수록되어 있다. 3명의 범패승이 범패, 타악, 태평소를 연주하여 녹음한 음반이다.

(1) 거불擧佛〈어장 스님 중심으로 대중이 원을 그리며 거불성은 짓소리로 한다〉(악보 - 1)

南無極樂導師阿彌陀佛 南無左右補處兩大菩薩 南無接引亡靈引路
나무극락도사아미타불 나무좌우보처양대보살 나무접인망령인로

王菩薩
왕보살

서방극락세계 아미타부처님께 귀의하나이다. 아미타불의 협시보살인 관세음보살, 대세지보살님께 귀의하나이다. 돌아가신 망령을 접인하여 길을 인도하시는 인로왕보살님께 귀의하나이다.

(2) 대령소對靈疏〈疏聲 - 1인 독창〉 안채비 - (소성악보 - 2)

召請文疏 拜獻三代 家親等衆 釋迦如來 遺敎弟子 奉行加持 秉法沙
소청문소 배헌삼대 가친등중 석가여래 유교제자 봉행가지 병법사

門 謹疏 修設大會²³¹疏 盖聞 生死路暗 憑佛燭而可明 苦海波深 仗 法
문 근소 수설대회 소 개문 생사노암 빙불촉이가명 고해파심 장 법

船而 可渡 四生六道 迷眞則 似蟻巡環 八難三途 恣情則 如蠶處繭 傷
선이 가도 사생육도 미진즉 사의순환 팔난삼도 자정즉 여잠처견 상

嗟生死 從古至今 未悟心源 那能免矣 非憑佛力 難可超昇
차생사 종고지금 미 오심원 나능면의 비빙불력 난가초승

娑婆世界(云云) 今則 天風肅靜 白日明明 (夜漏沈沈) 專列香花 以伸
사바세계(운운) 금즉 천풍숙정 백일명명 (야류침침) 전열향화 이신

迎請
영청

南無一心奉請 大聖引路王菩薩摩訶薩 右伏以 一靈不昧 八識分明
나무일심봉청 대성인로왕보살마하살 우복이 일령불매 팔식분명

歸居道場 領霑功德
귀계도량 영첨공덕

---
231 대회를 닦아 설비하는 글.

陳寃宿債 應念頓消 正覺菩提 隨心便證 謹疏 佛紀 年 月日秉法涉門
진원숙채 응념돈소 정각보리 수심변증 근소 불기 년 월일병법사문

謹疏
근소

글로써 소청하나니 삼대가친 여러 어른께 절하고 올리나이다. 석가여래 유교제자로 재를 봉행하는 병법사문은 삼가 아뢰옵나이다. 들자옵건대 생사의 길은 어두워서 부처님의 광명을 의지하여야 밝힐 수 있다고 하셨습니다. 중생들의 번뇌의 바다는 그 물결이 깊어서 부처님의 법선을 의지하여 가히 사생 육도 중생을 제도하며, 참된 성품을 미한즉 개미가 쳇바퀴 안에서 나올 줄 모르고 돌고 돌아 중생이 팔난과 삼도 속에서 맴도는 개미와 같으니, 방자한 즉 누에가 고치를 짓고 그 속에서 생사를 한탄하는 것과 같아, 예부터 오늘에 이르기까지 그칠 줄 모르니 마음의 근원을 깨닫지 못하고 어찌 면할 수 있겠습니까.

오늘 이 자리에는 ○○시 ○○구 ○○동 ○○번지 거주하는 ○○○ 그의 부모(혹은 친족) ○○○영가의 사후 49재 혹은 100일재를 맞아 부처님의 위신력으로 왕생극락을 발원코자 법식을 마련하고 향과 꽃과 과일 등 공양구를 장만하여 대성인로왕보살님을 청해 모시니, 본래의 서원을 잊지 마시고 이 도량에 강림하시어 이 공덕을 굽어 감응하옵고, 영가의 앞길을 밝게 인도하여 주옵소서.

그리하여 한 생각 매이지 않고 팔식이 분명하여 부처님의 품 안에서 풍성한 공덕을 누리고 묵은 업장, 쌓은 업 모두 소멸하여 정각보리의 법을 깨달아 무생법인을 얻도록 힘은 베풀어 주옵소서.

영산재의 시련 다음 절차인 대령에서 독창으로 부르는 〈대령소〉는 안채비염불에 가깝게 부른다. 대체로 4언 1구의 한문사설을 소성으로 촘촘히 읽어 나가는데, 안채비염불에 가까운 만큼 mi, sol, la 3음 (do'는 드물게 쓰임)으로 된 단순한 선율형을 기본으로 읽어 나간다.

〈대령소〉 시작 부분의 선율은 사설 4字를 'mi - la - mi - sol - mi'의 단순한 선율형으로 부르는데, 사설이 6자로 추가될 경우에는 la - sol - mi - sol의 선율형을 덧붙인다. 중간부터는 B형의 선율형으로 넘어가는데, 이때도 노랫말의 서두는 mi - la 선율로 시작한다.

(3) 지옥게地獄偈〈대중창〉(악보 - 3)

鐵圍山間沃焦山 鑊湯爐炭劒樹刀 八萬四千地獄門 仗秘呪力今日開
철위산간옥초산 확탕노탄검수도 팔만사천지옥문 장비주력금일개

철위산 사이의 옥초산, 확탕지옥, 노탄지옥, 검수도산지옥, 팔만사천 지옥문, 부처님의 비밀 주문의 힘을 의지하여 오늘 열게 하소서.

(4) 착어着語 - 착어 생본무생(악보 - 4)

生本無生 靈山齋 - 對靈儀式時〈하단 대령의식시 법주 독창〉[232]

生本無生 滅本無滅 生滅本虛 實相常住(靈駕) 還會得 無生滅底一句
생본무생 멸본무멸 생멸본허 실상상주(영가) 환회득 무생멸저일구
麼(良久) 俯仰隱玄玄 視聽明歷歷 若也會得 頓證法身 永滅飢虛 其
마(양구) 부앙은현현 시청명역역 약야회득 돈증법신 영멸기허 기

---

[232] 법현, 한국의 범패 시리즈 9집, 〈영산재 대령의식〉, 2008, 아세아레코드사, CD 4 번곡.

或未然 承佛神力 仗法加持 赴此香檀 受我妙供 證悟無生
혹미연 승불신력 장법가지 부차향단 수아묘공 증오무생

금일 영가여, 생하는 것도 본래 살아 있음이 없고 멸도 본래 멸이 없나니 낳고 죽는 법이 본래 비었건만 실상묘체(마음 본래의 자성)는 상주하여 멸함이 없다.

금일 영가시여, 돌이켜 생각하소서. 본래 생멸이 없다고 한 구절의 이치를 알겠는가.

(묵언하고, 요령을 세 번 갈아 놓은 후)

합장하고 굽어보고 우러러 굽어보면 검은 하늘은 고요하고 보고 들음에 밝고 역력하다. 만일 얻을 수 있다면 법성을 깨쳐 증득하여 영원히 주리고 허함을 멸하리라.

혹시 그렇지 않으면 부처님의 위신력을 받아 법을 더 의지하여 이 향단에 나아가 나의 공양을 받고 무생법을 깨달아 증득하소서.

〈착어〉는 법주가 요령(금강령)을 오른손으로 들고 좌우로 움직이며 좌정하여 독창으로 부른다. 음계는 mi, sol, la, do', re'의 5음으로 된 메나리토리이다. 다만 sol의 쓰임이 la에서 mi로 하행할 때 외에도 do'로 상행할 때도 쓰이고, 긴 시가로 빈번히 사용되며, 악절 끝의 반종지나 최종 종지음으로 쓰이는 점이 특징적이다. 사설을 촘촘히 읽어나갈 때는 do' 한 음으로 지속하는 경우가 많고, 선율은 반복되지 않고 곡을 마치며, 새로운 가사가 시작될 때는 mi - sol의 선율형을 많이 사용한다.

(5) 진령게振鈴偈[233] 〈1, 3구 법주 요령 흔들며 선창. 2, 4구 바라지 후창〉

(악보 - 5)

以此振鈴伸召請 今日靈駕普聞知 願承三寶力加持 今日今時來赴會
이차진령신소청 금일영가보문지 원승삼보력가지 금일금시내부회

이제 요령을 흔들어 청하오니 저승세계 끝까지 들려주소서.

원하옵건대 삼보의 도우심을 힘입어 오늘 영가 이 자리에 왕림하소서.

〈진령게〉는 법주가 요령을 흔들어 진령게송을 하는데, 이 게송은 영가의 어리석은 마음을 깨우쳐 금일 이 제단齊壇으로 청하는 게송으로 선창과 후창이 주고받으며 부르는데, 선창의 선율이 끝나기 전에 후창이 시작되고, 후창의 중간에 선창이 시작된다. 하지만 선창과 후창은 거의 비슷한 선율로 부르기 때문에, 돌림노래와 흡사하다.

하나의 선율형을 변주해서 부르다가 마치는데, 후창의 끝부분은 앞의 선창선율에 다시 한 번 변주를 한다.

선창1: 이차진령신소청 A
후창1: 금일영가보문시 A
선창2:   원승삼보력 A1
후창2:   금일금시대부회 A2

고구려 벽화 복식재현과 비천무, 김향금 안무

〈진령게〉는 mi, sol, la, do', re'

[233] 법현, 한국의 범패 시리즈 9집,〈영산재 대령의식〉, 2008, 아세아레코드사, CD 5번곡.

의 5음 음계에 mi를 종지음으로 하는 메나리토리 선율이다.

＊법주가 요령을 흔들며 지극한 마음으로 진언을 세 번 청한다.

(6) 보소청진언普召請眞言〈요령을 흔든 후 독창〉(악보 - 6)

나모 보보제리 가리다리 다타 아다야(3번)

〈보소청진언〉은 요령을 들고 독창으로 ※요령을 흔든 후 영가에게 법을 세 번 청하며 부르는 소리인데, 선율은 서두의 "보소청진언" 부분과 중간의 "나무 보보제리 가리다리 다타 아다야"를 반복하는 부분, 그리고 마지막 "다타 아다야"를 길게 늘여 부르는 부분으로 크게 나뉜다. 그 첫 부분은 mi, sol, la, do'의 4음으로 멜리스마틱하게 부르고, 두 번째 대목은 주로 mi 한 음으로 안채비염불을 부르듯 촘촘히 읊으며, 마지막 대목은 첫 번째 대목과 같이 mi, sol, la, do' 4음의 메나리토리 선율로 부른다.

(7) 고혼청孤魂請[234]〈법주 독창〉(악보 - 7)

一心奉請 因緣聚散 今古如然 虛徹廣大 靈通往來 自在無碍
일심봉청 인연취산 금고여연 허철광대 영통왕래 자재무애

今次云云 靈駕 弟當死後 日齋 至心奉爲 上世先亡父母 多生師長 遠
금차운운 영가 제당사후 일재 지심봉위 상세선망부모 다생사장 원

近親戚 累代宗親 弟兄叔伯 姉妹姪孫 一切無盡 諸佛子等 各列位列
근친척 누대종친 제형숙백 자매질손 일절무진 제불자등 각열위열

[234] 영가에게 법을 설하는 고혼청은 삼청을 한다.

名 靈駕 此寺道場內外 洞上洞下 有主無主 雲集孤魂 一切哀魂等 各
명 영가 차사도량내외 동상동하 유주무주 운집고혼 일절애혼등 각

列位詠歌 法界含靈 有主無主 雲集孤魂 四生七趣 各列位列名靈駕
열위영가 법계함영 유주무주 운집고혼 사생칠취 각열위열명영가

承佛威光 來臨法會 受霑香燈茶米供
승불위광 내임법회 수접향등다미공

   영산재의 대령의식 절차에서 불리는 〈고혼청〉과 〈향연청〉, 〈가영〉
은 먼저 독창으로 소리를 부르고, 이것이 끝나면 합창이 뒤따른다. 반
주는 요령과 태징이 따르는데, 요령은 선창의 시작 부분에 잠깐 나오
다가 1자 1음으로 사설을 읊어나갈 때는 매 박에 요령을 흔든다. 반면
태징은 앞소리와 뒷소리의 종지 부분에만 잠깐 연주된다.

   mi, sol, la, do' 4음으로 소리하며, mi로 종지하는 메나리토리 선율
이다.

   독창 선율은 앞부분의 사설 "일심봉청"을 A(일), A1(심), B(봉청)의
선율형으로 부른 다음, 사설을 촘촘히 읊어 나가다가 마지막에는 B1
선율로 종지한다. 읊는 대목은 대개 la 한 음으로 지속하는 경우가 많
은데, 2소박 1박에 사설 2자字를 규칙적으로 붙여서 읽는다.

   독창에 이어지는 뒷소리는 mi, la, do' 3음으로 부르는데, 역시 앞소
리처럼 사설이 촘촘히 붙고, 앞소리의 종지선율과 흡사한 B1 선율형
으로 곡을 마친다.

(8) 향연청향請香煙請-영혼전에 연반 진수의 향기로 청함(악보 - 7)

(9) 가영歌詠〈바라지 독창〉(악보 - 7)

諸靈限盡致身亡 石火光陰夢一場 三魂杳杳歸何處 七魄茫茫去遠鄕
제령한진치신망 석화광음몽일장 삼혼묘묘귀하처 칠백망망거원향

모든 영가들은 기한이 다하여 몸이 죽음에 이르니 세월이 몹시 빨라 일장의 꿈이더라. 삼혼은 아득히 어느 곳으로 돌아갔으며 칠백은 망망히 먼 고향으로 갔으리라.

(10) 모인 영가某人 靈駕 긔수건청〈착어성 - 법주 독창〉(악보 - 8)

旣受虔請 已降香檀 捨諸緣 俯欽斯奠 一炷淸香 正是靈駕 本來面目
긔수건청 이강향단 사제연 부흠사전 일주청향 정시영가 본래면목

數點明燈 正是靈駕 着眼時節 先獻趙州茶 後進 香積饌 於此物 還着
수점명등 정시영가 착안시절 선헌조주차 후진 향적찬 어차물 환착

眼麼 低頭仰面 無藏處 雲在靑天 水在瓶 靈駕 旣受香供 已聽法音 合
안마 저두앙면 무장처 운재청천 수재병 영가 기수향공 기청법음 합

掌專心 參禮金仙
장전심 참례금선

이미 정성으로 청을 받고 벌써 향단에 나렸으니 모든 인연을 놓아 버리고 구부려 이 제물을 흠향하소서. 모인 영가 모든 불자들이여, 한 자루의 청정한 향은 정히 영가의 본래근원이요 여러 점 등불은 바로 영가의 눈감은 시절입니다. 먼저 조주 스님의 차를 드리고 나중에 향적의 찬을 드리니 이 물건들을 눈여겨 보소서. (잠시 묵언하며 생각함. 그런 후 요령 3번 울리고) 머리를 숙이고 낯을 우러러봐도

영산회상-니르바나- 홍고무, 등춤 회향, 김항금 안무

감출 곳 없나니 구름은 푸른 하늘에 있고 물은 병 속에 있느니라. 이미 향의 공양도 받고 부처님 말씀도 벌써 들었기에 합장하고 전심으로 부처님께 참례할지어다.

대령의식시 범패의 구성은 1)거불擧佛 - 평염불, 짓소리 2)대령소對靈疏 - 안소성 3)지옥게地獄偈 - 평염불 4)착어〈생본무생 운운生本無生 云云〉 - 안채비착어성 5)진령게振鈴偈 - 훗소리 6)보소청진언普召請眞言 - 훗소리 7)고혼청 일심봉청 운운一心奉請 云云〉 - 안채비청사성 8)향연청香煙請 - 평염불 9)가영歌詠 - 평염불 10)착어〈모인 영가 기수건청 운운某人 靈駕 旣受虔請 云云〉 - 안채비착어성 등의 10단계 절차로 평염불 5회, 훗소리 1회(1회는 평염불성으로 하기도 함), 안채비 4회(소성 1회, 청사성 1회, 착어성 2회)로 구성된다.

3. 관욕灌浴의식 구성과 악보〈불교의식음악 악보 Ⅲ〉

관욕의식은 영혼에게 불전에 나아가기에 앞서 불법을 일러주어 영혼의 업장을 청정케 하여 올바른 불법을 들을 수 있도록 하는 의식으로 5종의 재의식, 즉 상주권공재, 각배재, 영산재, 수륙재, 생전예수재의 모든 의식에서 진행된다.[235]

관욕의식에 대한 음반자료「한국의 범패 시리즈」10집은 서울, 경기 중심의 소리인 경제 범패의 악곡이다.

---

[235] 안진호, 앞의 책 하권, 58~64쪽.

한국의 범패 시리즈 10[236]

Korea Buddhist Chant Series 10.

'영산재(Yeongsanjae)' 관욕(Gwanyok)의식

Korean Buddhist Music by POP HYUN(법현)

1. 인예향욕(Inyehyangyuk), 소리-법현(Pophyun)　　　　1.36"
2. 신묘장구대다라니(Sinmoujangkudaedalani) & 정로진언 (Jungrojinon) 소리, 징-법현, 북-효성(Hyuosung),　　　4.26"
3. 가지조욕(Gajijoyuk), 소리-법현 1.38"
4. 입실게(Eipsilge) & 목욕진언(Mokyukjinon), 소리-법현　1.31"
5. 관욕쇠(Gwanyukshai) 바라춤 반주, 소리, 징-법현-, 북-효성, 호적-심진(Simjin)　　　　　　　　　　　　　　　5.59"
6. 작양지진언(Jakyangjijinon) & 수구진언(Sugujinon) & 세수면진 언(Sesumynjinon), 소리-법현　　　　　　　　　　2.24"
7. 가지화의(Gajihwaiwui), 소리-법현　　　　　　　　2.07"
8. 화의재진언(Hwawuijaejinon) 바라춤 반주(I) 소리, 징-법현, 북-효성　　　　　　　　　　　　　　　　　　　1.04"
9. 화의재진언(Hwawuijaejinon) 바라춤 반주(II), 징-법현, 북-효성, 호적-심진　　　　　　　　　　　　　　　　　　0.49"
10. 제불자(Jebulja), 소리-법현　　　　　　　　　　1.05"
11. 수의진언(Suwuijinon) & 착의진언(Chakwuijinon)&정의진언

---

[236] 한국의 범패 시리즈 10, 〈영산재 대령의식〉, 아세아음반 발매 2008.7.20.

(Jungwuijinon) 소리-법현 2.03"

12. 출욕참성(Chulyukchamsun), 소리-법현 1.06"

13. 지단진언(Jidanjinon) & 산화락(Sanhwarak) & 인성(Insung),
   소리-법현 1.51"

14. 인성(Insung)(나무대성인로왕보살마하살), 소리-법현 5.36"

15. 정중게(Jungchunge) & 개문게(Gaemunge), 소리-법현 0.52"

16. 가지예성(Gajiyaesun), 소리-법현 1.19"

17. 보례삼보(Boresambo), 소리-법현 0.59"

18. 제불자 행봉성회(Jebuljaheangbongsunghe), 소리-법현 0.32"

19. 법성게(bupsungge), 소리-법현 1.26"

20. 패전게(Kejunge), 소리-법현 0.37"

21. 수위안좌(Suwyiyanja), 소리-법현 0.52"

22. 안좌게(anjage) & 수위안좌진언(Suwyianja) & 다게(Dage),
   소리-법현 1.45"

23. 거령산(Georyeongsan)-짓소리(Jieksoli), 소리-법현 6.51"

〈총 48:38〉

기획, 제작, 연출, 해설/법현 Executive Producer: Rev. Pophyun

녹음/불교음악연구소

　　Recording Engineering: Produced by Buddhist Misic Institute

제작후원/김하은, 박일혁, 박일웅

녹음, 마스터링/김상준 Kim Sangjun(BBS 불교방송 PD)

디자인/무송 Cover Design: Musong

제작/불교음악&불교무용 연구소 (02) 363-1115

Address: Research Institute of Buddhist Music Box 173 Seodaemun Post Office Seoul Postal code ; 120-600 /2008.7.10. http://www.pompae.or.kr

상기 한국의 범패 시리즈 10집 '영산재Yeongsanjae' 관욕Gwanyok 의식은 총 23곡 가운데 관욕의식에 사용된 곡은 1~22번 곡이며, 그 외의 곡은 괘불이운, 식당작법, 상단권공시 사용되는 거령산곡이 수록되어 있다. 3명의 범패승이 범패, 타악, 태평소로 연주 녹음한 음반이다.

(1) 인예향욕引詣香浴〈법주 독창〉(악보 - 1)

上來己憑 佛力法力 三寶威神之力 召請人道 一體人倫 及 無主孤魂
상래이빙 불력법력 삼보위신지력 소청인도 일체인륜 급 무주고혼

有情等衆 己屆道場 大衆聲鈸 請迎赴浴
유정등중 긔계도량 대중성발 청영부욕

위로부터 부처님 힘과 법의 힘, 삼보의 위신력을 의지하여 사람세계로 불러 청하오니 모든 인류 및 무주고혼과 유정 등 중생은 도량에 내려 이르소서. 대중들이 바리 소리로 청해 맞이하오니 욕실로 나아가소서.

영산재의 관욕의식 절차에서 불리는 〈인예향욕〉은 mi, sol, la, do' 4음 음계에 mi로 종지하는 메나리토리 선율로 되어 있다. 소리의 시작 전후前後에 요령이 따른다.

〈인예향욕〉은 네 가지의 선율형의 조합으로 이루어져 있는데, A 선

조선시대 감로탱화 복식재현 홍고무

율을 제외하고는 모두 짧은 음형으로 이루어져 있다. 예를 들면, B 선율은 mi - la의 음형이고, C 선율은 do' - la 음형이며, D 선율은 la - sol - mi - sol - mi 이다. A선율로 시작해서 A선율로 종지하고, ABCD 선율을 두 번 반복한 다음, BD 선율을 세 번 반복한 다음 A 선율형으로 종지한다.

〈인예향욕〉의 사설에 붙는 선율형은 다음과 같다.

가　사: 인예 / 향욕 / 상래 / 이빙 / 불법 / 법력 / 삼보 / 위신지력 /
선율형:　A　A확대　A축소　　B　　　C　　　C　　　D　　　A변형

가　사: 소청 / 인도 / 일체 / 인류 / 급 / 무주 / 고혼 / 계 / 유정
선율형:　B　D변형　　C　　　D　　B　　B　　　D　　B　　B

가　사: 등중 / 이계 / 도량 / 대중 / 성발 / 청영 / 부욕
선율형: A변형　　B　　　D　　　B　　D변형　　B　　A변형

(2) 신묘장구대다라니 神妙章句大陀羅尼〈평염불 - 대중 동음창〉(악보 - 2)
　　대중이 동음, 평음성으로 아래의 다라니를 염송한다.

　　나모라, 다나다라, 야야, 나막알약, 바로기제, 새바라야, 모지사다바
야, 마하, 사다바야, 마하가로, 니가야, 옴, 살바, 바예수 다라나, 가

고려·조선시대 복식재현 범패와 김향금 안무 가야춤·보살춤·범패

라야, 다사명, 나막, 가리다바, 이맘, 알야, 바로기제 새바라, 다바, 니라간타, 나막, 하리나야, 마발다, 이사미, 살발타 사다남, 수반, 아예염, 살바, 보다남, 바바마라, 미수다감, 다냐타 옴, 아로계, 아로가, 마지로가, 지가란제, 혜혜하례, 마하모지 사다바, 사마라, 사마라, 하리나야, 구로구로, 갈마, 사다야, 사다야 도로도로, 미연제, 마

하미연제, 다라다라, 다린나례, 새바라 자라자라, 마라, 미마라, 아마라, 몰제, 예혜혜로계, 새바라, 라아 미사미, 나사야, 나베, 사미사미, 나사야, 모하자라, 미사미, 나사야 호로호로, 마라호로, 하례, 바나마, 나바, 사라사라, 시리시리 소로소로, 못쟈못쟈, 모다야, 모다야, 매다리야, 니라간타 가마사, 날사남, 바라, 하리나야, 마낙, 사바하싯다야, 사바하, 마하싯다야, 사바하, 싯다유예, 새바라야, 사바하 니라간타야, 사바하, 바라하, 목카싱하, 목카야, 사바하 바나마, 하따야, 사바하, 자가라, 욕다야, 사바하 샹카, 섭나녜, 모다나야, 사바하, 마하라, 구타다라야, 사바하 바마사간타, 이사시쳬다, 가릿나, 이나야, 사바하 먀가라, 잘마이바, 사나야, 사바하 나모라, 다나다라, 야야, 나막알야, 바로기졔, 새바라야, 사바하. (3번)

상기의 소리를 이어 영혼에게 길을 인도하는 아래의 진언(정로진언)을 평염불로 한다.

(3) 정로진언淨路眞言〈대중창〉- 목욕실로 인도하는 진언 - 평염불(악보 - 2)

唵 蘇愛地 羅佐里 多羅 羅佐里 多羅 母羅多曳 左羅左羅 滿多滿多
옴 소짓지 나자리 다라 나자리 다라 모라다아 자라자라 만다만다
賀那賀那 吽婆吒
하나하나 훔바탁 (3번)

정로진언 후 바라지는 기립 후 아래의 게송을 태징반주와 더불어 소리한다.

404

(4) 입실게入室偈〈대중창〉 평염불(악보 - 2)

一從違背本心王 幾入三途歷四生 今日滌除煩惱染 隨緣依舊自還鄕
일종위배본심왕 기입삼도역사생 금일척제번뇌염 수연의구자환향

한 번 본심 왕을 등진 뒤로 몇 차례나 삼도와 사생四生으로 헤매었던가. 오늘날 번뇌의 때를 모두 씻으면 자연히 본 고향으로 돌아가게 되오리.

(5) 가지조욕加持操浴〈법주 독창〉 안채비(악보 - 3)

詳夫 淨 三業者 無越乎澄心 潔萬物者 莫過乎淸水 是以 謹嚴浴室 特
상부 정 삼업자 무월호징심 결만물자 막과호청수 시이 근엄욕실 특

備香湯 希一濯於塵勞 獲萬劫之 淸淨 下有沐浴之偈 大衆隨言後和
비향탕 희일탁어진노 획만겁지 청정 하유목욕지게 대중수언후화

상세히 살펴보면 신구의 삼업을 조촐히 하는 것이 마음을 깨끗이 하느니만 못하고 만 가지 물건을 정결히 하는 것이 맑은 물만 못한 것이다. 목욕실을 삼가 엄하게 하고 향탕수를 특별 준비하였으니 티끌 세계 노고를 깨끗이 씻기를 바라고 만겁에 청정을 얻도록 하소서. 아래로 목욕에 대한 계율이 있으니 대중은 말을 따라 고르게 하라.

(6) 목욕게沐浴偈 - 목욕을 알리는 글 - 평염불(악보 - 4)

我今以此香湯水 灌浴孤魂及有情 身心洗滌令淸淨 證入眞空常樂鄕
아금이차향탕수 관욕고혼급유정 신심세척영청정 증입진공상락향

내 이제 향탕수로써 고혼과 유정에게 관욕을 시키나니, 몸과 마음을 씻어 청정하게 하여 진공인 상락향(열반의 세계)에 증득해 들어

가소서.

입실게 게송에 이어서 법주가 '목욕진언'을 소리하면 바라지는 '목욕진언'의 게송인 '옴바다모 사니사 아모가 아레 훔'을 소리한다.

(7) 목욕진언沐浴眞言〈법주 독창〉 - 목욕을 알리는 진언 - 평염불(악보 - 4)
 唵婆多謨 婆尼沙 阿模佉阿隸吽
 옴 바다모 사니사 아모가 아레 훔 (3번)

(8) 관욕쇠〈관욕쇠태징〉 - 바라춤반주곡 - 타악반주(악보 - 5)
입실게 게송 후 '목욕진언'에 이어서 관욕을 알리는 바라춤 반주가 진행된다.

(9) 작양지진언嚼楊枝眞言〈법주 독창〉 - 버들가지로 입안을 닦는 진언 - 평염불(악보 - 6)
 唵 婆阿羅賀 莎婆訶
 옴 바아라하 사바하(3번)

(10) 수구진언漱口眞言〈법주 독창〉 - 입을 헹구는 진언(악보 - 6)
 唵 度度哩 九魯九魯 莎婆訶
 옴 도도리 구로구로 사바하 (3번)

조선시대 감로탱화 조전무, 김향금 안무

(11) 세수면진언洗手面眞言〈법주 독창〉 - 손과 얼굴을 씻는 진언 - 평염불(악보 - 6)

唵 三滿多 婆哩 述帝吽
옴 사만다 바리 수제훔 (3번)

〈작양지진언〉,〈수구진언〉,〈세수면진언〉은 진언 스타일로 잇대어 불리는 곡들로, mi, sol, la, do' 4음으로 된 메나리토리 선율로 되어 있다. 산스크리트어로 3번 반복해서 부르는 대목은 한 음으로 주워섬기듯이 부른다.

선율은 크게 "작양지진언", "수구진언", "세수면진언"을 부르는 앞부분과 이어 진언을 부르는 뒷부분으로 나뉜다. 앞부분의 선율은 대동소이한 A 선율형으로 부르고, 뒷부분은 전체적으로 B 선율형으로 부르지만 진언을 세 번 반복하기 때문에 세부적으로는 세 가지 선율형으로 다시 나뉜다. 뒷부분의 세 가지 선율형은 mi에서 시작하여 la 한 음으로 읊는 형, la로 읊다가 mi로 끝나는 형, 마지막으로 '옴' 한 음을 la로 길게 부른 다음 mi로 종지하는 형이다.

이들 세 곡의 노랫말과 그에 따른 선율유형은 다음과 같다.

〈제1선율: A〉　　　　　　〈제2선율: B〉

	B1	B2	B3
작양지진언 /	옴바아라하사바하	옴바아라하사바하	옴바아라하사바하
수구진언 /	옴도도리구로구로사바하	옴도도리구로구로사바하	옴도도리구로구로사바하
세수면진언 /	옴사만다바리숫제훔	옴사만다바리숫제훔	옴사만다바리숫제훔

(12) 가지화의편加持化衣篇〈법주 독창〉(악보 - 7)

諸佛者 灌浴旣周 信心具淨 今以如來 無上秘密之言 加持冥衣 願
제불자 관욕기주 신심구정 금이여래 무상비밀지언 가지명의 원

此一衣 爲多衣 以多衣 爲無盡之衣 令稱身形 不長 不短 不窄 不寬
차일의 위다의 이다의 위무진지의 영칭신형 부장 부단 불착 불관

勝前 所服之衣 變成 解脫之服 故 吾佛如來 有 化衣財 多羅尼 謹當
승전 소복지의 변성 해탈지복 고 오불여래 유 화의재 다라니 근당

宣念
선념

모든 불자여, 관욕이 이미 다 두루하여 몸과 마음이 함께 깨끗해졌고 이제 여래의 무상비밀의 말씀으로써 명부 옷이 변화하오니, 원컨대 한 벌의 옷이 많은 옷이 되고 또 많은 옷이 다함이 없는 옷이 되어서 몸에 꼭 맞게 되어 길지도 않고 짧지도 않으며 좁지도 않고 넓지도 아니하다. 전에 입던 옷보다 더 좋은 옷으로 해탈의 옷이 되었으니, 고로 우리 부처님에게는 화의재 다라니가 있으니 삼가 생각하라.

(13) 화의재진언化衣財眞言〈법사 독창 후 아래 화의재진언 태징과 함께 바라무를 한다〉- 태징반주는 두 가지 형태로 한다.(악보 - 8)(악보 - 9)

曩謨 三滿多 沒多南 唵 婆左那 毘盧枳帝 娑婆訶
나모 사만다 못다남 오흠 바자나 비로기제 사바하(3번)

(14) 제불자 운운〈諸佛者 持呪旣周 云云〉안채비(악보 - 10)

諸佛者 持呪旣周 化衣已遍 無衣者 與衣覆體 有衣者 棄古換新 將詣
제불자 지주기주 화의이변 무의자 여의부체 유의자 기고환신 장예

淨壇 先整服飾
정단 선정복식

모든 불자여, 염불로써 이미 두루 갖추어졌으며 옷이 마련되었으니 옷이 없는 자는 이 옷으로 몸을 덮고 옷이 있는 사람은 옛것을 버리

고 새로운 것으로 갈아입어, 깨끗한 단으로 나아가는 의복을 정리하십시오.

관욕의식 절차에서 불리는 〈제불자〉는 mi, sol, la, do' 4음의 메나리토리 선율로 부르고, 종지음은 mi이다. 다섯 가지의 선율형이 조합되어 있는데, A형으로 시작하여 A형으로 마치고, 중간에 B와 C형의 선율이 반복된다.

제불자 / 지주기주 / 화의이변 / 무의자 / 여의부체 / 유의자 /
  A   B   C   B1   B2   B

기고환신 / 장예정단 /선정복식
  C축소   B   A1

(15) 수의진언授衣眞言〈법주 독창〉 평염불(악보 - 11)

唵 婆里摩羅 婆縛阿里尼 吽
옴 바리마라 바바아리니 훔 (3번)

(16) 착의진언着衣眞言〈법주 독창〉 평염불(악보 - 11)

唵 縛日羅 婆娑處 莎婆訶
옴 바아라 바사세 사바하 (3번)

(17) 정의진언整衣眞言〈법주 독창〉(악보 - 11)

唵 三滿多 婆多羅那 婆多米 吽 泮
옴 사만다 바다라나 바다메 훔 박 (3번)

(18) 출욕참성出浴參聖〈법주 독창〉 안채비(악보 - 12)

諸佛者 旣周服飾 可詣壇場 禮三寶之慈尊 聽一乘之 妙法 請離香浴
제불자 기주복식 가예단장 예삼보지자존 청일승지 묘법 청이향욕

當赴 淨壇 合掌專心 除步前進
당부 정단 합장전심 서보전진

모든 불자들이여, 이미 옷을 두루 정제했으니 가히 단장에 나아가서 삼보자존에게 예배하고 일승의 묘법을 듣고 향욕을 여의기를 청하오니 마땅히 정단에 나아가 합장하고 정성스런 마음으로써 서서히 전진하라.

(19) 지단진언指壇眞言〈법주 독창〉 평염불(악보 - 13)

唵曳二惠 吠魯佐那野 莎婆訶
옴에이혜 비로자나야 사바하 (3번)

법주가 단을 가리키며 '지단진언'을 염송하면 바라지는 아래 '가영', '산화락', '인성' 게송을 이어서 염한다.

(20) 가영歌詠〈대중창〉 평염불(악보 - 13)

法身遍滿百億界 普放金色照人天 應物現形潭底月 體圓正坐寶蓮臺
법신변만백억계 보방금색조인천 응물현형담저월 체원정좌보연대

법신은 백억 세계에 두루 가득하고 금색의 넓은 광명이 천상, 즉 하늘과 인간 세계, 즉 땅을 고루 비추나니 물건에 응하여 형상을 나타내심이 연못 가운데 달 같고 몸은 원만한 보련대 위에 바르게 앉아 계시도다.

영산재 시련 의식

(21) 산화락散花落(3번) - 평염불로 대중이 3번 소리한다. 평염불(악보 - 13)

(22) 인성引聖 - 나무대성인로왕보살南無大聖引路王菩薩(3번) - 짓소리 (악보 - 14)

(23) 정중게庭中偈〈법사 독창〉평염불(악보 - 15)
   一步曾不動 來向水雲開 旣到阿練若 入室禮金仙
   일보증부동 내향수운개 기도아련야 입실예금선

   한 걸음 더 움직이지 아니하고 물과 구름 사이로 와서 이 아란야까지 왔으니 금당에 들어가서 부처님께 예하소서.

(24) 개문게開門偈〈법사 독창〉평염불(악보 - 15)
   捲箔逢彌勒 開門見釋迦 三禮無上 遊戱法王衆
   권박봉미륵 개문견석가 삼예무상 유희법왕중

   발을 걸으면 미륵보살을 만날 수 있고 문을 열면 서가모니부처님을 볼 수 있을 것입니다. 무상존에게 세 번 예를 하고 금당에서 유희하소서.

(25) 가지례성加持禮聖〈법주 독창〉 안채비(악보 - 16)

上來爲 冥道有情 引入淨壇已竟 今當禮奉 三寶 夫 三寶者 三身正覺
상래위 명도유정 인입정단기경 금당례봉 삼보 부 삼보자 삼신정각

五敎靈文 三賢十聖之尊 四果二乘之衆 汝等 旣來法會 得赴香筵想
오교영문 삼현십성지존 사과이승지중 여등 기래법회 득부향연상

三寶之難逢 傾 一心之信禮 下有普禮之偈 大衆隨言後和
삼보지난봉 경 일심지신례 하유보례지게 대중수언후화

위로부터 내려온 의식은 명부세계 유정들을 깨끗한 단에 인도하기 위함이니 이제 당연히 삼보께 예하라. 이 도량에 왔으니 부처님께 예배합시다. 무릇 삼보란 삼신(법신, 보신, 화신)의 부처님과 오교의 신령한 글과 삼현십성의 높음과 사과이승의 대중이다. 너희들은 법회에 참석하여 향의 잔치에 나아갈 수 있게 되었으니 삼보란 만나기 어렵다는 생각으로 일심을 기울여 믿고 예하라. 아래로 널리 예하는 계율이 있으니 대중은 말을 따라 고르게 하라.

(26) 보례삼보普禮三寶〈법주가 독창하면 아래 소리를 대중창 한다〉 평염불(악보 - 17)

普禮十方常住 法身報身化身諸佛陀 普禮十方常住 經藏律藏論藏諸
보례시방상주 법신보신화신제불타 보례시방상주 경장율장논장제

達磨 普禮十方常住 菩薩緣覺聲聞諸僧伽
달마 보례시방상주 보살연각성문제승가

시방세계 상주하시는 삼신(법신, 보신, 화신) 모든 제불께 예경하나

나비춤

이다.

시방세계 상주하시는 경장, 율장, 논장 모든 법보께 예경하나이다.

시방세계 상주하시는 보살, 연각, 성문 모든 승가에게 예경하나이다.

(27) 제불자 행봉성회 운운諸佛者 幸逢聖會 云云 법주 독창(악보 - 18)

諸佛者 幸逢聖會 已禮慈尊 宣生罕遇之心 可發難遭之想 請離壇所
제불자 행봉성회 이례자존 선생한우지심 가발난조지상 청리단소

當赴冥筵 同享珍羞 各求妙道
당부명연 동향진수 각구묘도

모든 불자여, 다행히 성현의 모임을 만나 삼보 자존에게 예를 마치니 마땅히 힘들게 만나고자 하는 마음이 생겨 가히 만나기 어려운 생각을 발하여 단을 떠나기를 청하고 마땅히 명연에 나아가 다같이 진수를 흠양하고 각각 묘도를 갖추소서.

노랫말이 "제불자 행봉성회"로 시작되는 이 곡은 시작과 끝에 요령이 따르고, 2소박 1박을 단위 박으로 노래하는데, 주로 mi, la, do'(si)

3음으로 소리한다.

　선율은 "제불자" 노랫말을 부르는 대목은 멜리스마틱하게 부르고, 이어지는 "행봉성회 이례자존~"은 가사 한 자를 ♪음표 하나에 촘촘히 붙여 주워섬기듯이 부른다. 주워섬기는 대목은 거의 la 한 음으로 부르며, 이 음으로 마친다.

(28) 법성게法性偈〈대중이 함께 도량을 돌며 법성게를 염송한다〉 평염불 (악보 - 19)

　　法性圓融無二相 (법성원융무이상)
　　법의 성품 원융하여 두 모양이 본래 없고
　　諸法不動本來寂 (제법부동본래적)
　　모든 법이 부동하여 본래부터 고요하네.
　　無名無相絶一切 (무명무상절일체)
　　이름없고 모양 없어 일체가 다 끊겼으니
　　證智所知非餘境 (증지소지비여경)
　　깨친 지혜로 알 일일 뿐 다른 경계로 알 수 없네.
　　眞性甚深極微妙 (진성심심극미묘)
　　참성품은 깊고 깊어 지극히 미묘하여
　　不守自性隨然成 (불수자성수연성)
　　자기 성품 고집 않고 인연 따라 나투우네.
　　一中一切多中一 (일중일체다중일)
　　하나 안에 일체 있고 일체 안에 하나 있어
　　一卽一切多卽一 (일즉일체다즉일)
　　하나가 곧 일체요 일체가 곧 하나라.

一味塵中含十方 (일미진중함시방)
한 티끌 그 가운데 온 우주를 머금었고
一切塵中亦如是 (일체진중역여시)
낱낱의 티끌마다 온 우주가 다 들었네.
無量遠劫卽一念 (무량원겁즉일념)
끝도 없는 무량겁이 한 생각의 찰나이고
一念卽是無量劫 (일념즉시무량겁)
찰나의 한 생각이 끝도 없는 겁이어라.
九世十世互相卽 (구세십세호상즉)
세간이나 출세간이 서로 함께 어울리되
仍不雜亂隔別成 (잉불잡란격별성)
혼란 없이 정연하게 따로따로 이루었네.
初發心時便正覺 (초발심시변정각)
처음 발심하온 때가 바른 깨침 이룬 때요
生死涅槃相共和 (생사열반상공화)
생과 사와 열반 경계 그 바탕이 한몸이니
理事冥然無分別 (이사명연무분별)
근본·현상 명연하여 분별할 길 없는 것이
十佛普賢大人境 (십불보현대인경)
모든 부처님과 보살님 성인들의 경계러라.
能仁海印三昧中 (능인해인삼매중)
부처님의 거룩한 법 갈무리한 해인삼매
繁出如意不思議 (번출여의부사의)
불가사의 무궁한 법 그 안에서 드러내어

雨實益生滿虛空 (우보익생만허공)
모든 중생 유익토록 온 누리에 법비 내려
衆生隨器得利益 (중생수기득이익)
중생들의 그릇 따라 온갖 이익 얻게 하네.
是故行者還本除 (시고행자환본제)
이런 고로 수행자는 근본으로 돌아가되
叵息忘想必不得 (파식망상필부득)
망상심을 쉬지 않곤 얻을 것이 하나 없네.
無緣善巧捉如意 (무연선교착여의)
무연자비 좋은 방편 마음대로 자재하면
歸家隨分得資糧 (귀가수분득자량)
보리 열반 성취하는 밑거름을 얻음일세.
以陀羅尼無盡寶 (이다라니무진보)
이 말씀 무진 법문 한량 없는 보배로써
莊嚴法界實寶殿 (장엄법계실보전)
온 법계를 장엄하여 불국토를 이루면서
窮坐實際中道床 (궁좌실제중도상)
마침내는 진여 법성 중도 자리 깨달으니
舊來不動名爲佛 (구래부동명위불)
본래부터 부동하여 이름하여 부처라네

(29) 괘전게掛錢偈 평염불(악보 - 20)
　諸佛大圓經 畢境無內外 爺孃今日會 眉目正相斯
　제불대원경 필경무내외 야양금일회 미목정상사

모든 부처님은 크고 둥근 거울과 같이 필경에 친소나 내외가 없으며 금일 모인 부모님의 미목을 바른 상으로 일깨워 주시네.

(30) 수위안좌受位安座〈법주 독창〉 안채비(악보 - 21)

諸佛者 上來承佛攝受 仗法加持 旣無因繫 以臨筵 願獲逍遙而就座
제불자 상래승불섭수 장법가지 기무인계 이임연 원획소요이취좌

下有安座之偈 大衆譽言後和
하유안좌지게 대중수언후화

모든 불자여, 위로부터 부처님의 섭수를 이어받아 법의 가지력으로써 이미 죄의 얽매임이 없어져 법연에 임하여 자리에 나아가 소요를 얻기 원하나이다. 아래로 자리가 편안해지는 게송이 있으니 대중은 말을 따라 고르게 화합하소서.

(31) 안좌게安座偈 - 자리에 좌정을 권하는 게송〈법주의 선창에 대중이 다음 글귀를 후창한다〉(악보 - 22)

我今依敎說華筵 茶果珍羞列座前 大小宣位次第坐 專心諦聽演金言
아금의교설화연 다과진수열좌전 대소선위차제좌 전심체청연금언

옴 마니 군다니 훔훔 사바하 (3번)

내가 이제 가르침을 의지하여 빛나는 재를 베풀어 차와 과일과 진수를 자리 앞에 벌여 놓았으니, 크고 작은 모든 영가는 차례대로 앉아서 정성스런 마음으로 부처님 말씀과 인연설을 자세히 들으소서.

바라춤

(32) 다게茶偈 - 차를 올리는 게송 - 평염불(악보 - 22)

百草林中一味新 趙州常勸幾千人 烹將石鼎江心水 願使亡靈歇苦輪
백 초림중일미신 조주상권기천인 팽장석정강심수 원사망영헐고륜

願使孤魂歇苦輪 願使諸靈歇苦輪
원사고혼헐고륜 원사제영헐고륜

백 가지 초목 중 새로운 한 맛을 조주 스님은 언제나 누구에게나 권했네. 오늘도 그것을 정성껏 달였사오니 영가시여 윤회의 고통 면하소서.

관욕의식 범패의 구성은 1)인예향욕편〈상래이빙 불력 운운上來已憑 佛力 云云〉- 안채비개탁성 2)대비주〈신묘장구대다라니 운운神妙章句 大陀羅尼 云云〉- 평염불 3)정로진언淨路眞言 - 평염불 4)입실게入室偈 - 평염불 5)가지조욕편〈상부 정삼업자 운운詳夫 淨三業者 云云〉- 안채비편게성 6)목욕게沐浴偈 - 평염불, 짓소리 7)목욕진언沐浴眞言 - 평염불, 짓소리 8)관욕쇠〈관욕쇠태징〉- 타악 - 징, 북, 호적 9)작양지진언嚼楊枝眞言 - 평염불 10)수구진언漱口眞言 - 평염불 11)세수면진언洗手面眞言 - 평염불 12)가지화의편〈제불자 관욕기주 운운諸佛者 灌浴旣周 云云〉- 안채비편게성 13)화의재진언化衣財眞言 - 평염불 14)제불자 운운〈諸佛者 持呪旣周 云云〉- 안채비개탁성 15)수의진언授衣眞言 - 평염불 16)착의진언着衣眞言 - 평염불 17)정의진언整衣眞言 - 평염불 18)출욕참성편〈제불자 기주복식 운운諸佛者 旣周服飾 云云〉- 안채비개탁성 19)지단진언指壇眞言 - 평염불 20)가영歌詠 - 평염불 21)산화락散花落 - 평염불 22)인성〈나무대성 인로왕보살南無大聖 引路王菩薩〉- 짓소리 23)정중게庭中偈 - 평염불 24)개문게開門偈 - 평염불 25)가지예성편〈상래 위명도유정 운운上來爲 冥道有情 云云〉- 안채비편게성 26)보례삼보普禮三寶 - 평염불, 홋소리 27)행봉성회 운운幸逢聖會 云云 - 안채비개탁성 28)법성게法性偈 - 평염불 29)괘전게掛錢偈 - 평염불 30)수위안좌편〈제불자 상래승불섭수 운운諸佛者 上來承佛攝受 云云〉- 안채비개탁성 31)안좌게安座偈/수위안좌진언受位安座眞言 - 평염불 32)다게茶偈 - 평염불 등으로 진행된다.

관욕은 세간의 목욕의식으로, 영혼에게 부처님의 가르침으로 삼독으로 지은 업을 청정하게 하여 불법을 들을 수 있도록 하는 의식이다.

32단계 절차로 평염불 21회, 홋소리 1회(1회는 평염불성으로 하기도 함), 안채비 8회(개탁성 5회, 편게성 3회), 짓소리 2회(짓소리로 하지 않을 경우 평염불로 진행)로 진행된다.

4. 경제, 영제 범패 음반자료 현황〈부록 - 5〉

한국의 범패는 경제(서울, 경기), 영제(영남지방), 완제(호남지방), 중제(충청도 지방) 형태로 분류된다. 서울 중심 소리의 경제(서울, 경기)는 '한국의 범패 시리즈'라는 타이틀로 1999년부터 2012년 한국의 범패 시리즈 1~15집 CD와 2장의 DVD, 중요무형문화재 제50호 범패 보유자 박송암 스님 유작집 상주권공 5매, 각배 6매, 영산 7매 등 18장의 음반이 발매되었다.

또한 중요무형문화재 제50호 보유자 장태남(벽웅) 스님 범패 1집, 2집이 김포문화원에서 발매되었다. 이 외 2009년 문화관광부에서 영국 에딘버러 대학에 소장되어 있던 존 레비 녹음 LP음반 10매를 발매하였으며, 이 중에 불교음악 범패 1매가 포함되어 있다.

1968년에 존 레비가 프랑스에서 발매한 한국의 전통음악 LP음반, 한국문화재보호재단협회에서 발매된 한국전통음악대전집 LP음반 28집, 29집에도 범패가 수록되어 있다. 영제(영남지방)는 2007년 국립문화재연구소 소장 음반자료를 중심으로 국립문화재연구소 음반시리즈 41, 영남 범패 CD 5장이 발매되었다.

(1) 서울 봉원사 중심 경제 음반 〈부록 5〉
한국의 범패 시리즈는 현재 한국불교 사찰의식에서 사용되어지는 음

봉원사 영산재

악을 중심으로 필자가 40년 가까이 채록 및 수집한 2,000개의 카세트 테이프, 각종 의식을 담은 영상 VTR테이프 500개를 바탕으로 불교의례에서 사용되는 성악곡, 기악곡, 타악곡 등 의식음악을 CD로 발매한 것이다. 1집 '산사의 향기' 6곡, 2집 '무지개 소리' 8곡, 3~5집 '불교무용' 14곡 등이며, 불교무용은 바라춤, 나비춤, 법고춤, 반주음악으로 구성되어 있다. 이 외 범패 홋소리로 6집 '삼할향' 3곡, 7집 '삼직찬' 6곡, 8집 '영산재 시련의식' 12곡, 9집 '영산재 대령의식' 12곡, 10집 '영산재 관욕의식' 23곡, 11집 '불교음악 DVD - 영산작법 - 시련의식', 12집 '불교무용 DVD - 불교무용 - ', 13집 '영산재 조전점안 의식' 8곡, 14집 '영산재 신중작법 의식' 9곡, 15집 '영산재 괘불이운 의식' 7곡 등 모두 15매가 불교음악연구소 기획으로 발매되었다.

(2) 경제 중요무형문화재 제50호 보유자 박송암 스님 음반〈부록 5〉
중요무형문화재 제50호 영산재 범패 보유자 박송암 스님의 유작 음반이다. 1차 작업으로 '영산' 7장(2001년 6월 발매), 2차 작업으로 '상주권공' 5장(2001년 발매), 3차 작업으로 '각배' 6장(2003년 3월 발매)

을 발매하였으며, 그 외 짓소리, 안채비, 관음예문, 점안의식 등을 순차적으로 발매할 계획으로 있다. 아래는 유작음반에 대한 발매 취지의 내용이다.

"〈송암 큰 스님 유작집〉 음반에 수록된 곡은 송암 스님 세속 나이 54세 때인 1968부터 1973년 사이 직접 릴 녹음기를 작동하여 녹음한 릴 테이프 15개, 그리고 1968년부터 송암 스님 처소에서 머물며 소리를 직접 배우며 녹음한 현 서울 대방동 소재 홍원사 주지 동주 스님 소장 9개 릴 테이프(녹음시기 1969 - 1970) 등 총 24개 유작 릴 테이프, 법현 스님 소장 의식 채록음반 테이프 2,000개, '상주권공' '각배' '영산' '관음예문' '짓소리' '홋소리' '화청' '백발가' '회심곡' 등 여러 곡의 범패 가운데 일부 발췌한 음반으로 40년 전 녹음시설이 완벽하지 못한 곳에서 녹음되었음을 밝히며, 나머지 소리들은 순차적 작업을 거쳐 발매할 예정입니다. 40년 전 릴 녹음기를 직접 작동시키며 후학들에게 귀한 소리를 남겨주신 스님과 귀한 자료를 선뜻 내어주신 동주 스님, 큰 스님의 범패전승추모사업회 회장 인공 스님, 중요무형문화재 제50호 영산재보존회 스님들께 문도회와 더불어 후학들이 합장 예경합니다.

중요무형문화재 제50호 영산재 본존회 회장, 송암대종사추모기념사업회 회장.[237]

상기 송암 스님 유작집은 '상주권공' 1~5집에 상단의식 중심으로

---

[237] 김응기(법현), 한국의 범패 시리즈, 송암 스님 유작집, '영산', CD 7장, 아세아음반 자료집, 2001.6, 3쪽.

경제 범패승

안채비, 바깥채비, 홋소리, 짓소리 화청, 회심곡(백발가) 등 29곡, '영산' 6~12집에 상단권공 중심으로 안채비, 바깥채비, 홋소리, 짓소리, 화청(축원화청) 등 46곡, '각배' 13~18집에 상단권공 중심으로 안채비, 바깥채비, 홋소리, 짓소리 화청(축원화청) 등 32곡이 수록되었다.

(3) 경제 중요무형문화재 제50호 보유자 장벽응 스님 음반

1집 - 중요무형문화재 제50호 범패

홋소리, 상주권공 중에서

1. 할향
2. 등게
3. 정례
4. 창혼과 지옥게
5. 합장게

2집 - 중요무형문화재 제50호 범패

홋소리, 상주권공 중에서

1. 화청, 회심곡

바라춤

중요무형문화재 제50호 범패 1집, 2집

1998년 8월 발행

부른이/ 벽응

펴낸이/ 유지만

펴낸곳/ 김포문화원, 김포시 사우동 259-4

만든곳/ 웅진미디어

(4) 경제 박송암, 장벽응, 김운공 스님 음반

한국전통음악대전집 제28판

1. 범패(1) 인성

2. 범패(2) 보례/영산대개계

창: 박송암/장태남/김명호

한국전통음악대전집 제29판

1. 범패(3) 할향

2. 범패(4) 지장유치/송자/참회게/화청·축원

창: 박송암/장태남

한국문화재보호협회 편 지구레코드
1980. 10. 20 제작

(5) 경제 범패 서울 신촌 봉원사 1964년 12월11일 영국학자 존 레비 녹음 LP음반〈부록 - 5〉
KOREAN TRADITIONAL MUSIC IN THE JOHN LEVY COLLECTION
- Buddhist Misic - 한국 전통 음악 존 레비 컬렉션 불교음악

바라춤

한국 전통 음악 존 레비 컬렉션 음반은 2009년 국립국악원에서 복원되었다. 음반은 궁중음악, 관악영산회상, 영산회상 별곡, 가곡, 판소리와 산조, 제주민요, 불교음악, 제주무속음악, 한국의기악, 한국의 성악 등 총 10장으로 구성되었다. 이 가운데 불교음악 7곡이 실려 있다.

녹음: 영국 음악학자 존 레비. 1964.12.11 서울 신촌 봉원사 녹음

본 음반은 1964년 12월 12일 녹음시 서울 신촌 봉원사의 당시 범패 승인 김운파金雲坡,[238] 남벽해南碧海,[239] 조덕산曺德山,[240] 조일파曺一坡,[241] 김화담金華潭,[242] 박송암朴松庵,[243] 장벽응張碧應(태남),[244] 윤동하尹東河(만

---

[238] 김운파金雲坡: 속명 점석, 스님, 1907년 10월 18일생, 奉元寺 거주, 1973년 열반. 짓소리의 옳고 그름을 판단할 정도로 상주권공, 각배, 영산의 짓소리 등을 모두 배운 魚丈이다.

[239] 남벽해南碧海: 속명 순봉, 스님, 1898년 2월 17일 봉원사 출생, 1970년 열반. 김운파 스님과 더불어 봉원사 최고 魚丈으로 활약함.

[240] 조덕산曺德山: 속명 덕인, 스님, 생몰년 1913~1977. 봉원사 출생.

[241] 조일파曺一坡: 속명 길환, 스님, 생몰년 1912~1971. 봉원사 출생.

[242] 김화담金華潭: 속명 명수, 스님 생몰년 1908.4.29~1975.

[243] 박송암 스님에 대한 증언. 생몰년 1915~2000. 중요무형문화재 제50호 영산재 보유자. 奉元寺에 주석. 현재 남아 있는 15기지 짓소리는 물론 안채비, 바깥채비 훗소리 등 일체를 빠짐없이 기억하고 있는 당대 최고 魚丈이며 이 시대 범패의 산증인이라 할 수 있다. 1915년 10월 14일 범패의 산실인 봉원사에서 출생, 京城商業學校 졸업 후 당대 최고 어장이던 李月河 스님에게 梵音 일체를 배웠다. 현재 스님의 아름다운 美聲은 누구도 따를 수 없을 정도이다. 스님의 후학들로 保有者 金九海(仁植), 전수교육보조자 馬一雲(명찬), 李元明(東洲), 吳松江(찬영), 韓東熙(熙子), 李起峰(수길), 이수자 朴古山(영대), 崔圓虛(학성), 李雲奉(철호), 金性一(월타), 曺東善(동환), 金能華(종형), 曺性吾(석연), 金法起(효성), 金應起(법현) 李大植(호산), 徐眞哲(완석) 외 수많은 履修者를 배출하였다.

순)²⁴⁵ 스님 등이 참여하였을 것으로 짐작된다.

음악 곡목 해설

① **배헌해탈향**拜獻解脫香 - 영산재 상단 권공시 진행되는 곡 02:47

　＊요령을 흔들고 '배헌해탈향' 평염불로 하고 나면 다른 스님이 아래의 게송을 범패 홋소리로 '계정진향분기충천상시주건성설재금로방경각분온즉변만시방석일야수면난제재장'까지 부르고 대중창으로 '유원제불애민수차공양'을 한다.

戒定眞香氛氣衝 天上施主虔誠爇 在金爐傍頃刻芬氳卽遍滿十方昔
계정진향분기충 천상시주건성설 재금로방경각분온즉변만시방석

日耶輪免難除災障衆和 唯願諸佛哀愍受此供養
일야수면난제재장중화 유원제불애민수차공양

계향·정향·진실한 향냄새는 하늘 위까지 사무치며 시주님의 그 정성 금향로 주위에 어리었네. 잠깐 사이에 아름다운 향냄새 시방국토 두루두루 가득하니 "옛날 라후라 모친인 야수다라가 면하기 어

---

244 장벽응張碧應: 속명은 태남. 무형문화재 제50호. 1909년 3월 9일 경기도 파주 장파리 출생. 2000년 열반. 8세 때 장단 화장사 출가. 13세 때 오운월 스님을 恩師로 득도. 화장사에서 범호(白蓮寺) 스님의 제자인 金秋聲(본명, 보성) 스님에게 홋소리를 배웠고, 범호 스님으로부터는 짓소리를 배웠다. 안채비와 바깥채비에 능하였으며, 호적은 13세 때, 취타는 30살 때부터 불었다.

245 윤만순尹萬順(東河): 경기도 고양군 신도면 출생. 고령 보광사에서 득도 후 진관사, 백련사, 신흥사에 머물렀으며, 노년엔 봉원사에 머물며 호적을 연주하였으나 아깝게 후계자를 양성하지 못하고 1991년에 열반. 일찍이 스님이신 부모님으로부터 호적을 배워 7세 때부터 호적을 불기 시작. 현재 어장 스님들 사이에서도 호적 하면 윤동하 스님을 떠올릴 정도로 스님의 호적은 따를 만한 사람이 없을 정도로 잘 연주하였음.

려운 재난을 면하였으라." 오직 원하옵니다. 모든 부처님께서는 중생을 불쌍히 여기시어 이 공양을 받으옵소서.

②배헌반야등拜獻般若燈 - 영산재 상단 권공시 진행되는 곡 09:05
* 요령을 흔들고 '배헌반야등' 평염불로 하고 나면 박송암 스님이 '등광층층변조어대천 지혜심등명요득자연 아금자연'까지만 범패 홋소리 게탁성으로 하였다. 이후 게송은 생략됨.

燈光層層遍照於大千 智慧心燈明了得自然 我今自然滿盞照長天光
등광층층변조어대천 지혜심등명요득자연 아금자연만잔조장천광

明破暗滅罪福無邊衆和 唯願諸佛哀愍受此供養
명파암멸죄복무변중화 유원제불애민수차공양

등불 빛나서 층층이 저 대천세계를 비추었으며 지혜로운 마음의 등불은 밝고 밝아서 자연 그대로를 얻었네. 우리가 이제 자연 그대로 가득찬 잔으로 끝없는 하늘 광명으로 비추니 어둠을 깨뜨릴 죄업 소멸하여 복됨이 끝이 없어라. 오직 원하옵니다. 모든 부처님께서는 중생을 불쌍히 여기시어 이 반야의 등불 공양을 받으옵소서.

이후 한 스님이 요령을 흔들고 '배헌해탈향拜獻解脫香' 평염불로 소리한 후 범패.

'할향'(喝香 - 삼보님께 향을 올리며 향의 덕을 찬탄讚嘆하며. 의식의식儀式의 시작을 대중에게 알리는 게송) 홋소리〈독창〉

奉獻一片香 德用難思議 根盤塵沙界 葉覆五須彌
봉헌일편향 덕용난사의 근반진사계 엽복오수미

한 조각 향이오나 정성으로 올리나니, 향의 덕 도루함 어찌 헤아릴 수 있으오리까. 아래로 티끌 같은 사바세계 바치옵고, 위로는 다섯 수미계도 그늘에 있사옴을.

③ 합장게合掌偈 - 홋소리〈독창〉 - 영산재 상단 권공시 진행되는 곡 04:09

合掌以爲花 身爲供養具 誠心眞實相 讚歎香煙覆
합장이위화 신위공양구 성심진실상 찬탄향연부

두 손을 합치고 보니 마치 한 송이 연꽃이구려. 또한 몸은 부처님의 법을 받드는 공양구요, 진실하고 거짓 없는 그 마음, 그 향과 연기 가득한 법회를 찬탄합니다.

④ 보례普禮 - 짓소리〈대중창〉 - 각배재 상단 권공시 진행되는 곡 13:41

普禮十方無上尊 五智十身諸佛陀
보례시방무상존 오지십신제불타

시방에 늘 계시며 무상의 존귀하신 분, 오지와 십신을 얻으신 일체 부처님 전에 귀의합니다.

⑤ 대취타 - 04:02

영산재, 각배재, 생전예수재, 수륙재, 상주권공시 맨 처음 불보살을 청하는 '시련'의식에 앞서서 사찰 마당에서 절 입구로 대중이 나아가는데 이때 연주된다.

⑥ 염불 가락 - 작법무 진행시 연주된다. 03:04

⑦능게 가락 - 영산재, 각배재, 생전예수재, 수륙재의 시왕이운 진행시 대중이 우측으로 시왕위목을 적은 시왕번을 순회할 때 연주된다. 02:33 [246]

(6) 경제 범패 서울 신촌 봉원사 1968년 프랑스 발매, 영국학자 존 레비 녹음 LP음반〈부록 - 5〉

KOREAN TRADITIONAL MUSIC IN THE JOHN LEVY COLLECTION - Buddhist Misic - 한국불교음악

녹음: 영국 음악학자 존 레비 1964.12.12, 서울 신촌 봉원사에서 녹음.

곡명:

    A면 1. 거령산

    B면 1. 삼귀의례/반야심경(1)

        2. 반야심경(2)

        3. 화청

        4. 천수바라

    발매: IMPRME EN FRANCE - IMF, SAINT - ROCH - PARIS, 1968년.

(7) 경제 범패 - 중요무형문화재 제50호 준보유자 일운 스님 음반〈부록 - 5〉

(8) 영제 범패 - 영남지방을 중심으로 한 음반 〈부록 - 5〉

국립문화재연구소 소장 음반자료 시리즈 41[247] 영남 범패 5장 음반.

---

[246] 김웅기(법현), 범패와 불교무용, 한국 전통 음악 존 레비 컬렉션 불교음악, 국립국악원 자료집, 2009, 14~27쪽.

[247] 국립문화재연구소 음반자료 시리즈 41, 영남 범패, 서울음반, 2007. 6.

1750년 감로탱화(원광대 소장) 작법무

불교의식에 사용되던 범패는 크게 경제·완제·팔공산재·영제·중제로 나뉘어 전승되고 있다. 서울 경제(서울·경기 중심 범패 및 무용)는 중요무형문화재 제50호로 지정되어 한국불교 태고종 서울 봉원사(신촌)·백련사(남가좌동)·안정사(왕십리)를 중심으로 영산재가 전승되고 있으며, 이 외에도 지방문화재로 인천시 지정문화재 제10호 가호 – 범패·바라춤, 인천시 지정문화재 제10호 나호 – 범패·나비춤, 인천시 무형문화재 제15호 – 인천수륙재가 전승되고 있다.

영제(부산 중심 범패)는 영남소리를 중심으로 전승되고 있는데, 부산시 무형문화재 제9호 영산재(바라춤·범패·장엄), 경상남도 무형문화재 제22호 불모산 영산재 등이 문화재로 지정되어 있다. 완제는 전북 완주의 봉서사를 중심으로 전승되고 있으며, 제주도 무형문화재 제15호인 불교의식이 문화재로 지정되어 있다. 이처럼 각 지방에서 독특한 소리의 형태로 범패와 무용이 전승되고 있으며, 현재 이들 의식 가운데 범패·작법무·장엄 등은 체계적으로 전승되고 있다.

본 음반에 수록된 영남 범패는 범패 조사 작업의 일환으로 홍윤식 (현 동국대 역사교육학과 명예교수) 교수가 1969년 11월 17일 부산시 금정구 국청사에서 어장魚丈 김용운金龍雲, 오경명, 박대봉, 박만하, 이성봉 스님의 범패를 조사하면서 녹음한 자료이다. 국청사 주지 김용운 스님의 범패 계보는 벽파碧波 – 안관해安寬海 – 김용운金龍雲으로 이어졌으며, 이 외 신흥申興 – 설호雪湖 스님 등으로도 전승되었다고 한다. 이 자료를 녹음한 김용운金龍雲 스님은 1972년 10월 부산광역시 무형문화재 제1호인 범패 예능보유자로 지정되었으나, 아쉽게도 이듬해 1월 열반하여 무형문화재 지정이 해제되었다.

현재 영남의 범패는 1993년 4월 20일 부산광역시 무형문화재 제9

호로 '부산 영산재'가 지정되었고, 2002년 1월 25일 경상남도 무형문화재 제22호 '불모산 영산재'가 지정되어 영남 범패의 맥을 이어가고 있다.[248]

영남 범패 5장 CD의 음반 목록
국립문화재연구소 소장 음반자료 시리즈 41[249] 〈부록 - 5〉

영남 범패 5장은 1969년에 문화재관리국이 무형문화재 지정과 관련하여 불교의식 범패음악을 채록 조사한 결과물로 얻은 음원이다. 당시 채록 조사 작업은 홍윤식 교수가 실시하였으며, 이 음반에 녹음된 영남 범패 음악은 1969년 11월 17일 부산시 금정구 국청사에서 어장 김용운, 오경명, 박대봉, 박만하, 이성봉 스님이 참여하여 녹음하였다.

당초 릴 테이프로 녹음된 음원자료는 1994년부터 1995년까지 2년간에 걸쳐 국립문화재연구소 예능민속연구실이 실시한 음악자료 분류작업을 통해 CD로 전환되었다. 당시 필자 역시 이 작업에 참여하였으며, 필자 외에 장휘주 박사, 권도희 박사 등도 음원 분류작업에 참여하였다.

CD에 옮겨진 〈영남 범패〉 음원은 이번에 '국립문화재연구소 소장 음반자료 시리즈'의 하나로 발매하였다. 기록용 CD에 담긴 음원을 영

---

[248] 김응기(법현), 영남 범패 국립문화재연구소 소장 음반자료 시리즈 41 자료집, 연도 표기, 9쪽.
[249] 국립문화재연구소 소장 음반자료 시리즈 41, 영남 범패, (주)서울음반 발매, 2007.6.

산재의 진행절차 순서에 맞추어 트랙을 정리, 발매한 것이다.[250]

현재 발매된 범패음반은 경제와 영제 중심으로 발매되었으며, 이들은 음원자료에서 찾아볼 수 있다. 범패는 경제, 영제, 완제, 중제 등 4가지로 분류되며, 인천, 제주도 등 지역적 특성을 가지고 불교의식이 전승되고 있다.

이들 의식음악과 의식 절차에 사용되는 의식문에 차이는 없고, 다만 의식을 전문적인 범패로 진행하는가, 평염불 형태로 진행하는가의 차이가 있을 뿐이다.

---

[250] 김응기(법현), 영남 범패 국립문화재연구소 소장 음반자료 시리즈 41 자료집, 10쪽.

V. 불교의식음악 범패의 특징 및 예능과 창도

이 장에서는 불교의식 때 범패의 음악적 특징과 의의에 대하여 살피고, 아울러 이러한 불교의식과 음악이 현대까지 계승된 서울, 경기, 부산, 충청도, 전라도 지역별 계보를 조사하였다. 한편 발매된 의식음악과 예능藝能은 무형문화재 지정으로 각 지방의 문화와 더불어 전승 보존되고 있다.

1. 불교의식 문화재 지정 현황과 예능 계보

현재 범패와 작법무의 예능의 형태는 경제·완제·팔공산재·영제·중제 등 각 도별로 나뉘어 전승되고 있다. 서울 경제(서울·경기 중심 범패 및 무용)는 중요무형문화재 제50호로 지정, 지방문화재로는 인천시지정문화재 제10호 가호 - 범패·바라춤, 인천시지정문화재 제10호 나호 - 범패·나비춤, 인천시 무형문화재 제15호 - 인천수륙재이다. 이 가운데 영제(부산 중심 범패)는 부산시 무형문화재 제9호 부산

법고춤

영산재와 경상남도 무형문화재 제22호 불모산 영산재 등이 지정되었고, 완제는 전라북도 도지정문화재 제8호 영산작법(범패)이 지정되어 전북 완주의 봉서사를 중심으로 전승되고 있고, 제주도는 무형문화재 제15호인 불교의식이 문화재로 지정되었다. 이 외에 중제는 충청남도 도지정문화재 제140호 내포영산대재를 중심으로 전해진다. 현재 이들 불교의식음악은 각 지방에서 독특한 문화와 융합되어 범패·작법무·장엄 등의 형태로 체계적으로 전승되고 있다.

1) 경제 전승 계보
(1) 중요무형문화재 제50호 영산재 - 법현 조사 계보[251](일제시대부터 1970년대)
본 계보는 1929년 고교형高橋亨의 『이조불교李朝佛敎』와 동국대 소장

---

[251] 법현, 『한국의 불교음악』, 운주사, 2005, 248~262쪽.

동교(개운사 등 동쪽 중심의 사찰)

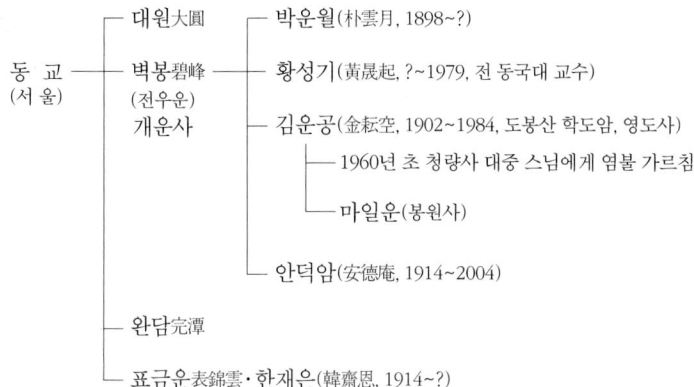

서교(봉원사, 백련사 등 서쪽 중심의 사찰 소리) 1968년과 1969년 봉원사에서 범패 강습회를 열어 봉원사 이장을 주축으로 범패를 강의하였고, 이것이 1970년 이후 범패 전승에 일익을 담당하게 된다.

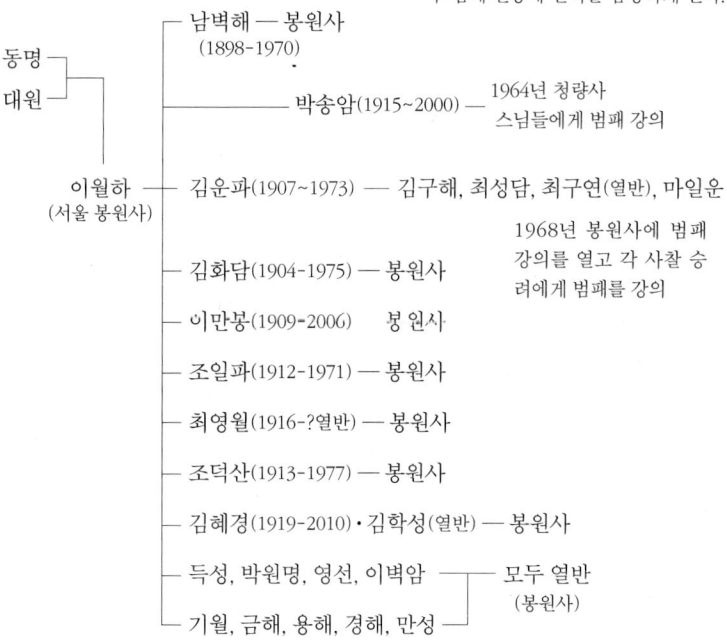

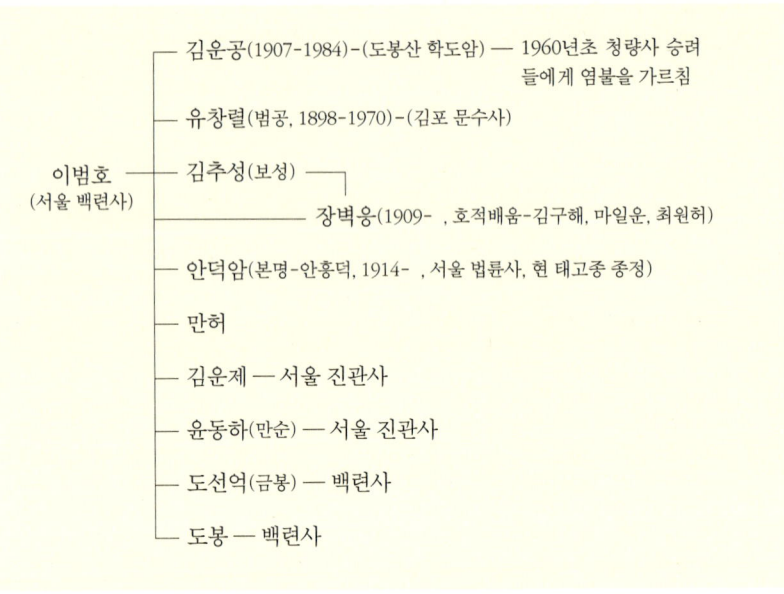

의 『범음집梵音集』을 참고하고 봉원사 박송암의 증언(1990년)을 토대로 정리하였다. 동교와 서교 외에 범패승이 더 있을 것으로 추정되나 미확인된 것은 기재하지 않았다.

(2) 1970년대 이후 전승 계보

범패는 박송암(1915~2000), 김운공(1907~1984), 장벽응(1909~2000) 등이 1973년 11월 5일 중요무형문화재 제50호로 지정되었다. 그 후 1987년 11월 11일 범패·장엄·작법무 세 가지를 영산재로 묶어 장엄 부분에 정지광(1925~1997), 작법무 부분에 이일응(1920~2003) 등이 문화재로 지정되었다.

서울(경제) 범패·영산재(법현 조사 계보): 중요무형문화재 제50호 영산재 계보[252]

박송암(열반)
(범패)
1973.11.15

― 보유자: 김구해(인식) - 봉원사

― 전수교육보조자: 마일운(명찬)-봉원사·오송강(찬영)-열반·
　　　　　　　　이기봉(수길)-봉원사 이조원(동주) 한희자(동희)

― 이수자: 김정환(학성) 김종형(능화) 조동환(인각) 김법기(효성) 최학성(원허) 이철호(운봉) 조석연(현성) 김응기(법현) 박영대(고산) 윤종규(해월) 김창욱(월타) 권진안(종일) 이대식(호산) 김종득(미산) 김광진(태허) 박영만(법안) 김용호(와룡) 이철준(정오) 송재섭(법우) 김도원(현수) 김향화(현준) 장병호(청봉) 조광현(혜산) 조명환(효광) 박성호(처명) 오세균(보운) 변호근(춘광) 류지언(화산) 심인(지허) 김혜숙(선혜) 한정미(해사) 신금자(주혜) 선선희(증문) 양은숙(호철) 이주환(석용) 전진용(지암) 황신천(진법) 노윤자(계성) 박청산 이중호(개문) 오수혁(문곡) 조금두(문성) 조보현(고담) 박준성(연허) 이재훈(성우) 유재호(회증) 정남근(심진) 주대천(법연) 신용자(성일) 정옥란(법연) 하선준(무공) 김영(하진) 양창옥(법정) 이연경 (도경) 김은주(지수)

― 전수생: 노연숙(혜공) 이성민(일각) 김재운(선각) 김웅태(법운) 이동수(혜조) 김재수(성마) 조창범(동문) 남성균(법천) 한범수(동진) 최워엽(도담) 이정숙(자인) 김연옥(진공) 이미경(성주) 박현일(지담) 이주상(석천) 김광화(향천) 엄인용(혜담) 김동찬(동인) 박태수(혜월) 서준석(혜성) 이차복(혜명) 김태곤(만결) 김성욱(구수) 김근선(보덕화) 이영근(법일) 방한열(진원) 김창수(행준) 김민정(동환) 김규운(적광) 장완순(행범) 노명열(혜일) 이명우(고불) 이창원(보광) 김홍자(연원) 정창헌(현오) 정영희(고산) 이문식(덕평) 권기영(진관) 박공연(수연) 손홍재(혜원) 방현식(성법) 박성환(월타) 윤연실(선정) 박진석(법륜) 김영기(능해) 정우택(준범) 양창옥(법정) 이연경(도경) 김은주(지수)

---

[252] 2012년 10월, 유네스코 세계무형문화유산 중요무형문화재 제50호 영산재보존회 자료 현황.

그 외 1970년 초 보문사에서 선하·인구·법성·미타사 비구니 승려에게 범패를 강의했으며, 1970년 이후 옥천범음회를 주축으로 2000년 2월까지 중요무형문화재 제50호 영산재보존회 부설 범음대학에서 많은 학인들에게 범패 및 무용을 강의하여 많은 범패승을 배출하였다. 영산재는 2009년 유네스코 세계무형문화유산으로 등재되었다.

이월하[253]―― 김혜경 (봉원사)-1988.7.31 이수자 지정(2011년 열반)
 (범패)   └ 김학성 (봉원사)-1988.7.31 이수자 지정

김운공(범패) 1973년 11월 5일 보유자 지정 후 1984년 열반, 후계자 미지정
장벽응(범패) 1973년 11월 5일 보유자 지정 후 2000년 열반, 후계자 미지정
정지광(장엄) 1987년 11월 11일 보유자 지정 후 1996년 열반, 후계자 미지정
    이경암(전수교육조교) 윤혜월(이수자)
이일응(작법) 1987년 11월 11일 보유자 지정 후 2003년 열반, 후계자 미지정

서양음악과 범패, KBS홀

---

[253] 이월하: 1875~1959년(법랍 60). 근세 범음범패 중흥에 기여.

* 1967년: 옥천범음회 최초 설립
* 1973년 11월 5일: 중요무형문화재 보유자 선정

   범패부분: 김명호(운공 스님) 1982년 음. 10월 10일 작고

             박희덕(송암 스님) 2000년 2월 1일 작고

             장태남(벽응 스님) 2000년 3월 25일 작고

* 1987년 11월 7일: 중요무형문화재 제50호 영산재 단체 지정
* 1987년 11월 11일: 중요무형문화재 보유자 선정

   장엄부분: 정순정(지광 스님) 1996년 2월 21일 작고

   작법부분: 이재호(일응 스님) 2003년 5월 11일 작고

* 2005년 11월: 중요무형문화재 보유자 선정 범패부분: 김인식(구해 스님)
* 1988~2012: 매년 영산재 시연(총24회)
* 2012년 10월 영산재보존회 회원 현황

   - 보유자 1명: 김구해 스님(영산재보존회 총재)

   - 전수교육조교 2명: 마일운 스님(영산재보존회 회장) 이기봉 스님

   - 교육보조자 3명: 이경암, 이원명, 한동희 스님

   - 이수자 56명: 김효성 등 56명

   - 전수생 50명: 김능혜 등 50명

   - 준회원: 138명

   - 총 계: 250명

   옥천범음대학장 최원허 스님, 연수부원장 김법현 스님

2) 부산(영제) 전승 계보

부산광역시에서 전승되어온 영산재 의식[254]

분류: 시 지정 무형문화재

지정번호: 부산 무형문화재 제9호

지정연도: 1993년 4월 20일

기능보유자: 운영호 외 3인

1993년 4월 20일 부산광역시 무형문화재 제9호로 지정되었다. 통도사와 범어사를 중심으로 오래 전부터 전래되어 왔으며, 1972년 10월, 금정산의 국청사 주지 김용운金龍雲을 범패 예능보유자로 인정하여 부산광역시 무형문화재 제1호로 지정하였으나, 다음해 1월 입적하여 무형문화재 지정이 해제되었다. 그 후 제자들이 의식을 재정비하였다.

영산재의 절차는 매우 복잡한데, 그 양식은 안채비와 바깥채비로 나뉜다. 안채비는 순수한 불교의식이나 바깥채비는 악기의 연주·범음, 범패·무용 등 대중성을 띤 민속적 요소가 많이 가미되어 예술성을 인정받는다.

특히 부산영산재에서 기본이 되는 범패는 통通·범梵소리라고 불리는데, 약 100여 년 전부터 통도사와 범어사 승려들이 중심이 된 어산회에서 범패와 작법무 및 의식 절차를 전승하였다. 통·범소리는 가락이 다양하고 엄숙한 멋이 있으며 독창적이다. 전체적인 구성이나 의식 절차가 소박하며 작법

중국 오연 스님 한국 범패 전수

254 http://kr.encycl.yahoo.com/final.html?id=736642

무도 바라무와 나비무뿐이지만 춤의 구성이 특이하여, 나비무는 느리고 춤사위가 장엄하다.

벽파碧波 ─── 안관해安寬海 ─── 김용운金龍雲

신흥申興 ─── 설호雪湖

부산 범패는 현재 부산시 무형문화재로 지정 후 범패·장엄·바라무 계보로 전승되고 있다.

제9호 부산영산재

문구암(1993.4.20): 범패·장엄 - 부산시 지정

조혜륭(1993.4.20): 범패   - 부산시 지정

김해강(1993.4.20): 바라춤   - 부산시 지정

신청공(1993.4.20): 바라춤   - 부산시 지정

1993년 부산시 지정문화재 지정 계보는 다음과 같다.

영남지방에는 충무의 안정사 해강(어릴 때부터 범패를 배웠다고 함), 부산에는 조병태(혜륭)와 문구암 두 사람이 현재 지정되어 있으나, 해륭과 문구암은 범패와 장엄의 일부분만 전승하였다고 한다.

3) 전라도(완제) 전승 계보: 전라북도지정 무형문화재 제8호 영산작법(범패)(1998.1.9)

전라도 봉서사를 중심으로 한 범패를 완제라고 한다. 20세기 이후의 전북지역 범패승은 모두 경산의 계보에 속한다.

봉원사 영산재

　오경산 - 이운송 - 문진음 - 배도봉 - 김성근 - 임득춘 - 함수산 등이 제자를 양성하고 함수산 문하의 제자들이 전북제 범패의 맥을 형성하고 있다. 함수산 문하에 김보광, 오덕봉, 도금봉, 주경보 등이 있고, 문진음 문하에 박춘곡(1892년생), 강보단, 김해광, 정법민, 강도원, 이건석, 이시현, 조영찬, 임만훈 등이 수학하였다. 이운송 문하에서 이만허, 최영해, 박창용, 김연성, 김민송 등이, 이만허 문하에서 성영봉, 이성암, 이일웅 등이 수학하였다. 성영봉(1905년생)은 1930년 오덕봉(완주 대원사)에게 상주권공과 각배를 배우고 그 후 최영해(승엄사)에게 영산과 짓소리를 배웠는데 그 문하에 주금하, 김춘명, 김호경, 이길남, 이재호, 김영담, 장일암, 서보운, 정서암, 이석정, 김인봉 등이 1970년대까지 호남지방 어장으로 생존했다. 박춘곡은 범패를 잘 부른 것으로 꼽혔고 성영봉 문하의 제자 장상철은 전북제 범패의 중추적 역할을 하고, 그 문하의 이강선, 김혜정, 송지산, 이정운, 박혜안 등이 전북 범패를 계승하고 있다.

　근세 전라북도 무형문화재 보유자, 장상철(일암, 범패기능 보유자) 이강선(석정, 작법기능 보유자)은 모두 함수산의 계보에 속하는데, 함수산 - 오덕봉 - 성영봉 - 장상철 - 이강선으로 이어진다. 최근 전북 범패는 전주를 비롯하여 정읍, 태인, 고창, 완주, 남원, 김제, 군산, 진안, 장수 등 여러 지역에서 전승되고 있다.[255]

봉서사의 범패 계보 연원에 대하여 말하자면, 범패의 시조인 진감국사는 현재의 전북 익산시 금마 출신으로 당에서 수학하고 돌아온 후 옥천사현 쌍계사를 창건하고 범패와 작법을 가르쳤기 때문에 호남

〈표3〉 전라도(완제) 전승 계보

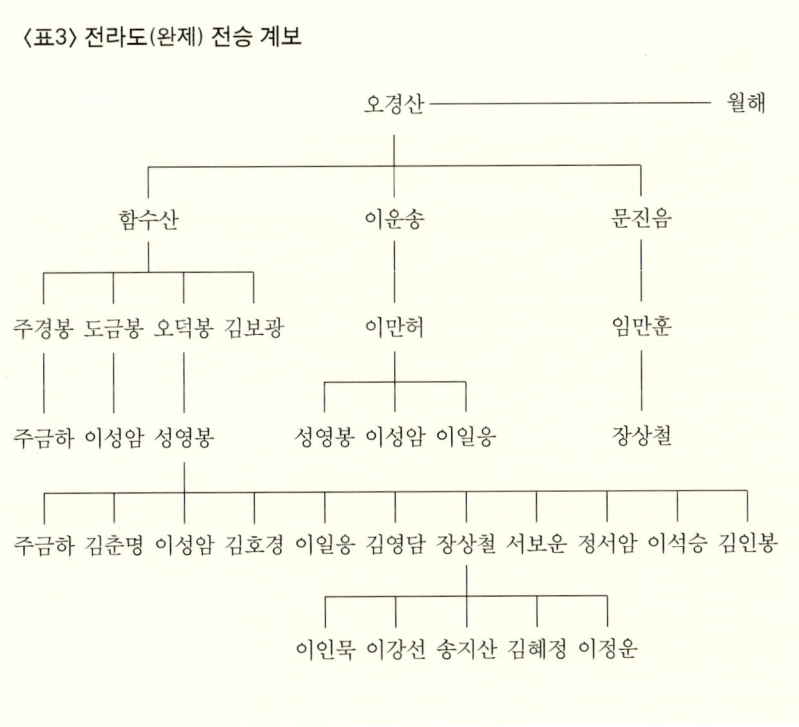

---
255 임미선, 「호남 범패의 전승과 특징 - 전북 영산작법을 중심으로 - 」, (사)동북아음악연구소, 『동아시아불교음악 연구』, 민속원, 2009, 154~155쪽.

지방에서는 범패가 매우 성하였고, 그 한 갈래가 완주군 용진면에 있는 봉서사를 중심으로 뿌리 깊은 맥으로 전해 내려오고 있다.

〈표 3〉 전라도(완제) 전승 계보 가운데 전라북도지정 무형문화재 제8호로 지정된 장상철은 1933년생으로 13살 때 출가하여 송광사 춘당 유제한 스님에게 득도, 42세 때 다시 출가해서 성창신에게 범패(상주권공, 각배, 영산)를 배웠는데, 상주권공 중 초할량부터 짓소리 중 거영산간 관욕게까지 할 수 있다. 그는 경상도와 전라도, 그리고 서울의 범음이 목재침새, 음잡는 법이 각각 달라 각기 다른 음악적 특징을 보여준다고 한다.

봉서사 중심 계보는 월해月海 – 수산水山 – 덕봉德峰 – 영봉暎峰 – 일암一庵·장상철로 이어진다. 전승에 있어서 악보는 없고 『동음집』이라는 사설집만 전해져 오고 있으나, 장상철은 『주해정보요집』을 만들어 의식에 쓰이는 계문과 악보를 실었다. 1960년 김해랑과 성영봉에게 각배와 영산을 배웠으며, 1975년에 성영봉 스님에게 영산작법을 사사하여 그 맥을 전승하고 있다.[256]

4) 제주도 무형문화재 제15호 제주불교의식 전승 계보(2002년 지정)
제주도 무형문화재 제15호 보유자 문명구(성천) 지정

---

[256] 국가지정 및 전북지정문화재 장상철 홈페이지, http://naon.goodsori.kr/04people/cont_people.asp?idx=31

5) 인천시 무형문화재 제10호 범패·바라춤 나비춤 전승 계보
(2002년 지정)

　　인천시 무형문화재 제10호 - 가호 범패·바라춤 보유자 - 김종형(능화)
　　인천시 무형문화재 제10호 - 나호 범패·나비춤 보유자 - 박치훈(일초)

6) 인천시 무형문화재 제15호 인천 수륙재 전승 계보(2004. 3. 18 지정)

　　인천을 중심으로 범패와 작법무가 전승된다.
　　보유자 - 박치훈(일초)

7) 경상남도 지방무형문화재 제22호 불모산 영산재 전승 계보
(2002. 2. 14 지정)[257]

경상남도 통영과 고성 지방을 중심으로 전승된 쌍계사와 화엄사 중심의 소리를 우담 스님과 해담 스님이 경남 일원에 계승·발전시킨 것으로 마산 백운사 석봉 스님 등에 의해 계승되고 있다.

　　범음범패·법고무 예능보유자 - 석봉 스님, 보유자 후보 - 정파 스님
　　전수조교 - 경암·해공·원공, 이수자 - 송암, 서암, 월암, 도암, 진성
　　전수자 - 광화·정화·법성·진숙·사공·향덕·원공

시련 의식

[257] 2004.7.19 범패 페스티벌 프로그램 참조. 국립극장.

8) 충청남도 지정문화재 제40호 내포영산대재(2008. 2. 29일 지정)

충청도 내포영산대재 보존회 중심으로 범패, 작법무가 전승된다.

9) 밀양 작약산 지방문화재 신청서 전승 계보〈부록 1〉[258]

밀양 작약산 영산재의 유래: 한국범패의 기원은 경남 하동 쌍계사의 국보 제47호로 지정되어 있는 「진감국사 대공탑비문」에 잘 나타나 있다. 이 탑비는 신라 정강왕 2년(887)에 신라 말의 고승이던 진감국사 眞鑑國師 혜소(慧昭, 774~850)의 공덕을 기리기 위해 건립한 것으로, 최치원이 비문을 짓고 썼으며, 환영奐榮이 음각을 새긴 우리나라 최초의 범패 기록이다. 비문에는 진감국사에 의하여 신라시대 법흥왕興德王 5년(830)에 처음으로 당唐나라의 어산범패魚山梵唄가 우리나라에 전해지고 지금의 쌍계사인 옥천사玉泉寺에서 많은 제자들에게 가르쳤다고 나타나 있다.

진감선사 이래로 많은 스님들이 범패를 전수하여 영남·호남·경기 지역의 여러 사찰에 범패가 퍼져나가면서 민요의 성격처럼 지역별로 특징을 지니게 되었는데, 크게는 윗녘소리인 경제京制와 아랫녘소리인 영남제嶺南制, 일명 팔공산재로 나뉘었다. 그리고 아랫녘인 영남제는 다시 부산범패·마산범패로 나뉘어 크게 세 가지로 분류로 문화재 지정이 되어 있고, 대구 팔공산을 중심으로 한 범패는 1955년 정

---

[258] '2010년 경상남도 도문화재지정 신청서', 서원봉, 『밀양 작약산 영산대 문화재 지정신청 보고서』, 경남 밀양시 초동면 오방리 작약산 광제사, 2009. 4~8쪽.
서원봉 스님은 1953년 창녕군 부곡면 수다리에서 출생, 1972년 해인사에서 출가하여 1975년 마산 원각사에서 서경호 은사에게 득도하여 1985년에 성봉 스님께 범패를 배웠다. 현재 밀양 초동면 광제암의 주지이며, 성봉 스님께 배운 팔공산재 범패를 후학들에게 전수하고 있다.

화운동분규가 일어나면서 서서히 맥이 끊어진 상태이다. 근간 청도 신둔사에서 주지를 역임하고 밀양 삼랑진으로 내려온 광제암의 원봉 스님이 팔공산재 범패 전승자 성봉 스님으로부터 그 맥을 이어받아, 팔공산재 범음범패를 밀양 작약산 영산재보존회를 중심으로 전승하고 있다고「밀양 작약산 영산대 문화재 지정신청 보고서」에서 밝히고 있다.

2. 유네스코 세계무형문화재 중요무형문화재 제50호 영산재의 예능과 창도

중요무형문화재 제50호 영산재의 예능藝能 형태와 창도唱導는 현 시대에 맞추어 기존 전통적인 것을 바탕으로 콘텐츠화시켜 대중들에게 다가가고 있다. 이것은 문화예술의 재창조 작업으로 현대인들에게 쉽게 접할 수 있도록 하기 위한 대중화 작업이다. 이 가운데 유네스코 세계무형문화유산 중요무형문화재 제50호 영산재를 모델로 하여 1996년 예술의 전당 - 영산재 - 식당작법을 시작으로, 2001년 국립국악원 개원 50주년을 기하여 독일 뒤셀도르프 쿤스트 팔라트박물관 초청공연을 하는 등 영산재 원형을 무대화하였다.

고려시대 각필악보와, 사경의식, 고려불화, 조선시대 감로탱화와 벽화를 중심으로, 고려시대 승려의 복식, 조선시대의 복식을 재현하여 2003년 국립극장 영산재 - 니르바나 - 공연을 콘텐츠화 하였다. 2006년 오스트리아 단츠썸머 초청작품 영산작법 - 니르바나 - 공연, 2010년 유네스코 세계무형문화유산지정 기념과 G-20 성공기원 영산재, 2011년 이스라엘 카미엘 초청 영산회상 - 니르바나 - 작품은 그

동안 21세기 불교문화예술의 새로운 콘텐츠작품으로 세계 54개국에 초청공연되어 세계인의 찬사를 받고 있다.

(1) 불교의식 영산재 예능과 콘텐츠 연혁[259] 〈부록 - 2〉

영산재는 1973년 범패의 무형문화재 지정에서 마당종목으로 변경되었으며, 1987년 중요무형문화재 제50호 지정과 더불어 1988년부터는 매년 서울 신촌 봉원사에서 진행된다. 1일 영산재 구성으로 매년 6월 6일 현충일에 영산재보존회 지정 도량인 봉원사에서 10시간에 걸쳐 200여 명의 범패승들이 범패, 작법, 장엄이 어우러져 재현된다. 2012년에는 24회 영산재 시연회가 거행되었다.

또한 이론적 축적을 위해 2003년 이후 매년 영산재보존회를 중심으로 해외의 유수학자를 초청하여 국제학술세미나를 개최하여 2012년 현재 10회째를 맞이하였다. 이는 불교의식의 이론 정립을 위한 데이터 작업이다. 불교의식은 그 시대의 문화 발전과 함께 전승 발전되

이탈리아 대성당 범패 예배

---

[259] 유네스코 세계무형문화유산 중요무형문화재 제50호 영산재 기획, 홍보 총괄에 대해서는 법현, 불교음악연구소 홈피 자료 참조. http://www.pompae.or.kr 이스라엘 2011년 7월 10~14일 카미엘 국제무용페스티벌, 영산재, 영산회상 - 니르바나 - 초청공연 프로그램, 14~21쪽.

어 왔다. 오늘의 불교의식 영산재
는 전통적인 형태를 간직하면서도
시대 상황에 맞추어 콘텐츠화, 즉
창도화되어 발전된다. 또한 해외공
연시 각 나라 문화예술의 특성을
반영하여 창도의 형태, 즉 무대에
따라 영산재의 악, 가, 무가 재구성
되어 시연된다.

타주춤

(2) 1996년 예술의 전당 영산재 공연 (국내 최초 초연)

1996년 9월 15일 영산재 식당작법을 중심으로 예술의 전당에서 최초로 무대공연을 초연하였다.

주최: 예술의 전당, 한국일보사, A&C코오롱
장소: 예술의 전당 야외정원
구성, 연출, 출연: 법현
내용: 영산재 상단권공, 괘불이운, 식당작법 구성으로 2시간 진행
관객: 8천 명
출연: 중요무형문화재 제50호 보유자 박송암 외 구해, 일운, 기봉, 송강, 동희, 원명, 고산, 효성, 월타, 법현, 운봉 등 범패승 50명, 악사 8명 (총 58명)

(3) 2001년 국립국악원 영산재 무대화 공연

2001년 4월 26~27일 불교예술의 미美 '영산재' 공연으로 중요무형문

화재 제50호 영산재 원형을 바탕으로 전문연출가, 무용안무가를 영입하여 무대설치, 무대화작업을 120분으로 체계화시킨 공연.

주최: 중요무형문화재 제50호 영산재보존회
장소: 국립국악원 예악당 광장
구성: 120분
공연, 전체 구성: 법현
출연: 범패승 60명, 취타 4명, 국립국악원 23명 (총 87명)
연출: 김영렬 **무용구성**: 김향금 **무대감독**: 송미숙 **무대미술**: 박귀현
공연내용: 춘 1장 - 아침예불
　　　　　　하 2장 - 대령 - 관욕의식
　　　　　　추 3장 - 상단권공 - 괘불이운, 상단권공, 식당작법
　　　　　　동 4장 - 회향의식

(4) 2001년 독일 뒤셀도르프 쿤스트 팔라트 박물관 초청 영산재

2001년 9월 6일 독일 영산재 공연. 세계 100개국의 종교의식 재단을 한 곳에 설치, 2달 간 전시하고 각 나라의 의식을 한 무대에서 공연하였다.

주최: 독일 뒤셀도르프 쿤스트 팔라트 박물관
구성: 90분 공연 **전체 구성**: 법현
출연: 범패승 7명, 무용 2명, 악사 2명
연출: 김영렬(KBS 제작국장)
무용구성, 안무: 김향금

출연: 구해, 고산, 효성, 법현, 은진, 성법 스님, 김영렬, 김향금, 유현선

세계 각 참가국들은 영산재에 관심을 집중했고 독일 총리도 영산재 재단을 방문하는 등 이 공연에서 유럽 예술평론가 및 유수 언론으로부터 세계적으로 우수한 제의라고 예술성 가치를 인정받았다.

(5) 2003년 미국 뉴욕 제팬 쏘싸이어티 초청 영산재 무대화 공연

발우 공양

2003년 4월 24~26일 미국 영산재 공연. 한국의 중요무형문화재 제50호 영산재와 일본 국가무형문화재 천태종 성명(범패)을 초청하여 아시아의 종교에 담겨진 불교의식을 미국에 소개하는 공연이었다.

주최: 미국 뉴욕 제팬 쏘싸이어티
장소: 미국 뉴욕 제팬 쏘싸이어티 홀
구성: 80분 공연
전체 구성: 법현
출연: 범패승 일운, 고산, 원허, 법현 등 14명, 악사 4명
무대구성: 법현
공연특징: 악기는 북, 징, 목탁, 요령이 사용되었고 도량 장엄은 괘불, 삼신번, 보고번, 오여래, 청황목, 인로번만이 사용되었다.

짓소리

식전 공연으로 UN빌딩 앞에서 9.11영혼에 대한 추모 영산재 및 국가발전기원법회를 하였다. 본 공연에 대하여 현지 언론으로부터 한국불교 무형문화유산 영산재에 대한 감탄과 더불어 동양의 미에 대한 찬사의 평을 받았다. 일본은 9.11사태로 인한 의전관계로 공연에 참석하지 않았다.

(6) 2003년 국립극장 영산재 - 영산작법 - 니르바나 콘텐츠화 공연

2000년 10월 28일 성암고서박물관에서 발견한 각필악보, 고려시대 불화, 15세기 조선시대 감로탱화, 사찰벽화에 보이는 승려의 복식과 무용수의 복식을 고증하여, 세계 최초로 필자에 의해 발견된 불교음악 범패의 각필악보 가창을 토대로 무대 공연화한 작품.

제목: 영산작법 - NIRVANA -

공연날짜: 국립극장 2003년 11월 4일

공연특징: - 세계에서 가장 오래된 악보인 1,300년 전 신라 원효 스님이 저술한 『판비양론』 범패 각필악보와 1,000년 『묘법연화경』 각필악보 재현

바라춤

- 500년 전 조선시대 감로 탱화에 나타난 범패승의 의식 및 복식 재현
- 범패 가락에 맞춘 무용 재현

주최: 중요무형문화재 제50호 영산재보존회. 불교음악연구소
　　　　KIM'S ART HALL, 아이앤유니버설 엔터테인먼트
후원: 문화예술진흥원, KBS한국방송
장소: 국립극장, 달오름극장
총괄: 법현
연출: 김영렬 (전 KBS 제작국장)
무용안무: 김향금
조안무: 긴상은, 남윤주, 임경미, 김효원, 김화미, 최우정
영산재 장엄: 해월(장엄 이수자)
복식재현: 그레타리, 이호준(미스터 리)
무대미술: 박귀현 **국악반주**: 최우칠 외 5인
출연: 중요무형문화재 제50호 영산재보존회 스님 50명, 동국대 한국음악과 학생 20명, 국립창원대 무용과 학생 20명

나비춤

(7) 2006년 오스트리아 단츠썸머 영산재 영산작법 - 니르바나 - 창도

중요무형문화재 제50호 영산재를 바탕으로 한 영산재 영산작법 - 니르바나 - 작품이 세계적으로 권위 있는 오스트리아 덴츠썸머에 초청되어 공연하였다.

2006년 7월 14일 인스브르크 대극장 초청공연, 7월 18일 그라츠 오페라 하우스 공연 '니르바나' 작품은 한국 불교문화예술의 백미인 영산재와 한국 정서를 바탕으로 한 작품으로, 코리아나 무용단 35인으로 구성되어 이루어졌다.

   주최: 불교음악연구소, KIM'S ART HALL, 아이앤유니버설 엔터테인먼트
   장소: 7월 13일 오스트리아 인스부르크 단츠썸머 대공연장, 공연시간 8시간 30분
      7월 18일 오스트리아 그라츠 오페라 하우스, 8시간 공연
   총괄: 법현
   연출: 김영렬 **스텝**: 정성훈
   무용안무: 김향금 **무용예술감독**: 손병우, 김보옥, 조일남

범고춤과 목어

조안무: 김상은, 남윤주, 임경미, 김효원, 김화미, 최우정
영산재 장엄: 해월(장엄 이수자) **오스트리아 무용디렉터**: 강인복
출연: 중요무형문화재 제50호 영산재보존회 효성, 월타, 호산, 손병우, 김보옥, 조일남, 류경열 외 동국대 한국음악과 학생, 국립창원대 무용과 학생 등 총 35명

오스트리아 단츠썸머 초청공연으로 인스부르크 공연, 그라츠 공연[260]이 더 이루어졌으며, 오스트리아의 신문, 방송에서 찬사를 받은 작품이다.[261]

① 1장의 작품 구성 및 분석

세상 만물의 생성인 탄생을 주제로 한 '아침을 깨우는 생성의 빛과 소리'라는 제목으로 한국불교의식 사물四物인, 수륙중생 제도를 위한 목어, 허공중생 제도를 위한 운판, 지옥중생과 허공중생을 위한 범종,

---

[260] Dienstag, 18. Juli 2006 20:00 Opernhaus Graz 프로그램 참조.
[261] 김향금,「영산작법 '니르바나' 공연을 중심으로 한 공연 예술화 과제」,『선무학술논집』16, 국제선무학회, 2006.

축생 제도를 위한 홍고 등 타악으로 감로탱화에 보이는 보살승무, 인간의 일체 번뇌와 액을 풀이하며 봄의 탄생을 기원하는 살풀이, 불교무용 나비춤 18가지 가운데 1총인 사방요신작법과 도량게작법으로 봄의 몸짓을 표현한 나비춤, 봄의 소리를 꽃으로 상징한 의상으로 구성된 꽃춤, 현악 가야금산조, 한국의 대표적 무속과 민속무용이 어우러진 부채춤으로 구성하여 봄과 더불어 만물의 소생을 작품화하였다.

Program..

1장 - 아침을 깨우는 생성의 빛과 소리 ----------------------------

Prologue - 범종, 목어, 운판, 홍고 등의 사물연주와 승무 (5')
살 풀 이 춤 - 봄의 탄생을 기원하는 춤 (5')
나 비 춤 - 아름다운 빛깔의 고깔을 쓰고 봄을 맞이하는 몸짓 (5')
봄 의 소 리 - 화려한 봄의 풍경이 군무로 이어진다. (3')
가야금 독주 - 봄의 소리를 가야금으로 표현 (2')
부 채 춤 - 화려한 부채를 양손에 들고 봄의 아름다움을 구사 (6')

Koreana performing arts company

② 2장의 작품 구성 및 분석

'풍요의 소리'라는 제목으로 대금 독주의 영산회상곡을 통한 깨우침의 소리의 장이다. 풍요를 기원하며 이루어지는 화관무, 조선시대 감로탱화에 보이는 시건무는 영산재 의식 가운데 일체의 번뇌를 세척시킨다는 세간의 목욕의식에 해당되는 관욕절차의식이다. 탐내고, 성내고, 어리석음으로 가득한 중생의 마음을 청정한 마음으로, 깨달음의 풍요로움으로 변화시키는 의미를 지니는 시건무는 니르바나, 즉 열반을 향한 극락을 상징한다. 또한 천상 선녀들의 몸동작으로 구성된 선녀춤, 천상의 소리를 표현한 불교음악 범패의 향화게香花偈의 원차願此의 범패 소리, 풍요와 티끌로 뭉쳐진 번뇌의 제거를 위한 지전춤 등 여름을 통한 풍요와 욕심의 제거를 표현하였다.

③ 3장의 작품 구성 및 분석

'결실을 맺는 계절'인 가을을 깨우침의 열매로 표현한 범패 거령산 '나무영산회상불보살南無靈山會上佛菩薩' 짓소리로 시작하여 2,550년 전 인도 영축산에서 베풀어진 석가모니부처님의 『법화경』 설법을 이 자리에 다시금 재현함으로써 일체중생이 깨달음의 자리에 참여함을 표현하였다. 또 불교무용 바라춤 7가지 가운데 하나인 천수바라춤은 관세음보살의 대비신주로 표현된 춤이며, 깨달음의 풍요와 열매를 찬탄하며 환희심을 표현한 강강술래, 영산재 공양의식인 식당작법과 타주무, 북소리를 통한 일체 만물의 깨우침을 알리는 타악 모듬북은 소고, 장고, 대북의 소리가 어우러진 일체의 깨달음의 소리로 표현되었다.

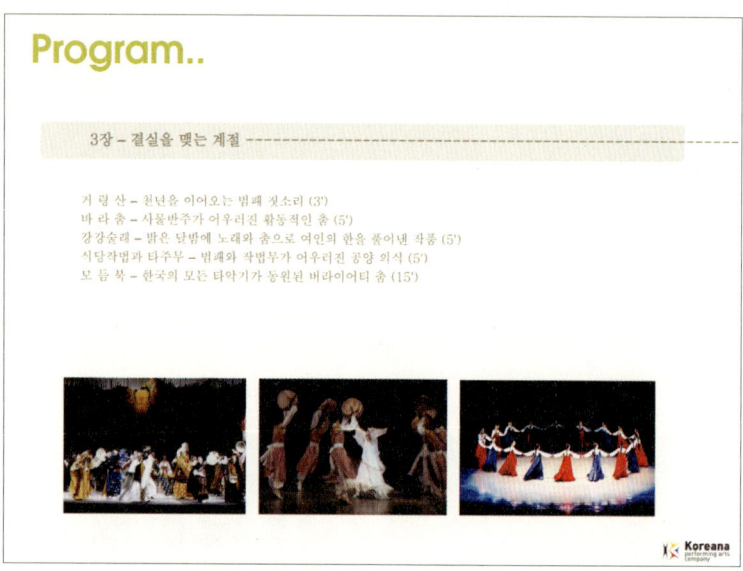

④ 4장의 작품 구성 및 분석

겨울은 봄을 향한 새로운 시작을 의미한다. 탑(스투파)은 죽음과 열반의 매개체로 사용된다. 회향은 새로운 깨달음의 시작을 상징하며 악·가·무를 통한 일체 대중 모두의 열반을 기원하며 마무리된다.

오스트리아 초청공연에서 영산재 부분 총괄은 필자가, 연출은 김영렬, 무용안무는 김향금이 맡았다. 이러한 영산재 공연은 한국의 악·가·무, 그리고 한국의 정서와 선사상이 어우러진 종합적인 문화 콘텐츠라 할 수 있다. 사계절이 완연한 한국의 봄, 여름, 가을, 겨울을 불교

Program..

4장 - 그리고 마무리 ----------------------------------

Epilogue
탑을 돌며 자신을 돌아보는 계기로 삼고 회심곡(2'), 등춤(3'), 탑돌이 춤(5')이 이어
지며 인생을
마무리하고 세계 평화의 공존과 니르바나(열반)을 기원하는 의식

의 사고(四苦; 생로병사)에 대비시켜 우리의 삶 전체를 동양적 사상과 한국적 사상을 바탕으로 표현하였다. 즉 사계절과 생로병사를 한국 전통음악 선율의 성악, 기악, 범패, 타악을 바탕으로 한 무용과 선무용으로 표현하였다. 이 공연은 영산재를 전공한 스님, 한국무용 전공자, 한국음악 전공자 등이 함께 참여한 작품으로, 당시 현지의 공연평은 다음과 같았다.

"Koreana는 한국의 전통춤에 몰두했던 팀이다."
작품 Nirvana(열반)에서 무용가들은 봄에서 시작하여 겨울로 끝나는 생의 순환을 화려한 의상들 속에서 보여주었다. 비록 무엇이 전통이고 무엇이 민속음악인지에 대한 질문을 외국인이 논리정연하게 대답할 수 없지만 영산재가 공연된 날 밤은 확실히 무엇인가를 불러일으켰다. 코레아나의 무용수들은 부채와 같은 완전히 단순한

소도구로 사랑스런 그림을 만들어냈다. 고수들은 관객에게 자신의 효과를 제대로 발휘했다. 거의 폭발하는 듯한 황홀경은 곧 관중에게 전파되었다. 코레아나는 여름춤 축제에서 한국의 불교춤과 함께 자연의 아름다움을 강렬하고 인상적인 춤으로 선보이며 한국적인 무대를 선보였다. 한국의 춤들을 보는 것은 전통적인 고요함과 조화를 느끼게 한다. 승려와 다채로운 나비들의 춤, 승려춤과 같은 민속춤의 혼합 공연은 관객을 놀라게 한다.

코레아나 무용단원은 인스브르크의 여름춤 축제 공연 안에서 종교적인 숭배를 전달하려는 시도를 했다. 물결치는 옷을 입은 우아한 한국여성들이 자신의 나라의 전통적인 춤 예술을 보여준다. 그 소리는 피리들과 역시 가야금에서부터 나왔다. 코레아나 팀은 시각적인 구경거리와 정신적인 깊이 사이에서 전통적인 춤 예술을 보여주었다. 관객들은 우아하게 연기하는 안무에 감동을 받았다. 그라츠의 여름춤 페스티벌에서 오페라를 통해 한국의 정신적인 민속춤으로 강한 인상을 남기며 관객을 열광케 했다.[262]

(8) 2006년 인도 '제3회 국제 불교음악 & 불교의식 축제' 초청공연
'International Festival Of Buddhist Music and Ritual'
인도 티베트하우스 초청 불교음악과 불교의식 축제로 티베트 불교 지도자 달라이 라마가 참관한, 불교국가들의 음악과 무용 공연.

공연날짜: 2006년 10월 8~10일

---

[262] 김영렬, 『영산재의 문화콘텐츠 만들기』, 2009, 운주사, 153~155쪽.

인도 뉴델리 티베트하우스

공연장: 인도 뉴델리 티베트하우스 공연장
주최: Tibet House Cultural Centre of H.H. the Dalai Lama
출연: 영산재보존회 일운, 법현, 효성, 월타, 효광
연출: 김영렬
의상담당(스텝): 김장순

영산재 공연순서는 홍고·종성·목탁석, 나비춤(도량게), 헌좌게, 법고춤, 거령산(짓소리), 복청게, 천수바라를 중심으로 재의식에 사용되는 악, 가, 무를 선별하여 무대에 올렸다.

(9) 2008년 일본 이송대학 21C심포지움 - 창도에 대한 세미나

2008년 10월 18~19일 불교성악으로 듣는 한국, 중국, 일본 불교의식문 한자음 가창으로, 범패의 창도에 대한 연구를 위해 한자 문화권 3국이 참여했다.

2008년 한중일 범패 가창

주최: 일본 동경 이송대학
한국 출연: 법현, 효성, 김향금(작법무)
일본: 진언종, 천태종 범패 스님
중국: 중국 범패 스님

불교의식문을 바탕으로 3국의 한자음 변형 형태를 연구하는 공연으로 한국팀은 평염불, 범패 홋소리, 짓소리, 작법무 바라춤, 나비춤, 타주춤, 법고춤 등을 선보였고, 중국팀은 평염불 형태의 소리, 일본팀은 평염불과 홋소리 형태의 소리를 발표하였다.

3국의 범패 가운데 한국의 불교의식문이 가장 많이 범패 선율을 간직하고 있으며, 불교무용 또한 한국만이 전승되고 있음이 세미나를 통해 정리되었다.

(10) 2010년 G-20 성공기원 및 유네스코 세계무형문화유산지정 1주년 영산재

영산재의 유네스코 등재 1주년 기념과 2010년 G-20 성공 기원을 위해 영산재와 고려불화, 조선감로탱화의 복식을 재현하고, 여기에 한

중국 오연 스님
한국범패 전승

국무용을 접목시켜 한국 불교문화예술의 백미인 영산재를 무대화, 예술화, 콘텐츠화 하였다. G-20 회원국에게 위성방송을 통해 소개하여 불교문화의 예술성을 알렸다.

일시: 2010년 3월 11일

주최: 한국불교 태고종 총무원, 전국신도회, 중요무형문화재 제50호 영산재보존회, 불교음악연구소, 세계문화예술콘텐츠교류연맹

장소: 잠실 올림픽 체조경기장

총괄: 법현(동국대 한국음악과 교수)

연출: 김영렬(동국대 문화예술대학원 외래교수)

무용안무: 김향금(국립 창원대학교 무용학과 교수)

무용예술감독: 손병우(예원예술대학교 교수) 음향감독: 오진수

조안무: 김상은, 임경미, 김효원, 김화미, 최우정

영산재 장엄: 해월(장엄 이수자)

출연: 중요무형문화재 제50호 영산재보존회 스님 120명

연주: 동국대 예술단, 국방부 국악단, 경찰연합합주단, 국립 창원대 무용과 학생, 김향금 무용단, 타악 합주단 - 총 4백 명

고려·조선시대 복식재현 영산재

국가의 번영과 안녕을 발원하고 호국영령에 대한 천도의식, G-20 행사의 원만성취를 위한 영산재는 국내외 언론에 많이 보도되었다.

'G-20 정상회의 성공개최를 기원하는 2010 영산재'가 3월 11일 올림픽공원 체조경기장에서 성대하게 봉행되었다. 한국불교 태고종 전국신도회가 주최하고 2010 영산재 봉행위원회와 중요무형문화재 제50호 영산재보존회가 주관한 영산재는 태고종 총무원장 인공 스님을 비롯한 종단 원로 대덕 큰 스님, 종도, 조계종 포교원장 혜총 스님을 비롯한 각 종단 총무원장 스님, 유인촌 문화체육관광부장관을 비롯한 각 나라 대사 등 2만여 명의 내외귀빈이 참석한 가운데 열렸다.[263]

---

[263] 2010년 3월 12일 연합뉴스 http://media.daum.net/press/newsview?newsid=20100312095517409

(11) 2011년 유네스코 세계무형문화유산 중요무형문화재 제50호 영산재 영산회상 - 니르바나

영산재의 유네스코 등재 2주년을 기념하는 이스라엘 카미엘 초청공연에 앞서서 영산재 콘텐츠 작품과 한국무용을 접목시켜 우리 문화의 예술성을 알렸다. 아래는 이에 대한 신문기사이다.

"유네스코 세계무형문화유산 중요무형문화재 제50호 영산재 등재 2주년을 기념하고, 천안함 피격과 구제역, 일본 대지진참사, 세계 평화 기원을 위한 영산회상 - 니르바나 - 문화예술 공연이 오는 4월 23일 오후 7시 국립극장 달오름극장에서 봉행된다.

한국불교 태고종 중요무형문화재 제50호 영산재보존회와 (사)세계문화예술콘텐츠교류연맹, NGO국제민간문화예술교류협회(IOV) 한국본부가 주최하는 이번 공연은 한국의 봄, 여름, 가을, 겨울 사계를 바탕으로 한 생로병사와 동양적 사상을 주제로 한국 정서의 악, 가, 무가 90분 동안 무대에 올려질 예정이다.

이날 공연 내용은 ◇영산재 악, 가, 무와 명인명무 공연, ◇한국의

이스라엘 불교와 유대교 소통 토론

정신과 춤을 통한 세계평화 무대, ◇고구려시대 벽화, 고려불화, 조선시대 감로탱화 속 무용과 복식 재현, ◇신라 천년의 소리와 빛 - 봄, 여름, 가을, 그리고 마무리 등 유네스코 세계무형문화유산 영산재가 세계적인 문화 콘텐츠로 거듭나게 될 것으로 관심을 모으고 있다.

또한 한국의 정서를 바탕으로 영산재보존회 구해, 일운, 기봉, 법현 스님, 김향금 무용단, Koreana 예술단 명인명무, 정재만의 승무, 국수호의 한량무, 김향금의 비천무, 양성옥의 태평무, 손병우, 김보옥 명인과 유네스코 세계무형문화유산 영산재 등 한국의 정서와 동양사상이 어우러진 작품을 선보일 것이라고 한다.

본 공연은 7월 11일 이스라엘(Israel) 텔아비브대학 동서양문화예술 학술세미나, 12일 예루살렘공연(Jerusalem Theater), 13일 카미엘 야외대극장(Karmiel Festival Amphitheater-3만석 규모), 14일 유대교 최고 성직자 랍비미팅 문화교류, 15일 텔아비브대학 대극장(TLU Auditorium) 공연, 8월 25일~30일 우즈베키스탄 제8회 국제 샤르크 타로나라리 뮤직 페스티벌 공연, 11월 1일~5일 일본 나라 '이코마 국제음악제' 초청공연에 앞서 펼치는 세계평화를 위한 시연 공연이다.[264]

---

[264] 2011년 4월 11일 조선일보 기사
http://blog.chosun.com/blog.log.view.screen?userId=ksson108&logId=5472983

한국불교 태고종은 중요무형문화재 50호 영산재의 유네스코 세계무형문화유산 등재 2주년을 기념하기 위해 오는 23일 오후 7시 서울 국립극장 달오름극장에서 영산재를 공연한다.

영산재는 석가모니 부처가 인도의 영축산에서 대중이 모인 가운데 법화경을 설하는 모습을 재현한 불교의식이다. 불교음악인 범음범패梵音梵唄에 바라춤과 나비춤, 법고춤 등 무용적인 요소, 부처나 보살의 모습을 그린 괘불과 감로탱화 등 미술적 요소가 더해져 불교예술의 결정체로 꼽힌다.

이번 공연에는 스님 38명을 포함해 무용단과 반주단 등 80여 명이 참가한다.

이와 함께 정재만(승무), 국수호(한량무), 김향금(비천무), 양성옥(태평무) 등의 춤 공연도 감상할 수 있다.

태고종은 영산재와 춤 공연(승무와 한량무, 태평무 제외)을 7월 이스라엘, 8월 우즈베키스탄, 11월 일본에서도 열 예정이다.[265]

일시: 2011년 4월 23일
주최: 한국불교 태고종 총무원, 중요무형문화재 제50호 영산재보존회, 불교음악연구소, (사)세계문화예술콘텐츠교류연맹
장소: 국립극장 달오름극장
총괄: 법현
연출: 김영렬
무용안무: 김향금

---

[265] 2011년 4월 13일 동아일보 기사
http://dynews.co.kr/detail.php?number=106210&thread=11r10

무용예술감독: 손병우

음향감독: 오진수

영산재 장엄: 해월(장엄 이수자)

출연: 중요무형문화재 제50호 영산재보존회 구해, 일운, 기봉 스님 외 47명. 한국무용가 정재만(숙명여자대학교 무용과 교수), 국수호(전 국립무용단장), 김향금(국립창원대학교 무용과 교수), 양성옥(한국예술종합대학교 전통예술원 교수), 손병우(예원예술대학교 교수) 외 동국대학교 한국음악과 학생, 국립창원대 무용과 학생, 김향금 무용단

연주: 차영수, 최우선 외 4인

다음은 영산재 영산회상 - 니르바나 - 에 대한 공연평이다.

우리 버선코가 저리 예뻤나… 농익은 몸짓에 숨죽인 객석.
세계무형문화유산 등재 2주년 공연 '영산회상-니르바나', 4월 23일 국립극장 달오름극장
영산재靈山齋는 인도 영축산靈鷲山에서 석가모니 부처님이 여러 중생을 모아놓고 법화경을 설하는 모습을 음악과 노래와 춤으로 재

현한 의식이다. 불교 음악인 범음범패梵音梵唄에 바라춤과 나비춤· 법고춤 등 무용적 요소, 부처나 보살의 모습을 그린 괘불과 감로탱화 등 미술적 요소가 더해져 불교예술의 정수로 꼽힌다. 대한민국 중요무형문화재 제50호인 영산재는 2009년 9월 30일 유네스코 세계무형문화유산에 등재되는 쾌거를 이뤄냈다.

그동안 세계 곳곳에서 초청 무대를 펼쳐왔는데, 특히 올해에는 이스라엘 예루살렘 공연이 확정돼 눈길을 끈다. 7월 11일부터 15일까지 3만 석 규모의 카미엘 야외대극장을 비롯해 예루살렘 극장, 텔아비브대 대극장 등에서 공연을 한다. 한국불교 태고종 문화종무특보이자 영산재 기획홍보총괄을 맡고 있는 법현 스님은 "이스라엘 공연은 영산재가 종교를 떠나 인류의 중요한 전통문화유산으로 인정받고 있다는 의미"라며 "이스라엘 전역에 생방송으로 중계될 예정"이라고 말했다. 법현 스님은 이어 "현재 바티칸 공연도 추진하고 있으며 5월 23일 공연이 최종 확정될 경우 한국 불교문화가 세계 3대 종교권에 새롭게 알려지는 계기가 될 것"이라고 덧붙였다. 영산재는 올해 우즈베키스탄(8월 25~30일)과 일본(11월 1~5일)

공연도 잡혀 있다.

4월 23일 오후 7시 서울 국립극장 달오름극장 무대에 오른 '영산회상 - 니르바나'는 문화유산등재 2주년과 해외 초청공연을 축하하고 더불어 천안함 피격, 구제역 발생, 동일본 대지진 등에 희생된 중생들을 위로하는 무대였다. 외국 무대에서는 세계 평화를 기원하는 내용이 들어갈 예정이다.

무대 뒤에 설치된 커다란 LCD 모니터 3개에는 주요 장면의 영상이 함께 비치면서 무대를 꽉 채우는 느낌을 주었다. 밤하늘에 빛나는 별이나 휘날리는 눈발은 비교적 선명하게 표현됐다.

이날 무대의 하이라이트는 바라춤이었다. 형형색색 가사를 입은 스님들이 바라를 낀 양손을 머리 위로, 가슴 앞으로 비빌 듯 마주치며 뭔가에 몰입된 표정으로 어깨를 들썩이는 모습은 군무의 극치를 보여주었다.

이번 무대는 한국 문화를 처음 접하는 외국 관람객을 위해 중간 중간 전통 국악을 집어넣었다. 가장 눈에 띈 것은 국수호 전 국립무용단장의 '한량무'와 한국예술종합학교 전통예술원 양성옥 교수의 '태평무'였다. 풍류와 공부를 함께 배우던 조선시대 선비의 모습을 형상화한 한량무는 파워와 유려함을 동시에 갖춘 국 단장의 농익은 몸짓으로 단숨에 객석의 시선을 빼앗았다. 양 교수의 태평무는 탭댄스를 능가하는 잽싼 발놀림과 몸사위로 '우리 버선코가 저리 예뻤나' 하는 감동을 주었다.

이번 공연에는 스님 38명을 포함해 무용단과 반주단 등 80여 명이 참가해 무대를 묵직하게 채웠다. 법현 스님은 "해외 공연에서는 일

부 춤공연이 빠지고 다른 공연으로 채워진다"고 설명했다.[266]

(12) 2011년 이스라엘 카미엘시 초청 영산재 영산회상 - 니르바나 - 공연 구성 [267] 〈부록 - 3〉

서양종교의 성지 예루살렘 및 이스라엘에서 한국불교 및 무용계 최초로 정식 초청공연이 이루어졌다. 영산재가 가지고 있는 평화와 안녕의 의의를 세계의 종교 중심지이자 국제 분쟁지역의 상징적인 곳에서 공연을 함으로써 양국 간의 종교적 발전과 상호 우호적 관계의 유지, 전 세계인의 평화와 화합 발전을 기원하며, 아울러 유네스코로 지정된 영산재와 한국의 문화예술을 널리 홍보하는 데 목적을 두었다. "세계평화"를 기원하는 세계인의 염원을 영산재를 통하여 이스라엘과 세계인들에게 보여주어 세계평화를 이루고자 하는 진정한 역

---

[266] 2011년 4월 30일 중앙일보 중앙선데이
http://sunday.joins.com/article/view.asp?aid=21519&cat_code=&start_year=2011&start_month=02&end_year=2011&end_month=05&press_no=&page=7

[267] 2011년 이스라엘 카미엘 페스티벌 초청공연은 한국불교 4대 종단을 망라한 한국불교 태고종 인공 총무원장, 천태종 정산 총무원장, 관음종 홍파 총무원장, 진각종 혜정 통리원장, 조계종 및 여타종단 스님 등 109명과 현지 이스라엘 무용수 30명을 포함, 총 139명이 참여하여 7월 10일 예루살렘 대극장, 11일 헤자리아 대극장, 13일 제24회 카미엘 국제무용제초청 카미엘 야외 대극장(3만석 규모), 14일 텔아비브 오페라하우스에서 공연되었다.
'영산회상 - 니르바나' 출연: 법현, 연출: 김영렬, 무용안무: 김향금, 무용감독: 손병우, 음악감독: 오진수. 또한 7월 15일 이스라엘 텔아비드 대학교에서 제9회 영산재 국제학술 세미나가 개최되어 유태교 전통 안에서의 불교에 대한 학술회를 통해 모든 종교는 인류의 평화와 행복을 추구하는 같은 메시지를 지니고 있음을 밝혔다.

이스라엘 카미엘 공연

할에 기여하였으며, 단일 무용행사로서 세계에서 가장 큰 "Karmiel International dance festival"의 메인 공연 및 기타 3개 공연장에 초대되어 한국불교전통예술의 우수성을 홍보하였으며, 공연과 함께 이스라엘 텔아비브 대학교에서 종교화합을 위한 국제세미나도 진행되었다. 이 공연물은 앞서 2006년 오스트리아 단츠썸머 공연물을 좀 더 보완하여 이스라엘 정서에 맞게 새롭게 만든 작품이다.

총괄: 법현
연출: 김영렬
무용안무: 김향금
무용감독: 손병우
음향: 오진수 등

영산재를 전공한 스님과 한국 불교 태고종, 대한불교 천태종, 대한불교 관음종, 대한불교 진각종 등 4대 종단 총무원장이 무대에 함께 등장하여 한국불교문화예술을 통한 평화의 메시지를 전달하고 한국무용 전공자, 한국음악 전공자 등 총 109명의 인원과 현지 이스라엘 무용수 30명이 참가, 80분으로 작품화되어 무대에 올려졌다.

바라춤

영산재 영산회상 - 니르바나 - 프로그램은 한국의 불교 정신과 영산재, 한국의 사계절을 중심으로 인간의 생로병사生老病死를 한국의 악과 무와 접목시켜 만든 작품으로 이스라엘 언론 매체에서는 "동양의 예술혼이 유대인을 정화시켰다"고 표현하였다.

이스라엘 영산재 영산회상 - 니르바나 - 기획과 성과(신문 방송 자료는 〈부록 - 4〉에 수록)

필자가 영산재 2011년 7월 10~14일 이스라엘 4곳의 공연장에서 영산회상 - 니르바나 - 작품을 올리게 된 것은 영산재를 통해 지구촌의 안녕과 세계평화를 목표로 두었기 때문이다.

지난 23여 년 동안 천년고찰 태고종 봉원사에서 매년 시연해온 영산재는 예로부터 국가적으로 중대사가 있을 때마다 민심을 하나로 모으기 위해 진행되었던 불교의식이며, 범패와 바라춤 등이 어우러진 우리 전통불교예술의 백미로서, 2009년 9월 30일 유네스코 세계무형문화유산 목록에 등재되는 대업을 이루었다.

이번 이스라엘 공연은 국내는 물론 세계적으로도 매우 중요한 이슈가 되는 장소인, 서양인들의 정신적, 철학적 중심지인 이스라엘(예루살렘)에서 선보이게 됨으로써 한국의 기독교뿐 아니라 유대교인들에게도 엄청난 충격과 이슈로 받아들여졌다.

세계적으로 가장 위험한 전쟁 발발 가능 지역인 한국과 이스라엘은 항시 세계적인 관심지역이라는 공통점이 있다. 이번 공연을 통하여 유네스코가 영산재를 세계보존문화유산으로 왜 지정하였는지를 알리고, 이스라엘에서의 "평화"는 곧 "세계평화"를 의미한다는 것을 일깨우고, 세계인의 중심에 서서 영산재 본연의 진정한 역할(석가모니께서 영축산에서 『법화경』을 설법하시면서 세상에 기쁨과, 평화, 깨달음을 주신 의미)을 다하고자 하였다.

서양인들이 생각하는 그들의 종교와 철학의 시작이자 끝이며, 영혼의 시작이며 끝이라고도 하는 예루살렘 성지에서 머나먼 동양의 불교와 대한민국의 정신과 혼이 담긴 영산재라는 문화예술을 선보였다는 것은 분명 서양인들에게는 매우 신선한 충격이었을 것이다.

또한 이는 한국 불교문화 발전과 세계평화를 위해서도 중요한 일이

었다. 왜냐하면 오천년 역사의 한국 불교문화를 이번 공연을 통해 이스라엘에 소개하고, 이스라엘의 주요대학과 정기적으로 한국불교에 관한 학술교류 사업을 추진함과 더불어 또한 찬란한 한국 불교문화를 세계에 알리는 역할이 내포되어 있었기 때문이다.

아울러 금번 공연은 한국전 참전 및 세계평화 수호를 위하여 유명을 달리한 순국선열 및 호국영령을 추모하는 천도재를 봉행하고 전 세계의 경제성장을 기원하여 종교적 이념과 사상을 초월하는 부처님의 가르침을 전달하고자 기획하였고, 세계평화 기원의 일환으로는 이스라엘 길라드 샬리트 병사가 팔레스타인에 5년간 감금되었다가 1,027명의 팔레스타인과 맞교환으로 무사 귀환을 하였는데, 2011년 7월 10일 길라트 병사 부모님 위문공연과 더불어 이후 10월 병사의 석방과 팔레스타인 귀환 등 전 세계의 평화를 위한 기원 발원이 함께 이루어졌기 때문이다.

또한 영산재 영산회상 - 니르바나 - 공연물은 서양의 현대인들에게 찬란한 불교문화 유산과 예술작품의 우수성을 널리 알릴 수 있었고, 앞으로 이러한 21세기에 맞는 불교 콘텐츠화의 필요성이 더욱 강조

범패와 김향금
안무 비천무

2011년 이스라엘 공연, 영산회상-니르바나- 증명 법사

되었기 때문이다.

(13) 2011년 일본 이코마 국제음악제 - 범패 - 창도

2011년 11월 5일 서양음악을 바탕으로 한 불교음악의 접목을 시도한 것으로, 독일, 일본, 한국의 연주자가 피아노 선율과 어울려 범패 공연을 한 동서양의 어울림 공연이다.

일시: 2011년 11월 5일 오후 2시

주최: 일본 이코마시

장소: 일본 이코마시 국제음악제 공연장(日本 生駒市中央公民館 サンホール)

후원: ドイツ連邦共和国総領事館, ゲーテ・インスティトゥート・ヴィラ鴨川 奈良新聞社

朝日新聞奈良総局 読売新聞奈良支局,毎日新聞奈良支局 産経新
聞奈良支局 奈良テレビ放送
近鉄ケーブルネットワーク

프로그램:
M．ラヴェル -ヴァイオリンとチェロのためのソナタ
C．ライネッケ -フルートとピアノのためのソナタ
　　　「ウンディーネ(水の精)」Ｏp.167

石島 正博 LITANY－連祷－〈2011.3.11〉세계 초연
ピアノと室内楽 声との交響 (한국 범패 참여)
ピアノ、ヴァイオリン、フルート、クラリネット(한국 범패 참여)
トランペット、男声重唱、吹奏楽部(合唱参加)(한국 범패 참여)
　　　　　　　 -休 憩-

C．シュターミッツ フルートと弦楽オーケストラのための協奏曲
　　　　　　Ｏp.29 第 2・第 3 楽章
A．アルチュニアン トランペット協奏曲
G．ロッシーニ クラリネットとオーケストラのための序奏
　　　 主題と変奏曲 変ロ長調

출연: 효성, 심진, 법현, 보광, 김영렬, 임태성
음악감독, 피아노: 한가야(韓伽倻, 일본인 독일 カールスルーエ国立音
　　楽大学教授)
작곡, 지휘: 石島正博(Ishijima Masahiro, 일본 桐朋学園大学教授)

2011년 일본 이코마국제음악제, 서양음악과 영산재 범패

바이올린: Nicolas Chumachenco(독일 연주가)

플루트: Renate Greiss-Armin(독일 연주가)

클라리넷: Wolfgang Meyer(독일 연주가)

트럼펫: Reinhold Friedrich

한국 범패 총괄: 법현(동국대 한국음악과 교수)

한국 범패 연출: 김영렬(동국대 문화예술대학원 외래교수)

음악감독: 임태성

피아노, 플루트, 클라리넷, 트럼펫 등 한국 범패 연주, 일본 범패(성명)와의 만남, 서양음악과 합창을 통한 새로운 시도를 통해 6인의 혼성 범패와 60명의 합창단 피아노 앙상블로 국제무대에 새롭게 선보여 영산재 음악의 새로운 가능성을 제시하였다고 현지 언론에서 찬사를 보냈다.

(14) 2012년 러시아 Yakutia 세계무형문화유산 축제 - 영산재 - 창도

2012년 7월 10~16일 러시아 Yakutia 제7회 세계무형문화유산 축제에 무형문화유산국인 대한민국, 인도, 중국, 인도네시아, 필리핀, 러시아, 몽골, 방글라데시, 부탄, 일본 등 10개국의 무형문화 유산목록 일부가 초청되었다.

  공연날짜, 장소: 7월 10일 Grand Opening - The State Oper and Ballet Theatre
    7월 13일 4:00 The House of Friendship
    7월 15일 9:00 Stadium Tuymaada
  주최: 러시아 Yakutia
  범패, 무용: 법현(동국대 한국음악과 교수)
  무용: 김향금(국립 창원대학교 무용학과 교수)

영산재 공연순서는 범패, 봉청, 비천무, 거령산, 나비춤, 시건무, 바라춤, 회향을 중심으로 재의식에 사용되는 악, 가, 무와 복식재현과 함께 이루어진 무용을 선별하여 무대에 올렸다. 특히 불교적인 색채

바라춤 러시아 공연

러시아 공연, 김향금 비천무

를 담고 있는 여러 종류의 음악 형태와 무용은 각 언론과 평론가들로부터 찬사를 받았다. 이 공연은 잊혀져가는 무형문화유산을 잘 보존, 전승하는 공연과 세미나가 어우러졌는데, 이는 무형문화의 정신을 되살리고 그 전승과 보존에 초점을 두고 이루어진 것이다.

Ⅵ. 결 론

한국의 불교의식음악은 전통적인 범패승에 의한 전승과 일반적 평염불 형태로 전승되어진다. 하지만 이들 불교의식은 모든 한국불교 종단에서 전승되어지지는 않고 태고종, 조계종, 천태종 등 몇몇 종단을 중심으로 전문적으로 의식을 익힌 범패승에 의해 전승되어지고 있다. 모든 종교에 있어서 의식은 그 종교가 함축하고 있는 사상과 철학이 담겨진 순수하고 고귀한 의례이다.

이 가운데 대표적 불교의식으로 2009년 유네스코 세계무형문화유산으로 지정된 중요무형문화재 제50호 영산재靈山齋는 약 2,560여 년 전 인도 영축산靈鷲山에서 석가모니 부처님이 여러 중생衆生이 모인 가운데 『법화경』을 설하실 때의 모습을 재현화한 불교의식이다. 영산재는 살아 있는 사람과 죽은 사람이 다함께 부처님의 참 진리를 깨달아 이고득락의 경지에 이르게 하는 데 의의가 있다. 그러므로 영산재는 공연이 아닌 장엄한 실재의 불교의식임을 알아야 한다. 영산재는 삶과 죽음으로 갈라진 우리 모두가 불법 가운데 하나가 되어 다시 만날 것을 기원하고, 나아가 세계평화와 남북통일이 성취되기를 염원하며 부처님 전에 행하는 최대 최고의 장엄한 불교의식이다.

또한 이 영산재는 의식의 절차가 각종 전통문화의 요소를 내포한 음악적, 무용적 요소와 더불어 연극적 요소의 효과를 나타내고 있다. 이러한 모든 의식을 전통적으로 보존, 전승하는 곳이 국가지정 중요 무형문화재 제50호 영산재보존회로, 현재 봉원사를 중심으로 활동하고 있다.

여기서 음악적, 무용적 요소란 의식 진행 중에 범음梵音과 화청和請 등이 음악적 효과를 내고 다른 한편으로는 이러한 불교 음악에 맞춰 바라춤, 나비춤, 법고춤을 추는 것을 말한다. 여기에는 삼현육각, 호적, 취타 등의 각종 악기가 동원되어 함께 연주한다.

본서는 영산재의식과 더불어 한국 불교의식음악 연구의 필요성의 제기하여, Ⅰ장 '불교의식음악의 연원'에서는 한국의 불교전래와 의식전래를 밝히기 위해『삼국유사』「가락국기」의 불교 해상전래설과 중국, 즉 육로를 통한 불교전래와 의식기록을 검토하고, 삼국시대, 고려시대, 조선시대와 해방 이후 현재에 이르기까지의 연원과 전승과정을 현행 의식집을 통해 살폈다. 특히 한국에 전래되어진『대장경』에

고려·조선시대
복식재현 법고춤

나타나 있는 악, 가, 무를 문헌에서 발췌하여 그 의미를 밝혔다.

또한 불교경전의 내용과 범패승들에 의해 악보화 된 각필악보와 신라, 백제승의 일본 불교전파 기록, 한국과 일본에 현존하는 각필악보 목록, 신라시대, 고려시대, 조선시대, 최근에 걸쳐 이어지는 제반 의례집과 이를 바탕으로 제종 경전에 보이는 악, 가, 무와 고려시대『선원청규』및 보조국사 지눌의『염불요문念佛要門』에 보이는 의식에 대한 규범을 통해 불교의식음악이 담고 있는 연원과 의미를 정리하였다.

다음으로 Ⅱ장 '불교의식음악의 종류와 범패 구성'에서는 한국불교 제종 의식의 구성에 있어 12가지 의식, 즉 예경의식, 수계의식, 영혼천도의식, 점안의식, 이운의식, 공양의식, 수행의식, 장례천도의식, 연중행사, 법회의식, 생활의례, 복장의식腹藏儀式들의 진행과 범패 작법무의 진행과정도 살펴보았다. 이 외 5종의 재의식, 즉 각배재, 상주권공재, 영산재, 수륙재, 생전예수재 범패와 작법무 진행을 통해 의식의 의미와 전통적 형태의 진행과정을 정리하였다.

Ⅲ장 '불교의식음악 범패의 구조'에서는 범패 짓소리 72곡의 소리를 담고 있는 악보집 가운데 20세기 범패승들에 의해 전승되어온 5종의『동음집同音集』, 즉 박운월, 박송암, 김운공, 장벽응 스님 등의 동유집을 정리하였다. 이 가운데 중요무형문화재 제50호 영산재 보유자 박송암 소장『옥천범음유향동음집』에 수록된 짓소리 곡목을 분석한 결과 현행 영산재에서 전승되는 13곡 인성, 거불, 관욕게, 목욕진언, 거령산, 영산지심, 삼귀두갑, 육거불, 삼남태, 특사가지, 구원겁중 시작 전에 불리는 지심귀명례, 오관게五觀偈, 식영산食靈山과 반짓소리는 시련시 옹호게, 신중작법시 옹호게, 괘불이운시 옹호게 등 현재 3곡, 불상점안시 2곡, 옴 아훔, 삼마하(나무마하반야바라밀) 등 총 15곡

대만 불광사 사리이운 의식

이 수록되어 있다. 이 가운데 특사가지는 특신공양과 부양증명 등이 동일함을 표기하고 있어 짓소리로 복원 가능하며, 이 외 거불(나무극락도사 아미타불)은 영산거불(나무석가모니불)과 동일할 경우 추가로 3곡의 짓소리 복원이 가능하다는 것을 밝혔다.

제종 불교의식에서 진행되어지는 소疏는 안진호 스님의 『석문의범』에 따르면 대령소, 건회소, 개계소, 대회소, 삼보소, 상단소, 시왕소, 사자소, 행첩소, 소청명위소, 함합소, 개통오로소, 소청성위소, 소청중위소, 소청하위소, 원만회향소, 풍백우사소 등 17종류의 소가 있다. 이 가운데 16종의 소의 해제를 통해 각각의 소에 담겨진 내용을 살피고, 이 외 한국 범패의 종류와 유형, 안채비의 유치성由致聲, 착어성着語聲, 편게성偏偈聲, 개탁성開卓聲, 소성召疏, 바깥채비의 홋소리, 짓소리, 회심곡, 축원화청의 선율 등을 악보와 더불어 분석하였다.

Ⅳ장 '불교의식음악 범패의 악곡 분석과 자료 현황'에서는 상주권공재, 각배재, 영산재, 수륙재, 생전예수재의식의 구성에서 공통적으로 진행되어지는 시련의식, 대령의식, 관욕의식 등 3종의 의식 구성, 의미, 악보를 통한 선율을 분석하였다. 아울러 서울·경기 중심의 경제, 부산 중심의 영제 범패 음반자료 현황을 통해 사라져 가는 범패 곡목의 자료와 불교의식 음반의 자료 현황을 밝혔다.

Ⅴ장 '불교의식음악 범패의 특징 및 예능과 창도'에서는 1,700년 가까이 전승된 한국불교를 통해 불교의식 문화재 지정 현황과 예능 계보를 서울·경기 중심의 경제 전승 계보, 일제시대부터 2011년대 중요무형문화재 제50호 영산재 계보, 부산을 중심으로 한 영제 전승 계보, 전라도를 중심으로 한 완제 전승 계보, 제주도 무형문화재 제15호 제주불교의식, 인천시 무형문화재 제10호 범패·바라춤·나비춤 전승 계보, 인천시 무형문화재 제15호 인천 수륙재 전승 계보, 경상남도 지방무형문화재 제22호 불모산 영산재 전승 계보, 충청남도 도지정문화재 제40호 내포영산대재 전승 현황을 살펴보았다. 아울러 전승의 맥이 단절되는 것을 막기 위해 지방문화재로 신청한 밀양 작약산 지

바라춤과 나비춤 군무

방문화재 신청보고서 전승 계보를 중심으로 전통적 전승 계보를 연구하였다. 이러한 전통성을 바탕으로 세계인이 전승 보존해야 할 문화재인 유네스코 세계무형문화재 중요무형문화재 제50호 영산재(2009년 등재)의 예능과 창도에서는 전통적 맥을 전승하고 있는 영산재의 시연 형태와 이를 바탕으로 미래 불교문화예술을 중심으로 한 영산재 콘텐츠 작품 일부를 소개 정리하였다. 즉 1996년 예술의 전당 영산재 시연, 2001년 국립국악원 개관 50주년 초청 영산재를 중심으로 21세기 문화예술의 콘텐츠 및 세계화를 위한 현대적 작품 2003년 영산재 - 니르바나 - 무대화 국립극장 초연 작품, 2006년 오스트리아 단츠썸머 초청 영산재 영산작법 - 니르바나 - , 2008년 일본 이송대학 한국, 중국, 일본 불교의식에 사용되는 범패 창도 연구, 2010년 G-20 성공 기원 영산재, 2011년 이스라엘 카미엘 초청 영산재 영산회상 - 니르바나 - 의 작품 구성과 공연평을 통해 불교의식의 창도 현황을 정리하였다.

이는 불교문화예술의 콘텐츠화, 예능화를 통해 이 시대의 새로운 불교문화예술인 '영산재'가 무엇인가를 되짚어보고, 54개국 순회공연 작품을[268] 통해 제시한 종교화합과 세계평화의 메시지를 살펴보며, 이 시대에 맞는 불교의식음악의 나아갈 방향 및 전통과 현대가 잘 어우러진 불교의식음악은 무엇인지를 숙고하고, 또한 영산회상 - 니르바나 - 작품의 의미와 내용이 불교사상과 한국적 정서 및 사상을 잘 융합·함축하도록 하여 더욱 바람직한 발전 방향을 제시하기 위해서

---

[268] 2011. 중요무형문화제 제50호 영산재 공연 일지 참조
http://www.bongwonsa.or.kr/newhome/main/board.php?board=kkkbodyonly2&config=9&command=body&no=29

바라춤

이다.

Ⅵ장 결론에서는 불교의식음악 연구를 통해 1,700년을 이어온 불교정신과 불교의식이 담고 있는 전통의 중요성을 종합적인 정리로 마무리를 하고자 한다.

본 연구를 통해 현행 한국 불교의식의 구성 및 작법절차와 함께 의식 반주음악을 포괄하는 범패의 의의가 보다 분명해졌을 것이다.

특히 부록에는 그동안 연구자가 녹음한 범패음반과 이에 대한 해설, 그리고 이를 채록한 오선악보를 정리(『불교의식음악 악보』Ⅰ∼Ⅲ으로 별책 발행)하였는데, 이는 후학들이 불교의식음악을 보다 쉽게 이해하고 그 연구에 용이하게 접근할 수 있는 통로가 될 것으로 생각하며, 이를 통해 공적인 전승 또한 가능해질 것으로 기대한다.

참고 문헌

1. 基本資料

『金光明最勝王經』卷第一 如來壽量品第二 『大正藏』卷16

『起世經』卷第一 閻浮洲品第一 『大正藏』卷1

『起世經』卷第一 起世經鬱單越洲品第二之一 『大正藏』卷1

『起世經』卷第七 三十三天品第八之二 『大正藏』卷1

『高麗史』世家, 卷2 太祖 23年 12月條

『太祖實錄』卷7 太祖 4年 2月 戊子條

『太宗實錄』卷27 太宗 14年 2月 庚戌條

『三國史記』卷第四十四, 列傳 第四

『三國史記』新羅本紀

『三國遺事』駕洛國記

『林下筆記』제38권, 海東樂府

圓仁, 『入唐求法巡禮行記』

일본 대곡대 소장 원효, 『判比量論』(필사본)

호암박물관 소장 『華嚴經寫經造成記』

고려판 『禪苑淸規』第六 看藏經

『勅修百丈淸規』

선화봉사 『高麗圖經』제17권, 제18권, 제34권

성암고서박물관 소장 『妙法蓮華經』卷第一 第八

『續日本紀』卷18

『東史綱目』제15상

『海東繹史』제32권,

『眞鑒禪師 大空塔碑文』

『大樓炭經』卷第四 忉利天品第九 『大正藏』卷1

『妙法蓮華經』卷第五 分別功德品第十七

『經律異相』第二 『大正藏』卷53

『經律異相』卷第十一(隨機見身下菩薩部第四)『大正藏』卷53
『經律異相』卷第十八(聲聞無學第六僧部第七)『大正藏』卷53
『經律異相』卷第十八(四比丘說樂佛謂是苦心悟得道十三)『大正藏』卷53
『經律異相』卷第二十六(行菩薩道下諸國王部第三)『大正藏』卷53
『經律異相』第三十二(遮羅國儲形醜失妃運智還得四)『大正藏』卷53
『觀虛空藏菩薩經』『大正藏』卷13
『舊雜譬喩經』卷上『大正藏』卷4
『大樓炭經』卷第一 閻浮利品第一『大正藏』卷1
『大樓炭經』卷第二 轉輪王品第三(之二)『大正藏』卷1
『大樓炭經』卷第三 大樓炭經高善士品第七之一『大正藏』卷1
『大樓炭經』卷第四 忉利天品第九『大正藏』卷1
『大樓炭經』卷第六 天地成品第十三『大正藏』卷1
『大般涅槃經』卷中『大正藏』卷1
『大方廣佛華嚴經』卷第二 入不思議解脫境界普賢行願品『大正藏』卷10
『大方廣佛華嚴經』卷第二十 入不思議解脫境界普賢行願品『大正藏』卷10
『大方廣佛華嚴經』卷第二十八 入不思議解脫境界普賢行願品『大正藏』卷10
『大方廣佛華嚴經』卷第二十五 十地品第二十二之三『大正藏』卷10
『大方廣佛華嚴經』卷第十四 大方廣佛華嚴經賢首品第十二之一『大正藏』卷10
『大方廣佛華嚴經』卷第二十八 十迴向品第二十五之六『大正藏』卷10
『大方廣佛華嚴經』卷第三十六 十地品第二十六之三『大正藏』卷10
『大方廣佛華嚴經』卷第三十六 十地品第二十六之三『大正藏』卷10
『大樹緊那羅王所問經』卷第一『大正藏』卷15
『大樹緊那羅王所問經』卷第二『大正藏』卷15
『大樹緊那羅王所問經』卷第三『大正藏』卷15
『大樹緊那羅王所問經』卷第三『大正藏』卷15
『大莊嚴論經』卷第九『大正藏』卷4
『大莊嚴論經』卷第十一『大正藏』卷4
『法句譬喩經』卷第一 篤信品第四『大正藏』卷4
『法句譬喩經』卷第二 述千品第十六『大正藏』卷4
『釋氏要覽』『大正藏』卷54
東國大學校 韓國佛敎全書 編纂委員會 編,『韓國佛敎全書』13권

朴世民,『佛教儀禮資料叢書』(保景文化社, 1973)

白坡, 亘璇 著,『作法龜鑑』

奉元寺 編,『儀禮要集』

海印寺 編,『儀式要集』

2. 단행본

강건기,「보조국사」,『한국불교인물사상사』, 민족사, 1990.

김성혜,『韓國音樂 關聯 學位論文總目』, 民俗苑, 1998.

_____,『한국고대음악의 전개 양상』, 민속원, 2001.

김영렬,『영산재의 문화콘텐츠 만들기』, 운주사, 2009.

金月雲,『日用儀式隨聞記』, 中央僧家大出版部, 1991.

김천흥·홍윤식,『식당작법』, 무형문화재조사보고서 제46호 문화재관리국, 1987.

金泰坤 외,『韓國宗敎』, 圓光大宗敎問題硏究所, 1973.

김흥우 외 6인 공저,「불교전통의례와 그 연극, 연희화의 방안 연구」, 엠에드, 1999.

大佛靑聖典編纂委員會 編譯,『우리말 八萬大藏經 佛敎流通史』, 國民書館, 1963.

박범훈,『한국불교음악사연구』, 장경각, 2000

김응기(법현),『불교음악 영산재 연구』, 운주사, 1997.

_____, 공동연구집,『한국전통음악자료 분류법』, 문화재연구소, 1997.

_____,『불교무용』, 운주사, 2002.

_____,『불교음악감상』, 운주사, 2005.

_____,『한국의 불교음악』, 운주사, 2005.

_____,『불교문화유산의 보존과 전승』, 조계종출판사, 1998.

_____,『영산재의 공연문화적 성격』, 도서출판 박이정, 2006.

_____,『불교의식음악 악보 I』, 운주사, 2012.

_____,『불교의식음악 악보 II』, 운주사, 2012.

_____,『불교의식음악 악보 III』, 운주사, 2012.

奉元寺 玉泉梵音會編,『常住勸供』, 奉元寺.

서울특별시,『奉元寺實測報告書』, 서울시, 1990.

宋芳松,『韓國古代音樂史硏究』, 一志社, 1985.

_____,『韓國音樂史硏究』, 嶺南大出版部, 1982.

_____,『韓國音樂通史』, 일조각, 1984.

_____,『韓國音樂學論著孩提』, 韓國精神文化硏究院, 1981.
심상현,『佛敎儀式各論Ⅰ 공양시심경』, 한국불교출판부, 2000.
_____,『佛敎儀式各論Ⅱ 시련, 대령, 관욕』, 한국불교출판부, 2000.
_____,『佛敎儀式各論Ⅲ 일용의범 상』, 한국불교출판부, 2001.
_____,『佛敎儀式各論Ⅳ 일용의범 하』, 한국불교출판부, 2001.
_____,『佛敎儀式各論Ⅴ 상주권공 상』, 한국불교출판부, 2001.
_____,『佛敎儀式各論Ⅵ 상주권공 하』, 한국불교출판부, 2001.
_____,『佛敎儀式各論Ⅶ 신편 다비작법 상』, 한국불교출판부, 2002.
_____,『佛敎儀式各論Ⅷ 신편 다비작법 하』, 한국불교출판부, 2002.
_____,『작법무 거행의 배경과 의의』『영산재의 공연문화적 성격』, 중요무형문화재 제50호 영산재보존회, 한국공연문화학회, 2006.
佛敎新聞社編,『韓國佛敎人物思想史』, 民族社, 1990.
정수일,『문명교류사 연구』, 사계절, 2002.
채혜련,『영산재와 범패』, 국학자료원, 2011.
_____,『영산재와 선율』, 국학자료원, 2011.
安震湖,『釋門儀範』, 法輪社, 1983.
『月刊佛敎界』6月號, 通卷 第12號, 서울 佛敎界思, 1968.
圓仁 著, 신복용 譯,『入唐求法巡禮行記』, 精神世界社, 1991.
이능화 저, 이병두 역,『조선불교통사』, 혜안, 2003.
정병호,『한국의 전통춤』, 집문당, 1997.
정병호, 홍윤식,『식당작법』무형문화재조사보고서 제15호, 문화재관리국, 1968.
韓萬榮,『韓國佛敎音樂硏究』, 서울대출판부, 1980.
_____,『韓國傳統音樂硏究』, 豊南, 1991.
洪潤植,『靈山齋』, 大圓社, 1993.
_____,『韓國佛敎儀禮의 硏究』, (東京: 陸文館), 昭和 52年.
_____,『韓日傳統文化比較論』, 지원미디어, 2004.
洪潤植, 鄭晛浩,『靈山齋』, 무형문화재조사보고서 제50호, 文化財管理局, 1987.
홍윤식, 오출세, 윤광봉, 이창식『불교민속학의 세계』, 집문당, 1996.
황선명,『宗敎學槪論』, 鐘路書籍出版社, 1982.
黃晟起,『佛敎의 認識, 論理, 儀禮』, 保林社, 1989.
鎌田茂雄 著, 신현숙 譯,『韓國佛敎史』, 民族社, 1988.

3. 연구논문

구본혁,「韓國古典文學音樂으로 본 梵唄의 位置」,『논문집』4, 명지대학교, 1971.

_____,「한국 고전음악으로 본 범패의 위치」(『국어교육』23, 한국국어교육연구회, 1975).

_____,「韓國歌樂上에서 본 범패와 화청과의 관계」(『명지어문학』12-13, 명지대 1981).

_____,「한국가악상에서 본 범패와 화청에 대한 연구」(『국어교육』44, 한국국어교육연구회, 1983).

_____,「韓國歌樂上에서 본 梵唄와 和淸의 關係」,『韓國歌樂論攷』, 進英社, 1986

_____,「韓國古典音樂에서 본 梵唄의 位置」,『韓國歌樂論攷』, 進英社, 1986

권오성,「A History of Korean pŏmp'ae」(국립국악원 제4회 동양음악학 국제 학술회의, 1999).

_____,「진감선사와 신라의 범패」(『진감선사의 역사적 재조명』, 조계종 총무원, 2000).

_____,「靈山(短歌)再考」(『韓中人文科學硏究』11, 中韓人文科學硏究會, 2003).

김보희,「21C 한국의 현대 불교음악 '찬불가'」(제6회 동아시아 불교음악 국제학술대회, 2009).

김복순,「眞鑑禪師의 생애와 불교사상에 관한 연구」(『韓國民族文化』15-1, 부산대 한국민족문화연구소, 2000).

김상은,「불교무용 승무와 민속무용 승무의 용어 정의」(『선무학술논집』16, 국제선무학회, 2006).

김순미,「佛敎儀式에서 佛讚類 詩歌의 기능」(『釜山漢文學硏究』19, 부산한문학회, 2004).

김영렬,「왜 불교문화를 무대공연화해야 하는가?」『한국불교문화연구의 과제와 전망』한국불교문화학회, 2004).

김은정,「承服과 巫服으로 착용되는 長衫에 관한 연구」(『대한가정학회지』42-2, 대한가정학회, 2004).

김응기(법현),「常住勸供齋의 作法節次에 관한 연구」(『불교대학원논총』2, 동국대 불교대학원, 1995).

_____,「靈山齋의 構成과 그 信仰的 意義에 관한 연구」(동국대 석사논문, 1995. 『불교대학원논총』3, 1996).

_____,「梵唄의 分類 硏究(1) - 齋儀式을 중심으로 - 」(『文化財』28, 국립문화재

연구소, 1995).

_____, 「佛像點眼 儀式의 梵唄쓰임 연구」(『東國論集』16-2, 동국대 경주대학, 1997).

_____, 「짓소리쓰임연구」(『불교대학원논총』4, 동국대, 1997).

_____, 「전통음악속의 새로운 불교음악」(Germany Hamburg 學術 Serminar, 1997).

_____, 「The Study of Buddhist Dance」(『선무학술논집』8, 국제선무학회, 1998).

_____, 「作法舞 硏究」(『불교대학원논총 3, 동국대, 1998).

_____, 「영산재 작법무 연구-재의식 구성을 중심으로」(『선무학술논집』9, 국제선무학회, 1999).

_____, 「한국 범패의 유형과 가창」(국립국악원 제4회 동양음악학 국제학술회의, 1999).

_____, 「불교무용 동작 연구」(『선무학술논집』10, 국제선무학회, 2000).

_____, 「佛敎音樂의 藝術 音樂化와 商業化 문제」(『전통 樂사상과 현대 대중화의 문제』, 태백원, 2000).

_____, 「한국불교음악(범패) 유형과 전망」(『佛敎東傳 2000年 佛敎音樂 臺灣國際學術會議 論文集』, 臺灣 佛光山文交基金會, 2000).

_____, 「Yongsanjae」(Welcome to Korea, 2000.6).

_____, 「불교음악의 현대적 수용」(계명대 세계음악학회 발행, 2000).

_____, 「각배재 구성과 범패 쓰임연구: 석문의범 의식구성 중심으로」(『선무학술논집』11, 국제선무학회, 2001).

_____, 「한국불교음악, 불교무용의 유형과 전승과제」(미국 Hawaii University Serminar, 2001).

_____, 「사찰의례와 불교무용」(제2회 한국불교문화학회 학술세미나, 2002).

_____, 「생전예수재 의식구성과 범패」(『선무학술논집』12, 국제선무학회, 2002).

_____, 「불교무용 천수바라춤의 반주음악 채보」(『불교문화연구』3, 불교문화학회, 2002).

_____, 「佛敎儀式의 傳承課題: 靈山齋 중심으로」(『중요무형문화재 제50호 영산재보존회, 제1회 학술세미나』, 2003).

_____, 「수륙재 의식 구성과 불교무용: 석문의범, 의례요집, 상단 · 중단 · 하단 의식구성 중심으로」(『선무학술논집』13, 국제선무학회, 2003).

_____, 「불교예술의 공연화 과제: 뉴욕공연 영산재를 중심으로」(『불교문화연구』2, 불교문화학회, 2003).

_____, 「수륙재의식 구성과 불교무용: 운수상단 작법의미와 진행 중심으로」(『선무학술논집』14, 국제선무학회, 2004).

_____, 「불교무용음악: 연구방법 중심으로」(한국불교문화학회, 『동계 학술세미나』, 2004).

_____, 「전통공연문화의 연구사와 당면과제: 불교음악의 연구사와 당면 과제」(『공연문화연구』8, 한국공연문화학회, 2004).

_____, 「한국범패의 가창과 각필악보실연 성암고서박물관 소장 [묘법연화경] 각필악보중심으로」(『제2회 國際學術 seminar 논집, 2004).

_____, 「각배재 운수상단 권공의식(I) - 운수상단 작법 의미와 진행 중심으로 - 」(『선무학술논집』14, 국제선무학회, 2003).

_____, 「불교무용음악」(『선무학술논집』15, 국제선무학, 2005).

_____, 「범패 전승에 사용된 각필악보 연구: 성암고서박물관소장『묘법연화경』권8을 중심으로」(『음악과 문화』12, 세계음악학회, 2005).

_____, 「범패의 미학」(『美學·藝術學硏究』23, 한국미학예술학회, 2006).

_____, 「영산재의 음악(범패)」(『공연문화연구』12, 한국공연문화학회, 2006).

_____, 「고구려 벽화의 춤과 불교경전에 나타난 무」(『선무학술논집』16, 국제선무학회, 2006).

_____, 「한국불교음악, 불교무용의 유형과 전승과제」(『선무학술논집』17, 2006).

_____, 「영산재의 음악(범패)」(『중요무형문화재 제50호 영산재보존회』, 한국공연문화학회, 2006).

_____, 「중요무형문화재 제50호 영산재 관련 자료 목록」(『영산재의 공연문화적 성격』, 한국공연문화학회, 2006).

_____, 「한국범패문화의 이해와 현대적 의의: 범패가창과 악보 이해 중심으로」(『선무학술논집』18, 국제선무학회, 2007).

_____, 「영산재 儀禮와 藝能의 연구」(『영산재학회논문집』5, 옥천범음대학, 2007).

_____, 「수륙재음악(범패) 구성과 가창」(臺灣·佛光寺『第5回 東亞細亞 國際學術大會 發表 論文集』, 2007).

_____, 「영남범패에 대한 소고」(『선무학술논집』18집, 2007)
_____, 「한국의 범패 구성과 가창」(『國際學術 Symposium 發表集』, 日本·東京 學舍大學, 2008).
_____, 「한국 영산재의 의례와 예능과 역사」(『國際學術發表 論文集』, 名古屋大學, 2009).
_____, 「韓國 靈山齋의 儀禮와 藝能과 歷史」(『東アジアの宗教儀禮と表象文化』, 國立歷史民俗博物館 國際研究集會, 2009).
_____, 「유네스코 세계무형문화유산 영산재 보존과 전승 과제」(『영산재학회 논문집』 8, 2010).
_____, 「한국의 불교의식-영산재-」(『영산재학회 논문집』 9, 2011).
_____, 「불교문화에 등장하는 상징디자인 검토-불교의식 영산재의식 진행시 팔부금강, 사천왕 중심으로-」, 인도네시아 이마코 국제학술세미나집, 2011)
_____, 「유네스코 세계무형문화유산 대한민국 중요무형문화재 제50호 영산재-영산재-」(러시아 야크츠크 제7회 세계무형문화유산 국제학술세미나집, 2012).
김상규, 「악의 사상과 무애무에 관한 연구」, (『안동초대논문집1』, 안동초급대학, 1978).
김태연, 「韓國 傳統紙花에 關한 硏究(10)」(『韓國工藝論叢』6-2, 한국공예학회, 2003).
_____, 「불교의례의 지화장엄: 장인별 紙花기법의 특징을 중심으로」(『한국디자인포럼』21, 한국디자인트렌드학회, 2008).
김향금, 「불교무용에 관한 연구」(『선무학술논집』13-2, 국제선무학회, 2003).
_____, 「영산재의 작법무 구성」(『공연문화연구』12, 한국공연문화학회, 2006)
_____, 「영산작법 '니르바나' 공연 중심으로 한 공연 예술화 과제」(『선무학술논집』 16, 국제선무학회, 2006).
김화미, 「조선시대 감로탱화 중단에 나타난 작법무의 특징연구」(한국무용연구회, 2008).
김흥우, 「'우란분재'의 연극 연희화 방안」(『연극교육연구』1, 한국연극교육학회, 1997).
_____, 「〈팔상록〉의 극적상황분석 고찰」(『희곡문학』25, 동서희곡문학회, 1997).
_____, 「천도재와 49재의 연희화 방안」(『연극학보』, 동국대 연극영상학부, 1999).
노재명, 「20세기 한국 전통불교음악 음반 총목록과 인간문화재 증언자료」(『한국음반학』11, 한국고음반연구회, 2001).
김종형(능화), 「진언과 다라니가 불교무용에 끼친 영향」(『불교평론』15, 불교평론사, 2003).

이연경(도경), 「경제 四多羅尼 바라무에 관한 硏究」(『제6회 동아시아 불교음악 국제학술대회, 발표논문집』, 2009).

마쯔오고이치, 「불교의례와 예능에 있어서 日韓 비교: 영산재를 중심으로」(『영산재학회논문집』6, 옥천범음대학, 2008).

박범훈, 「진감선사 범패의 음악적 특징에 관한 연구」(『진감선사의 역사적 재조명』, 조계종 총무원, 2000).

박진태, 「한국 불교축제와 공연예술의 관련양상」(『공연문화연구』12, 한국공연문화학회, 2006).

백일형, 「범패 팔공산제에 대한 연구」(『민족음악학』9집, 1987).

_____, 「한국범패의 연구성과물 검토」(『음악과 문화』3, 세계음악학회, 2000).

백재화, 「영산재의 바라춤 고찰」(『한국학교 체육학회지』13-2, 한국학교체육학회, 2003).

서정매, 「예불문의 선율구조에 관한 연구」(『한국음악사학보』40, 한국음악사학회, 2008).

_____, 「밀양지역에 전승되는 팔공산제 범패에 관한 연구: 전승계보와 전승현황을 중심으로」(『한국음악연구』14, 한국국악학회, 200 8).

_____, 「영제범패와 경제범패의 〈합장게〉선율구조에 관한 비교 연구」(『제6회 동아시아 불교음악 국제학술대회, 발표논문집』, 2009).

손인애, 「경제 〈四多羅尼〉 연구」, (『한국음악사학보』44, 한국음악사학회, 2010).

_____, 「경제 〈복청게〉계통 소리의 음악사적 연구」, (『한국음악사학보』48, 한국음악사학회, 2012).

송미숙, 「의식 작법무에 나타난 바라춤의 미적가치」(『대한무용학회논문집』47, 대한무용학회, 2006).

심효섭, 「조선전기 水陸齋의 設行과 의례」(『동국사학』40, 동국사학회, 2004).

_____, 「조선전기 靈山齋의 성립과 그 양상」(『보조사상』24, 보조사상연구원, 2005).

양은영, 「불교의식의 구성과 범패변화의 원리」(『음악학』14, 한국음악학회, 2007).

윤소희, 「대만의 梵唄」(『한국음악연구』38, 한국국악학회, 2005).

_____, 「한·중 불교음악의 사적 관계에 대한 연구」(『한국음악사학보』38, 한국음악사학회, 2007).

_____, 「신라인의 불교 의식과 음악 2 - 엔닌의 「입당구법순례행기」를 통하여」, (『한국 음악연구』41, 한국국악학회, 2007).

_____, 「영남범패 전승에 관한 연구」(『한국음악사학보』41, 한국음악사학회, 2008).

_____, 「대만 범패를 통해 본 산동 신라교민의 범패」(『동양음악』29, 서울대학교 동양음악연구소, 2007).

_____, 「수륙재 원형에 대한 고찰」(『영산재학회 논문집』6, 옥천범음대학, 2008).

_____, 「불교음악의 기원과 전개」(『한국음악사학보』44, 한국음악사학회, 2010).

_____, 「영남 범패 연구분석」(『한국음악사학보』48, 한국음악사학회, 2012).

이대암, 「한국 사찰건축의 악기 심볼리즘 소고: 조선후기 사찰의 천장 주악도를 중심으로」(『한국음악사학보』39, 한국음악사학회, 2007).

이미향, 「曺學乳의 생애와 讚佛歌 연구」(『보조사상』26, 보조사상연구원, 2006).

_____, 「한국과 일본의 불교의식에서 연행되는 〈산화〉의 비교」(제6회 동아시아 불교음악 국제학술대회, 2009).

이병옥, 「영산재 작법무 중 〈나비춤〉의 동작미 분석」(『전통문화연구』4, 용인대학교 전통문화연구소, 2005).

이보형, 「영산재의 薦度儀式 연행행위에 대한 비교종교학적 해석」(『공연문화연구』12, 한국공연문화학회, 2006).

_____, 「靈山齋 儀式에서 吹鼓手 音樂의 受用 方法論」(『제6회 동아시아 불교음악 국제학술대회 발표논문집』, 2009).

이애경, 「영산제 작법 춤사위 연구」(『한국체육학회지』39-3, 한국체육학회, 2000).

이완형, 「제망매가의 輓歌的 성격 고찰」(『한국언어문학』45, 한국언어문학회, 2000).

이용식, 「영산재와 불교음악의 연구」(『전통문화연구』4, 용인대학교 전통문화연구소, 2005).

이종미, 「범패에 관한 연구」(『한국전통음악학』9, 한국전통음악학회, 2008).

_____, 「화청의 비교연구」(『한국전통음악학』10, 한국전통음악학회, 2009).

이지선, 「한국불교음악의 기보에 관한 고찰:『지장경』에 나타난 각필부호를 중심으로」(『한국음악연구』33, 한국국악학회 2003).

李焦姸, 「韓國 佛敎 靈山齋」(『服飾』19, 한국복식학회, 1992).

李惠求, 「高句麗樂과 西域樂」(『論文集』2, 서울대, 1955).

_____, 「신라의 범패」(『한국공연예술연구논문선집』2집, 한국예술종합학교 전통예술원, 2000).

임미선, 「호남 범패의 전승과 특징: 전북 영산작법을 중심으로」(『한국음악연구』38, 한국국악학회, 2005).

장휘주,「사당패의 집단 성격과 공연내용에 대한 史的 考察」(『한국음악연구』35, 한국 국악학회, 2004).

_____,「화청의 두 유형」(『이화음악논집』10-1, 이화여대 음악연구소, 2006).

_____,「영산재의 齋儀구조와 음악적 짜임새」(『공연문화연구』12, 한국공연문화학회, 2006).

_____,「Max Peter Baumann 교수의 세계 평화와 세계적 관심의 관점에서 본 불교음악에 대한 논평」(『영산재학회 논문집』6, 옥천범음대학, 2008).

_____,「메나리토리권의 巫歌・민요・범패의 선율적 특징」(『한국무속학』20, 한국무속학회, 2010).

전인평,「티벳 불교음악에 관한 고찰」(『創論』17, 중앙대학교 예술대학, 1998).

정영진,「의례요집『魚山集』에 관한 고찰」(『한국음악사학보』40, 한국음악사학회, 2008).

주민황,「지혜와 자비의 이중주, 티베트 불교」(『불교평론』5, 불교평론사, 2000).

채혜련,「朝鮮王朝實錄에 보이는 齋儀式」(『영산재학회 논문집』6, 옥천범음대학, 2008).

_____,「경전에 나타난 범패:『大正新脩大藏經』과『卍新纂續藏經』을 중심으로」, 『영산재학회 논문집』7, 옥천범음대학, 2009).

_____,「범패 선율에 대한 연구(1) - 일본, 티벳음표 선율을 중심으로 - 」, (『영산재학회 논문집』8, 옥천범음대학, 2010).

_____,「범패 전승의 고찰」(『한국음악사학보』46, 한국음악사학회, 2011).

최로덴,「가톨릭과 티베트 불교의 의례비교」(『불교평론』13, 불교평론사, 2002).

_____,「티베트 불교 의식의 수행적 의미」(『영산재학회 논문집』4, 옥천범음대학, 2006).

최 헌,「眞鑑禪師의 梵唄에 관한 旣存 硏究 批判」(『韓國民族文化』15-1, 부산대학교 한국민족문화연구소, 2000).

_____,「佛母山 靈山齋 梵唄의 旋律構造」(제6회 동아시아 불교음악 국제학술대회, 2009).

한기문,「新羅 下代 眞鑑禪師의 活動과 梵唄敎化의 意義」(『대구사학』89, 대구사학회, 2007).

한만영,「Melodic Patterns in Buddhist Chants」(『불교학보』5, 동국대, 불교문화연구원, 1967).

허상호,「불교의례의 佛具와 그 用法 불교의례의 佛具와 그 用法」(『文化史學』31, 한국문화사학회, 2009).

허순선, 「靈山齋作法의 着服舞에 관한 연구」(『論文集』5, 광주대, 1988).

_____, 「靈山齋作法의 着服舞에 관한 연구Ⅲ」(『論文集』6, 광주대, 1989).

홍윤식, 「불전상으로 본 불교 음악」(『佛敎學報』9, 동국대, 불교문화연구원, 1972).

_____, 「의식음악으로서의 범패」(『佛敎學報』7, 동국대, 불교문화연구원, 1970).

황성기, 「한국 불교범패의 연구」(『韓國佛敎學』2, 한국불교학회, 1976).

황준연, 「한국 무용과 음악의 合一性」(『교수아카데미총서』7, 일념, 1994).

Max Peter Baumann, "Buddhistische Musik im Kontext von Weltfrieden und globaler Aufmerksamkeit"(『영산재학회 논문집』6, 옥천범음대학, 2008).

4. 학위논문

강선이, 「靈山齋 바라춤의 미적 구조에 관한 연구」, 한양대 석사논문, 2003.

곽세라, 「범패 수업 지도방법 연구: 고등학교 1학년을 중심으로」, 전남대 석사논문, 2010.

권영문, 「和請의 敍事文學的 變容」, 경기대 박사논문, 1995.

권은주, 「불교적 성향의 한국전통춤 실체 분석을 통한 전승보존의 가치인식」, 세종대 박사논문, 2008.

권재남, 『불교의식무용이 승무에 미친 영향』, 영남대 석사논문, 1995.

권진영, 「朝鮮時代 後期 靈山會上圖의 연구」, 홍익대 석사논문, 2003.

금정미, 「梵唄에 관한 연구」, 동아대 석사논문, 1993.

기연정, 「불교사상에 따른 천수바라춤 연구」, 이화여대 석사논문, 2003.

김도연, 「고등학교 음악교과서에 수록된 국악의 영역별 비교 연구」, 우석대 석사논문, 2008.

김도원(현수), 「移運儀式 研究」, 동국대 석사논문, 2006.

김동찬(동인), 「靈山齋 梵唄·作法의 태징(뇨)에 대한 연구」, 동국대 석사논문, 2008.

김미영, 「불교의작법춤 특성 연구」, 중앙대 석사논문, 2007.

김민재, 「重要 無形文化財 第 50號 靈山齋 바라춤 音樂 연구」, 동국대 석사논문, 2007.

김민정(동환), 「범패 성聲에 대한 연구: 영산재 중심으로」, 동국대 석사논문, 2008.

金星一, 「淸虛 休靜의『雲水壇』歌詞 연구」, 동국대 석사논문, 2008.

김선영, 「동편제 판소리 홍보가와 범패의 사방찬 가창 연구」, 동국대 석사논문,

2005.

김성혜,「삼국시대 신라음악 문화사 연구」, 동아대 박사논문, 2005.

김순미,「朝鮮朝 佛敎儀禮의 詩歌 硏究:『梵音刪補集』을 중심으로」, 경성대 박사논문, 2004.

김영렬,「佛敎 靈山齋의 문화 콘텐츠화에 관한 연구」, 원광대 박사논문, 2008.

김옥경,「현대 불교 청소년 지도 방안 연구: 중·고등학교 교과목을 중심으로」, 동국대 석사논문, 2006.

김원선,「영산재에 연주되는 태평소 가락 분석」, 동국대 석사논문, 1998.

김응기(법현),「영산재 작법무 범패의 연구」, 원광대 박사논문, 2003.

_____,「常住勸供齋의 作法節次에 관한 연구」, 원광대 석사논문 1995.

_____,「靈山齋의 構成과 그 信仰的 意義에 관한 연구」, 동국대 석사논문, 1995.

김재수,「一應 스님 運心偈 作法 연구」, 동국대 석사논문, 2002.

김재욱,「佛敎儀禮에 있어서 梵唄의 技能·構成: 齋儀式을 중심으로」, 동국대 석사논문, 1993.

김정숙,「사회제도를 반영한 현대춤작품에 관한 고찰」, 울산대 석사논문, 2000.

김종형,「佛敎舞踊의 靑少年福祉 活用方案 연구: 靈山齋의 바라춤, 나비춤을 중심으로」, 동국대 석사논문, 1999.

김태곤,「同音集에 나타난 짓소리 연구: 引聲, 擧靈山의 선율을 중심으로」, 동국대 석사논문, 1999.

김태형,「朝鮮時代 法華經 變相板畫 연구」, 동국대 석사논문, 2009.

김태희,「불모산 영산재 작법무 연구」, 신라대 석사논문, 2003.

김화미,「조선시대 감로탱화 하단에 나타난 춤의 특징 연구」숙명여대 석사논문, 2006.

김학자,「韓國 佛敎音樂의 歷史的 展開에 관한 연구」, 원광대 석사논문, 2001.

김현정,「영산작법 니르바나 공연에 관한 연구: 공연기록을 중심으로」, 동국대 석사논문, 2005.

김현정,「전북지역 불교의식무용 현장연구: 영산재에서 행한 무용을 중심으로」, 중앙대 석사논문, 1994.

김현주,「영산제 바라춤에 관한 연구」, 숙명여대 석사논문, 2001.

남미애,「상단권공의식의 훗소리 음악구조 연구: 합장게·육법공양을 중심으로」,

동국대 석사논문, 2008.

노명열,「불교 법고 리듬에 관한 연구」, 중앙대 석사논문, 2008.

_____,「현행 생전예수재와 조선시대 생전예수재 비교 고찰: 의식 절차와 음악을 중심으로」, 중앙대 박사논문, 2010.

노부영,「梵唄의 太鉦法에 對한 연구: 常主勸供을 중심으로」, 서울대 석사논문, 1992.

류상윤,「禪수행에서의 소리의 의미와 역할」, 동국대 석사논문, 2009.

문명구,「한국 불교음악의 전개에 관한 연구」, 원광대 석사논문, 2000.

문일지,『나비춤 춤사위에 관한 연구』, 서울대학교 대학원 석사 논문, 1969.

문상련(정각),「韓國佛敎 經典信仰 연구」, 동국대 박사논문, 2005.

민경환(성운),「香花偈作法 구성에 관한 연구: 중요무형문화재 제50호 작법무 중심으로」, 동국대 석사논문, 2006.

박범훈,「佛敎音樂의 傳來와 韓國的 展開에 관한 연구」, 동국대 박사논문, 1999.

박민정,「靈山齋 作法의 美意識 연구」, 청주대 석사논문, 2001.

박금옥,「나비춤 自歸依佛作法 動作 연구: 重要 無形文化財 제50호 靈山齋 食堂作法 중심으로」, 동국대 석사논문, 2006.

박성철,「靈山齋의 文化的 活用모델 연구: 〈回心曲〉을 중심으로」, 동국대 박사논문, 2005.

박은주,「조선후기 造花의 유형과 변천: 絲花와 紙花를 중심으로」, 이화여대 석사논문, 2005.

박재연,「고등학교 음악교과서의 전통성악곡에 관한 연구」, 국민대 석사논문, 2008.

박정현,「불교무용 나비춤 동작 연구: 중요무형문화재 제50호 영산재 '삼남태' 작법무 중심으로」, 동국대 석사논문, 2007.

박홍기,「철학방법론으로서의 '계보학' 연구」, 계명대 박사논문, 2004.

백재화,「영산재의 바라춤 연구」, 동덕여대 석사논문, 1998.

송연정,「齊儀式에 나타난 道場偈나비춤 연구」, 동덕여대 석사논문, 2000.

신은주,「佛敎儀式舞踊에 關ित 연구: 法鼓춤을 중심으로」, 이화여대 석사논문, 1992.

신은진,「불교 재의식과 무속 진오귀의식 춤 비교 연구: 영산재, 씻김굿, 진오귀굿을 중심으로」, 이화여대 석사논문, 1992.

심상현,「영산재 성립과 작법의례에 관한 연구」, 위덕대 박사논문, 2011.

심효섭,「朝鮮前期 靈山齋 연구」, 동국대 박사논문, 2005.

안소연, 「영산재 나비춤 춤사위에 관한 연구」, 이화여대 석사논문, 2002.

양소예, 「영산재 나비춤 기본동작의 특성에 관한 연구」, 이화여대 석사논문, 2007.

양연호, 「圓佛敎 讀經의 梵唄 受容에 關한 연구: 常住勤供齋와 薦度齋를 中心으로」, 원광대 석사논문, 1999.

양효순, 「영남 불모산 영산재와 전라북도 영산작법 비교연구: 나비춤 中 운심게 작법을 중심으로」, 중앙대 석사논문, 2006.

양은영, 「Studien zur gesanglichen Stimmgebung in der traditionellen Musik Koreas: PŎMP'AE」, Universitaet Wien, 1997.

양지윤, 「朝鮮後期 水陸齋 연구」, 동국대 석사논문, 2002.

염혜정, 「영산재 바라춤의 예술적 가치연구」, 목원대 석사논문, 2007.

오정림, 「영산재 영산재의 공연 프로그램화 연구-법현 스님의 작업을 중심으로」, 동국대 석사논문, 2012.

유현선, 「영산재 바라춤에 관한 연구: 중요무형문화재 제50호 영산재 중심으로」, 동국대 석사논문, 2003.

윤금희, 「불교와 무속에 나타난 영혼천도의식과 춤에 관한 연구」, 숙명여대 석사논문, 2005.

윤선영, 「조선전기 불전 내부 공간의 변화와 그 의의」, 영남대 석사논문, 2009.

윤소희, 「대만불교 의식음악 연구」, 한양대 박사논문, 2006.

이강근, 「범패와 선소리(立唱)」, 동국대 석사논문, 2003.

이규호, 「韓國 佛敎音樂의 硏究分析: 梵唄와 讚佛歌의 音樂的 特性을 중심으로」, 한양대 석사논문, 1992.

이란숙, 「영산재에 나타난 불교의식무용의 정신과 형식연구」, 숙명여대 석사논문, 2000.

이미아, 「食堂 作法에 관한 무용학적 고찰」, 이화여대 석사논문, 1988.

이미선, 「법고무 춤사위 연구」, 동국대 석사논문, 2004.

이병진, 「범패 홋소리 할향의 선율적 고찰: 한동희 소리를 중심으로」, 동국대 석사논문, 2009.

이애경, 「靈山齋 作法의 舞踊美學的 考察」, 국민대 박사논문, 1999.

이연경, 「四多羅尼 바라춤에 관한 연구: 경제와 완제의 비교를 통하여」, 동국대 석사논문, 2009.

이영숙, 「四陀羅尼 바라춤의 기본 춤사위 연구」, 서강대 석사논문, 2008.

이용애, 「佛像과 佛敎儀式에 나타나는 手印의 비교연구」, 동국대 석사논문, 2009.
이우호, 「회심곡 연구: 불교음악적 민중문화적 요소를 중심으로」, 중앙대 석사논문, 2008.
이정순, 「영산재 법고무 춤사위로 본 사상적 의미 분석: 인천시 무형문화재 제10호 예능보유자 능화 스님을 중심으로」, 중앙대 석사논문, 2011.
이지선, 「불교의례의 종이장엄에 관한 연구: 영산재와 초파일을 중심으로」, 고려대 석사논문, 2005.
이초연, 「韓國佛敎 靈山齋 舞服에 관한 연구」, 숙명여대 석사논문, 1990.
이화영, 「佛敎를 통해서 본 作法에 관한 연구」, 이화여대 석사논문, 1990.
임미정, 「불교의례의 다게 선율에 관한 연구」, 동국대 석사논문, 2010.
장완순(행범), 「범패의 음악치료 활용 가능성에 관한 연구」, 동국대 석사논문, 2011.
정명희, 「朝鮮後期의 掛佛幀畵 연구」, 홍익대 석사논문, 2000.
정영서, 「齋儀式의 太平簫 선율에 관한 研究: 중요무형문화재 제50호 영산재를 중심으로」, 동국대 석사논문, 2010.
정외순, 「조선시대 감로탱화에 나타난 악기연구: 18세기 감로탱화를 중심으로」, 동국대 석사논문, 2005.
정정희(진문), 「식당작법 무용 구성 연구: 중요무형문화재 제50호 영산재 중심으로」, 동국대 석사논문, 2006.
주지현, 「불교의식 법고무의 춤과 가락에 관한 연구」, 숙명여대 석사논문, 2004.
편봉화, 『한국춤 동작에 나타난 상징성 고찰』, 계명대 석사논문, 1998.
차영숙, 『한국불교 전통음악 연구』, 연세대 석사논문, 1984.
車炯錫, 「角筆樂譜 硏究: 誠庵古書博物館所藏 『妙法蓮華經』 卷8 중심으로」, 동국대 석사논문, 2005.
채혜련, 「영산재 범패의 선율에 관한 연구」, 원광대 박사논문, 2011.
최영희, 「甘露幀畵에 表現된 敎化的 性格考察」, 동국대 석사논문, 1999.
崔祐禛, 「중요무형문화재 제50호 영산재 천수바라춤 연구: 지방 문화재 제22호 마산 불모산 영산재 천수바라춤 비교 중심으로」, 동국대 석사논문, 2006.
하수영, 「佛敎儀禮에 受容된 假花의 文獻的 연구」, 동국대 석사논문, 2005.
한정미(해사), 「불교의식의 作法舞 연구」, 동국대 석사논문, 2010.
한지영, 「불교음악 관련 사이트에 대한 연구: 국내 검색엔진을 중심으로」, 동국대 석사논문, 2003.

홍선희,「佛敎儀禮 나비춤 춤사위에 관한 美的 考察」, 동국대 석사논문, 2003.

5. 國外論文

小林芳規,「奈良時代の角筆訓点から觀た華嚴經の講說」,『第二會 東大寺 國際學術發表集』, 日本: 東大寺, 2003.

小林芳規,「韓國における角筆文獻の發見とその意義-日本古訓点との關係-」,『朝鮮學報』第百八十二輯, 日本: 天理大學, 2002.

6. 기타자료

Welcome to Korea 'Yongsanjae' 2000. 6.

봉원사 편, 제23회 영산재 자료, 20011년 6월 6일.

법현, www.pompae.or.kr 자료.

범패 패스티벌 프로그램 국립극장 참조, 2004.7.19.

7. 음반 자료

金應起(法顯), 한국의 범패시리즈, 1집『산사의 향기』음반 및 해설 집, 아세아레코드사, 1999.

_____, 한국의 범패시리즈, 2집『무지개 소리』음반 및 해설 집, 아세아레코드사, 1999.

_____, 한국의 범패시리즈, 3-5집『불교무용』음반 및 해설집, 아세아레코드사, 2001.

_____, 한국의 범패시리즈, 6집『삼할향』음반 및 해설집, 아세아레코드사, 2003.

_____, 한국의 범패시리즈, 7집『삼직찬』음반 및 해설집, 아세아레코드사, 2003.

_____, 한국의 범패시리즈, '법현'범패 시리즈 8집『영산재 시련의식』음반 및 해설집, 서울음반, 2008.

_____, 한국의 범패시리즈, '법현'범패 시리즈 9집『영산재 대령의식』음반 및 해설집, 서울음반, 2008.

_____, 한국의 범패시리즈, '법현'범패 시리즈 10집『영산재 관욕의식』음반 및 해설집, 서울음반, 2008.

_____, 한국의 범패시리즈, '법현'범패 시리즈 11집 『불교의식 1-시련』 DVD 음반 및 해설집, 불교음악연구소, 2009.

_____, 한국의 범패시리즈, '법현'범패 시리즈 12집 『불교무용 -바라춤, 나비춤, 법고춤』 DVD 음반 및 해설집, 불교음악연구소, 2009.

_____, 한국의 범패시리즈, '법현'범패 시리즈 13집 『영산재 조전점안』 음반 및 해설집, 불교음악연구소, 2011.

_____, 한국의 범패시리즈, '법현'범패 시리즈 14집 『영산재 신중작법』 음반 및 해설집, 불교음악연구소, 2011.

_____, 한국의 범패시리즈, '법현'범패 시리즈 15집 『영산재 괘불이운』 음반 및 해설집, 불교음악연구소, 2011.

_____, (기획 음반) 한국의 범패시리즈, 송암 스님 범패시리즈 1~5집 『상주권공』 해설집, 아세아레코드사, 2001.

_____, (기획 음반) 한국의 범패시리즈, 송암 스님 범패시리즈 6~11집 『각배』 해설집, 아세아레코드사, 2001.

_____, (기획 음반) 한국의 범패시리즈, 송암 스님 범패시리즈 12~18집 『영산』 해설집, 아세아레코드사, 2001.

경상남도, 〈불모산 영산재〉(비디오 녹화자료), 불모산영산재보존회, 2008.
국가브렌드 위원회, 김응기(법현)〈한국 불교문화예술의 꽃 영산회상-니르바나-〉(http://www.koreabrand.net/kr/know/know_view.do?CATE_CD=0005&SEQ=2510)
문화재청 헤레티지체널 김응기(법현)〈유네스코 세계무형문화유산 중요무형문화재 제50호 영산재 감상〉
(http://www.heritagechannel.tv/story/storyView.asp?hid=1&id=974&nP=1&ordering=&scate=0&category=&rUrl=storyList.asp&nowpage=1)
봉원사 홈페이지(http://bongwonsa.or.kr)
불교음악연구소(http://www.pompae.or.kr)

부록

부록 1. 밀양 작약산 영산재 신청 계보

부록 2. 불교의식 영산재 예능과 콘텐츠 연혁

부록 3. 이스라엘 영산회상 공연 구성

부록 4. 이스라엘 공연 영산회상 관련 신문·방송 자료

부록 5. 음반 발매 자료 목록

부록 1. 밀양 작약산 영산재 신청 계보

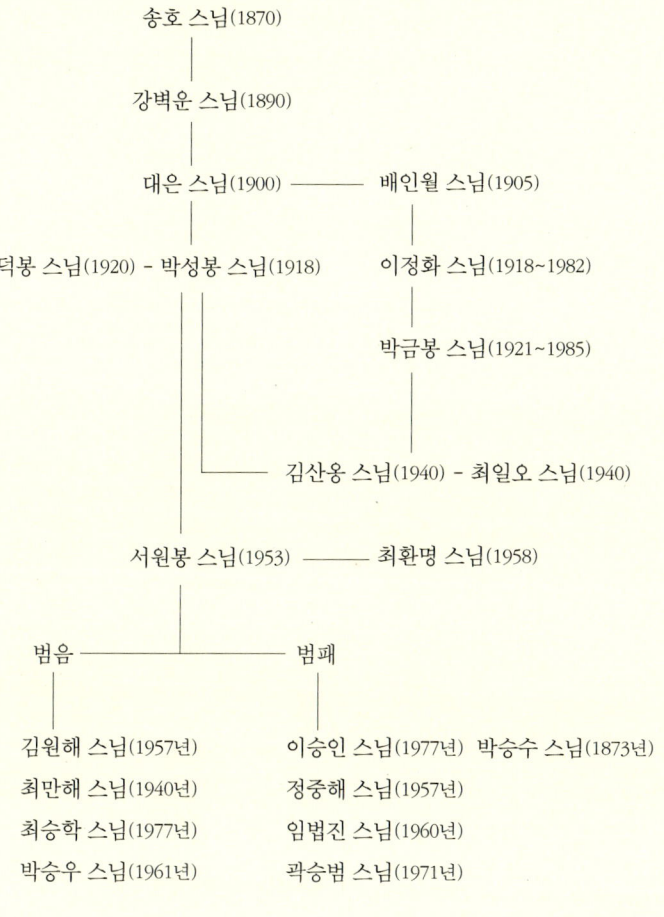

밀양 작약산 영산재의 계보 승려들

송호 스님(1870?)

송호 스님은 청도 신둔사의 주지였다. 신둔사의 주지에 관계된 기록은 지금 남아 있지 않지만, 비석에 신둔사 주지이던 송호 스님이 1926년에 3창을 하였다는 기록이 있다. 당시 시대상황으로 보아 동진 출가의 가능성이 있고, 3창을 한 주지였음을 감안하면 그 당시 50세 전후였을 것으로 추정되므로, 1870년 정도의 태생으로 추측한다.

강벽운 스님(1890?)

강벽운 스님은 청도 죽림사, 신둔사의 주지를 역임하였다. 그는 당시 신둔사 주지였던 송호 스님의 상좌이며, 성봉 스님(1918년생)과는 사제지간이었으니, 연대는 성봉 스님보다 한 세대 위로 추정되어, 1890년경으로 추정한다. 1900년대에 경북 청도의 모든 절은 대구 팔공산의 동화사 말사에 속하였는데 신둔사 역시 동화사 말사였다. 신둔사의 송호 스님과 그 뒤를 이은 강벽운 스님 역시 동화사 말사인 신둔사의 주지를 역임했고, 팔공산재 범패를 하였음을 알 수 있다.

대은 스님(1900?)

대은 스님은 표충사에서 범패를 한 어장 스님으로, 당시 강벽운 스님, 성봉 스님, 덕봉 스님과 함께 재를 지내며 서로 배우고 가르쳤다. 표충사에서 출가하여 머물다가 후에 삼랑진 낙동역의 포교당을 만들어 범패를 하다 입적하였다. 정확한 생년은 알 수 없지만, 강벽운 스님과 덕봉 스님, 성봉 스님과 함께 범패를 하였으므로 1900년경으로 추정된다.

배인월裵仁月 스님(1905~1971)

배인월 스님은 1905년생으로, 표충사에서 출가하여 범패를 하는 어장 스님이었는데, 1955년 분규 때에 조계종 스님들에 의해 표충사에서 나오게 되었고, 이후 밀양 내일동 성천사에서 범패를 하다가 입적하였다. 밀양 초동면 덕산리 은선암의 이정화 스님에게 범음범패를 전수하였다. 배인월 스님은 덕봉 스님의 은사이기도 하다.

이정화李貞花 스님(1918~1982)

이정화 스님은 1918년 생으로, 밀양 가곡동 용두산의 흑룡사(지금의 천경사)의 주지였다. 스승인 배인월 스님으로부터 범음범패를 배우고 밀양 일대에서 크고 작은 의식을 담당하였다. 당시 밀양에서는 꽤 이름난 범패승이었다. 밀양시 초동면 덕산리 은선암에 거주하는 박금봉 스님에게 범음범패를 전수하였고, 64세(법랍 47세)에 입적하였다.

박금봉朴錦奉 스님(1921~1985)

박금봉 스님은 1921년 생으로, 1940년에 출가하여 밀양시 초동면 덕산리 은선암에 주석하면서 이정화 스님으로부터 범음범패를 전수받아 영남과 호남지방에 두루 다니면서 영산재 의식을 보급·전승하였다. 밀양의 김산옹 스님과 최일오 스님에게 의식을 전수하였고, 64세(법랍 45세)에 입적하였다.

덕봉 스님(1920?)

덕봉 스님은 배인월 스님의 상좌로, 표충사에서 출가하여 배인월 스님으로부터 범패를 전수받았다. 1955년 분규 때 밀양 무안의 해인사로 내려와 범패를 하다 입적하였다. 정확한 출생년은 알 수 없으나, 배인월 스님의 상좌였고 한 세대 밑이므로 1920년경으로 추정한다.

성봉 스님(1918~1999)

성봉 스님은 1918년 청도군 화양읍 태생으로, 신둔사에서 출가하였다. 그 당시 신둔사는 동화사의 어장이었던 강벽운 스님이 주지였는데, 성봉 스님은 출가와 동시에 강벽운 스님에게 범패를 배웠고 청도와 밀양 등지에서 활동하였다. 그러다 1982년에 밀양 삼랑진으로 내려와 부은암의 주지로 있으면서 산옹 스님, 일오 스님, 원봉 스님에게 범패를 전수하였다.

산옹 스님(1940~현재)

김산옹 스님은 1940년 가곡동 754번지에서 태어나, 현재 밀양 삼랑진의 용문사 주지이다. 현재 작약산 영산재 고문이자 증명 스님이다.

최일오 스님(1940~현재)

최일오 스님은 1940년생으로, 현재 밀양 부북면 감천리 법운암의 주지이다.

서원봉 스님(1953~현재)

서원봉 스님은 1953년 생으로 창녕군 부곡면 수다리에서 태어나

1972년 해인사에서 출가, 1975년 마산 원각사에서 서경호 은사에게 득도하여 1985년에 성봉 스님에게 범패를 배웠다. 현재 밀양 초동면 광제암 주지이며, 성봉 스님에게 배운 팔공산재 범패를 후학들에게 십 수년 이상 전수하고 있다.

최환명 스님(1958~현재)

최환명 스님은 1958년생으로 현재 밀양 단장면 약수암 주지로, 원봉 스님과 함께 팔공산재 범패를 하고 있다.

김원해 스님(1950~현재)

김원해 스님은 1950년 부산시 서구 서대신동 3가 607번지에서 태어나 2002년 밀양 용문사 김산옹 은사에게 득도하였다. 현재 부산 청용사 주지이며, 2002년 밀양 광제암 서원봉 스님에게 팔공산재 범패를 전수받아 현재까지 범패를 하고 있다.

최만해 스님(1940~현재)

최만해 스님은 1940년 창원군 대산면 일동리 448번지 태어나 1997년 밀양 용문사 김산옹 은사에게 득도하였다. 현재 부산광역시 동래구 칠산동 산1-2번지 천불암 주지이며, 1998년 밀양 광제암 서원봉 스님에게 팔공산재 범패를 전수받아 현재까지 범패를 하고 있다.

정중해 스님(1957년~현재)

정중해 스님은 1957년 경북 금릉군 대항면 덕전리 799번지에서 태어나 1997년 밀양 용문사 김산옹 은사에게 득도하고 선암사에서 사미계를 받았다. 현재 대구광역시 남구 대명9동 538-19번지 거주하며, 1997년 밀양 광제암 서원봉 스님에게 팔공산재 범패를 전수받아 현재까지 범패를 하고 있다.

임법진 스님(1960~현재)

임법진 스님은 1960년 경남 고성군 거류면 화당리에서 태어나 1999년 마산 원각사 서철화 스님에게 득도하고 선암사에서 사미계를 받았다. 현재 고성군 거류면 거림사 주지이며, 2000년 밀양 광제암 서원봉 스님에게 팔공산재 범패를 전수받아 현재까지 범패를 하고 있다.

이승인 스님(1977~현재)

이승인 스님은 1977년 경남 밀양시 부북면 퇴로리에서 태어나 1996년 밀양 광제사 서원봉 은사에게 득도하고 1997년 선암사에서 사미계를 받았다. 현재 태고총림 조계산 선암사 강원 학감 소임을 맡고 있으며, 1998년 은사 스님으로부터 팔공산재 범음을 전수받아 현재까지 범음을 하고 있다.

박승수 스님(1973~현재)

박승수 스님은 1973년 경북 경산시 서상동 143-115에서 태어나 2001년 밀양 광제사 서원봉 은사에게 득도하고 2005년도 선암사에서 사미계를 받았다. 현재 삼랑진읍 용천암 주지이며 2001년 은사 스님으로부터 범음을 전수받아 현재까지 범패를 하고 있다.

최승학 스님(1977~현재)

최승학 스님은 1977년 경남 밀양시 산내면 봉의리에서 태어나 2001년 밀양 광제사 서원봉 은사에게 득도하고 2005년도 선암사에서 사미계를 받았다. 현재 밀양시 산내면 봉의리 구만사 주지이며, 2001년 은사 스님으로부터 범패를 전수받아 현재까지 범패를 하고 있다.

곽승범(1971~현재)

곽승범 스님은 1971년 경남 밀양시 상남면 예림리에서 태어나 2001년 밀양 광제사 서원봉 은사에게 득도하고 2005년도 선암사에서 사미계를 받았다. 현재 상남면 예림리 해광사 주지이며, 2001년 은사 스님으로부터 범패를 전수받아 현재까지 범패를 하고 있다.

박승우 스님(1961~현재)

박승우 스님은 1961년 대구시 북구 노원2가 98번지에서 태어나 2001년 밀양 광제암 서원봉 은사에게 득도하여 2005년 선암사에서 사미계를 받았다. 현재 거제시 연초면 한내리 35번지 우리절 관음선원 주지이며, 2002년 서원봉 은사 스님으로부터 범패를 전수받아 현재까지 범패를 하고 있다.

부록 2. 불교의식 영산재 예능과 콘텐츠 연혁

불교의식, 불교음악범패, 불교무용, 유네스코 세계무형문화유산 중요 무형문화재 제50호 관련 1993~2012년 필자의 국내외 공연 자료

1993. 4. 24. (세종문화회관대강당) 보음합창제 출연
1994. 5. 21. (대구문화회관 대강당) '94 국악의 해 관음대국악제 공연
1994. 6. 11. (국립민속박물관) 우리춤 우리가락 - 영산재 음악 및 무용
1995. 6. 24. (국립민속박물관) 영산재 시연공연 - 음악 및 무용
1995. 11. 28. (올림픽기념관 공연장) 제1회 안산시민 음악회 - 영산재 시연
1995. 12. 3. (국립극장 소극장) 영산대작법 시연
1996. 6. 8. (국립민속박물관) 국악상설무대 영산재 시연
1996. 6. 29. 삼풍참사 1주기 추모제 및 추모음악회 공연(CNN뉴스 방영)
1996. 8. 9. (캐나다 하보드칼리지공연장) 캐나다 중앙일보 초청 영산재 공연
1996. 9. 11. (동국대 문화관 예술극장) 세계평화기원영산대법회 총진행
1996. 9. 15. (예술의전당 야외 음악당) 전통문화대제전 - 영산재 총진행
1996. 10. 13. (KBS홀) 임이조 춤 인생 41년 불교음악 및 작법무 안무
1996. 10. 30. (대구시민회관, 경주교육문화회관) "법열의향연" 범패, 무용안무
1996. 11. 26. (올림픽기념관 공연장) 제2회 안산시민 음악회출연
1997. 5. 16. (남원 광한루) 제17회 대한민국국악제 - 불교무용 지도
1997. 5. 12. (일산 박람회 무대) 97 고양시 세계 꽃박람회 영산재 시연
1997. 6. 9. (봉원사) 제9회 영산재 발표회
1997. 9. 1. (대만 국립문화관) 대만 제승대회 영산재시연
1997. 9. 15. (독일 함부르크공연장) 독일함부르크 한국불교문화예술 영산재 공연
1997. 10. 7. (대구시민회관, 경주시민회관, 동대문화회관) 동대 국악과 정기연주회 범패 및 무용안무

1998. 4. 23~24. (국립극장대극장) 국립관현악단 제12회 정기연주회 (용성)공연

1998. 6. 28. (봉원사) 제10회 영산재 시연공연

1998. 7. 21. 창원시립 제19회 정기공연 불교음악 및 무용출연

1999. 4. 9. (창무포스트극장) 99 내일을 여는 춤 '틴' 연출

1999. 5. 10. (경주보문단지) '99한국불교문화예술대전' - 범패 및 무용

1999. 5. 30. (대구문화예술극장대극장) 불교음악연주회 영산회상 - 범패

1999. 6. 2~4. 불교도 금강산순례 - 불교음악 및 무용공연

1999. 6. 18. 제11회 중요무형문화재 제50호 영산재 시연회

1999. 8. 7~16. (스페인) '99 스페인 민속축제' 불교음악 및 무용안무

1999. 11. 26. (동국대 90주년 기념 문화관 예술극장) '21세기 전통예술의 위상 - 융합의 미학' 불교음악

1999. 12. 3. (국립극장소극장) 2000년 내일을 여는 춤. 세속. 깨우침의 몸짓 연출 및 출연

2000. 5. 22~6. 5. (하와이대학. 클리브랜드미술박물관. LA한인문화원 시애틀 동양미술박물관) 미국순회공연 - 영산재 공연

2000. 7. 12~19. 스페인 카디스 초청공연. 총괄: 법현, 무용안무: 김향금

2000. 7. 20~28. 스페인 씨드와 리알 초청공연. 총괄: 법현, 무용안무: 김향금

2000. 8. 15. 아프리카 수단 - 대사관 초청공연. 불교음악 • 불교무용 • 공연총괄: 법현, 무용안무: 김향금

2000. 9. 22~24. (세종문화회관 대강당) 창작오페라 '직지' 공연. 총괄: 법현, 불교무용안무: 김향금

2000. 10. 6. 부산국제 영화제 개막식공연 "大天" 무용음악 연출 • 총괄: 법현, 무용안무: 김향금

2000. 10. 10. (불국사) 신라불교문화 영산대재. 불교음악 • 불교무용 공연

2000. 10. 17. (경주문화회관) 동국대 정기연주회. 불교음악 • 불교무용

2000. 10. 18. (전주대문화관) 〈2001년 전주소리축제〉 프레 페스티발 '소리 스펙타클' 공연

2001. 4. 26~27. (국립국악원 예악당) 국립국악원 개관 50주년 기념 영산재 공연. 총괄: 법현, 연출: 김영렬, 무용안무: 김향금

2001. 5. 26. (쌍계사 팔영루) 신라시대 불교음악 전승 "진감국사" 산사음악회 공연

2001. 7. 2. 오스트리아 초청 '한국의 미' 영산재 공연. 총괄: 법현, 무용안무: 김향금

2001. 7. 6~8. '벨기에' 초청공연. 총괄: 법현, 무용안무: 김향금

2001. 7. 23~27. 스웨덴(라트빅) 국제 민속무용제 공연. 총괄: 법현, 무용안무: 김향금

2001. 7. 28. (동경국립대극장) 일본 동경국립극장 초청공연. '영산재'

2001. 11. 16. (김천예술회관대극장) '한국 춤의 세계' 바라춤. 나비춤. 총괄: 법현, 무용안무: 김향금

2001. 9. 6. (독일 뒤셀도루프 쿤스트 팔라트) 독일 초청 영산재 공연. 총괄: 법현, 연출: 김영렬, 무용안무: 김향금

2002. 1. 15. (대만 국가희극원) 대만 초청 범패 공연(불광산문교기금회)

2002. 5. 25. (쌍계사 팔영루) 신라시대 불교음악 전승 "진감국사"

2002. 5. 25~30 (올림픽공원 야외극장) 월드컵 문화공연 서울예술단 '고려의 아침' 불교무용 공연

2002. 6. 17. (국립극장 야외극장) 월드컵 문화공연 KBS 주최 "오늘, 한국의 음악 '淨' 영산재"

2002. 6. 19~23. (일본 동경) KOREA SUPER EXPO 2002 공연. 총괄: 법현, 연출: 김영렬, 무용안무: 김향금

2002. 7. 6~13 터키 초청 무용제 공연. 총괄: 법현, 연출: 김영렬, 안무: 김향금

2002. 8. 4. (일본 요코하마) 한일고전예능제 2002 초청공연. 총괄: 법현, 연출: 김영렬, 무용안무: 김향금

2002. 8. 21. (국립국악원) 한일고전예능제 2002 초청공연. 총괄: 법현, 연출: 김영렬, 무용안무: 김향금

2003. 7. 12~20 멕시코 제8회 Zacatecas 국제무용제 공연(멕시코 사카테카스)

　　　7. 5. (한전아트풀센터) 서울국제무용. 음악페스티벌 불교음악 및 무용 '작법' 공연. 총괄: 법현, 연출: 김영렬, 무용안무: 김향금

　　　7. 25. (경기도 박물관) 경기도립박물관 영산재 공연. 총괄: 법현, 연출: 김영렬, 무용안무: 김향금

8. 31. (일본 동경) 일본관동대지진 80주년기념 영산재(일본동경 보화루)

9. 1. (국립중앙박물관) 국립중앙박물관 '영혼의 여정'-조선시대 불교회화와의 만남 영산재 공연. 총괄: 법현, 연출: 김영렬, 무용안무: 김향금

9. 25. 미국공연(Los Angeles County Museum of Art(LACMA) 영산재 공연

10. 13. (프라자 호텔) 백남준 박물관 설계 개막공연. 영산재 공연. 총괄: 법현, 연출: 김영렬, 무용안무: 김향금

11. 4. (국립극장) 영산작법 '니르바나' 공연. 총괄 및 출연: 법현, 연출: 김영렬, 무용안무: 김향금

11. 11. (창원성산 아트홀) '니르바나' 무용 공연. 총괄: 법현, 연출: 김영렬, 무용안무: 김향금

11. 25. (울산 문화회관) 울산시립무용단 공연 '불교무용' 법고춤 바라춤 공연

11. 27~28. (국립국악원 예악당) 국악원 '영산회상' 영산재 구성 공연. 총괄: 법현, 연출: 김영렬, 무용안무: 김향금

12. 21. (일본나라 동대사) 일본 나라 동대사 국제학술세미나 발표

12. 23. (아랍에미리트 두바이시티) 중동 두바이 공연. 총괄: 법현, 연출: 김영렬, 무용안무: 김향금

2004. 5. 22. 한강 연등제 불교음악 공연. 총괄: 법현, 연출: 김영렬, 안무: 김향금

7. 5~12. 터키 국제 무용제 초청공연. 총괄: 법현, 연출: 김영렬, 안무: 김향금

10. 서종문회회관 퍼포먼스 불교음악, 불교무용 공연. 총괄: 법현, 연출: 김영렬, 무용안무: 김향금

12. 1. (국립국악원 우면당) 국립국악원 '영산회상' 출연. 총괄: 법현 스님 연출: 김영렬 무용안부: 심향금

2005. 5. 13. 일본 교토 지은원 초청공연. 총괄: 법현, 연출: 김영렬, 안무: 김향금

6. 29. 네덜란드 WAFFM CITY 초청공연. 총괄: 법현, 연출: 김영렬, 무용안무: 김향금

7. 6 벨기에 LOKEREN 초청공연. 총괄: 법현, 연출: 김영렬, 무용안무: 김향금

7. 10. 독일 BITBURG CITY 초청공연. 총괄: 법현, 연출: 김영렬, 안무: 김향금

　　　　10. 1. 안동 국제탈춤페스티벌 초청공연
2006. 3. 21. (청화대 영빈관) 캄보디아 총리방한 축하공연. 총괄: 법현, 안무: 김향금

　　　　3. 27. (러시아 울란우드) 러시아 동시베리아 예술대학 초청 '한국의 불교음악과무용' 영산재 공연

　　　　5. 동국대 100주년기념 영산재 공연. 총괄: 법현, 연출: 김영렬, 안무: 김향금

　　　　7. 9. 폴란드 무용제 초청공연. 총괄: 법현, 연출: 김영렬, 무용안무: 김향금

　　　　7. 13. 오스트리아 덴스썸머 인스브르크 초청공연. 총괄: 법현, 연출: 김영렬, 무용안무: 김향금

　　　　7. 18. 오스트리아 그라츠 오페라하우스 공연. 총괄: 법현, 연출: 김영렬, 무용안무: 김향금

　　　　10. 8~10 달라이 라마 초청, 인도 티베트하우스 공연(인도 뉴델리). 연출: 김영렬

　　　　11. 5. 일본 문부성 초청 제4회 국제문화포럼 영산재 공연(일본 고야산)

2007. 7. 17. 이탈리아 국제민속페스티벌 초청공연. 총괄: 법현, 연출: 김영렬, 무용안무: 김향금

　　　　7. 23. 영국 빌링햄 국제민속페스티벌 공연. 총괄: 법현, 연출: 김영렬, 무용안무: 김향금

　　　　10. 4. (예술의 전당 콘서트홀) 호스피스를 위한 공연. 총괄: 법현, 연출: 김영렬, 무용안무: 김향금

2008. 7. 6~10. 그리스 제20회 NAOUSSA PYRSOS 국제민속페스티벌 공연. 총괄: 법현, 연출: 김영렬, 무용안무: 김향금

　　　　7. 12~18. 불가리아 제12회 소피아 국제민속페스티벌 공연. 총괄: 법현, 연출: 김영렬, 무용안무: 김향금

　　　　10. 18~19. 일본 동경 학사대학교 국제학술세미나 발표및 불교무용 공연. 총괄: 법현, 무용안무: 김향금

　　　　12. 13. 영산작법 니르바나 Ⅲ. 총괄: 법현, 연출; 김영렬, 안무: 김향금

2009. 1. 30. 국립중앙박물관 통일신라조각전 '영원한 생명의 울림' 영산재 공연.

총괄: 법현, 연출: 김영렬, 무용안무: 김향금

    4. 3. (KBS홀) 니르바나 11회 정기연주회 영산재 공연. 총괄: 법현, 연출: 김영렬, 무용안무: 김향금

    5. 조계사 역사박물관-영산재-니르바나-. 총괄: 법현, 연출: 김영렬, 무용안무: 김향금

2010. 3. 11. (잠실체조경기장) 유네스코 세계무형문화유산 2010 영산재. 총괄: 법현, 연출: 김영렬, 무용안무: 김향금, 무용감독: 손병우, 음향: 오진수

    4. 1. (경주엑스포 공연장) 한국. 태국 불교문화축제 영산재 공연. 총괄: 법현, 연출: 김영렬, 무용안무: 김향금

    6. 22. (국립극장 대극장) 웰다잉 문화재, 영산재 공연. 총괄: 법현, 연출: 김영렬, 무용안무: 김향금

    10. 10. (철원DMZ통일전망대공연장) G-20 세계종교자지도회의 영산재 공연. 총괄

    11. 27. (국악원 우면당) 유네스코 세계무형문화유산 영산재 국악원 초청 공연. 총괄; 법현, 연출: 김영렬, 무용안무: 김향금

    12. 2. (안산 예술의 전당) 제12회 안산시민을 위한 영산재 공연. 총괄: 법현, 연출: 김영렬, 무용안무: 김향금

    12. 24. 대만 불광산사-영산재-공연. 총괄: 법현, 연출: 김영렬

2011. 4. 23. (국립극장)영산회상-니르바나-. 총괄: 법현, 연출: 김영렬, 무용안무: 김향금, 무용감독: 손병우, 음악감독: 오진수

    6. 중국 상해 영산대불-영산재 공연. 출연: 법현, 연출: 김영렬

    7. 10. 이스라엘 예루살렘대극장 '영산회상-니르바나. 총괄 및 출연: 법현, 연출: 김영렬, 무용안무: 김향금, 무용감독: 손병우, 음악감독: 오진수

    7. 11. 헤자리아대극장 공연. 총괄 및 출연: 법현, 연출: 김영렬, 무용안무: 김향금

    7. 13. 제24회 카미엘 국제무용제 초청 카미엘 야외대극장 공연. 총괄 및 출연: 법현, 연출: 김영렬, 무용안무: 김향금

    7. 15. 텔아비브 오페라하우스 공연. 총괄 및 출연: 법현, 연출: 김영렬, 무용안무: 김향금

8. 30. 우즈베키스탄 사마르칸트 국제음악제 참여 심사 위원장

9. 23. (경주엑스포 공연장) 불교문화대전-영산재-. 출연: 법현, 연출: 김영렬, 무용안무: 김향금

10. 5. (일본 나라 이코마시) 일본 이코마 국제음악제 공연. 총괄: 법현, 연출: 김영렬, 음악감독: 임태성

11. 29. 인도네시아 이마코 국제포럼 발표

12. 16. 대만 불광사 초청 불사리이운 참여

2012. 7. 9~16. 러시아 Yakutia 세계무형문화유산 축제-영산재-창도唱導. 총괄 및 출연: 법현, 무용: 김향금

7. 19. 마카오 국제청년무용 페스티벌. 총괄: 법현, 무용안무: 김향금

*중요무형문화재 제50호 영산재 국내외 예능

전통적 형태 영산재 2008~2011 시연 일지[269]

2008. 8. 20~24. 일본 오사카 한국문화원 초청 영산재 시연. 연출: 김영렬

2008. 10. 캐나다 토론토 수륙무용재 영산재 초청 시연

2008. 11. 프랑스, 벨기에 문화의 집 초청 영산재 시연

2008. 11. 15. 중국 베이징 영광사 영산재 시연

2008. 11. 17. 중국 허베이성 백림선사 영산재 시연

2009. 11. 9~15. 캐나다 토론토 59th Canada Remembrance Day 영산재 시연 및 워크샾 개최

2010. 3. 11. 유네스코 세계무형문화유산등재기념 및 G20 정상회담 성공개최 기념 영산재 시연(올림픽 체조경기장). 총괄 및 출연: 법현, 연출: 김영렬, 무용안무: 김향금, 무용감독: 손병우, 음향: 오진수.

2010. 4. 1. 2010 방콕-경주세계문화엑스포 불교문화포럼 초청 영산재. 총괄: 법현, 연출: 김영렬, 무용안무: 김향금

2010. 6. 22. '웰다잉 문화제' 국립극장 해오름극장 영산재 시연. 총괄: 법현, 연

---

[269] 법현, 한국의 범패시리즈 8집 〈영산재 - 시련〉, 9집 〈영산재 - 대령〉, 10집 〈영산재 - 관욕〉음반. 악보채보: 김황식, 악보 감수: 김웅기(법현), 교정: 채혜련.

출: 김영렬, 무용안무: 김향금

2010. 6. 중국 상해 영산대불-영산재 공연. 출연: 법현, 연출: 김영렬

2010. 6. 29. 한국문화재보호재단 세계무형유산과 함께하는 '굿보러 가자' 초청 영산재 시연

2010. 10. 1~3. 대구 팔공산 동화사 '승시' 영산재 시연 및 전통 장엄 체험전

2010. 10. 5. 부천 무형문화엑스포 영산재 공연(세계무형문화유산 초청)

2010. 10. 24. 대만 불광산사-영산재-공연. 총괄 및 출연: 법현, 연출: 김영렬

2011. 7. 10~14. 영산재 이스라엘 공연. 총괄 및 출연: 법현, 연출: 김영렬, 무용안무: 김향금

부록 3. 이스라엘 영산회상 - 니르바나 - 공연 구성

⟨개요 Synopsis⟩

▶ 삶의 의미는 무엇인가? What is the meaning of life?

인간은 삶의 의미가 무엇이며 인생의 끝은 어디인가에 대해 과거, 현재, 미래를 오가며 끊임없이 갈등한다.

석가모니는 고행을 통해 진리의 깨달음을 얻어 인도의 영축산에서 설법회상을 펼쳤다. 영산회상 - 니르바나 - 는 이를 재현한 불교의례로 세계에서 가장 오래된 각필악보의 천년의 소리와 세계 최고의 범패 가락, 벽화와 감로탱화에 보이는 승무 복장의 보살춤, 선녀가 춤을 추는 듯한 잔잔한 여성적 춤사위의 나비춤, 불자를 들고 추는 조전무, 시건을 든 몸짓을 재현한 시건무, 힘찬 바라춤 등 한국의 가, 무, 악이 어우러져 있다.

영산회상을 통해 인생의 생로병사의 고통에서 벗어나 깨달음의 진리를 얻는 불교의 정신을 예술로 승화시켜 감동을 전달하고자 한 작품이다.

The human agonize continuously to find out the meaning of life questioning where the end of life is, keeping coming and going the past, the present and the future.

The Buddha found great illumination in the penance and addressed Seol-beop-hoe-sang in Yeongchwi Mountain. Yeongsan hoesang -NIRVANA- is a Buddhist ceremony reappearing it mixed with Buddhism song, dance, and music as like a millennium sound 'Gak-pil-ak-bo(Ancient score with secret notes)', the best in the world 'Beom-pae-ga-rak(melody)', appeared on the mural paintings Gam-lo-taeng-hwa a 'Buddhist Bo-sal Dance', 'Na-bi-chum(Butterfly dance)' a quiet womanlike & Seon-nyeo-chum(fairy dance), a dance 'Jo-jeon-mu(dance)' that dancing with Bul-ja on their hands, 'Si-geon-mu(dance)' expressing the gesture of holding in Si-geon, and an energetic dance 'Ba-ra-chum(cymbals dance).

It is the performance to give a impression through the sublimation of the spirit of Korean which is obtaining the Buddha hood with escaping from human's 4 pains (birth, aging, disease, death) in Yeongsan hoesang.

PROGRAM

⟨Prologue⟩

▶ 새벽을 여는 소리. 타종打鐘; Ta-jong

타종은 사찰 내의 대종大鐘을 치는 의식으로 법회 및 의식을 봉행함에 있어 목탁과 홍고, 법고무, 새벽을 여는 의식이다

The huge bell is rung to signal the beginning of the ceremony

▶ 홍고와 법고法鼓춤; Hong-go, Beop-go-chum (Drum performance)

북소리와 태징 등 사물四物 소리를 통하여 허공중생(虛空衆生, 하늘의 모든 무리), 축생畜生 등 고통받는 모든 중생을 제도하기 위한 무용이다. 또한 홍고는 예불의식을 할 때 사용하는 사물 악기 중의 하나로 세간 중생이 그 소리를 듣고 해탈하기를 염원하고 축생畜生은 물론 영혼과 지옥중생까지도 그 소리를 듣고 따라오게 하여 부처님께 제도濟度하고자 하는 뜻이 있다. 홍고 연주는 영범 스님, 준오 스님, 손병우, 보휘 스님, 승범 스님으로 이루어지고, 타악은 황삼열 외 9명, 설장고는 18명의 연주자로 공연이 구성된다.

Hong-go is the music instrument used to pay homage to Buddha. It has the meanings of all creatures enter into nirvana by hearing it and make souls and fall into hell salvation by Buddha by listening to it. The huge drum is played in hopes that the sound will awaken all sentient beings to the Dharma or Buddhist Law so that they may be delivered from suffering. A monk plays the drum on one side of the drum while another dances on the other side. Hong-go is played by Son, Byeong-woo, Monk Jun-oh, Monk Bo-whi and Monk Seong-beom. And double headed standing drum is played by a drum band that band made up of Hwang, Sam-yoel & 10 other members.

▶ 비천무; Bi-cheon-mu(Kim hyang kum) & 범패 Beompae (Buddhist chanting)
고구려 고분벽화 속의 그림에 대한 연구를 통해 비천무의 의식을 복원하고, 그 춤을 현대적인 춤의 요소를 가미하여 현재의 비천무로 승화시킨 작품으로 김향금의 춤이 법현 스님의 범패 반주와 어우러진다.

Beom-pae is a shorten words of 'Boem-pae hanghwagea banjit-so-ry'. It is the Buddhist chanting which asked all the teaching of the sages. Bi-cheon-mu is a restored Kim hyang kum dance which seasoned with modern dance elements from an ancient tomb mural in Goguryeo Era(37 BC). Also costumes for Bi-cheon-mu also model after a pattern in ancient tomb mural.

Dance-Kim Hyang Kum Beom-pae (Buddhist chanting)-Pop Hyun

Action 1: 아침예불 - 봄 Morning Worship - Spring

▶ 가야금 독주; Ga-ya-geum Solo-(Choi, woo-seon)
최우선의 가야금 독주는 봄의 소리를 가야금으로 표현한다.

Ga-ya-geum is a Korean string music instrument. A soloist 'Choi, woo-seon's play represented the sound of spring.

▶ 꽃춤; Flower Dance Kyung mi. Cho Woo jung & dance.
한여름 햇살과 이슬을 머금고 있는 꽃, 만개한 꽃 봉우리에 나비들의 한가로움을 춤으로 표현한다.

There is a flower bud, and it is wet with dew in a soft warm Summer sunny day. A blossom is coming into full bloom under warm sunshine. A lady's bewitched by the figure of flower which rising from the blossom. The flowers are coming out everywhere.

And, butterflies, the sprites of a flower, are fluttering from flower to flower. And butterflies and flowers are seeking each other.

▶ 범패 - 거령산攀靈山 ; Geo-ryeong-san Monk-Go-San. Ki-Bong. Pop-Hyun. Hyo-Son, SimJin. DonHwan. Don-In. Haeng-bum & other 27 monks

'나무영산회상불보살' 찬탄과 더불어 2,500년 전 인도 영축산의 불법 도량을 금일 도량에 재현하여 일체중생이 깨우침을 얻고자 발원하는 범패 짓소리이며, 스님들의 의상은 고려시대 불화와 조선시대 감로탱화의 복식을 재현했다. 범패 - 거령산은 기봉 스님을 주축으로 하여 그 외 36명의 스님들이 출연한다.

Geo-ryeong-san is a Beom-pae which Buddhist chant is performed by Monk Gi-bong and other 36 monks. This performance is an admiration towards 'NAMU YEONGSAN HEOSANG BUDDHA' and reproduce the Beom-pae Jitsory of Yeongchisan which Buddhism Order of India from 2500 years ago. And the costume of monks are reproduced as same as the Joseon Dynasty's Costume in Buddhist printings.

▶ 선녀춤과 학춤 ; Seon-nyeo-chum (15 Dance). Hak-chum (Crane dance-Ryu, Kyeong-ryeol & 4 Dance)

천녀춤과 학춤은 천상 세계를 표현한 춤이다.

Seon-nyeo-chum and Hak-chum is representation of the celestial world by dance. The Fairy dance is composed with the head of fairy and other fairies dances.

▶ 선음악; Zen Music

한국의 정서를 내포한 선음악이다.

A-jeang-Cha, Young-soo, Pili-Choi, Soo-ji, Daekum-Lee, So-jin, Drum--Hwang, Chung-ha, Haekum-Bae Geun-ah, Haekum-Kim, Keun-young, Kayhakum-Choi, Woo-sun

This performance illuminate Korean emotion in the Zen music.

Action 2: 정화 – 여름 (Purification – Summer)

▶ 화관무; Hwa-gwan-mu (Flower crown dance)

화관을 쓰고 나라의 태평성대를 기원하는 춤이다.

Hwa-gwan-mu is one of Korean Court dances. The dance is expressing the figure of a woman painted on the Gam-lo-taeng-hwa the ancient Buddhist paintings in Korea. In this dance, 5 of Holy monks appear in the performance who we called the spiritual leader of Korea.

▶ 시건무; Si-geon-mu (Dance: Hwa-mi Kim) 공양의식; Gong-yang ritual ceremony

관욕의식의 손동작과 함께 수건을 들고 하늘에 재를 올린다. 공양의식은 범패와 춤이 어우러진 의식으로 연주자와 무용가 15명이 함께 의식을 올리는 동작을 선보인다. 조선시대 감로탱화 속 춤과 의상 재

현 - 김화미의 춤과 연주자

Si-geon-mu is the dance which has the meaning of food offering to Buddha mixed with Beom-pae Hotsori, Jang-go, Dae-geum, and A-jaeng. Symbolizing the figure of holding Sigeon painted on the mural painting 'Gam-lo-taeng-hwa'. This is an offering ceremony getting joined together Beom-pae & dance. This ceremony is Praise for Buddha's charity

▶ 부채춤; Bu-chae-chum (Fan dance) (Dance: Hyang kum Kim) & 18 Dance

부채춤은 김향금 외 18명의 무용가들로 구성되어, 화려한 부채를 양손에 들고 여름의 아름다움을 구사하는 춤이다.

Bu-chae-chum is a traditional form of Korean dance, usually performed by groups of female dancers. Many Koreans use this dance during many celebrations. This dance is performed with the folding fans decorated with gaudy flowers or feathers in place of using the fans in a female shaman dance to drive out the demons. The dancers move the fans with a lighthearted smile to a flowing rhythm, making gorgeous forms with colorful costumes and flowered crowns.

Action 3: 고행 - 가을 Asceticism - Autumn

▶ 대금독주; Dae-geum solo (Sang-yeong-san) Hwang, Chung-ha,

상영산 곡을 연주하며 빗소리와 함께 가을을 알린다.

Dae-geum is a Korean pipe music instrument made of bamboo.

▶ 나비춤 - 도량게; Na-bi-mu -Monk Eun-jin, Seong-beob and other 18 Monks.

도량을 찬탄하는 나비춤으로, "온 도량이 깨끗하니 삼보천룡 내리소서. 묘한 진언 외우오니 자비로써 보호해 주소서"라는 내용이다. 나비무는 은진 스님과 성법 스님을 중심으로 18명의 또 다른 스님과, 10명의 무용수들로 구성된 춤이다.

Na-bi-mu is a ritual dance to purify the place where ceremony is held to invite and serve to Buddha. Na-bi-mu is mainly danced by Monk Eun-jin, Seong-beob and other 18 Monks. Butterfly dance is performed to the lyric of hot-so-ri as follows with 10 dances.

▶ 한량무; Han-ryang-mu-(Son, Byeong-woo)

유학적 학품을 지닌 선비들의 생활풍습을 묘사한 춤으로, 풍류를 즐기며 생활했던 춤객 선비의 모습을 대상으로 하여 풀어간 한량춤으로, 무용가 손병우의 춤사위로 무대 위에 묘사된다.

This dance is depicting the life of Chum-gaek classical scholars of ancient time in Korea who have a taste for the arts and know how to appreciate the art

▶ 사경의식; Sa-gyeong ritual ceremony-Monk Ki-bong. Hyo-Son & monks

사경의식이란 신라시대에 행해지던 경을 베껴 쓰는 의식인데, 본 공연은 그것을 재현한 것으로 범패 가락에 맞추어 어우러지는 춤이다.

Sa-gyeong ritual ceremony is 'Hyang-hwa-ge (Incense and Flower Offerings)' which incense and flowers, symbols of the infinite world of Buddhism and Buddha, are offered as gesture for vowing to transform oneself, upon receiving the powers of the Buddha's as quickly as possible so as 3 lead all sentient beings out of suffering and into enlightenment. The sound of Sa-gyeong ritual ceremony gives a mysterious charm of the Thousand-years Sound.

▶ 범패 - 봉청; Beom-pae·Bong-cheong (Buddhist chant)- Monk Beop-hyeon

일체 모든 성현을 청하는 범패 반짓소리로 법현 스님의 음성으로 무대가 구성된다.

Beom-pae·Bong-cheong·Ban-jit-so-ri performed by Monk Pop-Hyun which asked all the teaching of the sages.

▶ 가야춤; Ga-ya-chum-Nam Yun joo.Im Kyung mi. Cho Woo jung & 17 dance.

가야춤은 양손에 작은 향발을 들고 추는 춤으로, 가야의 전설을 춤으로 표현한 작품이다. 이 무대는 20명 무용수들의 춤으로 이루어진다.

Ga-ya-chum dance symbolized the lives of Ga-ya era's people in Korea, who were pure, resolute, strongly self directed. And this dance is shown in the gorgeous background if the sunrise of the southern sea of Korea.

▶ 상모놀음 ; Percussion-Small handy drum performance

10명의 타악단 무용수가 소고를 두드리며 머리에 상모를 쓰고 추는 춤.

10 of performers are dancing with Sang-mo(Hat with 1 long string) while they are playing the small hand drum. Performed by Hwang, sam-yoel , Shim myong suk, Kang u ddem. Choi Byung hee, Hong Seok min. Kim Han gyul. Hwang Ji hyeon. Hwang Ji won, Lee Sang cheol, Lee Hyun jong,

Action 4: 열반 - 겨울 NIRVANA - Winter

▶ 이운의식 ; Ii-un-ritual-ceremony-Monk Go-san, Sim-jin, Wonbong. Hoa-m 32 Monks.

이운의식은 야외에 괘불을 모셔오는 의식으로, 큰 스님들이 선두로 하여 여러 가지 기물들을 손에 들고 행렬을 지어 이루어지는 의식이다.

This is the ceremony to take 'Gwae-bul(Buddha)' to the outside or inside. This ceremony hold as the form of a parade that mainly monk of virtue at the Buddhist temple is at the head of procession with Buddhist products in their hands.

▶ 조전무 ; Jo-jeon-mu

조전무는 범패가락과 함께 이루어지는 창작 군무로 양손에 종이로 만든 소품(조전)을 들고 하늘을 향해 풍년을 기원하는 내용의 춤이다.

Jo-jeon-mu dance has the meaning of wish for a good harvests if the year which dance reproduced from Buddhist paintings of Joseon Dynasty. This is one of the Yeongsanjae's gwanyok ceremonies which is the ritual to purify the karma during the life time. Jo-jeon-mu performed by Monk Hyo-seong and Choi, woo-jeong mainly and 21 other dancers.

▶ 바라무; Ba-ra-chum (Monk Beop-hyeon and other 20 monks)
바라무는 대중 스님들이 천수다라니千手多羅尼를 독경하는 가운데 바라鈸羅춤을 추는 의식으로, 법현 스님 외 20명 스님들의 아름다운 춤사위가 바라 연주와 함께 구성된 춤이다.

Ba-ra is a shorten word of 'Cheon-su-ba-ra' and Ba-ra-chum (dance) is a representative of the Korean Buddhist ritual dance (jakbeop) The term bara describes a cymbal-like Korean instrument made with brass. The dance is composed of splendid and complicated movements among the jakbeo Performers playing bara repeatedly step back and forth or revolve in agile action. The purpose of barachum is to expel evil spirits and to purify the mind. Monk Pop-Hyun and other 20 monks perform the Bara (Cymbals dance) to the chanting of the 1,000-hand sutra to Avalokitesvara. The dance is a very joyful and masculine one, in gratitude for the blessings received through the chant.

▶ 회심곡回心曲 - 기봉 스님, 화청和請; Hoe-sim-gok(Monk Kibong) & Tap-do-ri

인간의 생·노·병·사와 더불어 부모님에 대한 은덕 등을 찬탄한 한글 형식의 4구체의 범패로 표현된다.

A monk 'Gi-bong' sings a number of important chants to the tune of music. These are to console the spirits, after then on to Paradise, and to raise the spiritual consciousnesses all the living beings that are present. Tap-do-ri is a Korean word of describing the figure of turning around a tower pagoda to wish an own cherished desire.

▶ 등춤 - 공덕게 회향; Heo-hyang (Lantern dance)

본 춤은 어둠 속에서 깨우침의 등불로 온 우주를 밝히고 이러한 모든 공덕을 일체 모든 이들과 함께 나눈다는 의미를 지니는 등춤과 범패 회향의 향연으로 모든 출연자들이 무대에 나와 하모니를 이루는 춤이다.

This dance has the meaning of enlightenment in the darkness of the universe and sharing the merit with everyone in the world. In this performance, all the cast members appear on the stage followed by Monk Beop-hyeon's lead.

▶ 화합의 소리(열반) - 모듬북; Sound of Harmony (NIRVANA) · Mo-dum-buk (Drum Orchestra)

세계평화 기원과 인류의 화합, 니르바나(열반)를 위한 염원의 소리를 북으로 표현한다. 연주자 황삼열 외 타악단 10명과 손병우, 임경미,

김현정 외 20명 연주자들의 소리로 구성된 무대다.

This performance represent to the sound of cherished desire for World Peace and Unity of mankind. The orchestra performed by Hwang, Sam-yoel, 10 other members of his band, Son, Byeong-woo, Lym, Gyeong-mi, Kim hyeon-jeong, Bong, Dong-ho and 20 other performers.

*특별 출연(어산단 증명) Special Appearance
한국불교 태고종 총무원장 인공 큰 스님 In-gong (PARK/IL DONG) Executive chief of the Korean Buddhist Taego Order
대한불교 천태종 총무원장 정산 큰 스님 Jung san (JOO/HWA JOONG) Affairs Director of Tendai Order Korea Buddhism
대한불교 관음종 총무원장 홍파 큰 스님 Hong pa(LEE/MU WOONG) Korea Buddhism ganum Order Affairs Director
대한불교 진각종 통리원장 혜정 정사 Hye-Jeong(CHOI/JONG WOONG) Korea Buddhism Jingkik Order Affairs Director
한국불교 태고종 총원부원장 역임 청봉 큰 스님 Chong bong (KANG/HYUNG WOOK) Korea Buddhism ganum Order Deputy

- 인공 스님 (Holy monk In-gong)
  Executive chief of the Korean Buddhist Taego Order, The president of Yeonsanjae Preservation Association
- 기봉 스님(이수길) (Monk Ki-bong, Lee Soo kil)
  Important Intangible Cultural sanctions Yeongsanjae 50th Semi-holders, Dean of Ok-cheon Buddhist Music University
- 고산 스님(박영대) (Monk Go-san, Pak Young dae)
  The Yeongsanjae Ceremony (Re of Korea Important Intangible Cultural Property

No. 50)
- 법현 스님(김응기) (Monk Pop-Hyun [Kim, Eung-ki])
  Professor of Dongkuk University of Korean Music, Executive of PR and Planning of the 50th UNESCO Intangible Cultural Heritage 'Yeongsanjae.' Representative of the World Federation of Exchange culture & arts content
- 원봉 스님(서성대)(Monk Won-Bong [Seo Sung Dea])
  Milhyang Jakyhaksan Yeongsanjae
- 김향금 (Kim, Hyang-kum)
  Professor of Changwon National University, Former choreographer for the National Dance Company, The chief director of Koreana Dance Troupe, The chief director of World Culture & Arts Contents Exchange Association, Presidential Award, Overseas Performing over 120 countries
  UNESCO world-wide intangible cultural asset registration
  The Yeongsanjae Ceremony (Re of Korea Important Intangible Cultural Property No. 50), Cultural art chairman of a committee, KOREANA Art Decoration
- 손병우 (Son, Byeong-woo)
  Professor of Yewon Art University, Former Instructor and honorary member of National Dance Company,
- 타악단 (drum band)
  Hwang, sam-yoel, Shim myong suk, Kang u ddem, Choi Byung hee, Hong Seok min, Kim Han gyul, Hwang Ji hyeon, Hwang Ji won, Lee Sang cheol, Lee Hyun jong

국악 반주단

- A-jeang-Cha, Young-soo, Pili-Choi, Soo-ji, Daekum-Lee, So-jin, Drum-Hwang, Chung-ha, Haekum-Bae Geun-ah, Haekum-Kim, Keun-young, Kayhakum-Choi, Woo-sun
- 가야금 독주 (Gayageum Solo)-Choi, Woo-sun

스텝 (Staff)

- 공연 총괄 The Supreme Executive Monk Beop-hyeon (Eung-ki Kim)
- 총괄 연출 Director Young-yul Kim
- 무용총괄, 안무, 출연 Head Choreographer & Dance director, Cast Hyang-kum Kim
- 음향기술 총감독 Sound Technical Director Jin-soo Oh
- 조명감독 Lighting director Seung-han Jo
- 영상감독 Stage imaging technical director Jung-nam Hwang, (Step) Ji-su Jang
- 분장 아티스트 Meke-up Kim Jong-han
- 의상 Costume Director Do-Young Chung, Kim Ki-kyung
- 무용예술 감독 Art Director Byung-woo Son
- 방송 홍보 KBS-TV Hyung-il Lee, Oh Dae hwan
  BTN-TV Jeong-hyun Yoon, Dong-choon Lee, Jeong-ki Yun
  BBS-TV Hyung-man Kim
- 사진 및 촬영 Photo Yong-hwan Han, Jae-ho Yoo, Soon-hee Lee
- 무용 출연 Dancing Kyung-yeul Yoo, Kang-won Bae, Myung-hun Jung, Ki-hyun Noh
- 무용조안무 Assistant director of Choreography: Sun-ok Kang, Sang-eun Kim, Yun-joo Nam, Kyung-mi Im, Hwa-mi Kim, Hyo-won Kim, Woo-jung Choi
- 공연기획 Performance Planning: MOON/HYUNG SUK
  Planning: LIM/DONG HYEON
- 번역, 통역 Interpretation and Translation: NAM/YOUNG SIL
- 연출스텝 Production staff Ji-soung Kim, Jae-won Park.
- 스텝 Staff Se in Han, Jae min Shin, Hyung ho Kim

출연자 (Performers)

PARK/IL DONG(In Gong). JOO/HWA JOONG(Jung San). CHOI/JONG

WOONG(Hye Jeong). KIM/CHI WON. LEE/MU WOONG(Hong Pa). KANG/
HYUNG WOOK.(Chong Bong). KIM/WOO SIK. KIM CHI WON. PARK/YOUNG
DAE(Go San). LEE/SOO KIL(Ki Bong). LEE/CHANG WON(Bo Gang). LEE/
MOON HEE(Do Gak). YANG/EUN YONG. KIM/JONG KYU. HONG/YOON
SIK. CHO/MYONG YOUL. KIM/EUNG KI(Beop Hyeon). KIM/YOUNG YUL.
KIM/HYANG KUM. SON/BYUNG WOO. OH/JIN SOO. YU/JAEHO(Hea Jung).
JEON/YOUNG MI. KIM/HYUNG HO. YOON/JUNG HYUN. LEE/DONG
CHOON. YUN/JEONG KI. KIM/HYUNG MAN. HAN/YONG HWAN. SEO/
SUNG DAE(Won Bong). CHUNG/NA KEUN(Sim Jin). KIM/BEOP KI(Hyo Song).
JUNG/WOO TAEK(Jun Bum). LEE /HYUNG IL. PARK/BOK SOON(Song Bop).
KIM/JEONG OK(Eun Jin). BANG/HYUN(Bo Myong). LEE/YUNG CHUL(Hae
Son). CHOI/KWANG SU(Do Myong). BAE/GEUN AH. PARK/SOUNG HO(Cho
Myong). KIM/KI KYUNG. KIM/DONG CHAN(Don In). KIM/MIN JEONG.(Dong
Hwan) KWAK/SOUNG YOUNG(Sung Bom). KWON/YOUNG IL. BANG/SOOK
HI(Bo Hue). AN/BO YOUNG(Jun O). CHO/BO HYUN(Go Dam). IM/HYOUNG
DU(Hae Bong). CHANG/WAN SOON(Haen Bum). PARK/HYUN IL(Jin Hyun).
YOO/KYUNG YEUL. KIM/HWA MI. CHOI/WOO SUN. CHUNG/DO YOUNG.
PARK/JAE WON. KIM/JANG SOON. SHIN/JAE MIN. KIM/HYE YEON. KANG/
SUN OK. CHA/YOUNG SOO. CHOI/SOO JI. LEE/SO JIN. HWANG/CHUNG
HA. KIM/HYO WON. NAM/YUN JOO. YU/MYUNG JU. KIM/HYUN JUNG.
CHO/SEUNG RAE(Ho Am). NA/YOUNG DO(Ji San). HAN/MIN SOON(Haeng
Dam). KIM/JOO HYUN(Jong Mum). HWANG/JUNG NAM. JANG/JI SU. LEE/
SOON HEE(Sung Ji). HAN/SE IN. BAE/KANG WON. JUNG/MYUNG HUN.
NOH/KI HYUN. MOON/HYUNG SUK. LIM/DONG HYEON. HWANG/SAM
YOEL. KANG/U DDEM. SHIM/MYONG SUK PARK/EUN KYUNG. CHOI/
BYUNG HEE. CHAE/WON KYUNG. KIM/SANG EUN. HONG/SEOK MIN. LEE/
BO RA. KIM/HAN GYUL NA. CHOI/WOO JUNG. BONG/DONG HO. LEE/SI
HYEON. MUN/JI HYANG. LEE/SEONG RYEONG. IM/KYUNG MI. HWANG/JI
HYEON. HWANG/JI WON. HAN/YONG HEE. LEE/SANG CHEOL. LEE/HYUN

JONG. JO/SEUNG HAN. KIM/KEUN YOUNG. KIM/JONG HAN. KIM/JI SOUNG. JEON/YOUNGMI(Jun GIl). JUNG/SEONG HUN. KIM/HYE YOUNG. OH/DAE HWAN

Profile

공연총괄: 법현(김응기) The Supreme Executive Monk Pop-Hyun (Kim, Eung-ki)

〈Academic Background〉

Present Doctoral, Wonkwang University

Master degree in Science of Religion from Wonkwang University Present Doctoral student in Science of Buddhism, Wonkwang University

Master degree in Buddhist history (major in art history) from Graduate School of Buddhism, Dongguk University

Bachelor degree from Myeongji University

Representative of the World Federation of Exchange culture & arts content

〈Career〉

Vice President of Study and Training of Yeongsanjae Preservation Association

Entering the Buddhist priesthood at age 9 at Bongwonsa Temple. (presently, monk of Bongwonsa Temple)

An initiate of Yeongsanjae, Intangible Cultural Assets, no. 50 Course completer of Yeongsanjae, Intangible Cultural Assets, no. 50

Program MC of 'Pilgrimage of Buddhist Music' at BBS FM Radio. program MC of 'The World of Buddhist Music' at Buddhism TV

Program MC of 'Pilgrimage of Buddhist Music' at BBS FM Radio

〈Art Work〉

Yeongsanjae performance and arrangement of Buddhist dance (available by invitation from Jung-ang Ilbo Daily, Canada)

Taipei Congress of Buddhist Monks-demonstration of Yeongsanjae

Korean Buddhist Culture and Art Festival, Hamburg, Germany-performance of Yeongsanjae

Invited by Spain government to '99 Spain Folk Festival' and directed of Buddhist Music and Dance performance

International Symposium on Buddhist Music, '2000 Years of Buddhism Since its First Eastward Journey'-Taipei, Taiwan, National Library

Buddhist music and dance-May 23 University of Hawaii 26 Cleveland Museum of Art 30 Korean Center in L.A June 3 Seattle Asian Art Museum in USA

International Dance Festival Buddhist music, choreography of Buddhist dance and participation-C'adiz, Spain

The 19th International Dance Festival Buddhist music, choreography of Buddhist dance and participation-Ciudad real, Spain

Invited by the Korean Embassy in Sudan-Buddhist music, choreography of Buddhist dance and participation

International Symposium 'Study of Korean Music / Its Assessment and Prospects'-Hawaii State University

'Korean Buddhist music and Buddhist dance'-ORF(Radio Austria International)-Austria

'Yeongsanjae'-Production and directing of performance and music-National Theatr Japan

International Folk Festival-SWEDEN

Germany-Dusseldorf City Museum-Buddhist music, choreography of Buddhist dance and participation

Turkey invitational performance. Korean-Japanese classical art properties 2002 invitational performance

Mexico the 8th Zacatecas International Dance Company performance]

USA performance (LACMA) Japan Dongdaesa International Studies seminar presentation & Buddhist dance performance

Middle East Dubai performance. Turkey invitational performance. The 17th

Annual Performance of Yeongsanjae, Intangible

-Nederlanden(WAFFM) 40e Folklore Festivall performance.

-Germany,(BITBURG)Europaisches Folklore-Festivall performance-Belgium(LOKEREN) Internationaal Folklore Festivall LOKERENperformance.-2005Andong Maskdance Festival performance

Cambodian Prime Minister visit, celebrating performances (cheonghwadae/the(Korean Executive)Presidential Mansion)

Russia's Eastern Siberiaarts Art college invited 'Korean Buddhist music and dance' performances (Russia ulranwoodeu)

Dance Festival' 'Invitational performances in Poland. 'Dance Summer' invitational performances in Innsbruck, Austria

Opera House concert in graz, Austria. .Invited from Dalai Lama, Tibet House concert in India (New Delhi)

Japan Ministry of Education invited The 4th International Culture Forum 'youngsanjae performances' (Koya Mt. Japan)

Invited the International Folk Festival performances in Italy . Iritish International Folk Festival performances in billingham

Invited bulgwangsa in Taiwan, announced international academic seminar (Taiwan)

The 20th 'NAOUSSA PYRSOS' International Folk Festival performances in Greece

Representative of the World Federation of Exchange culture & arts content

ETC

총연출: 김영렬 Director Ph.D. Kim, Young-yul

〈Academic Background〉

Doctor course in the Department of Buddhism graduate-Wangwang University

Master degree in Culture and Art -Dongkuk University

Bachelor degree in English Language and Literature –Korea National Open University

Bachelor degree in Theater and Cinema Major–Seoul Institute of Art

⟨Career⟩

Present–Professor of Dongkuk University, Graduate school a Culture and Art
Plural Professor of Induck Universiry, Department of Internet and TV broadcasting
President of IN Universal Entertainment
Director of Video journalist Association
Plural Professor of Kaywon School of Art & Design
Guest Professor of Anyang University
Coaching the drama club of Ewa, Seoul, Sookmyoeng Women's University
Director of Organizing & Producing Dept. World Event TV
Producer of the Division if Programming of Korea Broadcasting System
Producer of the theatrical company 'Experimental Theater'
Chief of the lighting department of Drama Center

⟨Art Work⟩

Gana Art hall, 'Oneday Art Festival'
The National Theater of Korea, 'NIRVANA'
The National Theater of Korea Traditional Performing Art, 'Yeongsanjae'
2002 Busan Asian Games Eve Festival General Manager
2001 Seoul Olympics in Technology Opening Ceremony
1988 Seoul Olympics Eve Festival
Korea Broad casting System National Classical Music Awards
Korea Broad casting System Acting Awards
ETC

무용 총 안무: 김향금 Head Choreographer Kim, Hyang-kum

⟨Academic Background⟩

Finished doctorate course at Department of Theatre and Cinema (Theatre)

Department of Education, Graduate School of Education, Chungang University (Korean Dance)

⟨Career⟩

Professor, Department of Dance, Changwon University

Choreographer of Closing Ceremony of 2002 Busan Asia Games

Choreographer of eve for 2002 World Cu. . Naional theater-Dance Harmony Member

Tamra Theater, Jeju-Choreographer. Member of Adversary Board, National Dance Company, National Theater

Member of Special Committee of Cultural Asset, Ulsan Municipal Government National Dance company (20 years) . Curator, KIM'S ART HALL

Director, Kim Hyanggeum Dance Company. Art Director of Koreana Culture & Art Foundation

⟨Art Work⟩

2005 Nederland(WAFFM) invitational performance . Belgium(LOKEREN)G) invitational performance

Germany,(BITBURG) invitational performance

International Academic Seminar Dance Performance in Dongdai-si, Nara, Japanthe 8th Zacatecas Dance Festival in Mexico (A theatre in Zacatecas, Mexico) .16st Golden Karagoz Fork Dance Competition in Turkey, won the third prize, Invitation of Kunstpalast museum in Dusseldorf, choreographed Budhist dance of "The World's Suggestion" (Dusseldorf, Germany)

Swedish invitation for Raittvik International Folk Festival,

Austrian invitation performance ORF(Radio Austria International 'Personal

Performance of Korean Dance'
Released invitation choreography by 『14TH Eurofolk Citta Di Erba』 of COMO, northern Italy. ECT.
UNESCO world-wide intangible cultural asset registration
The Yeongsanjae Ceremony (Re of Korea Important Intangible Cultural Property No. 50), Cultural art chairman of a committee. KOREANA Art Decoration
Professor of Korean Dance Department, National Chang Won university

Taego Order of Korean Buddhism, World Federation of Exchange culture and arts content, Koreana

Koreana Performing Art Company was built in August 1st, 2000 to brighten cultural life through the creative research of Korean traditional art, to establish abridge head of spreading the originality of Korean traditional art. We produced high quality musical, song and dance performance and various origin dance work. With these performances, we became a leader in spreading over Korean culture participating in various kinds of national festival as like The 2000 Millennium Festival, The World cup Supporters Festival, The World cup Eve Festival, The 2002 Expo, The 2002 Asian Games Eve Festival, 2005 Nederland, Belgium, Germany, (BITBURG), 2006 Tanzsommer Innsbruck invitational performance The Mountain Temple Concert, Yeongsanjae(a kind of Buddhism Ceremony). We also worldwide performance tour 50 times.

Koreana Performing Art Company composed with the members of high quality talent, having both Korean cultural art spirit and the popularity of fine arts will make a ceaseless effort to be a representative flagship art group as a pioneer of performing culture.

E-mail: phpompae@yahoo.co.kr Tel 82-11-340-6406 http://www.pompae.or.kr

부록 4. 이스라엘 공연 영산회상 – 니르바나 – 관련 신문·방송 자료

2011년 9월 12일 BBS – TV 다큐 – 영산재 이스라엘 가다. 1부, 2부

   http://www.bbsfm.co.kr/tv/tv_special.asp

8월 14일 중앙일보 중앙선데이

   http://sunday.joins.com/article/view.asp?aid=22803

한국불교신문

   http://www.kbulgyonews.com/news.php?category=&number=23888

8월 3일 아시아 투데이 – 이스라엘 기사 –

   http://www.asiatoday.co.kr/news/view.asp?seq=510376

8월 7일 BBS불교방송 이스라엘 초청 영산회상 – 니르바나 공연 – 방송 및 안무가 김향금 교수 초청 대담 2.

   http://www.bbsfm.co.kr/program_1/PM03_Media/List.asp?pgno=43&mno=258&pgcode=68

7월 30일 BBS불교방송 이스라엘초청 영산회상 – 니르바나 공연 – 방송 및 안무가 김향금 교수 초청 대담 1.

   http://www.bbsfm.co.kr/program_1/PM03_Media/List.asp?pgno=43&mno=258&pgcode=68

7월 29, 31일 BTN – TV 이스라엘공연 관련 특집대담 방송

   http://www.btn.co.kr/program/Program_datail_contents.asp?ls_StSbCode=CATPR_04&PID=P413&DPID=63442

7월 18일 BTN – TV 이스라엘공연 방송

   http://www.btnnews.tv/news/view.asp?idx=17251&msection=6&ssection=18&page=1

7월 15일 이스라엘신문 기사

   http://www.jpost.com/ArtsAndCulture/Arts/Article.aspx?id=229354

7월 10일 이스라엘신문 기사

http://www.ynetnews.com/articles/0,7340,L-4093510,00.html

7월 7일 이스라엘신문 기사

http://www.aurora-israel.co.il/articulos/israel/Arte_y_Espectaculo/38640/

6월 30일 이스라엘신문 기사

Love and peace amid urban bustle Buddhist monk Kim Eung-ki is here to promote Nirvana - a colorful dance show from South Korea which will tour Israel for the first time in mid-July. By MAXIM REIDER6/30/2011 2:37:13 PM

7월 11일 조선일보 신문기사

http://news.chosun.com/site/data/html_dir/2011/07/11/2011071100014.html

7월 11일 법보신문 기사

http://beopbo.com/news/view.html?section=1&category=83&no=66533

7월 8일 경북일보 신문기사

http://www.kyongbuk.co.kr/main/news/news_content.php?id=545410&news_area=100&news_divide=&news_local=&effect=4

7월 9일 뉴시스 보도기사

http://kr.news.yahoo.com/service/news/shellview.htm?articleid=2011070913460352880&linkid=4&newssetid=1352

7월 5일 세계일보 기사

http://kr.news.yahoo.com/service/news/shellview.htm?articleid=2011070522111210047&linkid=4&newssetid=1352

7월 4일 연합뉴스 보도기사

http://kr.news.yahoo.com/service/news/shellview.htm?articleid=2011070417055443301&linkid=4&newssetid=1352

6월 28일 BTN - TV이스라엘공연 사전리허설 뉴스

http://www.btnnews.tv/news/view.asp?idx=16964&msection=2&ssection=8

6월 24일 이스라엘 저명신문 예루살렘신문 공연관련 기사

http://www.jpost.com/LifeStyle/Article.aspx?id=226332

6월 4일 이스라엘 공연 사전답사 이스라엘방송 인터뷰 동영상 보도자료

http://www.iba.org.il/olam/

5월 7일 BBS불교방송 영산회상 - 니르바나 공연 - 방송 및 연출가 김영렬 초청 대담

http://www.bbsfm.co.kr/program_1/PM03_Media/List.asp?pgno=43&mno=258&pgcode=68

5월 2일 불교TV 국립극장 - 영산회상 - 니르바나 - 공연 1부

http://www.btn.co.kr/program/Program_datail_contents.asp?ls_StSbCode=CATPR_04&PID=P413&DPID=62996

5월 13일 한국불교신문

http://www.kbulgyonews.com/news.php?category=&number=23874

5월 22일 불교TV 국립극장 - 영산회상 - 니르바나 - 공연 2부

http://www.btn.co.kr/program/Program_datail_contents.asp?ls_StSbCode=CATPR_04&PID=P413&DPID=62997

중앙일보 중앙선데이 4월 30일 신문기사

http://sunday.joins.com/article/view.asp?aid=21519&cat_code=&start_year=2011&start_month=02&end_year=2011&end_month=05&press_no=&page=7

4월 26일 BTN - TV 국립극장 - 영산회상 - 니르바나 - 공연 뉴스

http://www.btnnews.tv/news/view.asp?idx=15944&msection=2&ssection=8&page=1&searchstr=영산재(중앙선데이)http://sunday.joins.com/article/view.asp?aid=21519

BBS불교방송 4월 22일

http://www.bbsi.co.kr/news/news_view.asp?nIdx=504509&NewsCate=1

연합뉴스 기사 4월 13일

http://www.yonhapnews.co.kr/bulletin/2011/04/13/0200000000AKR20110413101600005.HTML

조선일보 신문기사 4월 13일

http://blog.chosun.com/blog.log.view.screen?userId=ksson108&log

Id=5472983

동양일보 신문기사 4월 13일

http://dynews.co.kr/detail.php?number=106210&thread=11r10

법보 신문기사 4월 13일

http://beopbo.com/news/view.html?section=1&category=112&no=65418

부록 5. 음반 발매 자료 목록

1) 서울 경제 음반 목록

한국의 범패 시리즈 1
Korean Buddhist Chant Series 1

산사의 향기
Korean Buddhist Misic by POP HYUN

1. 향화게(香花偈)-홋소리(동희), 북(법현) 24:32
   Hyanghwa-ge(香花偈)-(hosorri-Donghee, Bouk-Bophyon)
2. 복청게(伏請偈)-홋소리(효성) 4:02
   Bokchung-ge(伏請偈)-(hosorri-Hyosung)
3. 다게 I (茶偈)-홋소리(동희) 9:19
   Ta-ge I (茶偈)-(hosorri-Donghee)
4. 요잡-태징(일운), 호적(구해), 북(법현) 1:45
   Yojap bara-(Jing-Ilun, Hochuk-Guhae, Bouk-Bophyon)
5. 화의재진언(化衣財眞言)바라-홋소리(일운), 호적(구해), 북(법현) 0:49
   Whauijae dharanj bara(化衣財眞言)-(hosorri-Ilun, Hochuk-Guhae, Bouk-Bophyon)
6. 모란찬(牧丹讚)-홋소리(동희), 호적(구해) 11:17
   Moranchan(牧丹讚)-(hosorri-Donghee, Hochuk-Guhae)   〈총 52:13〉

기획, 제작, 연출, 해설/법현   Executive Producer: Rev. Pophyon
표지사진/석선암(사진작가)   Photography: Rev. Sonam
녹음/박영호스튜디오 1999.2.8 Recording Engineering: PARK Studio /1999.2.8
디자인/양정환   Cover Design: Yang Chonghwan
제작/불교음악연구소 (02)363-1115 Produced by Buddhist Misic Institute 1999.4
                            http://www.pompae.or.kr

한국의 범패 시리즈 2
Korean Buddhist Chant Series 2

무지개 소리
Korean Buddhist Misic by POP HYUN

1. 복청게(伏請偈)-훗소리(구해)/천수바라(千手)-훗소리, 호적(구해), 북(법현) 7:41
   Bokchong-ge(伏請偈)-(hosorri-Guhae)/Ch'onsu bara(千手)-(hosorri, Hochuk-Guhae, Bouk-Bophyon)
2. 긔경작법(起經作法)-태징(동희), 북(법현)   2:16
   Kigyong chakpop(起經作法)-(Jing-Donghee, Bouk-Bophyon)
3. 도량게(道場偈)-훗소리(동희)   9:20
   Toryang-ge(道場偈)-(hosorri-Donghee)
4. 명발(鳴)-태징(동희), 북(법현)   5:09
   Myong bara(鳴)-(Jing-Donghee, Bouk-Bophyon)
5. 향수나열(香需羅列)-훗소리(효성)/특사가지(효성,법현)   8:18
   Hyangsunayol(香需羅列)-(hosorri-Hyosung)/Tuksagaji(hosorri-Hyosung,Bophyon)
6. 사다라니바라(四多羅尼)-훗소리(일운), 호적(구해), 북(법현)   4:34
   Sadharanj bara(四多羅尼)-(hosorri-Ilun, Hochuk-Guhae, Bouk-Bophyon)
7. 운심게(運心偈)-훗소리(동희), 북(법현)   11:57
   Unshim-ge(運心偈)-(hosorri-Donghee, Bouk-Bophyon)
8. 법고무반주(法鼓舞伴奏)가락-태징(일운), 호적(구해), 북(법현)   4:14
   Note of popgomu accompaniment(法鼓舞伴奏) - (Jing-Ilun, Hochuk-Guhae, Bouk-Bophyon)

〈총 54:10〉

기획, 제작, 연출, 해설/법현   Executive Producer: Rev. Pophyon
표지사진/석선암(사진작가)   Photography: Rev. Sonam

녹음/박영호스튜디오 1999.2.13 Recording Engineering: PARK Studio /1999.2.13
디자인/양정환　　　　　　　　　　Cover Design: Yang Chonghwan
제작/불교음악연구소 (02)363-1115 Produced by Buddhist Misic Institute 1999.4
　　　　　　　　　　　　　　http://www.pompae.or.kr

한국의 범패 시리즈 3
Korea Buddhist Chant Series 3

불교무용음악(Buddhist Dance Misic)

Korean Buddhist Misic by POP HYUN

CD I

1. 관욕게(灌浴偈)바라-소리, 태징(일운), 호적(구해), 북(법현)　　06:20
   Ganyok-ge(灌浴偈)Para (sorri, gong-Ilun, Hochuk-Guhae, Bouk-Pophyon)
2. 내림게(來臨偈)바라-소리, 태징(일운), 호적(구해), 북(법현)　　03:56
   Naerim-ge(來臨偈)Para (sorri, gong-Ilun, Hochuk-Guhae, Bouk-Pophyon)
3. 삼귀의(三歸依)작법-홋소리(동희)　　　　　　　　　　　　22:00
   Samgwiui chakpop(三歸依作法)(hosorri-Donghee)
4. 나비무 반주 호적-호적(구해)　　　　　　　　　　　　　10:44
   Note of nabi mu Hochuk accompaniment(Hochuk-Guhae)

　　　　　　　　　　　　　　　　　〈총 43:13〉

기획, 제작, 연출, 해설/법현　　　Executive Producer: Rev. Pophyon
표지디자인/석선암(사진작가)　　　　　Photography: Rev. Sonam
녹음/박영호스튜디오 1999.2.13 Recording Engineering: PARK Studio /1999.2.13
제작/불교음악연구소 (02)363-1115 Produced by Buddhist Misic Institute /2001.3.
　　　　　　　　　　　　　　http://www.pompae.or.kr

한국의 범패 시리즈 4
Korea Buddhist Chant Series 4

CD II

1. 옴 남 작법 -홋소리(동희)   01:25
   O' m nam chakpop(hosorri-Donghee)
2. 지옥고(地獄苦)작법-홋소리(동희)   03:16
   Chiokko chakpop(地獄苦作法)(hosorri-Donghee)
3. 정례(頂禮)작법-홋소리(동희), 북(법현)   04:47
   Chongnye chakpop(頂禮作法)(hosorri-Donghee, Bouk-Pop hyon)
4. 삼남태(三南太)작법-홋소리(동희)   04:54
   Samnamtae chakpop(三南太作法)(hosorri-Donghee)
5. 구원겁중(久遠劫中) 작법-홋소리(동희)   11:22
   Kuwon kop chung chakpop(久遠劫衆作法)(hosorri-Donghee)
6. 자귀의불(自歸依佛) 작법-홋소리(동희)   08:36
   Chgwibul chakpop(自歸依佛作法)(hosorri-Donghee)
7. 사방요신(四方繞身)-태징(효성), 호적(구해), 북(법현)   03:07
   Sabang yosin chakpop(四方繞身作法)
   (gong-Hyosung,Hochuk-Guhae, Bouk-Pophyon)
8. 대각석가존(大覺釋迦尊)작법-홋소리(동희)   05:18
   Dae gak sok ga jon(大覺釋迦尊)(hosorri-Donghee)

〈총 43:13〉

기획, 제작, 연출, 해설/법현   Executive Producer: Rev. Pophyon
표지디자인/석선암(사진작가)   Photography: Rev. Sonam
녹음/박영호스튜디오 1999.2.13 Recording Engineering: PARK Studio /1999.2.13
제작/불교음악연구소 (02)363-1115 Produced by Buddhist Misic lnstitute /2001.3.
http://www.pompae.or.kr

한국의 범패 시리즈 5
Korea Buddhist Chant Series 5

CD III

1. 상례가지(上來加持)-홋소리(동희)　　　　　　　　　　　　07:02
   Sang nea ga ji(上來加持)(hosorri-Donghee)
2. 오공양(五供養)작법-홋소리(동희)　　　　　　　　　　　　36:09
   Ogongyangchakpop(五供養作法 hosorri-Donghee)

〈총 43:16〉

기획, 제작, 연출, 해설/법현　　　Executive Producer: Rev. Pophyon
표지디자인/석선암(사진작가)　　　Photography: Rev. Sonam
녹음/박영호스튜디오 1999.2.13　Recording Engineering: PARK Studio /1999.2.13
제작/불교음악연구소 (02)363-1115　Produced by Buddhist Misic Institute /2001.3.

http://www.pompae.or.kr

한국의 범패 시리즈 6

Korea Buddhist Chant Series 6

삼 할향 Sam Halhyang

법현 Pophyon

1. 상주권공할향(常主勸供喝香)Sangjukwonkong Halhyang-홋소리(hotsorri)
   16:23
2. 각배할향(各拜喝香)Gakbae Halhyang-홋소리(hotsorri)   17:43
3. 영산할향(靈山喝香)Yongsan Halhyang-홋소리(hotsorri)   20:45

〈총 54:52〉

기획, 연출, 해설/법현	Executive Producer: Rev. Pophyon
녹음/킴스아트홀	Recordin g Engineering: KIM'S ART HALL
마스터링/오진수	Mastenng: Oh jin soo
디자인/무송	Cover Design: Muson

제작/불교음악연구소 (02)363-1115 Produced by Buddhist Misic Institute /2003.7.29

http://www.pompae.or.kr

한국의 범패 시리즈 7
Korea Buddhist Chant Series 7

삼직찬 Samjikchan

법현 Pophyon

1. 봉청(奉請) Sinjungchangbul, Bongcheong 반짓소리(Banjicsorri)   5:18
2. 소직찬(小直讚) Sojikchan 홋소리(hotsorri)   7:29
3. 할등(喝燈) Haldeung 홋소리(hotsorri)   4:28
4. 대직찬(大直讚) Daejikchan 홋소리(hotsorri)   14:44
5. 중직찬(中直讚) Jungjikchan 홋소리(hotsorri)   5:14
6. 대령소(對靈疏) Deayeongso 안채비(ancheabi)   8:07

〈총 45:24〉

기획, 연출, 해설/법현	Executive Producer: Rev. Pophyon
녹음/킴스아트홀	Recording Engineering: KIM'S ART HALL
마스터링/오진수	Mastenng: Oh jin soo
디자인/무송	Cover Design: Musong

제작/불교음악연구소 (02)363-1115 Produced by Buddhist Misic lnstitute /2003.8.1
http://www.pompae.or.kr

한국의 범패 시리즈 8
Korea Buddhist Chant Series 8

'영산재(Yeongsanjae)' 시련(Siryeon) 의식
Korean Buddhist Music by POP HYUN(법현)

1. 옹호게(Onghoge)〈홋소리〉-소리, 태징-법현(Pophyun) 2.33"
2. 요잡바라(Yojabbara) 반주곡-태징-법현, 북-효성(Hyuosung), 호적-심진(Simjin) 1.50"
3. 헌좌게(Honjage)/헌좌진언(Honjajinon)〈홋소리-1, 3구 선창-법현. 2, 4구-효성(Hyuosung)〉 4.39"
4. 다게(Dage)작법(I)-나비춤 반주곡-홋소리, 태징-법현, 북-효성, 호적-심진 7.58"
5. 다게(Dage)작법(II)-나비춤 반주곡-홋소리,태징-법현, 북-효성 9.23"
6. 사방요신(Sabangyosin) 작법 반주곡, 태징-법현, 북-효성, 호적-심진 1.50"
7. 행보게(Hyangboge) & 산화락(Sanhwarak) & 나무대성인로왕보살(Namodaesunginrowangbosal) 소리-법현 1.49"
8. 나무대성인로왕보살(Namodaesunginrowangbosal)〈짓소리〉소리-법현 5.36"
9. 영축게(Yeongchukge)〈평염불〉긔경작법(Kigyongchakpop) 징-법현 2.27"
10. 보례삼보(Boreasambo)〈평염불〉소리-법현 1.20"
11. 부용 바라춤 반주곡 천수바라(Chonsubara), 홋소리, 징 효성, 북-법현, 호적-심진 4.40"
12. 무용 나비춤 반주곡 도량게(Dorangge) 작법(I) 짧은소리, 홋소리, 징-법현, 북-효성, 호적-심진 7.36"

〈총 51:48〉

기획, 제작, 연출, 해설/법현 Executive Producer: Rev. Pophyun
녹음/불교음악연구소

Recording Engineering: Produced by Buddhist Misic Institute

제작후원/김하은, 박일혁, 박일웅

녹음, 마스터링/김상준 Kim Sangjun (BBS 불교방송 PD)

디자인/무송 Cover Design: Musong

제작/불교음악&불교무용 연구소 (02)363-1115

Address: Research Institute of Buddhist Music Box 173 Seodaemun Post Office Seoul Postal code ; 120-600 /2008.7.1. http://www.pompae.or.kr

한국의 범패 시리즈 9
Korea Buddhist Chant Series 9

'영산재(Yeongsanjae)' 대령(Daeryeong)의식
Korean Buddhist Music by POP HYUN(법현)

1. 거불(Geobul), 소리-법현(Pophyun)	3.12"
2. 대령소(Deayeongso)〈소성-독창〉 소리-법현	6.29"
3. 지옥게(Jiokge), 소리-법현	1.03"
4. 착어(Chak) 생본무생(Saengbonmuseang), 소리-법현	6.31"
5. 진령게(Jinyeong)〈1, 3구 선창-법현. 2, 4구 후창-효성(Hyuosung)〉	2.25"
6. 보소청진언(Bosochungjinon) 소리-법현	2.31"
7. 고혼청(Gohonchung) & 항연청(Hyangyunchung), 가영(Gayeong), 소리-법현	1.50"
8. 금일영가 긔수건청 (Kumelyeunggagisugonchung), 소리-법현 5.03"	
9. 무용 나비춤 반주, 도량게(Dorangge) 작법(Ⅱ)(긴소리), 훗소리, 징-법현, 북-효성, 호적-심진(Simjin)	10.02"
10. 법고춤(Bupgochum) 반주, 징-법현, 북-효성, 호적-심진	4.28"
11. 내림게바라춤(Nelimegbarachum)반주, 징-법현, 북-효성, 호적-심진	3.17"

12. 명바라 반주(Myongbara) 반주, 징-법현   5.11"

〈총 52:10〉

기획, 제작, 연출, 해설/법현 Executive Producer: Rev. Pophyun
녹음/불교음악연구소
   Recording Engineering: Produced by Buddhist Misic Institute
제작후원/김하은, 박일혁, 박일웅
녹음, 마스터링/김상준 Kim Sangjun(BBS 불교방송 PD)
디자인/무송 Cover Design: Musong
제작/불교음악&불교무용 연구소 (02)363-1115
   Address: Research Institute of Buddhist Music Box 173 Seodaemun Post Office Seoul Postal code ; 120-600 /2008.7.10. http://www.pompae.or.kr

---

한국의 범패 시리즈 10

Korea Buddhist Chant Series 10

'영산재(Yeongsanjae)' 관욕(Gwanyok)의식
Korean Buddhist Music by POP HYUN(법현)

1. 인예향욕(Inyehyangyuk), 소리-법현(Pophyun)   1.36"
2. 신묘장구대다라니(Sinmoujangkudaedalani) & 정로진언(Jungrojinon)
   소리, 징-법현, 북-효성(Hyuosung)   4.26"
3. 가지조욕(Gajijoyuk), 소리-법현   1.38"
4. 입실게(Eipsilge) & 목욕진언(Mokyukjinon), 소리-법현   1.31"
5. 관욕쇠(Gwanyukshai) 바라춤 반주, 소리, 징-법현, 북-효성,
   호적-심진(Simjin)   5.59"
6. 작양지진언(Jakyangjijinon) & 수구진언(Sugujinon) & 세수면진언(Sesumynjinon)
   소리-법현   2.24"

7. 가지화의(Gajihwaiwui), 소리-법현　　　　　　　　　　　　2.07″
8. 화의재진언(Hwawuijaejinon) 바라춤 반주(I) 소리, 징-법현, 북-효성　1.04″
9. 화의재진언(Hwawuijaejinon)바라춤 반주(II), 징-법현, 북-효성,
　　호적-심진　　　　　　　　　　　　　　　　　　　　　　　0.49″
10. 제불자(Jebulja), 소리-법현　　　　　　　　　　　　　　　1.05″
11. 수의진언(Suwuijinon) & 착의진언(Chakwuijinon) & 정의진언(Jungwuijinon)
　　소리-법현　　　　　　　　　　　　　　　　　　　　　　　2.03″
12. 출욕참성(Chulyukchamsun), 소리-법현　　　　　　　　　　1.06″
13. 지단진언(Jidanjinon) & 산화락(Sanhwarak) & 인성(Insung), 소리-법현
　　　　　　　　　　　　　　　　　　　　　　　　　　　　　1.51″
14. 인성(Insung)(나무대성인로왕보살마하살), 소리-법현　　　　　5.36″
15. 정중게(Jungchunge) & 개문게(Gaemunge), 소리-법현　　　　0.52″
16. 가지예성(Gajiyaesun), 소리-법현　　　　　　　　　　　　　1.19″
17. 보례삼보(Boresambo), 소리-법현　　　　　　　　　　　　　0.59″
18. 제불자 행봉성회(Jebuljaheangbongsunghe), 소리-법현　　　　0.32″
19. 법성게(bupsungge), 소리-법현　　　　　　　　　　　　　　1.26″
20. 패전게(Kejunge), 소리-법현　　　　　　　　　　　　　　　0.37″
21. 수위안좌(Suwyiyanja), 소리-법현　　　　　　　　　　　　　0.52″
22. 안좌게(anjage) & 수위안좌진언(Suwyianja) & 다게(Dage), 소리-법현
　　　　　　　　　　　　　　　　　　　　　　　　　　　　　1.45″
23. 짓소리(Jieksoli)-거령산(Gdaeyeongsan), 소리-법현　　　　　6.51″
　　　　　　　　　　　　　　　　　　　　　　　　〈총 48:38〉

기획, 제작, 연출, 해설/법현 Executive Producer: Rev. Pophyun
녹음/불교음악연구소
　　　Recording Engineering: Produced by Buddhist Misic Institute
제작후원/김하은, 박일혁, 박일웅
녹음, 마스터링/김상준 Kim Sangjun(BBS 불교방송 PD)
디자인/무송 Cover Design: Musong

제작/불교음악&불교무용연구소 (02)363-1115

Address: Research Institute of Buddhist Music Box 173 Seodaemun Post Office Seoul Postal code ; 120-600 institute /2008.7.20. http://www.pompae.or.kr

한국의 범패 시리즈 11 영산재시련의식 DVD
Korean Buddhist Chant Series 11

불교의식 1 - 시련 DVD
Korean Buddhist Music by POP HYUN(법현)

1. 옹호게(Onghoge)〈홋소리〉
2. 요잡바라(Yojabbara) - 바라춤
3. 헌좌게(Honjage)/헌좌진언(Honjajinon)〈홋소리〉
4. 다게(Dage)작법I - 나비춤
6. 사방요신(Sabangyosin) - 나비춤
7. 행보게(Hyangboge) & 산화락(Sanhwarak) & 나무대성인로왕보살 (Namodaesunginrowangbosal)
8. 나무대성인로왕보살(Namodaesunginrowangbosal)〈짓소리〉
9. 영축게(Yeongchukge)〈평염불〉
10. 보례삼보(Boreasambo)〈평염불〉

연주자/법현(김웅기) Pophyun(Kim Eungki)
E-Mail phpompae@yahoo.co.kr
Professor of Korean Traditional Music Department, Dongguk University, Present Doctoral, Wonkwang University. Majors: eory and practical technique in Buddhist Music eory and Practical Technique in Buddhist Dance

- 1964년 6월 20일 강원도 강릉 출생, 9세에 서울 봉원사 출가
- 어장魚丈 송암松岩 스님과 구해九海 스님, 일운一雲 스님 범패 사사
- 중요무형문화재 제50호 영산재 이수자·불교음악연구소장·동국대 한국음악과 교수·원광대 불교학 철학박사
- 저서:『한국의 불교음악』,『불교음악감상』,『불교음악 영산재 연구』,『불교무용』
- 음반: 한국의 범패 시리즈 1 - 10집, 기획음반 송암 스님 범패시리즈 1 - 18집(아세아레코드)

연출, 해설/법현 Executive Producer: Rev Pophyun
녹음/불교음악연구소 녹음실
녹화/한국문화의집 KOUS 예술극장
제작/불교음악연구소 (02) 363 - 1115. 2009.12.1
http://www.pompae.or.kr

한국의 범패 시리즈 12 불교무용, 바라춤, 나비춤, 법고춤 DVD
Korean Buddhist Chant Series 12

불교무용, 바라춤, 나비춤, 법고춤 DVD
Korean Buddhist Music by POP HYUN(법현)

1. 관욕게 바라
2. 화의재 바라
3. 천수바라/바라춤
4. 사다라니바라춤
5. 도량게/나비춤
6. 법고춤
7. 내림게 바라춤

연주자/법현(김웅기) Pophyun(Kim Eungki)
연출, 해설/법현 Executive Producer: Rev Pophyun
녹음/불교음악연구소 녹음실
녹화/한국문화의집 KOUS 예술극장
제작/불교음악연구소 (02) 363-1115. 2009.12.11
http://www.pompae.or.kr

한국의 범패 시리즈 13
Korean Buddhist Chant Series 13

'영산재Yeongsanjae' 조전점안Jojunjoman 의식
Korean Buddhist Music by POP HYUN(법현)

1. 참회진언/조전진언/성전진언/쇄향수진언/변성금은전진언/개전진언
2. 금은전 이운 옹호게
3. 운게
4. 산화락/나무마하반야바라밀
5. 삼마하-나무마하반야바라밀
6. 경함이운/동경게/염화게
7. 거령산-나무영산회산불보살
8. 헌전진언

연주자/법현(김웅기) Pophyun(Kim Eung ki)
연출, 해설/법현 Executive Producer: Rev Pophyun
녹음/불교음악연구소 녹음실
마스터링/오진수 Mastering:Oh jin soo
제작/불교음악연구소 (02) 363-1115. 2011.12.5
http://www.pompae.or.kr

한국의 범패 시리즈 14
Korean Buddhist Chant Series 14

'영산재 Yeongsanjae' 신중작법 Sinjungjakbop 의식
Korean Buddhist Music by POP HYUN(법현)

1. 신중작법/옹호게
2. 신중 창불/봉청
3. 상단 창불
4. 상단 창불/가영
5. 중단 창불
6. 중단 창불/가영
7. 하단 창불
8. 하단 창불/가영
9. 다게
10. 탄백

연주자/법현(김웅기) 스님 Pophyun(Kim Eungki)
연출, 해설/법현 Executive Producer: Rev Pophyun
녹음/불교음악연구소 녹음실
마스터링/오진수 Mastering: Oh jin soo
제작/불교음악연구소 (02) 363-1115. 2011.12.13
http://www.pompae.or.kr

한국의 범패 시리즈 15
Korean Buddhist Chant Series 15

'영산재Yeongsanjae' 괘불이운Gaebuleiwun 의식
Korean Buddhist Music by POP HYUN(법현)

1. 괘불이운/찬불게
2. 영산지심
3. 헌좌게
4. 다게(짧은 소리)
5. 다게(긴 소리)
6. 보공양진언
7. 괘불이운/건회소

연주자/법현(김웅기) Pophyun(Kim Eungki)
연출, 해설/법현 Executive Producer: Rev Pophyun
녹음/불교음악연구소 녹음실
마스터링/오진수 Mastering: Oh jin soo
제작/불교음악연구소 (02) 363-1115. 2011.12.19
http://www.pompae.or.kr

2) 경제 박송암 스님 유작 음반 목록

한국의 범패 시리즈: 송암 스님 범패 시리즈 1-5
중요무형문화재 제50호 범패보유자 송암 큰 스님 유작집

상주권공常住勸供

CD I

1. 할향(喝香) 홋소리 13:27
2. 등게(燈偈) 홋소리 6:45
3. 정례(頂禮) 홋소리 02:55
4. 합장게(合掌偈) 홋소리 06:12
5. 고향게(告香偈) 홋소리 10:30
6. 상부개계(詳夫開啓) 홋소리 7:55
7. 쇄수게(灑水偈) 홋소리 5:54
〈 총 53:38 〉

CD II

1. 복청게(伏請偈) 홋소리 3:59
2. 천수(千手)바라 홋소리(바라무) 5:09
3. 사방찬(四方讚) 홋소리 5:57
4. 도량게(道場偈) 홋소리-(나비무) 5:01
5. 참회게(懺悔偈聲) 홋소리 5:01
6. 헌좌게(獻座偈) 홋소리 2:54
7. 욕건이(欲建而) 홋소리 9:23
8. 향수나열(香需羅列) 특사가지(特賜加持) 홋소리 7:07
9. 사다라니(四陀羅尼) 홋소리(바라무) 4:34 〈 총 50:04 〉

CD III

1. 운심게(運心偈) 홋소리-(나비무) 7:53
2. 가지게(加持偈) 홋소리 10:17
3. 원아게(願我偈) 홋소리 6:29
4. 중단축원화청(中壇祝願和請) 3:29
5. 거불(舉佛) 평염불 2:21
6. 관음시식(觀音施食) 안채비 및 평염불 17:31 〈 총 48:48 〉

CD IV

1. 백발가(白髮歌) 17:15 2. 화청"목련경청(和請 目連經請) 19:05
3. 중단 지장축원화청(中壇地藏祝願和請) 1:17 〈 총 37:43 〉

CD IV

1. 옹호게(옹호게) 반짓소리 8:58 2. 신중창불 '봉청(奉請)' 반짓소리 5:59
3. 상단 창불(上壇 唱佛) 반짓소리 4:27
4. 보례(普禮) 짓소리 14:13   〈 총 33:52 〉

기획/송암문도회
연출, 해설/법현 Executive Producer: Rev. Pophyon
녹음/봉원사 송암산실(1968-1973)
　　Recording Engineering/ Sonam Studio(1968-1973)
마스터링/오진수 Mastenng: Oh jin soo
디자인/무송 Cover Design: Musong
제작/송암대종사문도회. 불교음악연구소 (02) 363-1115
　　Produced by Buddhist Misic lnstitute /2001
중요무형문화재 제50호 영산재보존회 (02) 392-3234
http://www.pompae.or.kr

한국의 범패 시리즈: 송암 스님 범패 시리즈 6-12
중요무형문화재 제50호 범패 보유자 송암 큰 스님 유작집

'영산'

*한국의 범패 시리즈 6

1. 할향(喝香) 홋소리 18:23   2. 연향게(燃香偈) 홋소리 6:39
3. 할등(喝燈) 홋소리, 연등게(燃燈偈) 평염불 6:40
4. 할화(喝花) 홋소리, 서찬게(舒讚偈) 평염불 5:26
5. 불찬(佛讚) 홋소리 6:06   6. 대직찬(大直讚) 홋소리 15:04 〈총 53:37〉

*한국의 범패 시리즈 7

1. 지심(志心) 짓소리 22:37
2. 삼귀의(三歸依) 홋소리(나비무) 16:38
3. 중직찬(中直讚) 홋소리 3:52 〈총 43:16〉

*한국의 범패 시리즈 8

1. 보장취(寶藏聚) 홋소리 29:37
2. 소직찬(小直讚) 홋소리 8:00
3. 오덕사(五德師) 홋소리 23:02 〈총 60:48〉

*한국의 범패 시리즈 9

1. 개계소(開啓疏) 안채비(소성) 4:06
2. 합장게(合掌偈) 홋소리 6:09   3. 고향게(告香偈) 홋소리 10:26
4. 영산개계(靈山開啓) 홋소리 18:20
5. 관음찬(觀音讚) 평염불 00:33   6. 관음청(觀音請) 홋소리 5:49
7. 향화청(香花請) 가영(歌詠) 홋소리 3:26
8. 쇄수게(灑水偈) 홋소리 5:54 〈총 55:10〉

*한국의 범패 시리즈 10

1. 복청게(伏請偈) 훗소리 3:36 2. 천수(千手)바라 훗소리(바라무) 5:05
3. 사방찬(四方讚) 훗소리 5:57 4. 도량게(道場偈) 훗소리-(나비무) 4:59
5. 참회게(懺悔偈聲) 훗소리 5:01 6. 육거불(六擧佛) 평염불 2:16
7. 삼보소(三寶疏) 안채비(소성) 5:25 8. 대청불(大請佛) 훗소리 11:55
9. 삼례청(三禮請) 훗소리 14:22 〈총 59:05〉

*한국의 범패 시리즈 11

1. 사부청(四府請) 훗소리 13:02 2. 단청불(單請佛) 훗소리 4:33
3. 일체공경(一切恭敬) 훗소리 03:50
4. 향화게(香花偈) 훗소리(나비무) 18:43
5. 지심귀명례 짓소리, 구원겁중 훗소리(나비무) 07:06 〈총 47:27〉

*한국의 범패 시리즈 12

1. 향수나열(香水羅列)특사가지(特賜加持) 훗소리 7:02
2. 사다라니(四陀羅尼) 훗소리(바라무) 4:34
3. 상래가지(上來加持) 훗소리 12:14
4. 육법공양(六法供養) 훗소리 3:36
5. 배헌해탈향(拜獻解脫香) 훗소리 4:52
6. 배헌보리과(拜獻菩提果) 훗소리 3:01
7. 배헌감로다(拜獻甘露茶) 훗소리 2:57
8. 배헌선열미(拜獻禪悅味) 훗소리 2:54
9. 대각석가존(大覺釋迦尊) 훗소리(나비무) 2:35
10. 각집게(各執偈) 훗소리 3:19
11. 가지게(加持偈) 훗소리 4:7
12. 축원화청(上壇祝願和請) 5:55 〈총 57:37〉

기획/송암문도회

연출, 해설/법현 Executive Producer: Rev. Pophyon

녹음/봉원사 송암산실(1968-1973)

   Recording Engineering: Sonam Studio(1968-1973)

마스터링/오진수 Mastenng: Oh jin soo

디자인/무송 Cover Design: Musong

제작/송암대종사문도회. 불교음악연구소 (02) 363-1115

   Produced by Buddhist Misic Institute /2001.

중요무형문화재 제50호 영산재보존회 (02) 392-3234/http://www.pompae.or.kr

한국의 범패 시리즈: 송암 스님 범패 시리즈 13-18
중요무형문화재 제50호 범패보유자 송암 큰 스님 유작집

'각배各拜'

13집. CD I

1. 할향(喝香) 홋소리 13:50 2. 등게(燈偈) 홋소리 6:12

3. 합장게(合掌偈) 홋소리 6:38 4. 고향게(告香偈) 홋소리 10:29

5. 원부개계(原夫開啓) 홋소리 11:07

6. 정토결계진언 /쇄향수진언 홋소리 5:36 〈총 53:55〉

14집. CD II

1. 길수(乞水) 홋소리 16:48

2. 향수훈욕조재구(香水熏浴澡諸玖) 홋소리 9:52

3. 돌진언(叹眞言) 홋소리 4:45 4. 복청게(伏請偈) 홋소리 4:02

5. 천수(千手)바라 홋소리(바라무) 5:11

6. 사방찬(四方讚) 홋소리 6:27 〈총 47:06〉

15집. CD III

1. 도량게(道場偈) 홋소리-(나비무) 5:56

2. 참회게(懺悔偈聲) 훗소리 7:25   3. 예명/거량(擧揚) 안채비 6:23

4. 상단거불(擧佛) 훗소리, 상단소/진령게/보소청진언 안채비 8:04

5. 상단유치(上壇由致) 앙유삼보자존(仰惟三寶慈尊)안채비 10:08

6. 중단거불(擧佛) 훗소리, 시왕소/진령게/보소청진언. 안채비 9:52

〈총 50:48〉

16집. CD IV

1. 중단유치(切以歡喜園中) 안채비 13:57

2. 헌좌게(獻座偈) 훗소리 2:55 3. 모란찬(牧丹讚) 훗소리 6:34

4. 근백(謹白) 안채비 4:15   5. 재백(再白) 안채비 3:52

6. 욕건이(欲建而) 훗소리 9:23 〈총 40:59〉

17집. CD V

1. 향수나열(香需羅列) 특사가지(特賜加持) 훗소리 7:09

2. 사다라니(四陀羅尼) 훗소리(바라무) 4:03

3. 의식절차 설명 및 상래가지/오공양(五供養) 훗소리 8:46

4. 오공양 훗소리 8:46

5. 중단개게(切以 香燈耿耿 云云) 훗소리 10:15

6. 의식절차 설명 00:47 〈총 40:42〉

18집. CD VI

1. 인성(引聲) 짓소리 19:42

2. 특사가지(特賜加持) 짓소리 9:57

3. 목욕진언(沐浴眞言) 짓소리 10:46 〈총 40:26〉

기획/송암문도회

연출, 해설/법현 Executive Producer: Rev. Pophyon

녹음/봉원사 송암산실(1968-1973)

　　Recording Engineering: Sonam Studio(1968-1973)

마스터링/오진수 Mastenng: Oh jin soo

디자인/무송 Cover Design: Musong

제작/송암대종사문도회, 불교음악연구소(02) 363-1115

　　Produced by Buddhist Misic lnstitute /2001.

중요무형문화재 제50호 영산재보존회 (02) 392-3234/ http://www.pompae.or.kr

3) 해외 발매 경제 음반

영국 음악학자 존 레비 1964. 12. 11 서울 신촌 봉원사 녹음

1. 배헌해탈향(拜獻解脫香)-영산재 상단권공시 진행되어지는 곡 02:47

2. 배헌반야등(拜獻般若燈)-영산재 상단권공시 진행되어지는 곡 09:05

3. 합장게(合掌偈)-홋소리〈독창〉-영산재 상단권공시 진행되어지는 곡 04;09

4. 보례(普禮)-짓소리〈대중창〉-각배재 상단권공시 진행되어지는 곡 13:41

5. 대취타 04:02

6. 염불 가락-작법무진행시 진행됨 03:04

7. 능게가락-영산재, 각배재, 생전예수재, 수륙재의 시왕이운 진행시 대중이 우측으로 시왕위목을 적은 시왕번을 순회할 때 연주된다. 02:33

프랑스 발매, 영국학자 존 레비 녹음 LP음반
경제 범패 서울 신촌 봉원사 1968년 프랑스 발매, 영국학자 존 레비 녹음 LP음반
KOREAN TRADITIONAL MUSIC IN THE JOHN LEVY COLLECTION-Buddhist Misic-한국불교음악
녹음/영국 음악학자 존 레비 1964.12.12 서울 신촌 봉원사 불교음악 4곡 녹음
곡명/
　　　A면 1.거령산
　　　B면 1.삼귀의례/반야심경(1)
　　　　　2.반야심경(2)

3. 화청

4. 천수바라

발매/IMPRME EN FRANCE-IMF, SAINT-ROCH-PARIS 1968년

4) 서울 경제 음반 일운 스님 음반

일운 스님 음반-하늘의 소리 1-5집

일운 스님 /하늘의 소리/ 중요무형문화재 제50호 영산재 범패시리즈 1-1
1.옹호게. 헌좌게 2.다게 3.행보게, 보례삼보 4.거불 5.대령소.,지옥게 6.착어 7.진령게, 고혼청 8.착어 9.인예향욕편 〈총 70분 19초〉

일운 스님 /하늘의 소리/ 중요무형문화재 제50호 영산재 범패시리즈 1-2
1.가지조욕편 2.가지회의편 3.출욕참성편 4.가지예성편 5.수위안좌편 6.옹호게 7.신중창불(상단) 8.신중창불(중단) 9.신중창불(하단) 10.다게, 탄백
〈총 67분 05초〉

일운 스님 /하늘의 소리/ 중요무형문화재 제50호 영산재 범패시리즈 1-3
1.천수경 2.복청게 3.천수바라 4.도량게 5.참회게.정삼업진언 6.거불.보소청진언 7.유치 8.청사 9.산화락.내림게 〈총 68분 41초〉

일운 스님 /하늘의 소리/중요무형문화재 제50호 영산재 범패시리즈 1-4
1.지장가영 2.헌좌진언 3.옴남작법 4.다게 5.향수나열 6.특사가지 7.사다라니 8.운심공양진언 9.화청 〈총 67분 03초〉

일운 스님 /하늘의 소리/ 중요무형문화재 제50호 영산재 범패시리즈 1-5
1.축원화청 2.중단권공 3.거불 4.착어, 진령게 5.착어, 보소청진언 6.고혼청, 다게 7.선밀가지. 장엄염불 8.공덕게 9.봉송편 10.소대

〈총 69분 30초〉

기획/일운문도회, 제작/불교방송

일운 스님 음반-수행자의 하루 1-5집

일운 스님 /하늘의 소리/범패시리즈/수행자의 하루 2-1

1.도량석 2.아침종성 3.범종 4.홍고 5.목어 6.운판 7.동당쇠 8.예불쇠

〈총 69분 28초〉

일운 스님 /하늘의 소리/범패시리즈/수행자의 하루 2-2

1.소예참례 2.향수해례 3.사성례 4.상축 5.신중단예경 6.아침송주 〈총 65분 46초〉

일운 스님 /하늘의 소리/범패시리즈/수행자의 하루 2-3

1.천수경 2.거불 3.보소청진언 4.유치 5.청사, 향화청 6.가영 7.헌좌게, 다게 8.사다라니, 탄백 9.축원 10.신중퇴공 〈총 72분 03초〉

일운 스님 /하늘의 소리/범패시리즈/수행자의 하루 2-4

1.대예참례

〈총 74분 53초〉

일운 스님 /하늘의 소리/범패시리즈/수행자의 하루 2-5

1.사시마지 2.저녁종성 3.범종 4.홍고 5.목어 6.운판 7.상단예불 8.신중단예경 9.저녁송주 〈총 63분 34초〉

기획/일운문도회
제작/불교방송

5) 영남 범패 음반 목록

영남 범패 음반 5장 목록

CD 1집 신중작법 괘불이운 (36.48)

1.옹호게(擁護偈)〈대중창+홋소리) 02:46 / 2.가영〈독창〉홋소리 01:27
3.다게(茶偈), 탄백(嘆白) 대중창 12:03 / 4.괘불이운 30:20
　〈1.옹호게(擁護偈) 2.찬불게(讚佛偈) 3.출산게(出山偈) 4.염화게(拈花偈) 5.산화락(散花落) 6.거령산(擧靈山) 후 요잡바라 태징 7.등상게(登床偈) 8.헌좌게(獻座偈) 헌좌진언(獻座眞言) 9.다게(茶偈) 후 사무량게(四無量偈)〉

CD 2집 영산작법 (62:09)

1.할향(喝香) 03:49 / 2.연향게(燃香偈) 20:23 / 3.불찬(佛讚) 01:18
4.지심신례 불타야 양족존(志心信禮 佛陀耶 兩足尊) 05:51
5.삼귀의(三歸依) 12:38 / 6.삼귀의 (三歸依) 17:51

CD 3집 영산작법 (63:22)

1.중직찬(中直讚) 01:30 / 2.보장취(寶藏聚) 02:44 / 3.합장게(合掌偈) 02:37 / 4.고향게(告香偈) 01:24 / 5.관음찬(觀音讚) 02:01 / 6.관음청(觀音請) / 07:32 7.복청게(伏請偈) 03:58 / 8.복청게(伏請偈) 03:58 / 9.천수(千手)바라, 사방찬(四方讚), 도량찬(道場讚:嚴靜偈), 참회게(懺悔偈聲) 06:45 / 10.거불(擧佛) 09:28 / 11.일체공경(一切恭敬) 06:51 / 12.향화게(香花偈) 13:53

CD 4집 영산작법 (54:42)

1.오공양 16:20 / 2.가지게(加持偈) 12:42 / 3.북반주와 회심곡 07:16
4.북반주, 축원화청 04:18 / 5.천수심경 08:08 / 6.지심이-지심신례 불타야 양족존 (志心信禮 佛陀耶 兩足尊) 05:39

CD 5집 칠여래, 종성, 송자 (35:05)

1.칠여래 20:01 / 2.종성 10:58 / 3.송자 01:53 / 4.정례(일심정례시방상주불) 02:01

기획, 진행/김삼기(예능민속연구실장), 김인규(학예연구관), 방인아(학예연구사)
영문번역/팬트랜스넷
원고집필/법현(동국대 한국음악과교수)
CD Director/양정환(한국고음반연구회)
ISBN 978-89-8124-116-3 -8670(세트)
ISBN 978-89-8124-740-9 08670
음반제작/(주)서울음반
녹음일/1969. 11. 27
음반제작일/2007. 6
음반출반일/2007. 6

법현(김응기)

1964년 강원도에서 출생하였으며, 1974년 10월 서울 봉원사에서 대운 스님을 은사로 출가하였다. 1995년 동국대학교에서 불교사학 석사 학위를 취득한 이후 원광대학교에서 종교학 석사와 불교학 박사학위를 취득하였다. 현재 동국대학교 한국음악과 교수로 재직하면서, 중요무형문화재 제50호 영산재 이수자, 불교음악연구소장, 코리아나 예술단장, 한국불교 태고종 문화종무특보, 세계문화예술 콘텐츠교류연맹 이사장, 문화재 전문위원 등을 역임하고 있다. 불교음악과 불교무용 관련 8권의 저서와 50편의 논문을 발표하였으며, 54개국에서 불교문화 공연을 하였고, 2003년에는 영산재학회를 설립하여 매년 국제학술세미나를 개최하고 있다.

또한 그는 인류의 가장 오래된 악보라고 할 수 있는 "각필악보"를 2000년 세계 최초로 발견 하였다. 현재 각필악보가 세계적으로 인정받을 수 있도록 마무리 연구중이며, 2003년부터는 1,500년 전의 벽화(고구려시대)를 통한 고대 무용의 재현에 노력하고 있다. 아울러 불교의 의례와 미학적인 부분에 대한 연구와 한국의 불교음악과 불교무용의 유형과 전승에 심혈을 기울이고 있다.

더 나아가 2010년부터는 현대 인류학적으로 중요한, 종교간 벽을 뛰어 넘는 "통섭"을 위한 시도를 활발히 하고 있다. 그 첫 번째 시도로서 불교문화의 꽃이라고 하는 "영산재"를 2011년 7월 이스라엘 3개 도시에서 시연했으며, 텔아비브 대학에서 불교문화 세미나를 개최하고 유대교 최고 성직자와의 만남도 가졌다. 다음 행보로 로마 바티칸, 중국 도교 및 불교, 한국의 유교 등 각 종교의 지도자들과 협의하여 "세계 평화 서밋(World Peace Summit)"을 준비 중이다.

홈페이지는 http://www.pompae.or.kr, 이메일 주소는 phpompae@yahoo.co.kr이다.

Pophyun(Kim Eung-ki)

Dr. Prof. Kim Eung-ki (Ven. Pophyun) was born in 1964 at Gangwon region, Republic of Korea. He is entered the Buddhist priesthood at Bongwon temple under Ven. Daewoon in 1974. In the year of 1995, he took a Master's degree in Buddhist Historical science at Dongguk University and another M.A in Science of Religion. And He holds a Ph.D in Buddhist philosophy at Wongwang University. At present, he hold various posts in succession which roles are a professor of Korean Traditional Music department at Dongguk University, the No. 50th Human cultural Asset of complete of Buddhist Chanting and Dance, UNESCO World Heritage Yeongsanjae Planning Republic Relations Executive, a Special Assistant of Korean Taego Buddhist Order Cultural Art Department at the Research Institute of Buddhist Music, a Representative of the World Culture and Art Contents Exchange Federation and a special secretary in the culture and art department of Korea Buddhism Taego Buddhist Order Affairs.

He has written 8 books on Buddhist Music and Dance and present &published 50 theses. He has been performing the Buddhist cultural performances in more than 54 countries worldwide. Furthermore, he established the academic society of Yeongsanjae in 2003 and holds a scientific seminar every year.

Ven. Pophyun is the first man who discovered the 'Gakpil Score' (secret notation of ancient Korean score) which this score is believed to be the oldest musical score ever in human history. Also, from the years of 2003, he devoted himself to study of the Koguryo era's (37 B.C.- A.D. 668) paintings to reproduce the dances from the old Buddhist paintings, especially he goes deep into the study of the aesthetic part of Buddhist dance and Buddhist ritual parts.

From 2010, he has the scheme for "Consilience" among the religions as an anthropological perspective. To move marked in the first step for consilience, he had invitation performances of Yeongsanjae in Israel, a meeting with Judaism Rabbi ISRAEL LAU, and conducted seminar for the subject of Buddhist Culture at Tel Aviv University in July 2011. Moreover for the next step, he is now pushing forward with the plan for World top religious leaders meeting "World Peace Summit" with the leaders of Chinese Taoism, Buddhism, Confucianism, and other leaders of religion. The website of Ven. Pobhyun is http://www.pompae.or.kr and his email address is phpompae@yahoo.co.kr.

불교의식음악 연구 Studies of Buddhist Ritual Music

초판 1쇄 인쇄 2012년 11월 5일 | **초판 1쇄 발행** 2012년 11월 12일
지은이 법현 | **펴낸이** 김시열
펴낸곳 도서출판 운주사

(136-034) 서울시 성북구 동소문동 4가 270번지 성심빌딩 3층
전화 (02) 926-8361 | 팩스 0505-115-8361

ISBN 978-89-5746-327-7 93220   값 35,000원
http://cafe.daum.net/unjubooks (다음카페: 도서출판 운주사)